国家社会科学基金重大项目"俄罗斯西伯利亚远东地区藏1950年前中国共产党档案文献的整理与研究"（21&ZD031）阶段性成果

哈尔滨音乐学院2022年度东北亚音乐文化发展协同创新中心一般项目（XT2022008）阶段性成果

黑龙江省中俄人文基础理论和应用研究头雁团队项目阶段性成果

黑龙江省高校基本科研业务费黑龙江大学专项资金项目（2020－KYYWF－0921）最终成果

高龙彬 ◎ 著

哈尔滨城市史
枢纽与窗口

中国社会科学出版社

图书在版编目(CIP)数据

哈尔滨城市史:枢纽与窗口/高龙彬著. —北京: 中国社会科学出版社,2024.8

ISBN 978-7-5227-3701-0

Ⅰ.①哈… Ⅱ.①高… Ⅲ.①城市史—哈尔滨 Ⅳ.①K293.51

中国国家版本馆 CIP 数据核字(2024)第 110758 号

出 版 人 赵剑英
责任编辑 张 湉
责任校对 王佳玉
责任印制 李寡寡

出 版 中国社会科学出版社
社 址 北京鼓楼西大街甲 158 号
邮 编 100720
网 址 http://www.csspw.cn
发 行 部 010-84083685
门 市 部 010-84029450
经 销 新华书店及其他书店

印 刷 北京明恒达印务有限公司
装 订 廊坊市广阳区广增装订厂
版 次 2024 年 8 月第 1 版
印 次 2024 年 8 月第 1 次印刷

开 本 710×1000 1/16
印 张 21
插 页 2
字 数 345 千字
定 价 108.00 元

凡购买中国社会科学出版社图书,如有质量问题请与本社营销中心联系调换
电话:010-84083683
版权所有 侵权必究

谨以此书献给我的

已故岳父冯晨旺（1949.05—2000.10.16）与

已故岳母卜巧转（1954.02.07—2008.08.02）

序　言

哈尔滨是生养我的故乡，我对她的爱恋随年龄增长而增长，随离乡三十余年而愈发浓烈。日本思想家福泽谕吉（1835—1901）说过："爱国应该和爱自己家乡一样。"俄罗斯人文大家利哈乔夫（Д. С. Лихачёв，1901—1999）也说过："事实上，爱国首先要从爱自己的城市、爱自己的家乡开始。"（Действительно, патриотизм прежде всего начинается с любви к своему городу, к своей местности.）作为以世界史，尤其是俄国史研究为志业的学者，我是从对故乡的体认开始了对周边世界的认识。哈尔滨这个中国史、中外关系史和世界史的典型案例，在我的职业生涯里给了我无尽的灵感和启迪。我一直设想用自己毕生的学术功力为故乡——哈尔滨写一部"大书"，但终觉积累不足而未果，而现在摆在我面前的高龙彬君的皇皇专著弥补了我的遗憾。作为高龙彬君的老师，我首先对他表示祝贺，其次想借此机会表达自己的一些想法。

当代著名史学家戴逸这样评价中国东北的地理区位、历史影响和学术价值："它所处地理位置独特，与中原相距最近，地域辽阔，南北贯通，无门庭之限，生态资源丰富，可耕可牧可猎可渔。这里，自古就是游牧、渔猎和农耕诸民族世代生息家园，相互角逐的舞台。东北地区的肥土沃野，培育出一代代强族，不断崛起，雄飞中原，如鲜卑、契丹、女真、蒙古、满洲等，先后占有北方半壁，或一统天下。在中国漫长的历史进程中，东北长久地处于战略地位，不断给中原王朝注入强大的影响，甚至决定其盛衰或兴亡。"[①]

世界上第一个完成对中国"三北"（东北—华北—西北）考察的美国

---

① 戴逸：《清代黑龙江将军与东北边疆治理》，载《东北史地》2012年第3期。

著名汉学家拉铁摩尔（Owen Lattimore）更是早在 20 世纪 30 年代就认为中国东北是世界"风暴中心"（storm center）①，即地缘政治理论奠基人麦金德（Halford John Mackinder）论说中的"历史地理枢纽"（Geographical Hub of History）。拉铁摩尔于 1929—1930 年用了 9 个月游历东北全境，他在《满洲：冲突的摇篮》（Manchuria：Cradle of Conflict）、《满洲的小道与偏远地区》（Byroads and Backwoods of Manchuria）等著作中预言"在这种争夺当中，那些将帅和政治家都只是历史的匆匆过客，传统、生活、种族和各个地域在面对各种文化与民族时维护自身的努力，以及民族和文化将他们自身强加到各个种族和地域之上的努力，这才是历史真正的本身。"②

然而，反观中国知识界对于东北史地的研究却是严重不足。时任北京大学教授的傅斯年在 1931 年就有了非常清醒的认识，他说："中国之有东北问题数十年矣。欧战以前，日俄角逐，而我为鱼肉。……俄事变一面目，而日人之侵暴愈张。国人不尽无耻之人，中国即非必亡之国。然而前途之斗争无限，知识之需要实殷，持东北事以问国人，每多不知其蕴，岂仅斯人之寡陋，亦大有系于国事著焉。吾等明知东北史事所关系于现局者远不逮经济政治之什一，然吾等皆仅有兴会于史学之人，亦但求尽其所能而已。己所不能，人其舍诸？"③ 1931 年 10 月，傅斯年联合方壮猷、徐中舒、萧一山和蒋廷黻等著名史学家编写了《东北史纲》。

金毓黻在其《东北通史》中亦强调："今日之东北，已等于黑龙江迤北乌苏里江迤东之地，沦于外人，非复我有，吾人悼心失图，唤起重大之注意，尤非昔比是也。尽往日之东北，为我国土之一部，与内地其他各省等，搜辑其佚事旧闻，撰为方志，或地方史，合而为一部述之，固可，分而为数部述之，亦无不可。今则举其全区，同归沦陷，势非合而述之，为一整个之地方史，将无以详其原委，明其因果。""不知此义，而犹以旧见自缚，则东北一词，不过为强者割据自雄之资，所新造之东北史，不过为国别史一种，而与所受之外祸固无与，且非所以语于今日之东北也。此为

---

① Owen Lattimore, Manchuria：Cradle of Conflict, New York, Macmillan company, 1932, p. 4.
② Owen Lattimore, Manchuria：Cradle of Conflict, New York, Macmillan company, 1932, p. 301.
③ 傅斯年：《东北史纲》，上海古籍出版社 2012 年版，第 2 页。

今日讲东北史最要之义，有心之士，其可忽诸。"①

因此从东北史学科创立之初，即把"东北"作为一个不同于中原地区"十里不同俗""相邻不能语"的整体统一的区域看待，在论及政权沿革、经济活动、种族民族和对外关系时，较多地从东北整体来考虑。因此，东北史自其创立之初，就具有了一定的后世所称的"区域史"和"大历史"特色。

而位居北疆中心位置的哈尔滨正因为具有居中—边缘之要冲、内陆—外省之核心、水—陆交通之枢纽、文化—文明之多元、民族—种族之融合、本土—境外之交会的鲜明特质，实际上正处于拉铁摩尔笔下"风暴中心"的"风暴眼"（eye of the storm）的位置，其自然地理、文化地理、政治地理、经济地理的特殊性和重要性是不言而喻的，其中国史、中外关系史、民族史、世界史和国际关系史的学术价值更是自不待言的。

城市作为一种地域现象、一种社会组织，是人类社会活动的主要载体和实现场所，随着社会学、地理学与历史学的融合发展，城市史研究应运而生，而城市史框架下的哈尔滨史则给人以耳目一新之感。自19世纪末至20世纪上半叶，受国际和本国形势的影响，大量的国外移民从苏（俄）、日本、朝鲜和欧美等国或移居我国东北地区，或自东北地区移住其他地区，值得一提的是，这些外国移民中的大部分人并未将东北当作"异乡"，哈尔滨就曾一度被在哈尔滨的俄侨视为自己的"首都"和"第二故乡"，其城市建筑、生活习俗和语言文化等都留下了俄侨印迹，俄侨史推动了哈尔滨等极具特色的东北城市历史的研究。正如石方在《20世纪一二十年代哈尔滨多元文化研究》中所述，"过去论者把帝俄以中东铁路为媒介，对我国东北实行军事上占领、政治上侵略、经济上掠夺、文化上渗透均有述及，道出了'侵略的西方'的本质。但仅限于此就不够全面了，除了要讲'侵略的西方'的本质外，还要看到中东铁路亦是西方精神与物质文明传播的媒介，客观上起着开风气之先河和资本主义生产方式先行的作用，由此展现出'文明的西方'的另一面。中东铁路的修筑，完全改变了哈尔滨

---

① 金毓黻：《东北通史》（上编6卷），五十年代出版社1981年翻印，第50页。

社会的自然历史进程，在外来资本主义的强力之下，以硬性移植和强迫过渡为特征开始了其痛苦尤烈的社会文明转型"①。

如果将哈尔滨城市历史置于欧亚广阔但势力逼仄的空间视野下进行考量，研究者不仅可以看到哈尔滨在东北历史和地理中的分量，也可以看到哈尔滨在世界历史中的位置。同时，我们还可以从哈尔滨城市史出发，以研究东亚史、世界史乃至全球史的视角，帮助我们认识世界。

1987年担任美国历史学会主席的普林斯顿大学荣休历史学教授娜塔莉·泽蒙·戴维斯（Natalie Zemon Davis）是新文化史的代表人物，她提出："历史研究需要建立坚强的跨学科联系，以提供新的资料来源或有关因素（如气候和土壤），或提供历史学家不熟悉的解释方式。"② 如果说20世纪初叶是中国现代史学的确立期，并且奠定了中国东北史（包括哈尔滨史）的研究使命的话，21世纪初叶则是中国现代史学的重要转型期，而哈尔滨城市史的研究同样面临重大调整的新使命。历史研究的目的逐渐由为执政者"资治"转为解决现实问题，因而史学研究更强调社会进步和变化的观点，并且提倡以科学的方法"治史"。历史研究的范围扩大到了社会、政治、经济、军事、外交和文化等各个方面，尤其是与现实紧密相关的问题日益受到重视，因而多学科的综合研究、跨学科的比较研究、多种人文社会科学研究方法，甚至是自然科学研究方法逐渐运用到传统的哈尔滨城市史的研究之中。近年来，应用多角度研究哈尔滨城市史已成为研究者的共识，无论是传统的地方史、边疆史还是新兴的区域史、全球史，无论是传统的经济史、民族史、外交史、文化史还是新社会史、新文化史和新冷战史，都应该成为哈尔滨城市史可资借鉴的方法。

高龙彬君深受历史学基础和史学理论的厚重滋养，他在"回炉"北师大攻读博士学位之前，曾以专业记者之眼观察并体识他的第二故乡——哈尔滨达五年之久，感性认识与理性之思的叠加促成了他对哈尔滨城市史的浓厚兴趣，而世界史专业、俄国史方向和新史学理论的素养加持了他对哈尔滨城市史研究的深度和广度。

---

① 石方：《20世纪一二十年代哈尔滨多元文化研究》，黑龙江人民出版社2012年版，第29页。
② 《现代史学的挑战：美国历史协会主席演说集1968—1988》，王建华等译，上海人民出版社1990年版，第521页。

作为哈尔滨人和高龙彬君的老师，我对他的哈尔滨城市史的研究寄托了极大的期冀。希望他在个人兴趣与史学使命之间、在中国史和世界史之间、在传统史学与新史学之间找到立身和立言之道，希望他为我的故乡和他的第二故乡贡献智慧和才华。

　　是为序。

2022 年 6 月 6 日普希金诞辰日暨国际俄语日

自　序

　　哈尔滨是一座文化多元、交互与共生的城市，华洋杂处，中西交融。1896年《中俄密约》签订后，1897年贯穿中国东北的东清铁路（1920年后改称中东铁路）开工建设，1903年东清铁路全线通车。随着东清铁路的建设与开通，哈尔滨迅速从一个自然经济状态的渔村发展成一个近代化与国际化的大都市，成为"东西文明的交界点"。20世纪二三十年代，哈尔滨已经成为世界的经济中心之一与东亚的中心，曾经有几十个国家或地区的不同民族或族群的人生活在哈尔滨，十几个国家在哈尔滨设立领事馆或代办处。哈尔滨的近代化是"后发型"的典型。哈尔滨曾经是东清铁路的"附属地"，日本的殖民地，解放战争时期的根据地，苏联的援助地，东北老工业基地、东北全面振兴与"一带一路"建设的重要节点城市。

　　哈尔滨城史纪元是哈尔滨城市史研究的一个关键性和节点性问题，千年文脉的"金源说"，以金朝建国为起点；百年设治的"设治说"，以滨江关道设治为起始；建设周年的"铁路说"，以中东铁路的开工或开通为肇始。哈尔滨是一个"依水而定，因路而兴"的城市，东清铁路因松花江形成的特殊区域而选定哈尔滨作为铁路枢纽。哈尔滨地名及其来源是一个争论不休的问题，满语、蒙古语、女真语和俄语等各有说辞，目前学者基本取向是满语。满语、汉语、俄语与日语等不同语种的与哈尔滨相关的地图，是考证哈尔滨一些地名的重要资料载体。

　　在百余年中，哈尔滨的发展历程经历了三次转型与三次高峰，从传统农业聚落到近代新兴城市、从铁路"附属地"到独立自主、从现代工业主导到区域多元成长。"闯关东"不仅是一部"逃荒史"，也是一部"淘金史"。湖北的理发业、宁波的裁缝业（红帮）、扬州的洗浴业、山东和河北的传统曲艺等文化，融合生成了哈尔滨别具特色的市井生活。"功成玉钱庄"是山东"闯关东"的"五大功"商号的重要支柱产业，是民国时期中华民族资本发展的缩影。哈尔滨还有山东的张廷阁、河北的武百祥等"闯关东"的民族资本产业，"双合盛""同记"与"大罗新"等曾经闻名于世。城市史和区域史研究往往是单体的呈现，区域间互动和比较研究是一个可以拓展的学术领域。哈尔滨与天津、上海、青岛等地的经济文化联系需要深入研究。

哈尔滨是一个曾经侨民比中国人数量多的城市。俄国、波兰、立陶宛、美国、法国、英国、丹麦与意大利等国家的人在哈尔滨生活工作，犹太人、卡拉伊姆人、高加索人与塞尔维亚人等在哈尔滨从事各种行业。犹太人在哈尔滨建立社区，修建教堂和墓地，组织和建立犹太宗教公会、犹太丧葬互助委员会、犹太公共图书馆、犹太医院与犹太学校等机构，以中央大街为中心构建了一个较为完整的体系。哈尔滨中华基督教青年会与哈尔滨基督教卫斯理会等都曾作为中国共产党开展地下活动的重要场所，是隐蔽战线中的重要记忆。波兰人与立陶宛人在哈尔滨的人口变迁，见证了哈尔滨外国侨民的历史演变。

马克思主义在中国的传播有法国（欧洲、德国）、日本与俄国三条路径。作为东清铁路的枢纽，哈尔滨是这三条路径的交会点，不仅有理论的传播，还有实践的传播。哈尔滨是我国最早纪念五一国际劳动节的城市，亦是中国共产党在东北地区最早成立组织的城市。在马克思主义在中国的传播和实践中，哈尔滨具备与上海、北京等地同样的重要地位。周恩来、刘少奇、陈云、楚图南、侯外庐等都在哈尔滨留下了革命和学术的足迹。哈尔滨与北京、上海的"内联"关系，哈尔滨与满洲里、绥芬河的"外联"关系，整体性和系统性地构建了马克思主义在中国传播和实践的宏大叙事。

包括哈尔滨在内的东北城市文化不同于关内一些地区的单一文化形态。研究哈尔滨城市史需要俄语、日语等外文资料的收集、整理与利用。《哈尔滨城市史：枢纽与窗口》虽然利用了部分外文资料，但也仅仅是冰山一角。档案是中外学者对话的第一支撑。哈尔滨城市史研究需要包括档案在内的大量原始资料的挖掘和使用。哈尔滨城市史研究是一项交叉和跨学科研究，需要多学科的方法和理论的运用，影视史学、口述历史与田野调查等是一种尝试，也是一种拓展。哈尔滨城市史研究不仅是一项区域史或地方史的研究，也是国际关系史和世界史的研究。哈尔滨城市史研究需要国际视野、微观研究、价值判断与现实关怀。

外来文化是哈尔滨城市文化的重要组成部分，哈尔滨外来文化呈现多元化；本土文化亦是哈尔滨城市文化的重要构成因素，哈尔滨本土文化亦具有多元性。外来文化及其特色是哈尔滨研究或宣传的重要问题，特别是俄侨文化的研究与犹太文化的宣传，然而哈尔滨日本殖民文化或日本侨民文化基本没有进入学术研究的范畴，尤其是中国学者的研究领域，国内关于哈尔滨的波兰、英国、美国、意大利、立陶宛、塞尔维亚等侨民的研究，基本处于空白状态。哈尔滨城市史研究需要本土文化与外来文化研究并驾齐驱。

哈尔滨城市史研究，相对于上海、北京、天津、武汉、青岛、成都、广州等地的历史研究，还相对滞后。哈尔滨城市史研究是一种情怀，更是一种使命。一切才刚刚起步……

目　　录

绪　论 ………………………………………………………………（ 1 ）

第一章　哈尔滨城史纪元与地名考证 ……………………………（ 6 ）
　第一节　城与城市：哈尔滨城史纪元问题再探讨 ………………（ 7 ）
　第二节　清代地图与"哈尔滨"地名考证 …………………………（22）
　第三节　哈尔滨百年设治与滨江关道 ……………………………（34）

第二章　哈尔滨城市发展与城市特色 ……………………………（67）
　第一节　区域、区位与区别：哈尔滨百年发展史中的
　　　　　三次转型和三次高峰 ……………………………………（68）
　第二节　政策、机遇与突破：哈尔滨城市发展的区位优势与
　　　　　重新定位 ……………………………………………………（79）
　第三节　东西之间：中国知识分子视野下的20世纪二三十
　　　　　年代的哈尔滨 ………………………………………………（88）

第三章　哈尔滨近代疫病防治与城市治理 ………………………（113）
　第一节　庚戌东北鼠疫的防治与善后 ……………………………（113）
　第二节　伍连德与东三省防疫处的创立和演进 …………………（120）

第四章　哈尔滨外国侨民与历史遗迹 ……………………………（136）
　第一节　哈尔滨立陶宛人的历史文化考察 ………………………（136）
　第二节　关于"波兰人在哈尔滨"的人口变迁 ……………………（151）

第三节 关于"犹太人在哈尔滨"的历史文化研究 …………… （170）

第五章 哈尔滨犹太社区公共事务与社会活动 ……………… （199）
第一节 1958年"犹太人在哈尔滨"的墓地迁移研究 ………… （199）
第二节 哈尔滨犹太公共图书馆及其藏书章"管窥" ………… （226）
第三节 "区域"与"整体"：近现代史上犹太人来华史研究
路径探究 ………………………………………………… （234）

第六章 哈尔滨与马克思主义在中国传播的三条路径 ……… （269）
第一节 哈尔滨与马克思主义在中国的早期传播和实践 ……… （270）
第二节 红色印记：哈尔滨与中国共产党第六次全国代表大会 …… （296）

参考文献 ………………………………………………………… （308）

后记　命中注定：我与哈尔滨城市史研究 …………………… （317）

绪　论

哈尔滨是我国东北①的一个枢纽性城市。哈尔滨是我国近代发展起来的一个年轻城市和新兴城市，没有经过从古代到近代的序列演进。这较多为一个历史发展的叙事，也是一个时间存在。时空交错造就了哈尔滨的历史演变与历史地位。哈尔滨曾经是东亚、东北亚甚至世界的经济中心之一，也是一座举世闻名的国际化大都市。作为中东铁路的枢纽，哈尔滨是连接欧亚的节点性城市。哈尔滨是中西文化传播与交流的窗口。哈尔滨在中国共产党的创立和发展，以及新中国的成立与发展中做出了"共和国长子"的重要贡献。哈尔滨虽然年轻但是有故事，哈尔滨城市史研究应该具有跟北京、上海、天津、武汉、广州等城市史研究同等的地位和格局，因为哈尔滨具备这样的历史资源、历史记忆与历史地位。哈尔滨城市史不仅是一个区域史研究或城市史研究的个案，更是一部世界史或国际史研究的对象②。当然，这离不开中外学者的关注与书写。

关于哈尔滨城市史的相关研究多为"碎片化"的专题性或微观研究，较多是硕士研究生或博士研究生的毕业论文。"系统化"的整体性或宏观研究较少。本研究是宏观研究与微观研究相结合、专题性研究和整体性研究相观照、基础研究与应用研究相关联的一种尝试。但这也是哈尔滨城市的一个"侧面"，而不是哈尔滨城市的"全貌"。哈尔滨城市史研究需要学人的培养、学术的积累与学林的滋养。这首先需要哈尔滨与黑龙江学者的推动与拓展。

---

① "东北"这个概念，不管从行政区划，还是政治经济，以及社会文化等层面，都是一个变动或变化的动态名词。现在一些叙述中，多用"东北地区"来呈现。这是一个较为复杂的问题，但不是本研究的重点。笔者使用"东北"，而不是"东北地区"。

② 这不是"没有中国史的世界史不叫世界史"的简单解释。

一　哈尔滨：城市史、区域史与"哈尔滨学"

作为城市史的哈尔滨史研究，严格意义上是从改革开放以后肇始的。这最初并不是纯粹专业学者的学术研究，也不是学院派或学院式的叙事，而是部分专业学者发起、城市各基层参与的大讨论，其中《哈尔滨日报》《新晚报》《黑龙江日报》《生活报》与《晨报》等报纸发挥舆论宣传作用。基本上先后进行了三次相对集中的讨论，关涉名称、建城与纪元三个问题，即哈尔滨地名的由来、建城时间与城史纪元。

这三个问题都是哈尔滨城市史研究的节点性问题，并且是引起争论的话题。哈尔滨地名的由来至今还是一个悬而未决的议题，尽管目前基本趋向满语"渡口"一说。这一次大讨论是在全国文化热的大环境下，探索哈尔滨之名的渊薮。第二次大讨论与情感相交织，哈尔滨的城市发展没有经历从古代的城市到近代的城市的演进过程，是以水定城与因路兴城。中东铁路的修建与通车开启了哈尔滨的近代化。哈尔滨城市的形成与发展是殖民主义的"双重作用"的结果。在很长一段时间内，一些人不愿承认哈尔滨是俄国的铁路"附属地"和日本的殖民地，实际上哈尔滨现存的历史文化遗存就是一个不言而喻的佐证。第三个问题城史纪元有金源说、铁路说等不同标准，目前亦存在争议，但基本趋向于中东铁路的修筑与通车促成了哈尔滨城市的诞生与发展。

伴随着这三次大讨论，黑龙江大学、哈尔滨师范大学、黑龙江省社会科学院、吉林大学、东北师范大学与吉林省社会科学院等专门研究机构，以及国内其他一些专业部门，首先是教师或研究者开始从事东北史或哈尔滨城市史的研究，后来就是数量日益增多的研究生群体的加入，逐渐形成了一个相对稳定、良性循环的发展态势，并且发表和出版了一些哈尔滨城市史的研究论文和专著[1]。与此同时，苏联（俄罗斯）、日本、美国、法国、德国、波兰等国学者，也利用自身的资料优势撰写关于哈尔滨城市史的论文和专著。

---

[1]　即使有的研究生有较为浓厚的兴趣和强烈的意愿，但是基本不把地方史研究作为毕业论文的首选，因为这关系到未来工作的落实。

作为区域史的哈尔滨史研究。相对于城市史研究，区域史研究是一个更大的研究范围。与城市相对的是农村，农村与城市都是区域史研究的对象。城市史研究是区域史研究的一个有机组成部分。区域是动态的、变化的。区域史多以区域社会史、区域经济史、区域文化史等呈现。区域史与城市史研究的领域或主题亦多有交叉。城市史与区域史在研究一个城市和区域所具有的共性时，多强调城市与区域的特性。哈尔滨城市史研究论证的是哈尔滨的多元、交互与共生的城市特质。

作为"哈尔滨学"的哈尔滨史研究。"哈尔滨学"是以哈尔滨城市为研究对象[①]，以哈尔滨城市历史发展为研究主线，以哈尔滨城市历史的基础研究与应用研究相结合为研究支撑，以哈尔滨城市研究的微观、中观与宏观相观照为研究视角，以哈尔滨城市的空间维度、时间维度、文化维度等相参照为研究维度，进行历史学、地理学、城市学、政治学、社会学与文化学等相借鉴的跨学科研究或融学科探索。历史研究是"哈尔滨学"的主要内容、主要载体与主要凭借。研究目的是为哈尔滨城市建设与发展探寻规律性、借鉴性、指导性与引领性的知识路径，打造哈尔滨的城市"智库"，挖掘哈尔滨的发展潜力，提升城市的知名度。

二 哈尔滨城市史：史料的"田野"收集与研究的"视野"拓展

什么是历史？历史包括历史本身与历史研究两个部分。历史本身是客观的，属于本体论的范畴，也是科学的；历史研究即历史学是主观的，属于认识论的范畴，也是艺术的。人也就是研究者是历史本身与历史研究的媒介。"一切历史都是当代史"，这是从主观到客观的一个探索过程。"历史学的理论与实践"的目的是寻找"历史的真相"。"一切历史都是思想史"，历史研究者的叙事与评判离不开其思想的主观判断。"历史的观念"是历史的必然性与偶然性的统一体。西方的历史理论[②]与我国的历史研究经验，是在各自的学术研究发展过程中形成的不同总结，有着各自的发展

---

① 主要研究哈尔滨主城区的历史，今南岗、道里、道外、香坊、平房与松北区等。而不是现在哈尔滨行政区划下9区9县的研究。哈尔滨主城区是哈尔滨历史的主要承载体。

② 历史理论与历史哲学不是一个概念，历史哲学是一个独立的学术系统。

路径。

20世纪和21世纪对整个世界影响最大的史学理论流派是法国的年鉴学派，在近100年的发展中经历了三四代的传承，仍然影响着各国的史学研究和史学实践。年鉴学派在史学理论与史学方法上，关注下层民众的"眼睛向下的革命"与重视研究主体的主体性，特别是"长时段"的研究理论，给我们的历史研究提供了一定的研究范式。打破史学研究与史学理论平行线的状态，实现两者的交叉，引进、消化与融合是一个长期的复杂过程。我们有自己的史学研究传统，西方史学理论与中国史学研究的具体实践有适应性、选择性与调和性。近代以来，我国的史学研究传统存在裂变、失衡与博弈的现象。但是，历史研究的基础是史料。

"历史学即史料学"，强调的是历史研究的条件，以史带论，而不是以论带史，最终是史论合璧。从史料到史料学，历史学、文学与哲学等都强调史料学在各自研究中的重要性，重回历史现场，让文本说话。从史料学到文本学，都需要史料的收集、整理与研究。年鉴学派重视史料的多样性与多元化。其中史料的收集是一项基础性工作，除了我们普遍认同的官方机构图书馆、档案馆等，民间和地方也有支撑历史研究的资源。[①] 史料的"田野"收集是一个视角，也是一种方法。"田野"不仅需要"脑"，也需要"腿"。哈尔滨城市史研究不仅需要研究者在故纸堆里爬梳文献，也需要走街串巷踏查历史文化遗存，"登堂入室"拜访历史的见证者，口述历史的多彩绚丽画面，探赜哈尔滨城市史，从而拓展哈尔滨城市史研究的"视野"。

三 "哈尔滨学"：国际视野、微观研究、价值判断与现实关怀

在长期的历史研究中，笔者总结了"国际视野、微观研究、价值判断与现实关怀"16字的历史研究经验。从研究对象来看，哈尔滨城市史本来就是多元文化的融合体。哈尔滨这座城市具有世界性意义和国际性价值。国际视野是研究哈尔滨城市史应该具有的前提条件。笔者从硕士研究生到

---

① 四川巴县档案的重要性，在于传统研究更多是自上而下的政令或政策的研究，缺乏自下而上的反映或反馈。巴县档案从一个区域提供了这种研究的可能性，尽管不具有整体性的意义。我国县级档案馆及其馆藏档案（尤其是新中国成立前）是一个需要引起重视的领域。

博士研究生从事的都是世界史相关问题的研究，也培养了一种使用世界眼光研究历史的习惯，这是一个主观的历史意识。哈尔滨城市史研究需要具备国际视野，国际视野是打开哈尔滨城市史研究的一把钥匙。

《哈尔滨城市史：枢纽与窗口》是一次关于哈尔滨城市史的专题性研究，既有宏观性的梳理，也有个案的微观研究，一定意义上是一项专题性微观研究的尝试。以国际视野为指引或指导，叙述哈尔滨城市史的一个个侧面，力求经过长期的研究，塑造一个较为全面的、整体的"镜像"。宏观与微观是相对的概念。微观研究需要宏观研究作参照。

价值判断关涉史学研究的立场，这与历史研究的客观性诉求并不矛盾，是一个问题的两个方面。"历史研究是一切社会科学的基础。"哈尔滨城市史研究既要有客观的历史叙事，也需要有明确的历史立场，价值判断亦表达了研究者的立场。

为什么学历史？学历史有什么用？现实关怀是历史研究的一个重要使命。由于城市自信来自文化自信，文化自信又不可脱离历史的深度，因此，哈尔滨城市史研究是哈尔滨城市自信的重要支撑。

哈尔滨这座副省级城市需要和期待一部通史。[①] 这需要时间的抉择，更需要时机的选择。哈尔滨作为一座城市从来就是优雅的，没有失落过，失落的只不过是人而已。

---

① 哈尔滨曾经在政府相关部门的主导下出版过通史性研究。王世华主编：《当代哈尔滨简史》，哈尔滨工业大学出版社2006年版。

第 一 章
哈尔滨城史纪元与地名考证

哈尔滨城史纪元问题是改革开放后哈尔滨历史研究的一个重要探讨问题，曾经进行过三次大讨论。"金源说""设治说"和"铁路说"是哈尔滨城史纪元的三个主要代表性论说。"铁路说"是比较符合哈尔滨历史发展的学说。但是，中东铁路开始建设和正式通车日不宜作为哈尔滨的城史纪元。哈尔滨是因中东铁路而逐渐"建设"而成的近代化城市。哈尔滨城市的"建设"始于1898年。

地图的发掘与使用是历史研究的一个重要路径和方法。地图的科学性在一定程度上增强了历史研究的真实性。地图是地名学与历史地理学的重要条件。《康熙皇舆全览图》《雍正十排皇舆全图》《乾隆十三排图》与《黑龙江舆图》等清代地图，为"哈尔滨"地名研究提供了形象的第一手资料。满文《雍正十排皇舆全图》的"扁岛"位置，是松花江的一处江心岛，亦称为太阳岛，而不是现太阳岛的方位；"扁岛"不能代表"哈尔滨"，亦不是"哈尔滨"地名的满文来源。光绪朝汉文《黑龙江舆图》标有"哈尔宾""大哈尔宾"和"小哈尔宾"等名称，只有"哈尔宾"所标示的位置与哈尔滨最初形成的形态接近。学术界逐渐认同"哈尔滨"来自满语，但是其具体的含义还是不确定的，是"打渔泡""晒渔网"，还是"晒网场"。

在清末和民国时期的"道"中，滨江关道（亦称哈尔滨关道、滨江道）因其"专办吉江两省铁路交涉并督征关税"，而具有不同于其他"道"的特殊性。滨江关道具有设治时间较晚、道尹更替频繁、治所相对复杂及作用特殊等特点。利用档案、报纸、照片等资料，对哈尔滨关道的设治和职能、关道的性质、道署的变迁，以及设治与哈尔滨城史纪元、海关、中俄交涉等关系进行了梳理和论证。关于滨江关道的研究，对研究哈尔滨早期行政沿革、中俄早期国际关系及晚清和民国时期的地方官制等具有一定研究价值和现实意义。

第一节 城与城市：哈尔滨城史纪元问题再探讨

关于哈尔滨城史纪元问题，"金源说"以金朝建国为基点（1115年正月初一）。"金源说"还涉及哈尔滨的名称由来。"设治说"以滨江关道的设立为标识，其中有以设治奏准（1905年10月31日）与设立办公（1906年5月11日）两种不同说法。"设治说"还关涉哈尔滨城史纪元的"开埠说""铁路说"。以中东铁路开工（1898年6月9日）和开通（1903年7月14日）为节点，6月9日还以俄国"海兰泡"轮船带来最后一批中东铁路技术人员（俄历1898年5月28日）为标志。然而，"金源说"需要厘清现在的阿城区与哈尔滨主城区的历史与现实关系，说明哈尔滨主城区历史沿革；"设治说"需要梳理设治当时的管辖范围与哈尔滨的关系以及民族情感意识；"铁路说"需要解释中东铁路与哈尔滨近代化的关系，阐释殖民主义"双重性"的问题。同时，还要处理好民族情感与历史真相的关系。不同于长春（宽城子）和沈阳（奉天）由"城"到"城市"的发展脉络具有连续性和继承性，哈尔滨是一个随着中东铁路的修建和开通，作为中东铁路的枢纽，经过二三十年发展，而逐渐形成的国际化城市。哈尔滨的城史纪元没有一个确切的时期，而是从1898年开始"建设"城市。1948年，中共中央东北局的《东北日报》和《生活报》的哈尔滨建设五十周年纪念报道，也证明哈尔滨作为"城市"来"建设"始于1898年。

一 千年文脉："金源说"、金朝建国与哈尔滨城史纪元

20世纪90年代，哈尔滨历史研究领域进行了第一次关于哈尔滨城史纪元的大讨论。核心问题是"金源说"的提出以及对此的商榷。王禹浪（时在哈尔滨市社会科学院）的《哈尔滨地名含义揭秘》[①]与《哈尔滨地

[①] 王禹浪：《哈尔滨地名含义揭秘》，哈尔滨出版社2001年版。

名与城史纪元研究》①（时在大连大学与黑河学院）、段光达（黑龙江大学历史系）的《关于哈尔滨城史纪元的几个问题》②和《哈尔滨早期城市特点刍议》③及纪凤辉（黑龙江省档案馆）的《哈尔滨寻根》④等是主要代表成果。当时在《哈尔滨日报》和《新晚报》等报刊开设了专栏，具有全民性讨论的性质，学院派与民间互动。王禹浪是"金源说"的肇始者。他最初以金代为节点，后来随着考古发现进一步以金代建国为起始。并且，哈尔滨市阿城区力推此观点。

王禹浪介绍："1990 年 9 月，我曾在《北方文物》第 3 期上发表了《哈尔滨城史纪元的初步研究》一文，认为哈尔滨城史纪元应始于金代。无论从当时哈尔滨地区的人口规模、古城性质和形态，还是城市手工业与商品经济的角度看，都说明了金代的哈尔滨已踏上了最初的城市历程，已经形成了具有古代都市文明规模及其城市功能的城市，哈尔滨地区的古代城市文明在金代已经形成，这就是哈尔滨的城史纪元。作为城市形态的代表，位于哈尔滨香坊区的莫力街古城和位于哈尔滨市东郊阿什河畔的小城子古城的建置年代，就是哈尔滨古代城史纪元的实物遗存的重要组成部分。今天，当年的阿城市已经成为哈尔滨市的阿城区，坐落在阿城区的金上京会宁府的都城，实际上就是哈尔滨城史纪元最重要、最真实的历史标志。"⑤

2015 年 5 月 10 日，在哈尔滨市阿城区召开的"2015 年哈尔滨城史纪元学术研讨会"⑥上，王禹浪指出："作为哈尔滨地名语源的'阿勒锦'

---

① 社会科学文献出版社 2017 年版。《哈尔滨地名与城史纪元研究》与《哈尔滨地名含义揭秘》相比，仅增加《哈尔滨城史纪元再研究》专题研究，同时序言和后记增加部分内容。
② 《学术交流》1994 年第 2 期。后编入黑龙江省哈尔滨历史文化研究会编《哈尔滨历史文化研究》（第一辑），黑龙江大学出版社 2017 年版，第 18—27 页。
③ 《北方文物》1994 年第 2 期。
④ 哈尔滨出版社 1996 年版。
⑤ 王禹浪：《走读东北是我一生的坚守》，王禹浪、王文轶主编：《东北的历史与空间》，黑龙江人民出版社 2016 年版，第 11—12 页。
⑥ 此次会议的论文集为李玮主编：《金源文史论丛》，黑龙江人民出版社 2017 年版。此论文集收录关于哈尔滨城史纪元的文章为，齐心、高凯军：《关于哈尔滨城建起点问题的思考》；李士良：《大金第一都的创建定为哈尔滨城史纪元》；郭旆：《共识与个性：一个外地人对哈尔滨的印象和期待》；王禹浪：《哈尔滨城史纪元始于金代的主要依据》；魏国忠：《关于哈尔滨城史纪元之我见》；韩扬：《保护文物 保存历史——追述〈金上京会宁府遗址保护规划〉》；谭烈飞：《研究金上京与金中都历史需要关注的人物——以入〈北京人物志〉的人物为例》；孙学民：《挖掘金源宝库 打造历史名城》；鲍海春：《金朝对哈尔滨城史历史文化影响探析》；（转下页）

（霭建）村的地名，早在穆宗统治时期即公元10世纪末期，就已经出现在《金史》中。特别是'塞北马王堆'完颜晏夫妇墓的发现，印证了今阿城区巨源乡的小城子村古城正是金建国前的阿勒锦村。在古代行政区划上，哈尔滨一直受金上京城会宁府和清代阿勒楚喀副都统衙门管辖，只是中东铁路修建后把哈尔滨作为中东铁路管理局的所在地，哈尔滨才脱离了阿勒楚喀的行政管辖范围。因此，现在的哈尔滨与阿城区无论在历史上，还是在现实中均属同一行政区划。除此之外，哈尔滨地名的区域化在清末也已经形成，以哈尔滨、大哈尔滨、小哈尔滨地名为村屯的区域称谓在阿什河下游及与松花江汇合处附近已经具有特殊的地域范围，这也进一步说明阿什河流域的阿城地区与哈尔滨实为同一地域的文化区域。"①

王禹浪进一步提出："完颜阿骨打建立大金帝国之日（公元1115年正月初一，笔者注）应作为哈尔滨都市文明城史纪元的标志具有深刻的现实意义。这一点得到了与会学者的一致认可，研讨会后学者们联合撰写了鉴定意见书，对我在二十多年前提出的哈尔滨城史纪元应从金代开始的观点给予了充分肯定和高度评价，并以此作为定论。我的家乡哈尔滨的城史纪元也将有望提前至数百年，并期待能够步入中国古都行列。"②

此次会议达成共识，"金上京会宁府的出现是今天哈尔滨地区的区域文明的源头，城史的开始"。因为，"哈尔滨的城史纪元与金源文化密不可分，金源文化是哈尔滨城市发展中最为重要的一个阶段。有金一代国度的建立，其规模、功能也都是在当时的城市基础上建立起来的，所以金上京会宁府这座都城作为哈尔滨城史纪元的重要基础应当是毫无疑问的。金上京会宁府就是今天哈尔滨城市之源头，将金上京的创建时间定为哈尔滨建城的时间是科学的、确切的，这具有重大的现实意义和深远的历史意义"③。并且会议强调，"根据哈尔滨市阿城区所保存的金代上京会宁府遗

（接上页）郑懋晓：《金源文化与哈尔滨》；洪仁怀：《哈尔滨城史纪元——会宁州（府）》；黄澄：《金朝第一都——上京会宁府——记哈尔滨城史纪元的重要基石》等。

① 王禹浪：《走读东北是我一生的坚守》，王禹浪、王文轶主编：《东北的历史与空间》，黑龙江人民出版社2016年版，第22—23页。

② 王禹浪：《走读东北是我一生的坚守》，王禹浪、王文轶主编：《东北的历史与空间》，黑龙江人民出版社2016年版，第23页。

③ 李玮主编：《金源文史论丛》，黑龙江人民出版社2017年版，序第1、2页。

址的事实,确定了哈尔滨的城史纪元应该起始于金代的观点,从而改变了以往哈尔滨城史纪元起始于近代中东铁路设置的观点,为哈尔滨城史纪元寻到了根脉"①。需要指明的是,这次会议没有哈尔滨主流历史学者如李述笑、石方等的参与。这样的共识是否具有意义?

20世纪90年代,毕业于吉林大学历史系的段光达和纪凤辉指出:"在史学界,有关哈尔滨城史纪元问题争论了很长时间,已趋共识的就是金代古城堡与近代哈尔滨是完全不同的两个概念,不可混为一谈。在争论之初,有相当一部分人认为,哈尔滨城史纪元应该始于金代,迄今已有800多年的城市历史。"②

但是,哈尔滨的城史纪元绝非在金代。"首先,这些古城堡都有自己的城堡名称,与今哈尔滨城名不同,名不正,则言不顺。很难想象,在金代连哈尔滨这个地名都没有产生,何谈哈尔滨城的城史纪元?第二,这些城堡的位置与哈尔滨的位置不同,莫力街、四方台古城堡均在城郊,而白城古城堡遗址更远在30公里开外。区域概念是很重要的,事实上,金代哈尔滨还未形成地域概念,它只不过是金上京会宁府会宁县的边荒,莫力街、四方台也只不过是金上京城延伸出的城堡而已。清末哈尔滨范围只局限在'西起正阳河,东至马家沟河下口,南达田家烧锅,北靠松花江这一三角地带',并不包括莫力街、四方台、白城古城。因此,近代兴起的哈尔滨城,与后来才成为哈尔滨辖区内的古城堡是两回事。况且白城古城一直归阿勒楚喀所辖,无论如何'张冠李戴',也戴不到哈尔滨的'头'上。"③

他们强调:"哈尔滨地区的城市发展史起源可以追溯至辽金代或更久远的年代,但哈尔滨这座城市本身的城史纪元却不能从辽金代或更久远的年代算起,而只能从近代算起。"因为"确定城史纪元,不仅需要进行共时态的横向比较,即搞清城乡差别,而且还要进行历时态的纵向考察,即明确自身的发展轨迹。无论是以辽金古城堡为起点的顺向延伸,还是以近代哈尔滨城为起点的逆向上溯,都可以发现二者之间的非连续性的断裂关

---

① 王禹浪:《走读东北是我一生的坚守》,王禹浪、王文轶主编:《东北的历史与空间》,黑龙江人民出版社2016年版,第28页。
② 段光达、纪凤辉:《东方珍珠·哈尔滨》(上),哈尔滨出版社1998年版,第7页。
③ 段光达、纪凤辉:《东方珍珠·哈尔滨》(上),哈尔滨出版社1998年版,第7—8页。

系是十分明显的"。这些"金代古城堡早就以其遗址为自身的历史画上了句号,完成了它自身的生命周期,与近代哈尔滨并不存在任何遗传的'血缘关系'"①。并且,"哈尔滨地区的金代古城堡,与近代哈尔滨城具有完全不同的文化形态。产生这种差异的原因就在于二者形成于完全不同的社会历史条件。哈尔滨是作为近代意义上的城市而问世的,它不像其他一些中国城市那样,是在传统形态的基础上开始其近代化过程的,而是由强行介入的西方文明,把哈尔滨推上了城市发展之路。中东铁路的枢纽作用,从根本上改变了它与附近地区经济社会的原有结构,掀起了以工商业为主体的城市近代化运动,与近代古城堡完全是'风马牛不相及'"②。还有,"我国著名的历史学家金毓黻先生在所著《东北通史》一书中,曾经论及东北和内蒙古地区历史上的'四大古都',上京会宁府是其中之一。这里的'四大古都'皆未发展成近现代的大城市"③。

"哈尔滨城史纪元,犹如城市历史的定盘星,它不仅关系到对哈尔滨历史研究的总体把握,也涉及对具体历史问题的再认识。人造城市,城市造人,人和城市造就着城市文化。哈尔滨城市沿革史,有别于哈尔滨地区的发展史。社会发展史可以追溯到该地名出现的最早时间和该地区最早人类活动;而城市沿革史则不然。从严格意义上来讲,甚至该地区最早出现的村落、堡寨的年代,也不是城市沿革史的开端。哈尔滨城市沿革史,有别于哈尔滨地区城市发展史。作为地区城市发展史,它可以包括这个地区的若干古代城市兴衰和若干现代城市发展史。而哈尔滨城市沿革史则不然,从严格意义上来讲,它只能指现今的这座城市的兴起与发展史。哈尔滨城史纪元,有别于哈尔滨城市沿革史。作为城市沿革史,它包括这个城市本身的兴起、形成、发展,以及未来趋势的整个过程,而城史纪元则不然,仅仅指这个城市本身的开端、起点或起步。"④

---

① 段光达、纪凤辉:《东方珍珠·哈尔滨》(上),哈尔滨出版社1998年版,第8、8—9、9页。
② 段光达、纪凤辉:《东方珍珠·哈尔滨》(上),哈尔滨出版社1998年版,第9页。
③ 朱国忱:《金源古都》,北方文物杂志社内部资料,1991年,前言第1页。
④ 段光达、纪凤辉:《东方珍珠·哈尔滨》(上),哈尔滨出版社1998年版,第10页。

针对2015年5月10日在哈尔滨市阿城区召开的"2015年哈尔滨城史纪元学术研讨会"(在此基础上,哈尔滨市计划召开哈尔滨建城900年大会,后取消),黑龙江省哈尔滨历史文化研究会与李述笑会长给哈尔滨市相关部门"建言献策",李述笑还在《新晚报》刊发《哈尔滨历史误读误释考订》①一文,对相关问题特别是城史纪元问题进行了澄清。

"金源说"与哈尔滨城史纪元讨论涉及哈尔滨地名的由来,如关成和的"阿勒锦说"②、王禹浪的"天鹅说""晒网场说""大坟墓说""渡口说"等,与女真语、满语③、蒙语、俄语等有关联。实际上,20世纪上半叶出版的书籍如《哈尔滨指南》《北满与东省铁路》《北满农业》《滨江尘嚣录》等早有提及。据《哈尔滨四十年回顾史》介绍:"哈尔滨于俄人筑路前,距今约三十年,固一篇荒野场,其命名之来源,于汉义,绝无讲解。哈尔滨三个字,原系满洲之语,有谓晒鱼网之义,惜不佞不谙满语,不敢率然决定,但敢证其确为满语也。"④孟烈和李述笑在《名城与城名》⑤一文中也明确提出了自己的看法。

此外,有的学者认为,哈尔滨"建城纪元为1097年"⑥。不过,"关成和先生所考证的1097年阿勒锦村的始见时间实际上是对哈尔滨名称的始见时间的确定,而并非城史纪元的初始时间"⑦。但是,笔者认为,《金史》中的"阿勒锦村"的始见,不能等同于"哈尔滨"这个地名的始见。并且,"《金史》中关于阿勒锦的记载,始知金史原文为'霭建',后用满语标音为阿勒锦"⑧。

值得一提的是,王禹浪后来提出了"哈尔滨城史纪元的远端与近端"的说法。"2015年夏季,哈尔滨市委宣传部与哈尔滨市阿城区政府组织召

---

① 黑龙江省哈尔滨历史文化研究会编:《哈尔滨历史文化研究》(第一辑),黑龙江人民出版社2017年版。
② 关成和:《哈尔滨考》,哈尔滨社会科学研究所内部资料,1985年。
③ 黄锡惠:《哈尔滨地名考释》,《满语研究》2010年第1期。
④ 《滨江日报》1938年10月2日第3版。
⑤ 《黑龙江日报》2010年10月21日第12版。
⑥ 韩海燕:《哈尔滨〈远东报〉研究》,北京大学出版社、东北林业大学出版社2017年版,第1页。
⑦ 王禹浪:《哈尔滨地名与城史纪元研究》,社会科学文献出版社2017年版,第168页。
⑧ 陈士平:《哈尔滨探源》,内部资料,2002年,第1页。

开了哈尔滨城史纪元专家论证会"①,他提出:"'哈尔滨城史纪元的远端就是金代上京城建立之时',而'哈尔滨城史纪元的近端就是中东铁路建设之日'。"在《哈尔滨城史纪元再研究》中,他指出:"哈尔滨市的阿城区金代上京城会宁府遗址,实际上就是哈尔滨城市发展史的远端,而近代随着中俄密约签订后中东铁路局设定在哈尔滨的开埠之日,则是哈尔滨城市发展史中的近端。"并且,"哈尔滨城史纪元是哈尔滨城市发展历史全过程中的开端,而伴随着中东铁路出现的哈尔滨市,则仅仅是近代工业文明的城市诞生日或叫开埠日"②。因为"主张哈尔滨城史纪元起始于金代的学者,是在追寻这座城市发展史全过程的远端,而主张哈尔滨城市纪元起始于近代的学者的观点,则是在强调这座城市的历史近端",从而,"求证的是哈尔滨城市发展史的城史纪元而不是哈尔滨筑城的纪元"③。但是,笔者认为,哈尔滨的城市发展史的特殊性是没有经过从古代的"城"到近代的"城市"的连续发展,哈尔滨没有筑城的历史。"近端"和"远端"的提法还是在强调哈尔滨城史纪元的"金源说"。"千年文脉、百年设治",是哈尔滨市政府在城市发展和变化的基础上提出的一个较为合理和清晰的说法,尽管不提中东铁路与哈尔滨的历史关系。

二 百年设治:"设治说"、滨江关道与哈尔滨城史纪元

随着 21 世纪初期(2005)哈尔滨道台府的发现与修复,出现了关于哈尔滨城史纪元的第二次大讨论。这次的主题是"设治说"与哈尔滨城史纪元。李兴盛(黑龙江省社会科学院)、柳成栋(黑龙江省地方志办公室)与曾一智(《黑龙江日报》)等参与研讨、保护和报道。《黑龙江晨报》与《黑龙江日报》(《城与人》专栏)给予宣传。

关于哈尔滨关道设治,《清实录》卷 550 载:光绪三十一年十月癸卯

---

① 哈尔滨城史纪元专家论证会与哈尔滨城史纪元学术研讨会是否为一个会议?在哈尔滨城史纪元专家论证会上,王禹浪作了"关于哈尔滨城史纪元的远端与近端"的学术报告;据哈尔滨城史纪元学术研讨会后来出版的论文集《金源文史论丛》(李玶主编,黑龙江人民出版社 2017 年版),关于城史纪元仅收录了王禹浪的《哈尔滨城史纪元始于近代的主要依据》。在该文中没有涉及"关于哈尔滨城史纪元的远端与近端"。
② 王禹浪:《哈尔滨地名与城史纪元研究》,社会科学文献出版社 2017 年版,第 12、147 页。
③ 王禹浪:《哈尔滨地名与城史纪元研究》,社会科学文献出版社 2017 年版,第 149、151 页。

(初四)"添设哈尔滨道员一缺,从署吉林将军达桂、署黑龙江将军程德全请也"①。滨江道奏准于光绪三十一年十月初四,即1905年10月31日;设立于光绪三十二年四月十八日,即1906年5月11日。②

曾一智在《保护滨江关道衙门行动》一文中介绍:"1905年(光绪三十一年),清政府在哈尔滨设滨江关道,道台为杜学瀛(正四品)。哈尔滨自此开埠。杜学瀛为由皇帝任用的第一个也是最高级别的哈尔滨地方行政长官,而1906年建成的滨江关道衙门也就是哈尔滨最早和最高的行政机构。""滨江关道衙门建于1906年,是哈尔滨的第一个最高级别的行政机关机构。"③刘延年进一步解释:"1906年5月11日,在哈尔滨傅家甸(今道外)正式设治办公并启用'滨江关道兼吉江交涉事宜关防',这是哈尔滨地区历史上第一次由政府批准设立的行政机构。机构当初的任务很明确,就是专办与中东铁路公司交涉事宜,并督征关税。这个关道并不是真正意义上的地方政府机关,因滨江关道没有辖区也没有管理地方事务的职能,以致出现'专管华洋交涉案件,俄国人不承认其职权,而所辖区不足十里,殊难成治'的现象。"④阿唐在《老街漫步》一书中讲过,"1905年,清朝在傅家店设置了只收税不管治安的衙门,史称'滨江关道'"⑤。王哲的《国士无双伍连德》一书中也有涉及,"伍连德事先已经听施肇基介绍过,知道这就是朝廷在哈尔滨最高级别的官员","吉林西北路分巡兵备道道台于泗兴"(应是于驷兴,笔者注)⑥。然而,柳成栋在《哈尔滨设治及几个相关问题的再认识》中指出,"哈尔滨关道衙门的建立,并非是中国封建王朝设立的最后一个传统式衙门和清王朝最后在中国北方设立的权力机关",并且,"哈尔滨关道设立的同时,哈尔滨吉江两省的铁路交涉局也随之裁撤"⑦。但是,《吉林公署政书》中关于《交涉司》一章中提到,"旋

---

① 《清实录》第59册,德宗景皇帝实录(八),光绪三十年至三十四年·卷五二六至卷五九七,中华书局1987年版,第301页。
② 刘亚祥主编:《黑龙江市县设治时间考》,黑龙江人民出版社1988年版,第2页。
③ 曾一智:《城与人:哈尔滨故事》,黑龙江人民出版社2004年版,第8—9页。
④ 刘延年:《老街轶事:哈尔滨建筑背后的故事》,黑龙江人民出版社2008年版,第103页。
⑤ 阿唐:《老街漫步》,黑龙江人民出版社2011年版,第366页。
⑥ 王哲:《国士无双伍连德》,福建教育出版社2007年版,第406页。
⑦ 《厚重文脉 沧桑百年——哈尔滨市"千年文脉、百年设治"座谈会文集》,哈尔滨市人民政府地方志办公室内部资料,2005年,第8、12页。

以俄议不协，总局未撤，故滨江道于征税外，犹兼总局会办"①。并且1917年11月27日《施道尹兼任交涉局总办》强调，"吉林铁路交涉局总办一席向滨江道尹兼任"②。

笔者认为，这些关于哈尔滨关道性质的说法不尽合理，并非学术意义上的探讨。"第一""最高""最早"等称谓失之偏颇。在一定历史时期，设治在道外的哈尔滨关道并不能管理现代意义上的哈尔滨（道外、道里、南岗、香坊），作为铁路"附属地"的哈尔滨由中东铁路管理局管理。随着中国收回路权的斗争的开展，哈尔滨关道道尹的权力有所变化，如董士恩兼任东省特别区管理局局长，但是权力实质有待研究。黑龙江省社科院研究员石方指出，一般意义上，道是"中华民国前期沿用清制而设立的省和县之间的一级行政建制，为省辖下的二级政区，所辖数县或设治局"。道官（观察使、道尹）"为一道之行政长官，其职权范围是依照法令执行辖区行政事务，接收上级行政长官委任监督财政及司法的执行情况，对所辖县份的人事任免、奖惩权力可报上级核办，对辖区内巡防警备队的调遣节制等"③。而黑龙江省社会科学院研究员李述笑在《谈滨江关道设治的几个问题》中强调，"哈尔滨却有它自身的特殊性：她是一座借中东铁路的修筑和经营的机遇，由村镇聚落点向近代城市逐渐转化而形成的城市。第一，她没有建筑城垣的经历；第二，1905年滨江关道的设治又明显地滞后于哈尔滨城乡嬗变的开端"④。值得思考的是，哈尔滨关道道尹不同于其他地方的道尹的职能是，专办吉江交涉事宜及督征关税，还兼任外交部的交涉员、吉林铁路交涉局或黑龙江铁路交涉局总办等，哈尔滨关道道尹的工作重心是外交事务，特别是处理中俄关系。如施肇基所言，"哈尔滨关道交涉事项对俄者最烦，尤多主权之争。因凡在铁路附近地段，俄人皆认为有行使行政之权"⑤。

---

① 吉林师范学院古籍研究所、李澍田主编，孟东风、潘景隆等整理：《长白丛书》第四集《吉林新志·吉林公署政书》，吉林文史出版社1995年版，第68页。
② 《远东报》摘编第五辑，《哈尔滨史志》1984年增刊第1期。
③ 石方：《黑龙江区域社会史研究（1912—1931）》，黑龙江人民出版社2009年版，第5页。
④ 《厚重文脉 沧桑百年——哈尔滨市"千年文脉、百年设治"座谈会文集》，哈尔滨市人民政府地方志办公室内部资料，2005年，第19页。
⑤ 施肇基：《施肇基早年回忆录》，台湾传记文学出版社1985年版，第64页。

关于哈尔滨关道设治有一个不可回避的问题，即哈尔滨设治与城史纪元问题的关系。关于设治说，柳成栋强调"奏准设立哈尔滨关道即哈尔滨设治，是哈尔滨近代城市建设的最权威的纪念日"。同时，他指出"中东铁路的修建，绝非只形成一个哈尔滨，导致城市（镇）的形成和发展主要在于其本身的内在因素即内因起作用"，"中东铁路是沙俄帝国主义侵略东北的产物，哈尔滨近代城市纪念日绝不能定在与帝国主义侵略相关的耻辱之日"①。笔者认为，我们应该承认历史事实和相关条约的客观结果，不能进行情绪化论述。关于哈尔滨的城史纪元，米大伟总结为，"作为现代城市功能和定位的哈尔滨，主体内容自然是哈尔滨作为城市的历史，它的发生、发展是中东铁路建设带来的，是一座借中东铁路的修筑和经营的机缘，由村镇聚落点迅速转化的现代城市"②。这些村镇聚落点主要是随着铁路建设形成的铁路村③。尽管铁路"附属地"和租界、租借地有所不同，但用殖民主义的双重性来解释它是有一定合理性的。马克思在《不列颠在印度统治的未来结果》中讲道，"英国在印度要完成双重的使命：一个是破坏性的使命，即消灭旧的亚洲式的使命；另一个是重建性的使命，即在亚洲为西方式的社会奠定物质基础"④。作为铁路"附属地"的哈尔滨，俄苏等国建设性的结果不仅表现在物质方面，也表现在精神文化方面，从而形成了一个"洋华杂处、中西交融"的城市。也就是说，哈尔滨的城市化和近代化是一种后发现代化。

哈尔滨城史纪元的"设治说"关涉"开埠说"。学界目前以1907年1月12日成立哈尔滨商埠公司为哈尔滨开埠的标志。更有学者提出："开埠比设治还晚，更重要的是帝国主义强加有损于中国主权的条款，怎么能

---

① 柳成栋：《哈尔滨近代城市纪念日的权威日期是设治之日》，《黑龙江史志》1994年第5期。同时，他还在《哈尔滨设治始末》，载《学理论》2005年第6期；《哈尔滨设治及几个相关问题的再认识》，载《黑龙江史志》2005年第10期等论及此问题。
② 米大伟：《黑龙江历史——附哈尔滨城市史》，黑龙江人民出版社2012年版，第303页。
③ 在哈尔滨城市的形成过程中，也不能忽视"闯关东"中山东、山西、河北等地的人。现在学界对"闯关东"的研究往往侧重于"逃荒"这一部分，而忽视了从事商业等行业的"淘金"者，其实这是一个不小的群体。笔者认为，李述笑先生2013年增订本的《哈尔滨历史编年（1763—1949）》，把起始时间放到1763年就有这层含义。
④ 马克思：《马克思恩格斯选集》（第一卷），人民出版社1995年第2版、2006年第6次印刷，第768页。

拿这个丧权辱国的条约作为哈尔滨的城史纪元呢？这实在是让人无法接受。"① 但是笔者认为，哈尔滨是先开埠后设治。中东铁路的建设和开通，是哈尔滨开通商埠的历史前提②。1905 年 12 月 22 日，中日在北京签订的《会议东三省事宜正约》（又称《满洲善后协约》）的《附约》第一条规定："中国政府应允，俟日俄两国军队撤退后，从速将下列各地方自行开埠通商：奉天省内……；吉林省内之长春（即宽城子）、吉林省城、哈尔滨、法库门；黑龙江省内之齐齐哈尔、海拉尔、瑷珲、满洲里。"《哈尔滨市志》的《大事记》记载，1905 年 12 月 22 日，"中日《会议东三省事宜条约》3 条及附约 12 款在北京签约，清政府被迫承认《朴茨茅斯和约》中有损中国主权的条款，并允许哈尔滨等 16 个城镇开通商埠"；1907 年 1 月 12 日，"根据中日《会议东三省事宜条约》，哈尔滨辟为商埠，设立哈尔滨商埠公司"③。一般来讲，近代中国一些城市的开埠分为条约开埠和自主开埠两种。哈尔滨"自行开通商埠"经历了一个过程。从"长时段"来看，哈尔滨的开埠早于滨江关道的设治。同时需要强调的是，哈尔滨开通商埠的区域是中国政权管辖的范围，而不是中东铁路"附属地"，也就是说不是现在的整个哈尔滨主城区；另外，研究者不能因民族感情或情绪而影响历史研究的客观性。

三　建设周年："铁路说"、中东铁路与哈尔滨的城史纪元

第三次关于哈尔滨城史纪元的大讨论，肇始于 2015 年拟召开的哈尔滨建城 900 周年。黑龙江省哈尔滨历史文化研究会及李述笑等对"金源说"等问题进行了回应，并且提出"铁路说"与哈尔滨城史纪元的关

---

① 李士良：《大金第一都的创建应为哈尔滨城史纪元》，载李玮主编《金源文史论丛》，黑龙江人民出版社 2017 年版，第 21 页。

② 关于哈尔滨开通商埠问题可以参阅张忠《哈尔滨早期市政近代化研究（1898—1931）》，博士学位论文，吉林大学，2011 年，赵英兰教授指导；张佳余《近代东北开埠问题研究》，博士学位论文，首都师范大学，2008 年，梁景和教授指导；贾小壮《开埠通商与安东小商埠城市社会变迁研究（1906—1931）》，博士学位论文，吉林大学，2015 年，赵英兰教授指导；由岳峰《浅谈哈尔滨近代城市的历史纪元》，《黑龙江史志》2016 年第 3 期；段永富《浅析哈尔滨开埠与城市近代化进程》，《世纪桥》2013 年第 10 期等。

③ 哈尔滨市地方志编纂委员会编：《哈尔滨市志·大事记　人口》，黑龙江人民出版社 1999 年版，第 24—25、26 页。

系。1898年6月9日中东铁路的开建和1903年7月14日开通不应作为哈尔滨城史纪元的标识,同时"海兰泡"号到达哈尔滨的日期,也不该作为哈尔滨城史纪元的标志。关于"铁路说"还有一种时间提法,1928年波兰文版的《波兰人在远东》一书提到:"载着建设局工程师和官员的'圣诺森号'与'奥德赛号'轮船分别于5月13日、5月16日到达这里,他们的到达标志着哈尔滨城的正式建立。"① 这里首先不讨论这个时间能否作为哈尔滨城市建立的标志,而存在一个问题是,时间是俄历还是公历?② 哈尔滨因路而兴,是随着中东铁路建设与开通而逐渐"建设"而成的新兴近代城市。哈尔滨历史上的《远东报》《滨江时报》《盛京时报》《生活报》③《东北日报》等报刊都曾刊发过关于哈尔滨城史纪元的文章。《生活报》曾专门关于哈尔滨城市"建设"刊发《哈尔滨建设五十周年纪念特刊》。《新晚报》《哈尔滨日报》《生活报》与《黑龙江省广播电视报》等参与报道了这次大讨论。

关于这次哈尔滨城史纪元大讨论,2015年5月18日《新晚报》刊发《哈尔滨城史或提至900年前 有望进入中国古都之列》;然而,《黑龙江广播电视报》在2015年5月22日刊出《哈尔滨城史要沾阿城的光? 荒唐》。《哈尔滨城史或提至900年前 有望进入中国古都之列》中的五大论据为:"1.《金史》中明确记载,公元1115年正月初一,女真首领完颜

---

① [波]塔德乌什·舒凯维奇等:《波兰人在远东》,黑龙江省求真经济研究基金会译,哈尔滨出版社2018年版,第14页。

② 1918年1月26日,苏俄政府宣布停止使用儒略历(旧历),采用格里高利历(公历)。格里历和儒略历在18世纪相隔12天,19世纪相隔13天,20世纪相隔14天。公元即公历纪元,原称基督纪元,又称西历或西元,一种源自西方社会的纪年方法。是由意大利医生兼哲学家Aloysius Lilius对儒略历加以改革而成的一种历法。1582年,时任罗马教皇的格列高利十三世予以批准颁行。它以耶稣诞生之年作为纪年的开始。在耶稣诞生之后的日期,称为主的年份Anno Domini(A.D.)(拉丁)。而在耶稣诞生之前,称为主前Before Christ(B.C.)。现代学者为了淡化其宗教色彩以及避免非基督徒的反感改称用公元(Common era,缩写为C.E.)与公元前(Before the Common Era,缩写为B.C.E.)的说法。辛亥革命爆发后次年(1912),当时的中华民国政府采用公历作为国历,纪年方面,公元纪年法与民国纪年法并行。1949年9月27日,经过中国人民政治协商会议第一届全体会议通过,新成立的中华人民共和国使用国际社会上大多数国家通用的公历和公元作为历法与纪年。

③ 哈尔滨历史上有两份《生活报》。一种由1948年5月1日中共中央东北宣传部在哈尔滨创刊,为5日刊,由生活报社编印,光华书店发。后因故停刊。1949年1月16日在沈阳复刊。后来在沈阳终刊。另一种是黑龙江日报报业集团于1984年10月16日正式创办的,发行至今。

阿骨打在按出虎畔（今阿什河）建国立帝，国号大金；2. 金上京会宁府遗址建于 12 世纪，至今仍像长龙一样横亘在阿城大地上，这是不可移动的标志性建筑遗址，它无言地述说着这里当年作为都城的辉煌，这是哈尔滨市古代城市文明形成的历史见证；3. 2006 年，阿城出土了一件金代铭文石尊，其铭文为'承命建元收国·子曰典祀'，而金建国时的年号为收国，这件文物确凿地证明了金朝当年立国建都的事实；4. 哈尔滨地名的语源来自《金史》中记载的'阿勒锦'，其地理位置就是今天哈尔滨市道外区巨源镇城子村。专家考证，城子村古城是金初皇帝的春水捺钵行宫之地；5. 哈尔滨古代历史的行政区划一直受金上京会宁府和清代阿勒楚喀副都统衙门管辖。不论历史上的阿城管辖哈尔滨区域，或是当下哈尔滨管辖阿城，都说明哈尔滨与阿城历史上就属于同一行政区划。"①

2015 年 5 月 24 日下午，黑龙江省哈尔滨历史文化研究会在果戈里书店针对该问题进行了详细而严肃的讨论。其中，李述笑指出，在阿城召开的城史纪元研讨会，"五大论据不足为据"；"五大概念不可偷换"。文明的源头不等于城史纪元；上京会宁府不等于阿城；阿城区不等于哈尔滨市；城史纪元不等于建城时间；加入古都行列不等于增加城市竞争力。城史纪元，顾名思义，是城市历史的起算年代，其上限应从其最早形成村落，并有自己名字的年代起算。依据中外计算城史的规则和惯例，考察该村落最早形成的时间应以有文献记载或有文物可证的时间为准；建城时间，一般指开始建设城垣或城市行政设置的时间。我国的六大古都以及讨论中涉及的上海、齐齐哈尔和青岛均可据此确定建城时间。哈尔滨是特殊的，它既无建筑城垣的历史，城市设置的时间又远滞后于城市形成的时间。因此，它没有建城时间或建城纪念日可言，它是个随着中东铁路修筑和经营，逐渐形成的近代城市②。

哈尔滨城史纪元问题，在改革开放前没有被学者们意识到。这个问题是改革开放以后逐渐浮出水面的。"金源说"的相关"研究者"《盛京时报》的《滨江特刊》曾经介绍《哈尔滨特别市概况（一）》，"一八九

---

① 《新晚报》2015 年 5 月 18 日第 A06 版。

② 笔者也参加了此次讨论。

八年,旧俄帝政时代之建设中东铁路,辄以此间为侵略远东政策根据地,自是厥后扶摇直上"①。在《生活报》的《哈尔滨建设五十周年纪念特刊》中,署名"一波"的人在《哈尔滨历史标志着人民胜利》一文里写道:"五月二十八日,是哈尔滨建设五十周年的日子。"并且强调,"帝俄为着侵略远东,用中国人民的血汗,把哈尔滨建设成一座现代的城市,这时,哈尔滨是半殖民地,不是属于人民的,它包含着耻辱和愤怒"②。王坪在《哈尔滨半世纪》中指出,"哈尔滨是满洲语,译成汉文是'打渔泡'或'晒网场'的意思。由此可知哈尔滨不过是松花江边一荒村。自从一八九八年(光绪二十四年)中东铁路兴筑以后,哈尔滨才慢慢地脱落原始本色,逐渐穿上时代新装而成为今天新中国第一个新都会"③。《生活报》的文章仅指出1898年5月28日这个纪念日,并未讲出具体的出处。1949年5月29日,《东北日报》刊发《哈尔滨各界欢度建设五十周年》的消息。"昨日哈尔滨建设五十周年纪念,全市国旗飘扬,在进一步支援战争建设人民城市的号召下,各界人民欢欣庆祝。"并且强调,"会中,李议长首述'五二八'来历系因一八九八年的今天,从帝俄以'海兰泡'号轮船,载来最后一批建路技术人才,兴筑中东路开始建设哈市"④。关于这个日子还有一种说法,"中东铁路开始施工以后,为了适应中东铁路建设指挥的需要,将中东铁路建设工程总局由海参崴迁到哈尔滨,一八九八年五月二十八日正式在香坊田家烧锅办公。这个日子可看作是哈尔滨城市创建的日期"⑤。

关于中东铁路的修建与哈尔滨的城市发展之间的关系,哈尔滨地方史专家、黑龙江省社会科学院研究员石方分析:"哈尔滨被确定为中东铁路的中心枢纽后,使资本主义得以安身立命的蒸汽机、动力机械较早地出现在这里。'外力'赋予的现代工业化因素使其从根本上改变了哈尔滨地方经济社会的原有格局。"中东铁路的修筑"实是在哈尔滨地方形成了一场

---

① 《盛京时报》1936年8月6日第7版。
② 钱孙:《哈尔滨历史标志着人民胜利》,《生活报》1948年5月26日第2版。
③ 《生活报》1948年5月26日第3版。
④ 《东北日报》1948年5月29日第1版。
⑤ 国林:《关于哈尔滨和哈尔滨建筑风格问题》(第一部分),哈尔滨建筑风格讨论会内部资料,1982年,第3页。

巨大的'社会革命'，使其能够在短短一二十年内便由一个以传统的分散的自然村落经济占主导地位的社区系统迅速崛起为现代城市。中东铁路修筑的本身就是现代工业的产物，而近十年来围绕着中东铁路的建设出现的为生产生活服务的工业企业把哈尔滨推上了高起点的发展之路"。随着中东铁路的建设，"哈尔滨已摆脱了传统文化氛围的束缚，显露出现代城市的雏形并日趋发展"①。在《关于哈尔滨城史纪元的几个问题》一文中，黑龙江大学历史文化旅游学院教授段光达指出："哈尔滨作为中东铁路的中枢，是沙俄在华推广殖民主义侵略政策的产物，因而从形成之日起便带有相当浓厚的半殖民地色彩。由于它是在特定的历史条件下，受特殊的外力和诱导因素的作用，开始其特殊的城市形成过程的。"②

2018年4月29日，孟烈与李述笑进行了关于中东铁路与哈尔滨城史纪元的对谈。他们的共识为，哈尔滨是随着中东铁路的修筑而逐渐"建设"而成的城市。李述笑强调："中东铁路的建筑与经营促进了哈尔滨由村屯聚落向铁路村镇的转化，促进了城市的形成和发展。但确定所谓建城时间或者建城纪念日，应是以开始建筑城垣或行政设置的时间为依据的。绝不是俄国人轮船一到，哈尔滨城市就正式建立了。"③

关于哈尔滨城史纪元问题，研究者需要从具体的史料出发，进行实事求是的探究，而不是对该问题进行过度阐释和过度消费。李述笑指出："史料对于历史研究是重要的，没有史料基础的所谓研究是空洞无物的。我们应该相信既往的史料，因为前人比我们更接近于那个历史年代；同时，我们又不迷信既往的史料，因为任何史料都会因为时代的局限性、作者的片面性而有疏漏、讳忌和差错。"④ 哈尔滨城史纪元问题作为哈尔滨历史文化研究的节点问题，将会随着研究的日益深入而逐渐澄清和明朗。

---

① 石方：《黑龙江区域社会文明转型研究（1861—1911）》，黑龙江人民出版社2006年版，第314、315页。
② 段光达：《关于哈尔滨城史纪元的几个问题》，《学术交流》1994年第2期。
③ 李述笑：《代序》，[波]塔德乌什·舒凯维奇等：《波兰人在远东》，黑龙江省求真经济研究基金会译，哈尔滨出版社2018年版，第3页。
④ 李冬梅主编：《哈尔滨四十年回顾史——〈滨江日报〉（1938年9月—1943年2月）地方史料辑录》，黑龙江人民出版社2016年版，序言第2页。

第二节　清代地图与"哈尔滨"地名考证

"哈尔滨"地名[①]探讨是哈尔滨城史研究的一项重要内容,亦是一个争论不休并至今悬而未决的难题。语言学关涉"哈尔滨"地名的来源,"哈尔滨"地名的满文、汉文、俄文与日文等的出现时间和历史演进的问题亦是一个需要进一步深入的课题。历史地理学关乎"哈尔滨"地理方位与地理名称的对应考证,不同历史时期"哈尔滨"的具体位置和不同行政区划的"哈尔滨"的称谓变化也是一项亟待进一步梳理的论题。清代地图的利用为"哈尔滨"地名研究提供了语言学与历史地理学相结合的"载体"。

一　与"哈尔滨"相关的清代地图概观

地图是一种史料,甚至是一种不可或缺的证据。这首先表现在地图的客观性与真实性方面,其次地图也反映了一定的政治和文化意识。同时,地图亦是一种图像,在某种意义上首先是一种图像的表现形式。清代地图为"哈尔滨"地名探讨提供了一个视角或路径。

[①] 关成和:《哈尔滨考》,哈尔滨市社会科学研究所内部资料,1985 年;关成和:《哈尔滨考》,《地方史资料》(第一辑),哈尔滨地方史研究所内部资料,1980 年;《阿勒锦村——哈尔滨地名考》,哈尔滨市图书馆内部资料,1977 年;纪凤辉:《哈尔滨寻根》,哈尔滨出版社 1996 年版;王禹浪:《哈尔滨地名含义揭秘》,哈尔滨出版社 2001 年版;陈士平:《哈尔滨探源》,内部资料,2002 年,等等。黄锡惠:《"哈尔滨"地名考释》,《满语研究》2010 年第 1 期;纪凤辉:《〈黑龙江舆图〉与哈尔滨地名》,《学习与探索》1990 年第 4 期;纪凤辉:《哈尔滨地名由来与哈尔滨城史纪元》,《学习与探索》1993 年第 2 期;石方、石恒林:《"模糊史学"视域下的哈尔滨地名考》,《黑龙江史志》2015 年第 15 期;石方:《哈尔滨地名含义新诠——从"模糊史学"的视域看》,《黑龙江社会科学》2014 年第 1 期;梁爽、黄澄、王禹浪:《天鹅说——哈尔滨地名新探》,《学理论》2000 年第 10 期;王洁:《关于〈"哈尔滨"地名考释〉中一处分析的商榷》,《哈尔滨学院学报》2013 年第 5 期;赵阿平:《哈尔滨地名的含义》,《哈尔滨师专学报》1999 年第 4 期;何报侠:《哈尔滨地名的由来》,《中国民族》1981 年第 8 期;王禹浪:《哈尔滨地名之谜》,《哈尔滨师专学报》1999 年第 4 期;赵力:《松花船口 吉江通衢——哈尔滨地名之我见》,《黑龙江史志》2010 年第 6 期;王昊:《智者的困惑——关于哈尔滨地名含义的争论》,《黑龙江档案》2018 年第 5 期;孟烈、李述笑:《名城与城名——哈尔滨地名纵谈》,《黑龙江日报》2010 年 10 月 21 日,等等。

与"哈尔滨"相关的清代地图：康熙满文《康熙皇舆全览图》（1718）；雍正满文《雍正十排皇舆全图》；乾隆汉文《乾隆十三排图》（亦称《乾隆皇舆全图》《乾隆内府舆图》，1760—1770）；同治汉文《皇朝中外一统舆图》（即《大清一统舆图》，根据《康熙皇舆全览图》与《乾隆内府舆图》绘制，1863）；光绪汉文《黑龙江舆图》（1890—1899）。

同时，笔者查阅了哈尔滨市图书馆古籍阅览室的相关古籍：《皇朝省直舆地各志》（清光绪二十八年，石印本，哈尔滨市图书馆藏书号211.1.2449）、《皇朝一统舆地全图》（清赵子韶绘，清光绪二十八年，上海石印，哈尔滨市图书馆藏书号211.1.4910）、《大清中外一统舆图》（清邹世治等撰，清同治二年湖北抚署景桓楼刻印本，哈尔滨市图书馆藏书号211.1.2711）、《历代舆地沿革险要图说》（清王尚德绘，清光绪二十四年，上海文贤阁石印，哈尔滨市图书馆211.1.1092）与《历代舆地沿革险要图注》（清杨守敬、饶敦秩撰，清光绪二十二年注，哈尔滨市211.1.4734）等。

2007年外文出版社出版《清廷三大实测全图集》；2012年中国地图出版社出版《舆图指要》。此外，还包括"文物出版社的三大册《中国古代地图集》，北京图书馆善本特藏部编的《舆图要录》，飞利浦·艾伦（Phillip Allen）的《古地图集精选》，还有最近香港科技大学图书馆编的《地图中国》"[①]。

二 关于地图中的"哈尔滨"相关地名考证

《康熙皇舆全览图》《雍正十排皇舆全图》《乾隆十三排图》与《黑龙江舆图》等清代地图，为研究清代政治史、文化史与区域史等提供了重要的资料。满文或汉文的地图标识，如阿尔楚库和屯、松阿里乌拉、哈尔宾等，是研究"哈尔滨"历史文化的重要信息。

满文《康熙皇舆全览图》中，阿尔楚库和屯、阿尔楚库比拉、松阿里乌拉、拉林比拉等地名和江河名称形象地描绘了该区域的情况。但是，没

---

① 葛兆光：《思想史研究课堂讲录·初编 视野·角度与方法》，生活·读书·新知三联书店2019年版，第160页。

有"哈尔滨"字样。和屯即满语的城镇;比拉是河;乌拉是江。松花江"盖由松阿里转讹而来,昔满洲土人呼此江为松阿里乌拉,即天河之意,汉人则亦因之而称松花江矣"①。

满文《雍正十排皇舆全图》中,除了阿尔楚库和屯、阿尔楚库比拉、松阿里乌拉、拉林比拉等地名和江河名称,在阿尔楚库比拉与拉林比拉中间的松阿里乌拉中出现了"扁岛"(满语罗马字母转写为 tarhvn toho)。从地图"扁岛"标识的位置看,该地方是今松花江哈尔滨段的一处江心岛。但是,"扁岛"不是现太阳岛,亦不是"哈尔滨"地名的来源。

纪凤辉论证,"哈尔滨"一词是满语"扁岛"之义。论据与地图、地理位置有关的是:"第五,《大清一统舆图》标绘'扁岛'的方位。地名是历史上形成的,它的产生不是毫无意义和毫无根据的,而哈尔滨地理特征确为'扁岛'在《大清一统舆图》中得到了最令人信服的又一证明。在《大清一统舆图》阿勒楚喀河和拉林河之间松花江江段中,只标有一处扁状的岛屿,而且这个扁状的岛屿与全幅地图标绘的整个松花江、黑龙江十数个较大的岛屿相比,其形状两端最尖,其分流两侧最均,其面积亦是较大者之一。特别是这个扁状的岛屿所标正对呼兰辖境的江北塔尔挥托辉(意为蛤蜊洼,详见《新晚报》1990 年 5 月 17 日第 3 版),虽然没有标出'哈尔滨'地名,但与今哈尔滨方位完全吻合,并突出了哈尔滨这种独特的地理特征,这不能不是哈尔滨命名的根本起因。晚于《大清一统舆图》刊行的《历代舆地沿革险要图》就是在这个扁状岛屿旁标有'哈拉宾'字样,这不能不进一步说明哈尔滨之名的确来源于这片独具自然地理特征的扁状岛屿。第六,清代档案中有关哈尔滨'扁岛'的记载。不仅清代地图如此标绘哈尔滨地形,而且清代档案记载与地图标绘相符合。据黑龙江将军衙门档案 1862 年巡查松花江沿岸网厂,渡口官员报称:'塔尔辉处江之北岸,原有渡船一只,对面江之南岸哈尔滨亦有渡船一只,其中有沙洲一道,两岸之渡各摆各岸',这个岛屿便是《大清一统舆图》所标绘的与塔尔浑托辉相对的岛屿所在,是为呼兰与阿勒楚喀江中之分界。据查,哈尔滨江段南北渡船初于 1777 年相

---

① 《盛京时报》1936 年 9 月 9 日第 7 版。

设，距1709年《皇舆全图》实测哈尔滨地形的时间仅差68年，进一步印证了这片岛屿的存在。满族除了用形容词'扁'命名岛屿外，如'哈尔费延岛'（见《吉林通志》第12卷第5页），还用'扁'来命名山、河等名称，如'哈勒费延山'（见《吉林通志》第18卷第23页）、'哈勒费延河'（见《钦定盛京通志》第20卷第20页）。由此可见，满族用'扁'命名并非鲜见。"[①]

《大清一统舆图》是在《康熙皇舆全览图》与《乾隆内府舆图》基础上绘制而成的。《康熙皇舆全览图》与《乾隆内府舆图》都没有"扁岛"的标识。纪凤辉的以上说法是推断或推测。从任何时期来看，"哈尔滨"在地理形态上都不是扁岛。黄锡惠表示，"今天的哈尔滨以扁的形状得名，究竟具体指的是什么已难考求。有的研究者将通名阑入专名而认为'哈尔滨'系'哈尔滨屯'之省，解释为'扁岛'，非是。"[②] 此处还涉及"扁岛"与"太阳岛"的关系（1906年《哈尔滨及其郊区规划图》，哈尔滨市道里区地段街167号哈尔滨市住建局城建档案馆）。据《滨江尘嚣录》一书记载，太阳岛"位于松花江铁桥之西侧，隔江与道里相望，面积约四方里"，并且，"惟以位于江心，独得清凉之气，故夏季酷热之时，遂成为游人避暑之地矣"[③]。

关成和谈道，"关于太阳岛的解释，民间流传两种说法：一是太阳岛是个圆形的岛，故以太阳名之；一说独岛上的阳光显得格外地炎热，遂以其命为岛名"。满族渔民"最初把这个小岛称作 Taiyaon，主要是指小岛附近的水域盛产鳊花。满语词汇 taiyaon，在口语里是词中与词尾音——yaon 联结成一个音节，因此同汉语的'太阳'十分音近"。因此，"把满语的地名'Taiyaon'说成'太阳岛'，必是由这部分民人流传下来的"[④]。笔者认为，他的想法仅是一种推测。陈士平的记叙同样不具备学术意义，"太阳岛并非鳊花鱼。据说在很早以前太阳岛一带盛产鳊花鱼，因此，满族人称

[①] 纪凤辉：《哈尔滨地名由来与哈尔滨城史纪元》，《学习与探索》1993年第2期。
[②] 黄锡惠：《"哈尔滨"地名考释》，《满语研究》2010年第1期。
[③] 辽左散人：《滨江尘嚣录》，收入李兴盛主编黑水丛书第12种《东游日记·外十六种》（上），黑龙江人民出版社2009年版，第977—978、978页。
[④] 关成和：《哈尔滨考》，哈尔滨市社会科学研究所内部资料，1985年，第145、147页。

这里为 tai yaon（太要恩）即鳊花鱼，tai yaon，久沿成俗就变成了太阳岛了"。其实，"太阳岛并不是满语，而是地地道道道（多了一个道，笔者注）的汉语。据一位老哈尔滨人说，约在 80 多年以前，太阳岛的位置并不在今天的太阳岛，而是指江中的一个长着柳丛的圆形沙滩"①。具体而言，"其实历史上的太阳岛并不是今天松花江北岸的太阳岛，而只是松花江中一片沙滩形成的江心岛，是今天太阳岛东西两轮渡码头之间的那个柳树丛的圆形沙滩，是长约 1000 米、面积约 90 多公顷（此处数据有误，笔者注）的江心岛浴场。一百多年以前，这里是一处不引人注意，没有建筑的无名小岛"②。

纪凤辉判断，"继《大清一统舆图》后，1876 年杨守敬刊行了《历代舆地沿革险要图》。1906 年，由杨氏门人熊会贞重校再版的《历代舆地沿革险要图》，首次在这个扁状岛屿旁标有'哈拉宾'字样，这不能不进一步证明哈尔滨之名的确来源于这片独具自然地理特征的扁状岛屿"③。1903 年出版的《中东铁路大画册》中的《哈尔滨及近郊平面图》、由中东铁路管理局编制的 1906 年俄文《哈尔滨及郊区规划图》与 1910 年俄文《哈尔滨平面简图》，都有《雍正十排皇舆全图》中"扁岛"相对应的位置。但是，并未将该处标为太阳岛。

哈尔滨第一次庆祝五一国际劳动节也与该问题相关。1907 年 5 月 14 日，"俄历五月一日，哈尔滨商店、饭店闭店，工厂停工。俄国社会民主党组织哈尔滨及中东铁路沿线 5000 多名中俄工人在中国船夫摆渡的帮助下过江，在哈尔滨松花江十字岛集会，庆祝五一国际劳动节。阿勃拉莫夫在集会上号召举行武装起义，推翻沙皇政权"④。据《盛京时报》的哈尔滨《纪劳动会演说事》介绍："阳历五月初一日，为劳动者纪念大会，无论为商界工界，上中下等社会，凡以劳动力得衣食住者，均于是日示威运动。俄历五月一日，哈尔滨埠俄国劳动者亦拟举行此会，然因俄长官不准，故

---

① 陈士平：《哈尔滨探源》，内部资料，2002 年，第 52 页。
② 王海清：《说说初始的太阳岛》，《新晚报》2010 年 10 月 17 日第 30 版；另载《老哈尔滨·历史档案》，北方文艺出版社 2012 年版，第 300 页。
③ 纪凤辉：《哈尔滨寻根》，哈尔滨出版社 1996 年版，第 57 页。
④ 李述笑：《哈尔滨历史编年（1763—1949）》，黑龙江人民出版社 2013 年版，第 64 页。

未放在铁路租界举行,而至松花江北岸聚会,共集三千余人"。① 1928 年的《哈尔滨街市全图》显示,"太阳岛"与"十字岛"是两个不同的方位和称谓。这说明,"太阳岛"与"十字岛"并不是同一个位置,亦不是同一个名称。"中俄工人在中国船夫摆渡的帮助下过江"与"松花江北岸聚会"等信息表明,中俄工人不可能在江心的岛屿集会,而是在松花江北岸现太阳岛聚集。因为不管"5000 多名"还是"三千余人"都说明,如此众多的人数亦不太适合在松花江的江心岛举行相关活动。据 1929 年出版的《滨江尘嚣录》介绍,"太阳岛位于松花江铁桥之西侧,隔江与道里相望,面积约四平方里"。而"惟以位于江心,独得清凉之气,故夏季酷热之时,遂成为游人避暑之地矣"②。辽左散人描述了当时太阳岛所在的具体位置"位于江心"。1928 年的《东省特别区哈尔滨街市全图暨街道新旧名称对照表》与 1932 年的《东省特别区哈尔滨街市全图》分别明确标识了"太阳岛"与"十字岛"的地理位置。1932 年出版的中日文版《哈尔宾》地图中出现了中文和日文的"太阳岛"(日文タイヤンタオ)和"十字岛"(日文シーッータオ)的标识。该地图把现在太阳岛的位置标为"避暑地"。

  关于太阳岛的历史方位,从文学叙事来讲,许多中国知识分子走中东铁路到欧洲路经哈尔滨,描述了哈尔滨的城市风貌和风土人情。1931 年 8 月,朱自清的松花江之游提及太阳岛:"道里道外都在江南,那边叫江北。江中有一太阳岛,夏天人很多,往往有带了一家人去整日在上面的。岛上最好的玩意自然是游泳,其次就是划船。我不大喜欢这地方,因为毫不整洁,走着不舒服。我们去的已不是时候,想下水洗浴,因未带衣服而罢。岛上有一个临时照相人,我和一位徐君同去,我们坐在小船上让他照一个相。岸边穿着游泳衣的俄国妇人孩子共四五人,跳跳跑跑地硬挤到我们船边,有的浸在水里,有的趴在船上,一同照在那张相里。这种天真烂漫,倒也有些教人感着温暖的。走方照相人,哈尔滨甚多,中国别的大都市里,似未见过;也是外国玩意儿。照得不会好,当时可取,足以纪念而已。从太阳岛划了小船上道外去。我是刚起手划船,

---

① 《盛京时报》1907 年 5 月 22 日第 5 版。
② 辽左散人:《滨江尘嚣录》,收入李兴盛主编黑水丛书第 12 种《东游日记·外十六种》(上),黑龙江人民出版社 2009 年版,第 977—978、978 页。

在北平三海来过几回；最痛快的就是这回了。船夫管着方向，他的两桨老是伺候着我的。桨片是薄薄的，弯弯的。江上又没有什么萍藻，显得宽敞之至。这样不吃力而得讨好，我们过了一个愉快的下午。"① 朱自清明确指出"江中有一太阳岛"。

　　日本人绘制的 1933 年《哈尔滨市街全图》和 1944 年《哈尔滨市街图》中都有"太阳岛"的具体方位。② 日文版的《观光哈尔滨》中的太阳岛位置与前两图相同。1938 年中俄文版的《哈尔滨街市全图》地图中标识了松花江中的两个岛，左侧的岛上标有"太阳岛"，俄文 солнечный（太阳的意思），右侧仅标有俄文 остров（岛的意思）。这时已是分开状态。1943 年哈尔滨日信洋行发行的《最新详密哈尔滨市街图》、1943 年伊林书店发行的《最新详密哈尔滨市街全图》与 1944 年《哈尔滨市街图》中的太阳岛已经出现断裂。《观光哈尔滨》的出版时间应该在 1944 年之前，因为该图太阳岛已经被逐渐侵蚀了。这是地理学上月球潮汐作用的结果，松花江因受潮汐作用而侵蚀北岸。1946 年《哈尔滨市街地图》中标有太阳岛字样，但是 1944 年地图中出现断裂的东部岛屿，在 1946 年地图中已经消失。剩余部分也因为同样原因最终消失。这就出现了以现在太阳岛的位置取代已经消失的江心岛的太阳岛名称。同时，从地理学来讲，松花江哈尔滨段的北岸为阳面。

　　1956 年 6 月 24 日，著名作家靳以的《东北旅行日记》中写道："哈尔滨的节日。几万人都过江去了，到太阳岛。等船的人一长排，赶过去又赶回来。"在《美丽的哈尔滨》一文中，靳以再次写道："我顺着他们的眼睛望过去，江面上铺了一片金光，太阳渐渐地沉下去了，对江的太阳岛轻轻地接住它，好像对人们说：'请放心吧，太阳该在太阳岛休息的，明天大清早我就把它从东方送上来。'"他还提到，"太阳岛上工人疗养院的休养员该早已安眠了"。此外，靳以亦讲过，"在假日，他们不是去太阳岛就是去郊外哈尔滨公园"；"天还不太热，可是太阳岛的江岔子里已经有人游泳了"。③ 靳以

---

①　朱自清：《西行通讯》，《欧游杂记》（附录），朱乔森编：《朱自清全集》（第一卷），江苏教育出版社 1996 年版，第 368—369 页。
②　俞滨洋主编：《哈尔滨印·象》（上），中国建筑工业出版社 2002 年版，第 24、33 页。
③　靳以著，章洁思整理：《靳以日记书信集》，上海辞书出版社 2019 年版，第 139、159、160 页。

"过江"与"对江"的描述给我们提供了一个重要的信息,他来哈尔滨这个时间太阳岛的位置已不再是位于江中,而是成为现在太阳岛的位置。

1959年,哈尔滨市人民委员会办公厅编《哈尔滨市游览图》;1960年,哈尔滨市城市建设委员会编《太阳岛规划总平面图》;1971年,哈尔滨市革命委员会交通运输联合指挥部绘制的《哈尔滨市区交通图》中标出"太阳岛公园";1979年,黑龙江省测绘局编印《哈尔滨市街图》,该图标有"太阳岛公园";1980年,哈尔滨城市规划设计院编的《哈尔滨市现状图》中有"太阳岛"。1981年,由哈尔滨城市规划管理局、哈尔滨城市规划设计院编并在1986年国务院批复的《哈尔滨市总体规划图(1981—2000年)》中划有"太阳岛风景区"。

《乾隆十三排图》中,标有松阿里乌拉、阿尔楚库和屯、阿尔楚库比拉、拉林比拉等汉文地理位置,然而并没有"哈尔滨"等地名字眼。

同治二年(1683)的《大清一统舆图》中标有塔尔浑托辉、阿勒楚喀、哈勒楚喀河、拉林城等地名,但是没有关于"哈尔滨"的地名信息。

光绪十六年(1890)的《黑龙江舆图》内容丰富,地图中不仅有"哈尔宾""大哈尔宾"和"小哈尔宾"等与"哈尔滨"地名相关的重要内容,而且还对一些地名的变迁进行了解释,如阿勒楚喀即阿尔楚库,金史按出虎,北盟汇编作阿芝川。

纪凤辉指出,"等(应为笔者,笔者注)者案查《黑龙江舆图》,看到距'大哈尔滨'东南11公里还标有'小哈尔滨'字样,并在距'大哈尔滨'西北31公里即靠近江边还标有'哈尔滨'字样。另外在四方台至阿什河下口止的一段松花江南岸上,还依次有四方台、顾乡约屯、马架子沟、田家窝棚、孙家店、路家店、喇嘛屯、三棵(地图中为颗,笔者注)树等村屯。值得注意的是,在松花江南岸方圆21公里内,由西北至东南几近一条直线上标示着哈尔滨、大哈尔滨、小哈尔滨三个地名。这不能不说明一个问题,即三者之中必有其一是哈尔滨的原址,而绝不可能都是哈尔滨的原址。"[①] 关于此段介绍,笔者将要商榷的问题,一是"11公里""21公里"和"31公里"是怎么计算的?二是"哈尔滨""大哈尔滨"和"小

---

① 纪凤辉:《〈黑龙江舆图〉与哈尔滨地名》,《学习与探索》1990年第4期。

哈尔滨"的"滨"怎么不是地图中的"宾"？由"宾"到"滨"，不仅是字的不同。三是"哈尔宾"是如何突然出现在地图上的？

纪凤辉还概括了关成和《哈尔滨考》中的观点，关成和强调，"把古村名阿勒锦，按阿·伯方言的语言用汉字标出的哈拉宾正式改为哈尔滨，是清光绪二十五年（1899）在官印《黑龙江舆图》上反映出来的，从此即成了该城名的定译"，并认为阿勒锦村"当在马家沟河及阿什河中间的高地平原的北端，即《舆图》所示'大哈尔滨'附近。按该图以方格计里的方法推算，'大哈尔滨'约在和平乡的成发屯一带"[1]。其中，"城名的定译"是纪凤辉对关成和观点的误读。

关成和在《哈尔滨考》一书中描述，"哈尔滨东部偏北和西部偏南地区多沼泽、洼地，远不如马家沟河及阿什河中间的高地平原更适于'筑室'生息。并行的两河之间，特别是偏东处，是一个南北狭长的矩形地带。每当大雪封门时节，自海沟河北行，只有这条岗地最为通畅。据《黑龙江舆图》标示，阿勒锦村当年是在这条岗地的北端，即该图所示'大哈尔滨'的附近。按《舆图》以方格计里的方法推算，'大哈尔滨'约在和平乡的成发屯一带，该屯南与穆宗驻地、北与黄山（即荒山，今皇山，笔者注）哨所相距各约十余华里"。同时，他表示："古阿勒锦村的邻近地区，在《舆图》问世的前一年，已被帝俄筑路当局非法更名为松花江市，而该图在阿勒锦村故地一带着意标记'大哈尔滨'四字，其目的无疑是在于通过重申当地的历史地名，以维护国家的主权。此举，不啻于表示地名哈尔滨，就是女真语村名阿勒锦在这时的汉译。"[2]

据俄侨资料记述："哈尔滨这个名称，就其起源有多种说法。俄人的说法是哈尔滨的称呼是来自一个不大的村落'ХАО—ВИН'（哈奥—比恩），这一点可由长期从事远东旅行，并于1896年逆松花江而上深入中国东北的 E. E. 阿涅尔特的日记中得以证实：最初在松花江两岸见到一些小树林，哈尔滨现址的下游4公里的南岸，有一个小村子'ХАО－ВИН'（哈奥—比恩），距江边大约8—10俄里的高岗上，有一个田家烧锅（香

---

[1] 纪凤辉：《〈黑龙江舆图〉与哈尔滨地名》，《学习与探索》1990年第4期。
[2] 关成和：《哈尔滨考》，哈尔滨市社会科学研究所内部资料，1985年，第22、23页。

坊),'XAO-BИH'当年是阿什河的码头,距离该处约为 45 俄里。1898年 5 月 5 日,田家烧锅及附近土地被铁路(工程)局收买,作为码头及铁路工程局驻地。"① 据日本学者的研究:"1898 年 2 月,决定选择铁路干线预定线和松花江的交叉点,作为铁路建设局的据点,并命名为松花江市。松花江源于满语,意思是天河。可是不久,松花江市就按照当地的地名改称为哈尔滨市。在 1900 年绘制的地图里就表明了'哈尔滨市',但车站表明是'松花江'站。"② 这说明 1898 年之前,就有了"哈尔滨"地名,可以说明 1899 年的《黑龙江舆图》中标有"哈尔宾"。

光绪二十八年(1902)《皇朝省直舆地各志》中的"吉林全图"里标有混同江、呼兰河、拉林、阿勒楚喀城等地名,然而亦没有与"哈尔滨"地名相关的标注。

三 "哈尔滨":语言学与历史学的相遇

关于"哈尔滨"一词在档案中出现的时间,纪凤辉指出,"王尚德之子王连茹禀称:'切自高祖于乾隆二十八年(1763)搬居拉林、罗金承领官网,并令按年交纳课税。'由此可证,'哈尔滨'一词出现的确切时间,可以确定为 1763 年。"这是因为,"1869 年拉林协领永海呈称:'案查拉林原于罗金、报门、烟墩、哈尔滨沿江一带设立官网,捕打贡鲜,应进鳇鱼、白鱼由来已久,已逾百年'"。但是,这个推断是没有根据的。在此之前,他还查阅档案,"窃因网户(王尚德)自道光二年(1822)间江水涨发,冬网碍难捕打。当经报明衙门,饬令于罗金、报马、哈尔滨等处设立鱼圈,修造渔船,着夏秋捕鱼上圈,备输贡鲜。由此确知,'哈尔滨'一词至迟在 1822 年就已经出现了"。这种说法是可以的。后来,他还推断"哈尔滨网场最初'曾闲散满洲'的时间大致可在雍正年间(1723—1735)。与此同时,'哈尔滨'这个名称必已出现"③。这还是臆断。这些源

---

① 赵喜罡、郭秋萍编译:《他乡亦故乡——俄罗斯人回忆哈尔滨》,黑龙江人民出版社 2010 年版,第 3 页。

② [日]越泽明:《哈尔滨的城市规划》,王希亮译,李述笑校,哈尔滨市城乡规划局内部资料,2008 年,第 16 页。

③ 纪凤辉:《哈尔滨寻根》,哈尔滨出版社 1996 年版,第 46、46、45、47 页。

自中国第一历史档案馆和黑龙江省档案馆的档案并没有解决"哈尔滨"的最早出现的时间问题,也未证实"哈尔滨"地名与地理方位的统一问题。

在《哈尔滨寻根》一书中,纪凤辉没有利用《康熙皇舆全览图》《雍正十排皇舆全图》与《乾隆十三排图》三幅重要的地图。同时,他使用的《盛吉黑战迹舆图》《大清一统舆图》《拉林舆地全图》《黑龙江舆地图》与《哈尔滨草图》等都不是原图,为照图手绘,而且还有标识错误,如《大清一统舆图》(1865)的绘制时间应为1863年,《黑龙江舆地图》(1897)应为《黑龙江舆图》(1899)。

《哈尔滨指南》卷一总纲言,"哈尔滨三字系满洲语,译成汉文即打渔泡之意义或译为晒渔网三字"①。在1923年的《东省铁路沿革史》的序言中,编辑委员会尼罗斯提到:"回忆二十五年以前,松花江左右均圹土沙堤、荒凉满目,即本埠之香坊田家烧锅亦不过冷落一村,茅茨土舍。"②据1929年出版的《滨江尘嚣录》一书介绍:"哈尔滨三字原系满洲之语,有谓为晒渔网之义,有谓打渔泡之义,惜不佞不谙满语,不敢率然决定,但敢证其确为满语也。"③《哈尔滨特别市市政报告书》开篇讲:"哈尔滨为前清旗族晾网之地。"④《哈尔滨四十年回顾史》⑤记载:"哈尔滨距阿城九十里,原属阿双两县界地,水路通衢,为金之要地。""当未筑中东路时归双城管辖,光清绪(应为,清光绪,笔者注)二十二年,俄人与我国订立合同,修筑铁路,始划分区域,别为道里、道外。道里曰哈尔滨(译义未祥,或曰即晒网之义,未悉何考),道外曰傅家店,以此地系南北通衢,有傅姓开店于此。"⑥哈尔滨于"俄人筑路前,距今约三十年,固一片荒凉

---

① 殷仙峰:《哈尔滨指南》,东陲商报馆1922年版,第1页。
② [俄]尼罗斯撰:《东省铁路沿革史》(沈云龙主编近代中国史料丛刊三编第二十四辑),朱舆忧译,文海出版社。
③ 辽左散人:《滨江尘嚣录》,收入李兴盛主编黑水丛书第12种《东游日记·外十六种》(上),黑龙江人民出版社2009年版,第883页。
④ 《哈尔滨特别市市政报告书》第一册,单位内部资料,1931年,第1页。
⑤ 《滨江日报》(1938年9月—1943年2月)连载《哈尔滨十四年回顾史》。《滨江日报》是日伪统治时期在哈尔滨出版的半官方报纸,连载内容涉及地亩、行政、司法、江防、教育、工商、设治、交通考纪、电业电报、廿四节令、矿产事业、江堤船务、特区津梁、军政经过、公安警察、滨江市政、特别市、未来建筑、修建文庙、历代祭祀、外交宗教、古石古印等问题。
⑥ 《滨江日报》1938年9月14日第3版。

野场，共命名之来源，于汉义，绝无讲解。哈尔滨三字原系满洲之语，有谓晒渔网之义，有谓为打鱼泡之义，昔不佞不谙满语，不敢率然决定，但敢证其确为满语也"①。从语言学角度看，"地名由语词构成，属于语言词汇的一个部分。作为语词，它除了有口头的字音和书面的字形外，更为重要的是还具有一定的词义。地名的语词性特征，主要就体现在这词义之上"②。

王坪在《哈尔滨半世纪》一文中指出，"'哈尔滨'是满洲语，译成汉文是'打渔泡'或'晒渔网'的意思。由此可知哈尔滨原来不过松花江边一荒村。自从一八九八年（清光绪二十四年）中东路兴筑以后，哈尔滨才慢慢的脱落原始本色"。哈尔滨之历史，"发轫于西历一八九八年，旧俄帝政时代之建设中东铁路，辄以此间为侵略远东政策根据地，自是厥后扶摇直上"③。据1923年的《东省铁路公司成绩报告书并简明大事记》介绍，"本会详加推求（东省铁路历史委员会，笔者注）以俄旧历一千八百九十八年五月二十八日，本路副监工依格纳齐乌斯代表茹总监工由海参崴督率全部路员到哈视事之日，认为本路开始修筑之纪念日，较为适当"④。俄历的"一千八百九十八年五月二十八日"即公历的1898年6月9日。上文混淆了俄历与公历的5月28日。同时，需要梳理的问题是从"晒渔网"到"晒网场"的转变。

《哈尔滨探源》一书的结论是，"虽然哈儿宾与哈尔滨语音相同，但是，哈儿宾为女真语，而哈尔滨为蒙古语，音同义不同"⑤。1928年出版的波兰文《波兰人在远东》一书指出，哈尔滨"最初这里被称为'哈拉宾'，这一词语源于蒙古语，意为'河岸边的渡口'，而汉族通常称之为'哈尔滨'。俄罗斯人更习惯使用'哈尔滨'这一称谓。由于在俄语中没有'h'这一字母，所以他们使用发音相近的'x'来代替，所以在俄语中哈尔滨被写作'Харбин'"⑥。在《"哈尔滨"地名考释》一文中，黄锡惠得出肯

---

① 《滨江日报》1938年10月2日第3版。
② 干树德：《地名学与历史地图》，《西南师范大学学报》1987年第1期。
③ 《盛京时报》1936年8月6日第7版。
④ 《东省铁路公司成绩报告书并简明大事记》（沈云龙主编《近代中国史料丛刊》三编第二十四辑），台湾文海出版社1998年版。
⑤ 陈士平：《哈尔滨探源》，单位内部资料，2002年，第60页。
⑥ ［波］塔德乌什·舒凯维奇等：《波兰人在远东》，黑龙江省求真经济研究基金会译，哈尔滨出版社2018年版，第9页。

定的结论:"今天哈尔滨地名之语源并不是什么'女真语',词源也绝非所谓的'哈尔温',语义更与'天鹅'毫无关系",而是"来自满语口语'哈儿边',其规范满语为'哈勒费延',汉意为'扁'"①。石方按照模糊史学的理论来分析:"'扁状的岛屿'是指其形状而言,'晒网场'是指其作用而言;先将其'模糊'为'形状与作用',后将其'清晰'成哈尔滨是满语'扁状的晒网场'之意。"②《辞海》亦说明,哈尔滨"原为一渔村,铁路通车后逐渐兴起,1932 年设市。③ 1996 年松花江地区并入。'哈尔滨',满语意为'晒网场'"④。

"哈尔滨"地名的研究可能是我国城市历史研究的一个个案,从地名的语言来源到地名的具体含义,从地理方位到名称变化,都是悬而未决的问题。各种争论可能还要继续博弈下去。地图是一种重要的史料。作为图像史料的地图的使用,可以使"哈尔滨"地名的考证得以拓展和深化。新材料的挖掘和使用是历史研究创新的第一要义。历史研究是认识论而不是本体论问题。语言是历史研究的重要手段,但不是唯一手段。历史研究需要进行跨学科的探索,但是我们必须要处理好主次关系。

第三节　哈尔滨百年设治与滨江关道

近几年,随着史学界"区域史""微观史""新政治史"研究的深入,地方官制逐渐进入史学研究者的视野,其中"道"及"道台"研

---

① 黄锡惠:《"哈尔滨"地名考释》,《满语研究》2010 年第 1 期。
② 石方:《哈尔滨地名含义新诠——从"模糊史学"的视域看》,《黑龙江社会科学》2014年第 1 期。
③ 1932 年设市,应该是哈尔滨特别市。哈尔滨历史上曾出现过四次"特别市":1926 年 11 月第一次称"哈尔滨特别市"。此前,一直由沙俄建立的"哈尔滨自治公议会"控制哈尔滨市政;1933 年 6 月是第二次。1932 年 2 月 5 日,日军进入哈尔滨,哈尔滨沦陷。第三次是 1945 年 8 月。日本投降,国民党将东北划分为 9 个省 2 个特别市,其中将哈尔滨定为特别市。第四次是 1946 年 11 月。中国共产党领导的东北民主联军解放哈尔滨后,1947 年 6 月 5 日,中华民国国民政府公布中国东北地区行政区划方法,东北被划为辽宁省、安东省、辽北省、吉林省、松江省、合江省、嫩江省、黑龙江省、兴安省九省。与现在哈尔滨行政区划有联系的是吉林省、松江省、合江省、嫩江省四省。笔者认为,不能以现在的行政区划认识哈尔滨过去的行政归属。
④ 辞海编辑委员会:《辞海》(1999 年版缩印本),上海辞书出版社 2000 年版,第 894 页。

究是一个重要的新领域，并且取得了一定的成果。但是这些研究成果基本上是整体性研究，个案研究相对较少。① 笔者以滨江关道为研究对象，并对与其相关联的城史纪元、海关监督、中俄交涉等问题进行分析和考证。

一 滨江关道设治

（一）历史上作为行政区划的"道"

1979 年缩印本《辞海》中"道"的解释是，"行政区划名。（1）汉代在少数民族聚居区所设置的县称道。《汉书·百官公卿表上》：'县有蛮夷曰道。'（2）唐贞观初，因山河形势之便，分全国为十道，开元二十一年（公元 733 年）增为十五道，置采访处置使，职掌与汉武帝所设置的十三部刺史略同，辽置五京道。（3）明清时在省、府之间设置的监察区。有分巡、分守等道之别，长官称为道员"。道员，"明初布政、按察二司以辖区广大，由布政司的佐官左右参政、参议分理各道钱谷，成为分守道；按察使的佐官副使、佥事分理各道刑名，称为分巡道。此为道员称谓之始。清乾隆时裁参政、参议、副使、佥事等名称，专设分守、分巡道，多兼兵备衔，管辖府、州，成为省以下府、州以上的高级行政长官。清代又设督粮、盐法等道，清末更在各省设置巡警、劝业二道，各司其专职。北洋军阀时曾分一省为数道，设置道尹"。道尹，"官名。1914 年 5 月袁世凯公布省、道、县等地方官制，分一省为数道，改各省观察使为道尹，管理所辖各县行政事务，隶属省长。后废"。道台，"'道员'的别称"②。

1989 年版《辞海》中关于"道"的（2）有所变动，即 1979 年版的"唐贞观初"改为"唐贞观元年（公元 627 年）"；在"职掌与汉武帝所设置的十三部刺史略同"后加"安史之乱后废"。道台，在"'道员'的别称"

---

① 周勇进：《清代地方道制研究》，博士学位论文，南开大学，2010 年，指导老师杜家骥教授；岳本勇：《清代道制研究》，硕士学位论文，兰州大学，2010 年，指导老师王冀青教授；刘伟：《晚清关道的职能及其演变》，载《华中师范大学学报》（人文社会科学版）2010 年第 3 期等；苟德仪：《道台与地方政治：基于晚清川东道台的考察》，博士学位论文，四川大学，2008 年，指导老师杨天宏教授。此论文以《川东道台与地方政治》为书名，2011 年由中华书局出版社出版。

② 辞海编辑委员会编：《辞海》（1979 年缩印本），上海辞书出版社 1980 年版，第 1060—1061 页。

前加上了"清时"这一时间限定词。① 1999 年普及本《辞海》对"道"增加了两条解释，即把 1979 年和 1989 年版的（3）改为（5），加"（3）唐方镇辖区名称。（4）元于中书省、行中书省和路府之间设置的行政区划。一为肃政廉访使道，是监察区划；一为宣慰司道，为省的派出机构"。关于"道员"的修改，是在 1989 年版的"成为省以下府、州以上的高级行政长官"后，加"清代简称'道台'"②。2009 年第六版彩图本《辞海》中"道"的介绍也有所变动。与 1979 年版、1989 年版和 1999 年版相比，在行政区划名前加了"古"；在 1999 年版"职掌与汉武帝所设置的十三部刺史略同"后加"为监察区"。1999 年版"道台，清时道员的别称"中的"清时"改为"清代"。针对道员的介绍，是在 1979 年版、1989 年版和 1999 年版的解释前加了"亦称'道台'、'观察'。明、清地方各道主官统称"③。笔者使用"道尹"官职行文。

具体而言，"明清的道是布政使、按察使的派出机构，由布政使派出机构叫守道，主要掌钱谷、征粮；由按察使派出的称巡道，主刑名和治安"④。"除去分守道、分巡道外，还有因事设置的专职性道员，如粮储道、盐法道、管河道、驿传道、海关道、屯田道、茶马道、兵备道等。这些具有特别职务的道员与守、巡二道不同，并不专辖某一地区，故无守土之责。然而事实上，专职性道员与分守道、分巡道的职责区分并不严格，而且多有相互兼管的情况，比如专职性道员可兼守、巡道，某些守、巡道员或兼兵备，或兼水利，或兼驿传，或兼茶马，或兼屯田等事。"⑤ "除了天津的海关道台有他自己独立的办公衙门之外，其他大多数都是由巡道兼任的官衔。"⑥

---

① 辞海编辑委员会编：《辞海》（1989 年版缩印本）中册，上海辞书出版社 1989 年版，第 2772、2773 页。
② 辞海编辑委员会编：《辞海》（1999 年普及版）中册，上海辞书出版社 1999 年版，第 3009、3010 页。
③ 辞海编辑委员会编：《辞海》（第六版彩图本普及版）第一册，上海辞书出版社 2009 年版，第 408、411 页。
④ 李孔怀：《中国古代行政制度史》，复旦大学出版社 2006 年版，第 234 页。
⑤ 白钢主编，郭松义、李新达、杨珍著：《中国政治制度通史》（第十卷清代，修订本），社会科学文献出版社 2011 年版，第 153 页。
⑥ 梁元生：《上海道台研究——转变社会中之联系人物，1843—1890》，陈同译，上海古籍出版社 2003 年版，第 9 页。

"道开始为差遣性质,非定制,道员也由布政使左右参政、参议和按察使副使兼任。清代道的作用扩大,乾隆十八年(1753)裁撤参政、参议、副使等衔,守、巡各道定为四品官,临时差遣之道员变为掌地方一政之实官,道也成为介于省与府州之间的一级地方行政单位。"① 明清时期的道员"皆掌佐藩臬,核官吏,课农桑,兴贤能,厉风俗,简军实,固封守,以倡所属,而廉察其政治"②。民国初期,道官(观察使、道尹)的职权是"依照法令执行辖区行政事务,接收上级行政长官委任监督财政及司法的执行情况,对所辖县份的人事任免、奖惩权力可报上级核办,对辖区内巡防警备队的调遣节制等"③。

据《上海道台研究——转变社会中之联系人物,1843—1890》一书介绍,"在整个19世纪,道的数额在66个至87个之间变化着,一个道台是督抚与府县官员之间的中间人。因为从理论上说,道台的主要职责与其说是自己直接参与地方民事管理,还不如说是制止府县官员干坏事,所以道台称为'监司'(照字义解释,即为'察看与监督')或'观察'(照字义解释,即为监察与监视)。然而事实是道台经常所做的不只是观察和监督,他们常常使自己卷入地方政府和地方政治的事务中,尤其是有关防卫、政策、教育等地方事务中。在晚清时期,他们又日益被拉入对外关系和近代化的活动中去"④。

道员的具体职掌还有以下几项:(1)守、巡各道多加兵备衔,有权节制所辖境内都司、守备、千总、把总等武职。(2)因有监察管内事务,查核地方府、厅、州、县之责,雍正年间曾准其专折奏事。乾隆四十一年(1776)又决定,"道员中委署两司者,俱准其照藩臬一体具折奏事"⑤。嘉庆四年(1799),清廷认为,"各省道员职司巡察,与在京科道有言责者相等",况且"身任地方,目击本省政务民情者,较为真知灼见",因而进一步扩大道员上

---

① 李孔怀:《中国古代行政制度史》,复旦大学出版社2006年版,第234页。
② 白钢主编,郭松义、李新达、杨珍著:《中国政治制度通史》(第十卷清代,修订本),社会科学文献出版社2011年版,第154页。
③ 石方:《黑龙江区域社会史研究(1912—1931)》,黑龙江人民出版社2009年版,第5页。
④ 梁元生:《上海道台研究——转变社会中之联系人物,1843—1890》,陈同译,上海古籍出版社2003年版,第10页。
⑤ 《大清会典事例》卷25《吏部》,《官制》。

奏范围，"各省道员，均著照藩、臬两司之例，准其密折封奏"①。(3) 刑名案件除去府所审理流罪以上者直达臬司外，其余案件必须申详于道，而直隶厅、直隶州案件无论性质如何，一律经过道，然后上达臬司。② 各道分别建有衙署，一般有库大使或仓大使各1人，负责库藏事，是首领官。各省道员衙门还设有典史、攒典若干人协助办事。其他内部机构不见记载。③

道台基本可分为四类：(1) "最要"：有极为繁重的行政管理职责；(2) "要缺"：有繁重的行政管理职责；(3) "中缺"：有一般的行政管理职责；(4) "减缺"：有较轻的行政管理职责。冲、繁、难、疲这四个因素决定了官职的类别。冲，涉及的是地方战略和经济的重要性；繁，涉及的是人口的规模和行政职责的负担；难，涉及的是行政事务的困难程度；疲，涉及的是公众纳税的水平。一个"要缺"或"最要"的职务，可以用以上三至四个因素来表述；一个"中缺"职务，只涉及其中的两三个因素；至于"简缺"职务，只有其中一个或两个因素。尽管所有道台的官阶相同，穿着相同的官袍（前身绣着一只云雁），有着相同的顶戴，但并非所有道台都享有一样的尊重，在政治舞台上起着一样的作用。④

清代各省道员皆有定额。"道员的这种固定编制就称为'员缺'或'实缺'，简称为'缺'。"同时，"添设或裁撤一个道就称为添设或裁撤某某道员一缺，道员死亡称'出缺'，因故免职或革职称为'开缺'，任命新的道员顶替其原来的道员称为'补缺'"。如果"不添设新的员缺的话，只有在遇有道员缺出时才能任命新的道员去补缺"。⑤

（二）滨江关道的设治

在光绪三十一年九月初七（1905年10月5日）的《添设哈尔滨关道

---

① 《清朝续文献通考》卷134，《职官》20。

② 此段为"刑名事件，除府所理流罪以上，直达按察使外，其余案件，必申详于道。若直隶厅州之案件，则无论性质如何，皆必经道，然后达之按察使"。[萧一山：《清代通史》（一），台湾商务印书馆1980年第5版，第541页。]

③ 参见白钢主编，郭松义、李新达、杨珍著《中国政治制度通史》（第十卷清代，修订本），社会科学文献出版社2011年版，第154—155页。

④ 梁元生：《上海道台研究——转变社会中之联系人物，1843—1890》，陈同译，上海古籍出版社2003年版，第10、11页。

⑤ 朱东安：《关于清代的道贺道员》，《近代史研究》1982年第4期。

折》中，程德全声称："为时事日艰，亟宜并力抵制，拟请于吉林哈尔滨添设道员，专办吉江两省铁路交涉并督征关税，以期联络而维利权。"①

在奏折②中，程德全详细叙述了东三省交涉问题的实际情况。其实，这也提出了设立哈尔滨关道的必要性和紧迫性。"内政外交实相维系，交涉不合时宜，即政事亦多牵掣，故内政可以划疆分治，而外交则须协力相持，其势然也。东三省自兴铁路以来，俄则设立公司，所有三省铁路交涉，悉惟公司总其成。而我则分省立局，各办各事，非特难联一气，即遇事亦不相谋，往往同属一事，此方磋商，彼已许诺，彼方阻驳，此已允行，于是人得施其比例要求之术，我则动辄掣肘莫能抵制，此皆由于交涉不能划一，伍提纲挈领之员为之周旋其间故也。况铁路交涉，各局经费不行自筹，悉仰给于公司，三省皆同，已属有损国体，而俄人以拨款之故，竟视该局为伊办事，而设藉为口实，在局员之自好者，尚不能不委曲求全，设派员不得其人，转不免为彼所用，尤为非计。""[臣]等虽坚词拒绝，然和议甫定，即已明露其机，将来之肆意要求，更恐无所底止。吉江两省辅车相依，此或失于转圜，彼亦受其连累，自宜部分畛域，两相联络，使外人无隙可乘，方足以固吾圉。钤约定以后，轨道亦通，转瞬中外商贾辐辏，所有设关征税之事，早经裁在条约，前将军长本有请设关道之奏，此时即宜赶紧筹办，不可再迟。[臣]等共事江省时，每念交涉多歧，关税外漏，亟思改弦更张。旋以两强争战方殷，欲言又止。今达蒙恩署理吉林将军，适闻和议有成，驻哈奉局又将裁撤，复将前意与德往返商函，意见相同，拟请将吉林、黑龙江交涉局一并裁撤，仍在哈尔滨地方添设道员一缺，专办两省交涉事宜"，并"设关征税

---

① 程德全：《程德全守江奏稿》（上），李兴盛、马秀娟主编：《黑水丛书》（外十九种）之七，黑龙江人民出版社 1999 年版，第 203 页。另《添设哈尔滨关道折》亦收入程德全著《程将军（雪楼）守江奏稿》第二卷，沈云龙主编《近代中国史料丛刊》第十七辑·165，台湾文海出版社 1968 年版，第 690—697 页。

② 黑龙江省档案馆藏"哈尔滨关道设治"档案史料散存于《黑龙江将军衙门》（清康熙二十二年至光绪三十二年）、《黑龙江行省公署》（清光绪二十七年至民国二十一年）、《黑龙江铁路交涉总局》（清光绪二十七年至民国二十一年）、《吉林部分铁路交涉分局》（清光绪二十八年至民国三十年）等全宗部分案卷中。同时，黑龙江省档案馆"精选29件组成专题档案史料，编制了由机构设置、道员任免、衙署修建三部分构成的专题目录"。（戴伟、魏黎、邵素兰：《哈尔滨关道及其档案述略》，载《东北史地》2007 年第 1 期。）

而免利源外溢，所征税款，先收常税，暂济饷需，一面俟洋税议定章程，再行逐渐征收"①。

关于设关和关税问题，1896年9月8日，中俄《合办东省铁路公司合同章程》第十款规定："凡有货物、行李，由俄国经此铁路，仍入俄国地界者，免纳一概税厘。惟此项货物，除随身行李外，该公司应另装车辆，在入中国边界之时，由该处税关封固，至出境时，仍由税关查明，所有封记并未拆动，方准放行；如查出中途私行拆开，应将该货入官。"

同时《章程》第十款亦强调："至货物由俄国经此铁路运往中国，或由中国经此铁路运赴俄国者，应照各国通商税则，分别交纳进口、出口正税，惟此税较之税则所载之数，减三分之一交纳。若运往内地，仍应交纳子口税，即所完正税之半；子税完清后，凡遇关卡，概不重征。若不纳子税，则逢关纳税，遇卡抽厘。中国应在此铁路交界两处，各设税关。"② 但是，在铁路尚未竣工前，中国在中东铁路中俄交界处一直未设税关。

1898年7月6日，中俄《东省铁路公司续订合同》第五款规定："俄国可在辽东半岛租地内自行酌定税则，中国可在交界征收货物从该租地运入或运往该租地之税。此事中国政府可商允俄国国家，将税关设在大连湾。自该口开埠通商之日为始，所有开办及经理之事，委派东省铁路公司作为中国户部代办人，代为征收。此关专归北京政府管辖，该代办人将所办之事按时呈报。另派中国文官为驻扎该处税关委员。搭客行李及货物，由俄境车站运经该路至辽东半岛租与俄国之地段内，或由此租地运赴俄境，概免关税及内地税厘。货物经铁路，从中国内地运往租地，或从租地运入内地，应照中国海关税则分别完纳进口、出口税，无增无减。"③

1896年9月8日，中俄《合办东省铁路公司合同章程》第一款规定："华俄道胜银行建造、经理此铁路，另立一公司，名曰：中国东省铁路公司。该公司应用之钤记，由中国政府刊发。""该公司总办由中国政府选

---

① 程德全：《程德全守江奏稿》（上），李兴盛、马秀娟主编：《黑水丛书》（外十九种）之七，黑龙江人民出版社1999年版，第204—205页。
② 王铁崖编：《中外旧约章汇编》第一册，生活·读书·新知三联书店1957年版，第674页。
③ 王铁崖编：《中外旧约章汇编》第一册，生活·读书·新知三联书店1957年版，第784页。

派，其公费应由该公司筹给。该总办可在京都居住。"并且，"该银行与中国政府往来账目，该公办亦随时查核。该银行应专派经手人在京都居住，以期一切事宜就近商办"①。然而，据俄国罗曼诺夫撰写的《帝俄侵略满洲史》一书，1900年6月初，当义和团势力扩展到东北时，俄国就趁机攻占东北，从而控制中国税务达两年。在义和团运动中，俄国凭借保护铁路和俄国人安全的借口而实际控制了中国东省铁路公司，也从而逐渐控制了哈尔滨。《滨江尘嚣录》一书指出："我国拳匪乱起，俄又藉故进重兵哥萨克铁骑，深入腹地。引狼入室，揖盗进门。内讧之害，可胜言哉。俄于是雄踞满洲，视为己有。"② 这是一个中俄关系史上非常重要的节点。在以前的研究中，我国研究者在义和团运动对东北特别是哈尔滨的影响方面研究不深或重视不足。1903年7月14日，中东铁路全线通车后，俄国人仍借运输筑路材料逃避纳税，贩卖中国的粮食、牲畜、各种土特产等。这时，俄国在拉哈苏苏（今同江）地方设卡对进口的俄国货物征税，而中国税关仍未设立。

　　哈尔滨在"光绪三十一年中日满洲善后条约开为商埠，又开对外贸易之嚆矢"③。1905年12月22日，中日双方缔结了《会议东三省事宜正约》（又称《满洲善后协约》）三款，附约12款。在附约第一款中就提道，"中国政府应允，俟日俄两国军队撤退后，从速将下列地方中国自行开埠通商"，其中就有"吉林省内之长春（即宽城子）、吉林省城、哈尔滨、宁古塔、珲春、三姓"④。可见，从时间上看，哈尔滨是奏准设治在前，而开埠在后，并且哈尔滨是"被"日本开埠的，不是俄国，开埠只不过是日俄战争的结果。但是，开埠加速了哈尔滨关道的设立。《添设哈尔滨关道折》中指出，"目下两邻和议已成，闻有长春以南铁路归日，以北铁路归俄之约，是三省铁路已分界限，吉（林）（疑为江）两省尽在俄之势力圈中，

---

① 王铁崖编：《中外旧约章汇编》第一册，生活·读书·新知三联书店1957年版，第672—673页。
② 辽左散人：《滨江尘嚣录》，《黑水丛书》之《东游日记（外十六种）》（上），黑龙江人民出版社2009年版，第883页。
③ 周志骅编：《东三省概论》，商务印书馆1931年版，第128页。
④ 步平等编著：《东北国际约章汇释（1689—1919年）》，黑龙江人民出版社1987年版，第289页。

彼所失利于南，将必取偿于北。近日所索之事，非占我土地，即夺我利权，并我之内政，亦思干预"①。因此，纪凤辉在《哈尔滨寻根》一书中提到的"1905年《东三省事宜条约》中，规定要把哈尔滨辟为国际性商埠，这样傅家店的设治问题就成为刻不容缓的事情"②的说法是不尽合理的。同时，柳成栋关于"哈尔滨设治始于1905年，哈尔滨开埠也始于1905年，这虽然是历史的巧合，但二者之间并没有直接的因果关系，而且设治在前，开埠在后"③的说法是经不起推敲的。此外，复建哈尔滨道台衙门的说法中，"哈尔滨关道是清政府于1906年奏准"④的介绍也是不正确的。

程德全和达桂还提请杜学瀛试署。"以现办哈尔滨吉省铁路交涉吉林候补知府杜学瀛试署斯缺。该员心术纯正，才识阁通，沈毅有为，刚柔互济，当时势万难之会，办理交涉各事，尚能力持大体，不失邦交。俟试署一年期满，果能称职，再请实授"⑤。光绪三十二年四月二十四日（1906年5月16日）的"哈尔滨关道杜学瀛为请查照启印事移"中记载，"钦加二品衔赏戴花翎兼吉江交涉事宜督征关税哈尔滨关道杜为知事"，并"以该员试署，业经钦奉朱批允准在案。兹刊就木质关防一颗，文曰：哈尔滨关道兼吉江交涉事宜关防"⑥。

在光绪三十三年六月二十二日的"花翎二品衔试署哈尔滨关道杜学瀛谨将职道、出身履历造册清册恭呈"中记载了杜学瀛："职道，现年五十五岁，系浙江绍兴府山阴县人，由内阁供事。""三十一年九月蒙吉、江省军宪程、达会奏试署吉林哈尔滨关道专办吉江两省交涉并督征关税。是年十一月二十日奉朱批著照。""是年（三十二年）四月十八日接篆任事，计自光绪三十二年四月十八日到任起。"⑦

---

① 程德全：《程德全守江奏稿》（上），李兴盛、马秀娟主编：《黑水丛书》（外十九种）之七，黑龙江人民出版社1999年版，第204页。
② 纪凤辉编著：《哈尔滨寻根》，哈尔滨出版社1996年版，第117页。
③ 《厚重文脉 沧桑百年——哈尔滨市"千年文脉、百年设治"座谈会文集》，哈尔滨市人民政府地方志办公室内部资料，2005年，第11页。
④ 哈尔滨道台府悬挂的介绍，2013年2月20日实地走访。
⑤ 程德全：《程德全守江奏稿》（上），李兴盛、马秀娟主编：《黑水丛书》（外十九种）之七，黑龙江人民出版社1999年版，第204—205页。
⑥ 黑龙江省档案馆编：《黑龙江设治》（上），黑龙江省档案馆内部资料，1985年，第295页。
⑦ 黑龙江省档案馆藏"哈尔滨关道"设治史料20。

（三）滨江关道的设治与哈尔滨城史纪元的关系探究

关于设治与开埠，柳成栋认为："清政府于 1905 年 10 月 31 日批准哈尔滨设治，设立哈尔滨关道即滨江关道，并于同年 12 月 22 日开埠通商。哈尔滨设治与哈尔滨开埠通商均出现在 1905 年，绝非偶然。它一方面标志着哈尔滨这座'没有城墙的城市'作为我国近代东北'塞上城市'始趋成熟；一方面也标志着哈尔滨开始成为远东的国际贸易城。"① 但是，他后来"再认识"到，"哈尔滨设治是清政府为了加强地方综合行政管理，行使政府职权主动所为，而哈尔滨开埠则是清政府被动所致，并非清政府的自觉主动。设治是为了合力维持利权、挽回利权而设立政权机构；开埠是不得以开放对外通商口岸的权宜之计，二者虽有一定关系，但并非一回事，所以设治就是设治，开埠就是开埠。"② 而李述笑论及："无论开埠，还是设治，其出发点都是力挽主权，振兴商务。""设治是与开埠息息相关的。滨江关道的设治是哈尔滨自行开埠的结果和象征。"③ 但是，笔者认为，这里应该分清开埠和成立哈尔滨商埠公司的关系。商埠公司由滨江关道第一任道台杜学瀛任公司总办，划定地界，制定章程。徐世昌在《东三省政略》中指出，"埠内一切事权皆归中国自理，外人不得干预阻扰。如警察、卫生、医院、检疫、马路、水会、电灯、邮政，一切公益事件，均由公司承办"④。笔者认为，哈尔滨开埠是日本要求包括俄国铁路附属地的新城（今南岗）、埠头（今道里）、香坊及中国管理的道外等地同时开放贸易，而哈尔滨商埠公司仅是对道外部分的管理。两者是不能等同的。一张 1931 年前关于哈尔滨的明信片套封上的文字就是证明，此套封由俄、英、中三种文字标识，中文是"哈尔滨暨道外影片"，英文则是"Photographs of Harbin and Fuchiaten"，"Fuchiaten"就是傅家甸。⑤ 因此，杨天宏指出，"哈尔滨开埠亦破费周折"，"为自开商埠史上值得记录并传诸后世者"⑥。

---

① 柳成栋：《哈尔滨近代城市纪念日的权威日期是设治之日》，《黑龙江史志》1994 年第 5 期。
② 柳成栋：《哈尔滨设治及几个相关问题的再认识》，《黑龙江史志》2005 年第 10 期。
③ 《厚重文脉 沧桑百年——哈尔滨市"千年文脉、百年设治"座谈会文集》，哈尔滨市人民政府地方志办公室内部资料，2005 年，第 18 页。
④ 徐世昌：《东三省政略》之《交涉·商埠交涉》，吉林文史出版社 1989 年版，第 21 页。
⑤ 李重主编：《伪"满洲国"明信片研究》，吉林文史出版社 2005 年版，第 109 页。
⑥ 杨天宏：《开放口岸与社会变革——近代中国自开商埠研究》，中华书局 2002 年版，第 108 页。

二 滨江关道沿革、治所变迁与道尹更替

（一）关于滨江关道的沿革

在《东北史纲》的《论本书用"东北"一词不用"满洲"一名词之义》一文中，傅斯年先生指出，东北自"康熙以来曰盛京省，清末曰东三省，分设督抚"①。当时清廷谕旨有云："东三省亟应认真整顿，以除积弊而专责任。"② 光绪三十三年（1907）三月，"清廷下诏改盛京将军为东三省总督，裁吉林、黑龙江将军，改设奉天、吉林、黑龙江三巡抚"③。由此，"改置吉林巡抚，分设各道"④。其官称道台，道台归巡抚直辖。吉林省"在长春有西路兵备道，哈尔滨（傅家店）有滨江关道及其他。此外有吉省铁路交涉局及江省铁路交涉局，为巡抚直属，均在哈尔滨。各道之长官为道台（滨江道常兼充吉省铁路交涉局总办），除监督地方各府县外，尚有军事上之权限"⑤。光绪三十四年（1908），吉林"除存依兰及珲春副都统外，增设西路（治长春）及滨江（治滨江）二道"。据"查滨江道系专办哈埠之关税交涉，初未明定辖地"⑥。宣统元年（1909），"裁副都统职，改为东北路道及东南路道。宣统二年（1910）改滨江道为西北路道，西路道为西南路道。即统分全省为四路"。具体改称西北路分巡兵备道时间是，"奏准当在宣统二年五月初四，即公元1910年6月10日；奉改当在宣统二年六月二十一日，即公元1910年7月27日"⑦。并且，"以滨江道改为西北路道，仍驻哈尔滨，巡防吉林西北一带等处地方，兼管哈尔滨关税及商埠交涉事宜"⑧。宣统二年六月二十三日，"吉林分巡西北路兵备道为请查照启用关防日期咨"提及，木质关防文曰："吉林分巡西北路兵备道关防。"⑨

---

① 傅斯年：《傅斯年全集》（第二卷），湖南教育出版社2003年版，第376页。
② 毛应章：《东北问题》，拔提书店1932年版，第13页。
③ 白钢主编，郭松义、李新达、杨珍著：《中国政治制度通史》（第十卷清代，修订本），社会科学文献出版社2011年版，第263页。
④ 《吉林史志》，吉林文史出版社1986年版，第156页。
⑤ 哈尔滨满铁事务所编：《北满概观》，汤尔和译，商务印书馆1937年版，第4页。
⑥ 黑龙江省档案馆编：《黑龙江设治》（上），黑龙江省档案馆内部资料，1985年，第81页。
⑦ 刘亚祥主编：《黑龙江市县设治时间考》，黑龙江人民出版社1988年版，第5页。
⑧ 黑龙江省档案馆编：《黑龙江设治》（上），黑龙江省档案馆内部资料，1985年，第81页。
⑨ 黑龙江省档案馆编：《黑龙江设治》（上），黑龙江省档案馆内部资料，1985年，第302页。

民国建立后,"于民政使署内置内务、财政、实业、教育四司,道台削除军权,改称观察使(在外国人居住地,道台兼外交部交涉员),废府厅州而统一于县,其首长为县知事"①。民国二年(1913),吉林省"仍旧制分省为四路,而改道台为观察使,移东南路治于延吉"。民国三年(1914),"改西南路为吉长道,西北路为滨江道,东北路为依兰道,东南路为延吉道,并改观察使为道尹"②。吉林西北路道令改滨江道,"当在民国三年 6 月 2 日,即公元 1914 年 6 月 2 日,实际奉改日期当在民国三年 6 月 16 日以后"③。民国十八年(1929),"东北政务委员会令行裁撤道尹,改为市政筹备处长兼交涉员,仍按旧区节制各县外交。复行两级制,县政府直属于省政府"④。1930 年 4 月 1 日,"原外交部特派哈尔滨交涉员署改组,成立外交部驻哈尔滨吉林特派员办事处,滨江市政筹备处处长钟毓兼任特派员。1932 年 1 月改为外交部驻哈分署"⑤。

(二)滨江关道治所(衙门和公署)的变迁

道的行政机关初称衙门,后改为观察使公署,最终定为道尹公署。1906 年 5 月 11 日,杜学瀛到任视事,见傅家店民房街市极不规整,地基狭窄,难于筹划,遂将滨江关道署址定在四家子(道外北十八道街附近)原木石税局东破土动工,而自己则暂借于哈尔滨铁路交涉局办公。⑥

光绪三十四年(1908)在《东三省总督徐世昌等奏滨关道署工竣由吉江两省拨款报销折》中讲道,哈尔滨关道"应择地建署,以资办公,当经饬据试署关道杜学瀛,勘得傅家甸⑦四家子地方濒临松花江南岸,形势扼要,商民辐辏,近依铁路,办理交涉一切均属利便,设署最为相宜,并据估计工程共需中钱三十万吊,系属择要兴修,无可再减等,情当即饬,在该处修建并由吉江两省先行设法挪垫中钱各十五万吊,以资动工,各

---

① 哈尔滨满铁事务所编:《北满概观》,汤尔和译,商务印书馆 1937 年版,第 5 页。
② 《吉林史志》,吉林文史出版社 1986 年版,第 157 页。
③ 刘亚祥主编:《黑龙江市县设治时间考》,黑龙江人民出版社 1988 年版,第 7 页。
④ 毛应章:《东北问题》,拔提书店 1932 年版,第 14 页。
⑤ 陈绍楠主编:《哈尔滨经济资料文集 1(机构·商会·贸易)》,哈尔滨市档案馆内部资料,1990 年,第 38 页。
⑥ 纪凤辉编著:《哈尔滨寻根》,哈尔滨出版社 1996 年版,第 117 页。
⑦ 傅家甸初名傅家店,1908 年,新任滨江厅同知何厚琦以傅家店"店"字义狭,改称为"甸"。

在案旋于本年六月间，据该道详报监修，衙署工竣，随派升任关道萨荫图就近验收，据复委系工坚料实，所用各款均系实用实销"。"惟查关道系归两省兼辖，此项建署用款宜归两省分摊，以昭公允。""现拟吉省由荒价项下提拨中钱十五万吊，江省由木税项下提拨中钱十五万吊，以归前垫而清款目"。①

光绪二十七年（1901）《吉林将军长奏重设哈尔滨铁路交涉局并增改章程折》提道："上年边衅骤开，该局员回省后局房即付之一炬，现在路工一律兴修该处，繁盛过昔，华俄各商民趋之若鹜，交涉愈多。"②也就是讲哈尔滨铁路交涉局 1900 年被火烧过，1901 年又被重修。1903 年，单士厘在《癸卯旅行记》中记载，"奉、吉、黑三省各设一交涉局于哈，例以候补道府司之。""三局设于江沿附近。沿江者，沿松花江岸，距秦家冈三数里，今市廛集处，俄警察局暂设于此。外子乘车往答局员，见所谓辕门者、大堂者种种肖中国衙署。大门旁一鼓一梆，又四旧铁刀，栅系荷校（即戴枷）者三数人。"③施肇基在哈尔滨任滨江关道时期为 1908 年至 1910 年。他回忆："时道署在傅家甸，吉林交涉局在道内（铁道以内区域谓之道内），余住在交涉局内。"④ 有一种说法，1908 年第三任道台施肇基上任后，"由于他身兼吉林省铁路交涉员，便把关道机关从道外区的道台府搬迁到交涉局合署办公"⑤。1911 年 7 月 29 日《远东报》所载《道署将改作审判厅》谈道，"审判厅筹款艰难。提法司拟将旧存无用之新道署改为审判厅，不日即可定议宣示开办一切云"⑥。后来关于道衙的使用情况有这样的记载，1920 年 11 月 1 日，"设滨江镇守使，第十六混成旅旅长高凤城首任镇守使，节制滨江、阿城、双城。镇守使署设在道外十八道街原兵备道衙门内（高凤城 11 月 9 日到职视事）"⑦。1932 年出版的《滨江三镇

---

① 《政治官报》，一九〇八年二月初五第一百二十七号，折奏类，第 5—6 页。
② 北洋洋务局辑：《约章成案汇览》（七·乙编·卷三十七·下），点石斋石印本 1905 年版，第 47 页背面。
③ 钱单士厘著，杨坚校点：《癸卯旅行记·归潜记》，湖南人民出版社 1981 年版，第 65 页。
④ 施肇基：《施肇基早年回忆录》，台湾传记文学出版社 1985 年版，第 62 页。
⑤ 阿唐：《老街漫步》，黑龙江人民出版社 2011 年版，第 341 页。
⑥ 《远东报》摘编第一辑，《哈尔滨史志》1983 年增刊第 4 期。
⑦ 李述笑编著：《哈尔滨历史编年（1763—1949）》，黑龙江人民出版社 2013 年版，第 204 页。

全图》中，此处仍标为"镇守使公署"①。出土文物也有证明，"2005年6月，黑龙江省文物考古研究所在对哈尔滨关道衙门旧址进行钻探时，在会洋官厅地基北侧，采集到一块金属铭牌"，其上有"滨江镇守使署"字样。②

具体位置而言，滨江交涉员公署与吉林铁路交涉局在"道里地段水道二街之间"；黑龙江铁路交涉局在"道里买卖地段二街之间"③。"吉林交涉局在道里地段街路西道尹公署内；黑龙江交涉局在道里地段街路东"④因此，何宏在《哈尔滨铁路交涉总局与滨江关道》中认为的"1901年11月24日，黑龙江将军萨保奏派周冕为黑龙江铁路交涉总局总办，其到任时间为12月26日。总局局址设在吉林铁路交涉总局院内，两局在一个院内办公，所以人们习惯把两局统称为哈尔滨铁路交涉总局"⑤，这一观点是存疑的。

首先的问题是关于道台衙门是否作为哈尔滨防疫局一事。《爱国侨胞、防疫泰斗伍连德》一书有一图片说明："哈尔滨（关）道台衙门，伍连德博士在1910—1911年防疫期间在此居住。"⑥ 此图片与《哈尔滨傅家甸鼠疫摄影》"哈尔滨防疫局"的图片是同一张图片。这首先就"设定"哈尔滨道台衙门曾经做过哈尔滨防疫局。但是，《东三省疫事报告书》记载，"哈埠自宣统二年十月初六日（1910年11月7日）疫氛传入之后，吉林西北路兵备道即于十四日（15日）由滨江厅邀请各界代表二十余人，组成一会，以为办事会议场所，公议速设养病院与检疫所，并定章程办法，将所设之防疫会改为防疫局，并派西北路道于驷兴为总办，奉天补用道谭兆梁为坐办，前记名海关道宋春鳌为会办，旋又奏派吉林交涉使郭宗熙驻哈总其成，而哈埠防疫局之规模立"⑦。可见，哈尔滨关道衙门与滨江厅不是同

---

① 收藏家王万新收藏。
② 陈璐：《哈尔滨关道衙门出土的"滨江镇守使署"金属铭牌》，《北方文物》2007年第1期。
③ 辽左散人：《滨江尘嚣录》，《黑水丛书》之《东游日记（外十六种）》（上），黑龙江人民出版社2009年版，第1063页。
④ 殷仙峰编，王仲甫校：《哈尔滨指南》，东陲商报馆1922年版，卷二机关第140页。
⑤ 何宏：《哈尔滨铁路交涉总局与滨江关道》，《学理论》2008年第11期。
⑥ 哈尔滨市政协文史和学习委员会编：《爱国侨胞、防疫泰斗伍连德》，哈尔滨市政协文史和学习委员会内部资料，2006年，第55页。
⑦ 张元奇等辑：《东三省疫事报告书》（黑龙江吉林史料选编），李兴盛、全保燕主编：《秋笳馀韵（外十八种）》（上），黑龙江人民出版社2005年版，第1172页。

处场所。同年11月,"滨江厅价典傅家甸五道街霍发房屋51间,作为厅署。滨江厅署从十一道街迁五道街。收捐股、统计处同时迁入"①。当时的《东方杂志》亦提道,"滨江关道于振甫(即于驷兴,笔者注)观察,又会同俄员及滨江厅、警务局,并邀道里商会董事会各界人员,在道外商务会开特别会议,议防疫事"。傅家甸"现已设立防疫卫生局,暂时假商会每日会议一次,研究防疫办法"②。

其次,关于伍连德在防治清末东三省鼠疫期间是否住在道台衙门一事。在《鼠疫斗士:一个现代中国医生的自传》中,伍连德曾提到几处他刚到哈尔滨的住处和去处。第一是,1910年12月24日,伍连德和其助手林家瑞到达哈尔滨后,乘坐马车"跨过铁路的一座高桥,到了商业区埠头。他们预定房间的那家旅馆紧靠铁路"③。这座高桥就是现在的霁虹桥,Pristan(俄文的英文拼写)就是埠头,俄文是пристань,是码头或小港口的意思,即今天的道里区部分区域。第二是,1911年1月,伍连德到格兰德旅馆(Grand Hotel)拜会法国医生梅尼(Mesny,又译梅斯尼)后,"走回自己的旅馆,几码之遥的 Metropole(大都会)"④。1905年,"俄国人开设的格兰德旅馆在松花江街8号(现铁路招待所)开业,有客房44间,并设有浴室、餐厅、客厅、舞台等服务设施",宿费"每天2.80—4.80元"⑤。需要说明的是,此旅馆处于松花江街东头,紧靠哈尔滨火车站。一张"东省铁路格兰德大旅馆"的广告介绍,格兰德旅馆经理马也夫斯基谨启:"本旅馆坐落哈尔滨南岗,与火车站相距咫尺。房间洁净,取价低廉,附带浴室、电话以及其他各种设备。预售西比利亚快车车票及睡铺,并代

---

① 李述笑编著:《哈尔滨历史编年(1763—1949)》,黑龙江人民出版社2013年版,第93页。
② 《满洲里哈尔滨防疫记》,《东方杂志》宣统二年十一月二十五日(1910年12月26日),第346页。
③ Wu Lien-Teh, *Plague Fighter: the Autobiography of a Modern Chinese Physician*, W. Heffer & Sons Ltd., 1959, p. 2.
④ Wu Lien-Teh, *Plague Fighter: the Autobiography of a Modern Chinese Physician*, W. Heffer & Sons Ltd., 1959, p. 19.
⑤ 哈尔滨市地方志编纂委员会编:《哈尔滨市志》之15卷《日用工业品商业 副食品商业 饮食服务业》,黑龙江人民出版社1996年版,第842页。需要说明的是此志第723页提道"哈尔滨第一家豪华型旅馆是俄国人开办的格兰德旅馆",笔者认为,这种说法主要是从旅馆的性质出发的,是对外开放的。中东铁路管理局宾馆应属内部宾馆。

运过境行李。对于过境旅客特别招待。如有询问时间即请向本旅馆接洽，不取分文通讯，以华、俄、英、德、法各国文字均可。"① 从两家旅馆的距离和当时哈尔滨的实际情况，笔者最初推断，Metropole 就是现在的龙门贵宾楼酒店。此建筑最初为中东铁路管理局宾馆，是哈尔滨最早的一家豪华宾馆。该建筑由中东铁路副总工程师 С. В. 依格纳齐乌斯负责设计，技术员柳罗组织施工。1904 年 7 月竣工。后因日俄战争爆发，落成不久的中东铁路管理局宾馆成为临时野战红十字会医院。日俄战争后，成为俄国外阿穆尔军区军官俱乐部，也称为"戈比旦乐园"，戈比旦是俄文 капитан 的音译，意为（陆、空军）大尉；（海军）校官、舰长、船长等。1907 年为俄国驻哈尔滨领事馆。但是，还"具备宾馆的功能"②。后经笔者进一步深入调查与研究，"大都会"是松花江街格兰德旅馆斜对面的宾馆。第三是，到哈尔滨第二天上午，伍连德招来一辆马车，"他们赶到衙门，兼任中国海关监督的道台的办公场所，也在离宾馆不远的哈尔滨埠头区"③。由此可以看出，伍连德到的地方是吉林铁路交涉局，即后来的道尹公署，而不是位于道外的道台衙门。第四是，在防治鼠疫运动中，梅尼医生的因疫而亡凸显了伍连德和他的医疗团队的作用。"从那时开始，当地官员特别是于道台开始给予密切合作，他热情地提供了在宽敞的吉林交涉局（Kirin Bureau）里的一个房间，作为高级医生的住所。"④ 这里没有提到伍连德住在吉林铁路交涉局。并且，第二和第四讲到的都是吉林铁路交涉局的办公地点，现在的哈尔滨市委院（目前已作为哈尔滨市博物馆馆舍）内的 1 号楼，也被称为"道台楼"⑤。该楼后为 1945 年成立的哈尔滨市中苏友好协会机关所在地。现建

---

① 东省铁路经济调查局编：《北满与东省铁路》，哈尔滨中国印刷局 1927 年版，后附广告。
② 2013 年 3 月 31 日，笔者采访哈尔滨地方史专家、龙门大厦总经理梁波先生。
③ Wu Lien-Teh, *Plague Fighter: the Autobiography of a Modern Chinese Physician*, W. Heffer & Sons Ltd., 1959, p. 2.
④ Wu Lien-Teh, *Plague Fighter: the Autobiography of a Modern Chinese Physician*, W. Heffer & Sons Ltd., 1959, p. 26.
⑤ 这里需要说明的是湖南教育出版社 2011 年出版的伍连德著，程光胜、马学博译，王丽凤校的《鼠疫斗士：伍连德自述》（上）的第 4、32 等处的相关翻译是不准确的，如把"Kirin Bureau"翻译为"道台衙门"，但其实是吉林铁路交涉局。福建教育出版社 2007 年出版、2011 年再版，王哲著的《国士无双伍连德》一书也有过类似的翻译不当，甚至把"于驷兴"的"驷"写为"泗"。笔者认为这是不熟悉哈尔滨地方史所造成的后果。

为哈尔滨市中苏友好协会旧址纪念馆。

（三）滨江关道道尹的更替及特点

1905年10月5日，吉林将军达桂和黑龙江将军程德全奏请在哈尔滨添设道员；10月31日，获得朱批奏准。1929年2月，民国政府裁撤道尹。在25年中，哈尔滨共有13人15任道尹。其中，李鸿谟和李家鳌都曾任过两次。滨江道尹具有任期时间短、更替次数多、交替过程杂及作用特殊等特点。

哈尔滨关道的前三任道台是杜学瀛、萨阴图、施肇基。杜学瀛在前已述。第二任道员萨荫图"于1907年4月15日被任命为滨江关道道员。6月19日上任，年底就奉旨出使外国，在任不到半年"①。在《花翎三品调补哈尔滨关道萨荫图》中记载其职道："现年三十八岁镶黄旗蒙古霍隆武佐领下人，光绪八年考取同文馆学生，肄业俄文、法律、格致等学，十五年考优等。""三十年十一月奏补郎中。十二月外务部翻译官三年期满，经外务部奏保，免选本班，以道员在任候选。""三十三年四月十五日奉旨调补吉林哈尔滨江关道，并蒙度支部奏保以丞参记名。于五月十一日到奉缴凭。二十一日接奉抚、督宪饬知赴任。六月十九日接印视事。"②

1908年，施肇基到哈尔滨任滨江关道第三任道台。当时，"徐世昌总督以滨江关道因事革职，而该处交涉事烦，难得继任人选，属望于余。唐少老（即唐绍仪，笔者注）时任奉天巡抚，亦促余往。（全衔为吉林西北路兵备道兼滨江关监督）"。"后经一再磋商，规定关道薪俸每月二千两，公费两千两，所有'陋规'全部归公。另兼木殖局总办一差，月薪三百卢布，余遂就任。"③ 在光绪三十四年六月初八的《花翎二品顶戴试署哈尔滨江关道施肇基》中详细记述了施肇基的职道："现年三十三岁，浙江钱塘县人，光绪十八年在江苏赈捐请奖案内，报捐监生并加州同职衔。""三十四年正月奉抚、督宪饬知，奏准试署哈尔滨江关道，于四月间禀销差事五月到奉，旋奉抚、督宪会札饬赴新任并奉委兼充铁路交涉局总办，遵印驰

---

① 刘延年：《老街轶事：哈尔滨建筑背后的故事》，黑龙江人民出版社2008年版，第104页。
② 黑龙江档案馆藏，"哈尔滨关道"设治史料25。
③ 施肇基：《施肇基早年回忆录》，台湾传记文学出版社1985年版，第61页。

抵滨埠，六月二日接印任事。"① 在宣统元年四月十九的《东三省总督锡良奏请仍留刘镜人代办滨江关道事务免调赴俄片》中提道："哈尔滨地方结社重要署滨江关道，施肇基前因与俄筹议自治会各事，外务部饬令到京与议，一时未能回任，所有该处一切交涉均由铁路交涉局总办、吉林特用知府刘镜人代办，诸臻妥协，现法部尚书戴鸿慈赴俄答谢，奏调该员同往，自应遵照，惟该处交涉极为繁重，一时实无接替之人，未便遽易生手。仍留该员在哈代办一切，免调赴俄，实外交有裨。"② 宣统元年六月三十日的《东三省总督锡良、吉林巡抚陈昭常、黑龙江巡抚周树模奏哈尔滨道施肇基试署年满请实授折》中指出："哈尔滨道一缺居吉江要冲，中外人民杂处，交涉备极繁难，该员施肇基器局闳深、才长心细，前在美国留学年久，深通美法两国语言文字，谙习法律，任事血诚，自抵署任以来，已及一年，办理内政外交悉臻妥协，该员尤为熟悉情形，正资得力。"③ 1910年，施肇基由滨江关道奏辅外务部右丞。

自第三任道台施肇基后，笔者主要利用《远东报》④的相关资料来梳理哈尔滨关道道台的更替和任职情况。1910年9月2日的《施司使擢升外务部右丞》告知，"吉林交涉司使施植之，现又蒙擢升外务部右丞。交涉司缺已经改善，于昨函本埠各属同僚一体知照。"⑤ 于驷兴继任施肇基后，但1911年1月24日的《于道撤革原因》指出，因"于道办理防疫不力，以致蔓延南下不可收拾。若非撤任观其后效，不足以警各地方办理防疫

---

① 黑龙江档案馆藏，"哈尔滨关道"设治史料26。
② 《政治官报》，一九〇九年四月二十二日第五百七十九号，折奏类，第12—13页。
③ 《政治官报》，一九〇九年七月初三第六百四十七号，折奏类，第14页。
④ 《远东报》于1906年3月14日（清光绪三十二年二月二十日，俄历3月1日）在哈尔滨创办. 由沙皇俄国控制的中东铁路公司出资创办，公司每年拨款17万卢布（一说"每年垫银五万两"）作为办报经费，隶属铁路管理局新闻出版处，总经理（社长）为俄国人史弼臣。报馆馆址初设哈尔滨沿江中国13道街西口路南。馆内设庶务部（账房）、编辑部、发行部、编译所和印刷所，聘请华人任主笔、编辑和记者（通信员）。1920年起，中国开始回收中东铁路主权，国际列强干涉西伯利亚的军事行动不久也失败撤军，在哈的沙俄残余势力日趋衰落。1921年3月1日，出版15年之久的《远东报》，奉中东铁路公司令终刊。由于是哈尔滨第一家中文报纸，《远东报》当时在政治、经济、军事、文化，以及中俄、中日关系等方面，都有比较广泛的影响。（《黑龙江省志》第五十卷《报业志》，黑龙江人民出版社1993年版，第18、21、18页。）
⑤ 《远东报》摘编第一辑，《哈尔滨史志》1983年增刊第4期。

者。故暂拟奏请革职，即留为傅家甸防疫局帮办，以观其后云"①。同日，《有滨江关道之资格者五人》载："闻继其后者共有五人合于此种资格，一李孝康，一张孝侯，一李兰舟（即李家鏊），一钱绍云，一宋小濂。闻李亦为长春防疫不力作罢，此四人中外部均未许可，拟仍由部简派云。"② 实际上，1911年1月21日，已"改派吉林交涉司总办郭宗熙办理哈埠防疫事宜，暂兼西北路分巡兵备道和滨江关监督"③。1911年6月，郭宗熙卸职。1911年4月6日《刘镜人调任吉林交涉局》报道："前黑龙江局总办刘镜人太守自卸任后，即调往京奉铁路充当会办。兹闻已奉旨调任滨江关道兼吉林交涉局总办云。"④ 但是，1911年4月13日《滨江关道又易一人》又有变故，"日昨本馆又采得确实消息，闻刘刻已留京，差遣本埠关道一缺经改委李家鏊试署。传闻刘观察实不愿就此关道之缺，故督抚两宪改派李观察试署"⑤。1911年4月15日《李观察莅新有期》又讯："自据本埠官场传说李观察日内回奉，致赴吉垣恭谒吉抚后即行来哈莅新云。"⑥ 1911年6月25日《迎吾新关道》讲道："新任滨江关道李兰舟观察，已在奉将调查局事务交代清楚。于二十八日早快车抵哈。"⑦ 1911年6月27日，"新关道李视察家鏊昨日九钟接印视事，并接收吉林交涉局总办关防云"⑧。1911年7月5日《于观察赴任履新》提道："前任滨江关道于振甫观察已于日昨将道署及吉局各项事务交代清楚。于初八日六钟启行，前赴呼伦贝尔道任。"⑨

1911年6月23日《李观察奉宪谕整顿局事》谈道："奉天调查局总办李兰舟观察，自奉派滨江关道缺后，赵督不时传见，询问一切要证。并嘱李观察到任后，将署中一切事物极宜大加整顿，其所属人员更宜严加考察，勿得因循。"⑩ 1911年6月28日《李关道之新猷一》载道："新任滨

---

① 《远东报》摘编第一辑，《哈尔滨史志》1983年增刊第4期。
② 《远东报》摘编第一辑，《哈尔滨史志》1983年增刊第4期。
③ 李述笑编著：《哈尔滨历史编年（1763—1949）》，黑龙江人民出版社2013年版，第95页。
④ 《远东报》摘编第一辑，《哈尔滨史志》1983年增刊第4期。
⑤ 《远东报》摘编第一辑，《哈尔滨史志》1983年增刊第4期。
⑥ 《远东报》摘编第一辑，《哈尔滨史志》1983年增刊第4期。
⑦ 《远东报》摘编第一辑，《哈尔滨史志》1983年增刊第4期。
⑧ 《远东报》摘编第一辑，《哈尔滨史志》1983年增刊第4期。
⑨ 《远东报》摘编第一辑，《哈尔滨史志》1983年增刊第4期。
⑩ 《远东报》摘编第一辑，《哈尔滨史志》1983年增刊第4期。

江关道李兰舟观察日前接印后,即拟将署中事物极力为之整顿。近闻李观察以署中事物纷繁,非分科办事不足以资整领。已议定将各办事处分作数科,以清权限。"① 同日,《李观(应为关)道之新猷二》又载,"新关道李观察闻吉局积弊甚深,拟严加整顿。然不忍不教而诛,特于到任日颁发手谕条教若干件,传之局员公认签字。然后令其振刷精神竭力从公。"② 1911年7月9日《道署分科再志》又有:"本埠西北路道李兰舟观察自接印后,拟严加整顿。然百事宜无不力加整顿。只以道署员额散漫不齐,拟即改设四科,曰文牍、曰总务、曰交涉、曰庶务。"③ 在外交和交涉问题上,1911年6月27日《李观察拜会外交员》谈及,作为监督江关兼办铁路交涉总局的新任关道李家鏊,"于二十九日拜会各国驻哈领事即铁路公司各人员,以便接洽"④。1911年7月5日《划分司法交涉权》论及:"江省公署近准法部咨,以现在审判、检查各厅业已成立,厅将司法权权限划清,以为独立之基础等因。抚宪特将控诉各案,洋人控华人者,则归审判厅讯理,华人控洋人者,即赴交涉局起诉,业以札饬本埠铁路交涉局遵照矣。"⑤ 1911年5月10日,任吉林分巡西北路兵备道兼滨江关监督。"1913年1月,任吉林省西北路观察使。1914年5月,改任滨江道尹。"⑥

关于李家鏊以后的道台和滨江关监督,黑龙江省社科院研究员、哈尔滨地方史专家李述笑有过系统梳理,如表1.1⑦所示:

表1.1　　　　　　　　　　滨江道尹

姓名	任期
李家鏊	1914.5.23—1914.9.4
李鸿谟	1914.9.4—1915.3.10(开缺)
王树翰	1915.3.10—1916.3.4(署)

---

① 《远东报》摘编第一辑,《哈尔滨史志》1983年增刊第4期。
② 《远东报》摘编第一辑,《哈尔滨史志》1983年增刊第4期。
③ 《远东报》摘编第一辑,《哈尔滨史志》1983年增刊第4期。
④ 《远东报》摘编第一辑,《哈尔滨史志》1983年增刊第4期。
⑤ 《远东报》摘编第一辑,《哈尔滨史志》1983年增刊第4期。
⑥ 徐友春主编:《民国人物大辞典》,河北人民出版社1991年版,第291—292页。
⑦ 李述笑:《哈尔滨历史编年(1896—1926)》,《地方史资料》(第二辑),哈尔滨地方史研究所内部资料,1980年,第196、197页。

续表

姓名	任期
李鸿谟	1916.3.4—1917.10.6
施昭常	1917.10.6—1918.4.29
李家鏊	1918.4.29—1919.1.18
付疆（应为傅强，彊为强的繁体）	1919.1.18—1919.12.2
董士恩	1919.12.2—1921.7.17
张寿增	1921.7.17—1927.5.2
蔡运升	1927.5.2—

表1.2　　　　　　　　　　滨江关监督

姓名	任期
邵福瀛	1913.1.30—1914.3.14
侯延爽	1914.3.14—1918.9.25
毛祖模	1918.9.25—1923.9.29
魏绍周	1929.2.29—

2013年出版的《哈尔滨历史编年（1763—1949）》一书中，李述笑先生又对哈尔滨关道道尹等进行了重新梳理。[①] 如表1.3所示：

表1.3　　滨江关道 西北路兵备道 滨江道历任道员、观察使、道尹

姓名	任期
1905年10月31日吉林将军达桂与黑龙江将军程德全奏请在哈尔滨设滨江关道，奉朱批奏准	
杜学瀛（试署）	1906.5.11—1909.4（应为1907.4）
萨荫图（实授）	1907.5.26—1908.2
施肇基	1908.2—1910.8.11
1909年9月滨江关道改为分巡西北路兵备道	
于驷兴	1910.8.11—1911.1.21
郭宗熙	1911.1.21—1911.6.24
李家鏊	1911.6.24—1914.9
1914年6月吉林西北路道改称滨江道，统属滨江、扶余、双城、宾县、五常、榆树、同宾（原长寿）、阿城八县	

---

① 李述笑编著：《哈尔滨历史编年（1763—1949）》，黑龙江人民出版社2013年版，第671页。

续表

姓名	任期
李鸿谟	1914.10.1—1915.3.10
王树翰	1915.3.10—1916.3.4
李鸿谟	1916.3.4—1917.11.21
施昭常	1917.11.21—1918.4.29
李家鳌	1918.4.29—1919.1.26
傅彊（傅强）	1919.1.26—1919.12.18
董士恩	1919.12.28—1921.7.17
张寿增	1921.7.17—1923.3.11
蔡运升	1923.3.11—1929.1

1929年2月滨江道尹裁撤

关于王树翰的有关史料证明，他"1913年1月，任奉天省南路观察使，后任吉林省丈量局局长，1921年5月任吉林财政厅厅长"①。《东三省官绅人民录》一书记载，王树翰于"宣统二年兼任奉天被服厂副厂长，民国二年任奉天南路观察使，民国五年四月从浙江巡按使任为浙江内务司司长，民国五年任奉天财政厅长，民国七年十一月任黑龙江道尹，民国十年八月调任吉林财政厅长"②。这些史料都没有提到王树翰任过滨江道尹，但在台湾"中央研究院"近代史研究所编印的《欧战华工史料（1912—1921）》中，笔者查到，王树翰的确任过滨江道尹。1915年9月11日，外交部收吉林滨江道尹王树翰函的"查复招工赴俄情形抄录合同详情鉴核"；1915年12月9日，外交部发吉林滨江道尹王树翰函的"俄厂招工合同宜参酌法人招募华工合同所拟条款办理"等。③

1917年10月13日《李道尹浩然归志》指出，"滨江道尹李虞臣④（即

---

① 徐友春主编：《民国人物大辞典》，河北人民出版社1991年版，第102页。
② 田边种治郎：《东三省官绅人民录》，台湾文海出版社1973年版，第432页。
③ 陈三井、吕芳上、杨翠华主编：《中国近代史资料丛编》之《欧战华工史料（1912—1921）》，台湾"中央研究院"近代史研究所1997年编印，目录第35页。
④ 关于李鸿谟的相关研究如下：李朋：《吉黑两省铁路交涉局的"嬗变"——1898—1917年中东铁路附属地行政管理权研究》，《中国边疆史地研究》2010年第1期；李朋、高振凌：《滨江道尹李鸿谟与吉林铁路交涉局》，《中国社会科学报》2011年5月19日第8版；李朋、高振凌：《滨江道尹李鸿谟与吉林铁路交涉局》，《北方文物》2011年第4期。李朋系黑龙江大学历史文化旅游学院教授，李鸿谟曾孙。

李鸿谟，笔者注）业行免职，继任者为施绍（应为昭，笔者注）常氏。李氏对于宦情颇为淡薄，日来曾语其所亲者云：俟交替竣事即赋归田，不再作出山之想"①。1917年11月16日《新道尹之来哈期》说道："昨据政界人云，新任道尹施昭常定于今日来哈，十八号接任视事。故道署刻正预备交接各手续。"② 1917年11月22日《施道尹来哈纪事》记载："新任滨江道尹施昭常原定于十九日来哈，嗣因有事在吉勾留一日，于二十日晚十时乘坐东清汽车由长春抵哈，前道尹李虞臣氏当派代表车站欢迎，滨江县知事张兰君及各局、所人员均前往迎迓。闻施道尹定于二十一日接印。"③ 1917年11月23日《新旧两道尹之交替》谈道："新道尹施昭常业已视事，前道尹李虞臣当代将交代事项预备妥协。闻已于二十一日上午交替。"④ 1917年12月23日《施总办奉到任命》强调："驻哈吉林交涉局总办一职，前经省署训令该道尹以交涉重要，令即先生兼充。兹闻该总办昨日已奉到外交部正式任命。"⑤

1918年5月3日《李道尹回任之可贺》告知："本埠前任道尹李家鳌办事认真，一秉大公，久为各界所推许。昨日北京电传李道尹已任为滨江道尹兼交涉员。"⑥ 1918年5月4日《命令》写道，大总统"任命李家鳌署吉林滨江道道尹。外交总长陆征祥呈请任命吉林滨江道道尹李家鳌兼任哈尔滨交涉员"。同日，《李兰舟再任滨江道尹》详述："前滨江道道尹李兰舟氏，自交卸后即不闻问政治，专从事于事业。日昨京电，政府以该员学识经验俱各优长，且久莅东陲，熟悉地面，于内政外交颇著政声、值此内外多故之秋，哈尔滨又为重要地点，非有能干练素为中外允孚之员以资治理。特任命为滨江道道尹，兼赴哈交涉特派员。中外人士闻此消息，以李君守正不阿，遇事敢为，且与滨江各界感情甚恰，无不表示欢迎。"⑦《中俄关系史料：俄政变与一般交涉（1917—1919）》附录中的《地方职官》

---

① 《远东报》摘编第五辑，《哈尔滨史志》1984年增刊第1期。
② 《远东报》摘编第五辑，《哈尔滨史志》1984年增刊第1期。
③ 《远东报》摘编第五辑，《哈尔滨史志》1984年增刊第1期。
④ 《远东报》摘编第五辑，《哈尔滨史志》1984年增刊第1期。
⑤ 《远东报》摘编第五辑，《哈尔滨史志》1984年增刊第1期。
⑥ 《远东报》摘编第七辑，《哈尔滨史志》1984年增刊第3期。
⑦ 《远东报》摘编第七辑，《哈尔滨史志》1984年增刊第3期。

记道，滨江道尹兼哈尔滨交涉员"李鸿谟，五年三月—六年十月；施绍常，六年十月—七年四月；李家鳌，七年四月—八年一月"①。

1919年1月22日《滨江道尹之更替》写道："李兰舟道尹自接任以来，事无巨细，无不躬亲，且为外交老手，中外各界无不称许。不意昨日北京电传李道尹免职，改任傅尔忱（即傅疆，笔者注）氏为道尹。按傅氏为中国官场中拔萃人物，前在吉林交涉员任内遇事不苟，外人无不诚服，近在督办公所亦干练有为。虽云李之免职为哈埠之不幸，而信任之得人亦未必不能造福于地方也。"② 1919年1月29日《新旧道尹交替之监视员》又载，"新旧道尹李兰舟、傅尔忱两氏，刻正在交替之际，已由吉林郭侗伯（即郭宗熙，笔者注）省长派高等监察厅厅长张子安前来监视一切"③。虽然1919年1月30日《领事团挽留李道尹》声称，"李兰舟道尹业经中央以命令免职，闻本埠外交团特电达北京当局请为挽留，电中领衔者为美国领事"，但是1919年2月7日《道尹新旧交替》告知，"本埠滨江道尹李家鳌氏，已于日昨上午将全卷移交，新任道尹傅疆氏接收，军、政、商、警各界咸往致贺"。④

1919年2月7日《新道尹由省返哈》写道："新经任命之滨江道尹傅写忱氏前晚由省回哈，军政各机关皆派员至车站迎迓，闻定于一二日内即接任视事。"1919年3月2日《交涉局总办委定》声明："本埠吉林铁路交涉局总办一缺向由滨江道尹兼摄，昨经省长公署转到外交部委任状，以重职守云。"1919年3月12日《道尹公署改组》写道："本埠道尹傅写忱氏到任以来，即将署内原有四科改为两处三科。一秘书处。二支应处。一内务科。二外交科。三诉讼科。闻组织业经就绪，署内人员亦拟定去留。"⑤

1919年12月2日《道尹更动说》表示："本埠道尹久有更动消息，惟不能证实，故不便任意揣度。刻闻吉林财政厅董佑岭（即董士恩，笔者注）有继任滨江道尹之消息，惟未见明令。"1919年12月7日《新任道尹

---

① 台湾"中央研究院"近代史所编：《中俄关系史料：俄政变与一般交涉（1917—1919）》，"中央研究院"近代史研究所1984年版，附录第60页。
② 《远东报》摘编第九辑，《哈尔滨史志》1984年增刊第5期。
③ 《远东报》摘编第九辑，《哈尔滨史志》1984年增刊第5期。
④ 《远东报》摘编第九辑，《哈尔滨史志》1984年增刊第5期。
⑤ 《远东报》摘编第九辑，《哈尔滨史志》1984年增刊第5期。

日内来哈》述及："新任滨江道尹董佑岭氏,业见命令。兹据政界人云,董氏已于昨晚电知本埠道署,准于月六号由省起程来哈履新。"1919 年 12 月 10 日《道尹仍兼交涉员》通告:"本埠交涉员一职向由道尹兼摄,已历数任。闻新任道尹董幼岭氏,昨已奉外交部委任,仍兼本埠交涉员。"1919 年 12 月 11 日《董道尹来哈有期》解释:"本埠道尹以董幼岭氏继任已见明令。闻董氏于本月一号始由北京回吉,刻以在省将财政厅事务交代清楚,至晚于十五号来哈接任视事,故道尹公署及交涉局刻正收束一切,以便董氏来哈即行交代。"1919 年 12 月 17 日《新道尹来哈》知晓,"新任道尹董幼岑氏已于昨日来哈,日内即接任视事"。① 1919 年 12 月 19 日《新任道尹接任视事》知晓,"新任道尹董佑岑氏于日前到哈,业志本报。兹闻该道尹已于日昨接印视事,所有署内人员及各界人士前往道贺者颇不乏人"②。并且,董士恩是"滨江道尹兼哈尔滨交涉员兼中东铁路理事会理事"③。1920 年 6 月 24 日《裁撤交涉局之建议》表明,"中东路督办宋小濂氏,近向政府有一种建议,以外交事情瞬息万变,嗣后遇有交涉,应由东省长官竭力筹划对待办法,从前所有该路之交涉局,应即一律裁撤,以一事权"④。1921 年 2 月 15 日《董道尹兼管市政》公告,"本埠董道尹奉大总统令兼管哈埠市政,故于日昨发布通告,略谓哈埠庶务公会由道尹监督一切"⑤。此后,张寿增"1921 年 7 月,任吉林滨江道尹、哈尔滨交涉员等职。1927 年 3 月,任黑河市市政筹备处处长交涉员兼瑷珲关监督"⑥。蔡运升"1920 年 6 月,署吉林吉长道尹。1925 年 5 月去职;同月,任滨江道尹,兼北京政府外交部特别长春交涉员、吉林铁路交涉局总办、滨江市政筹备处参议"⑦。1929 年 2 月 1 日,"吉林省政府成立,原吉长、滨江、延吉、依兰四道尹裁撤,设交涉员。原滨江道道尹蔡运升充任滨江兼依兰交涉

---

① 《远东报》摘编第九辑,《哈尔滨史志》1984 年增刊第 5 期。
② 《远东报》摘编第九辑,《哈尔滨史志》1984 年增刊第 5 期。
③ 徐友春主编:《民国人物大辞典》,河北人民出版社 1991 年版,第 1270 页。
④ 《远东报》摘编第十一辑,《哈尔滨史志》1984 年增刊第 7 期。
⑤ 《远东报》摘编第十一辑,《哈尔滨史志》1984 年增刊第 7 期。
⑥ 徐友春主编:《民国人物大辞典》,河北人民出版社 1991 年版,第 963 页。
⑦ 徐友春主编:《民国人物大辞典》,河北人民出版社 1991 年版,第 1367 页。

员"①。因此,《蔡运升遗稿 伯力交涉始末》中,他提道:"余任滨江道尹兼外交部交涉员八年。"②

根据黑龙江省档案馆档案、《远东报》以及李述笑先生的相关资料,笔者整理的滨江关道的名称变化和道尹更替如下:

表1.4

姓名	任期
1905年10月31日,吉林将军达桂与黑龙江将军程德全奏准在哈尔滨设滨江关道;1906年5月11日,正式设立哈尔滨关道	
杜学瀛(试署)	1906.5.10—1907.4
萨荫图(调补)	1907.7.28—1908.2
施肇基(试署)	1908.7.2—1910.8.11
1910年6月10日,奏准滨江道改为分巡西北路兵备道;1910年7月27日,奉改为分巡西北路兵备道	
于驷兴	1910.8.11—1911.7.5
郭宗熙	1911.1.21—1911.6.24(暂兼)
1913年1月,改道台为观察使	
李家鳌	1911.6.27—1914.9
1914年6月2日,吉林西北路道改称滨江道	
李鸿谟	1914.10.1—1915.3.10
王树翰	1915.3.10—1916.3.4
李鸿谟(再任)	1916.3.4—1917.10.13
施昭常(应为施绍常)	1917.11.23—1918.4.29
李家鳌(再任)	1918.5.4—1919.1.21
傅彊	1919.2.7—1919.12.18
董士恩	1919.12.18—1921.7.17
张寿增	1921.7.17—1925.5
蔡运升	1925.5—1929.2.1
1929年2月,滨江道尹裁撤,改为市政筹备处处长兼交涉员,仍按旧区节制各县外交	

---

① 李述笑编著:《哈尔滨历史编年(1763—1949)》,黑龙江人民出版社2013年版,第331页。
② 中国人民政治协商会议黑龙江省哈尔滨市委员会文史资料研究委员会编:《哈尔滨文史资料》第一辑,中国人民政治协商会议黑龙江省哈尔滨市委员会文史资料研究委员内部资料,1982年,第126页。

三　滨江关道辖区变化与督征关税等职能

（一）滨江关道的辖区与哈尔滨城市的特殊性

光绪三十三年（1907）"裁将军副都统等官，改设吉林巡抚，复分设各道"时，吉林全省"分划四道，置县三十有七"①。其中，滨江道"道尹所在地为哈尔滨，共辖八县两设治局。（一）滨江县（二）扶余县（三）双城县（四）宾县（五）五常县（六）榆树县（七）同宾县（八）阿城县。设治局两处，一为乌珠河，一为苇沙河"②。滨江县"金为上京会宁府西北地；元墟其地属之硕达万户府；明为岳希卫阿实卫地；清宣统元年置滨江厅同知，仅治傅家甸一隅，面积数十里，嗣析双城东北境隶之；民国二年三月改为县，县治土名哈尔滨"。其境界"东至阿城县界，南至双城县界，西与北以松花江与黑龙江省呼兰县为界"③。实际上，"滨江县治下者，可分为三区，即傅家甸、四家子、北江沿是也。至太平桥、圈河两区，虽辖于滨江县，但尚无若何发展，依然村落零零，敝屋数椽而已"④。"全县面积计三千七百方里，在吉林全省中为最小。"⑤1907年，在由滨江关道印制的《哈尔滨一带全图》的说明中，萨荫图解释："图中所谓一带者，乃指江沿、香房、傅家甸、四家子、圈儿河、田家烧锅等处。"⑥ 因此，道虽然"是一个职级比较高的介于省、府之间的高级行政机关，却不是一个全方位的地方行政建置，而是一个专理某项行政军务的专责部门，其辖区不是一城一池，而是包括数州、数府的广大地区"。滨江道，就是一个"专管吉黑两省交涉和稽征关税"的专门机构，"其辖区就更为广大。有人曾误认为它是哈尔滨地方行政机构，其实不然，哈尔滨只

---

① 徐曦：《东三省纪略》，商务印书馆1915年版，第62页。
② 东省铁路经济调查局编：《北满与东省铁路》，哈尔滨中国印刷局1927年版，第15页。
③ 徐曦：《东三省纪略》，商务印书馆1915年版，第67页。
④ 辽左散人：《滨江尘嚣录》，《黑水丛书》之《东游日记（外十六种）》（上），黑龙江人民出版社2009年版，第888页。
⑤ 辽左散人：《滨江尘嚣录》，《黑水丛书》之《东游日记（外十六种）》（上），黑龙江人民出版社2009年版，第902页。
⑥ 李述笑编著：《哈尔滨历史编年（1763—1949）》，黑龙江人民出版社2013年版，第69页。

不过仅仅是其辖区内的一个小小局部地区，它只是驻地哈尔滨而已"①。

哈尔滨近代城市的发展，"带有典型的殖民色彩，也形成了城市管理的特殊性，长期呈一城多市状态：埠头、南岗城区一带归俄国中东铁路管理局、俄人把持的'哈尔滨自治公议会'和'哈尔滨董事会'（即市政府）管辖，后经过中国政府的多次抗争，收回市政权，由中国北京政府东省特别区市政管理局管辖中东铁路附属地、哈尔滨特别市政管理局接管原'哈尔滨自治公议会'和'哈尔滨董事会'；傅家甸一带先后归清朝政府设立的滨江关道、滨江厅江防同知和吉林省滨江县政府所辖；而松花江北的松浦一带亦有相对独立的城区，先后由黑龙江省松北市政局、松浦市政管理处所辖"②。

"所谓东省特别区者，即东省铁路沿线之地带也。"哈尔滨"虽为斯地之总名称，但其行政区域，则可分为特别区与滨江西县两部。以哈埠全面积论，滨江县治域，不过占其七分之一，而其他七分之六，均为特别区境域"③。"属于特别区者，依习惯上分，可分为十区，即八站、道里（又称为埠头区）、地包、新安埠（又称为偏脸子）、正阳河、新正阳河、秦家岗、东马家沟、西马家沟、香坊（又称为上号）是也。"④ 滨江县"位于松花江南岸，当东省铁路之中枢，四围均广阔肥沃之平野。前清宣统元年置滨江厅同知，仅治傅家甸一隅。面积不过数十里。嗣析双城县东北境隶之。民国二年改为县。县治区划，自民国九年俄国内乱后，我国渐次收回俄租借地，及司法权、警察权。十一年，改称东省铁路沿线地，为特别区。设置行政长官，管辖民政，此前俄人在铁路局内，所设之民政部、地亩局概与取消。即以前中国所设吉黑两省铁路交涉局之中俄交涉事件，亦多归行政长官公署办理。故滨江县与特别区，在行政上实已显分区域"⑤。

---

① 柴鹤年：《汉唐与明清道、厅设置考》，《哈尔滨史志》1993年第1期。
② 哈尔滨市档案馆编：《哈尔滨解放（上）》，中国档案出版社2010年版，第3页。
③ 辽左散人：《滨江尘嚣录》，《黑水丛书》之《东游日记（外十六种）》（上），黑龙江人民出版社2009年版，第886页。
④ 辽左散人：《滨江尘嚣录》，《黑水丛书》之《东游日记（外十六种）》（上），黑龙江人民出版社2009年版，第888页。
⑤ 熊知白：《东北县治纪要》，和济印书局1932年版，第325页。

"东省特别区市政管理局正副局长就职于民国十年2月12日，即公元1921年2月12日。亦即该局成立时间。"①"应即先行任滨江道尹以交涉员名义筹备办理哈尔滨铁路界内市政事宜。"民国十年2月10日，董士恩奉大总统令，于"本月12日就任市政管理局局长。"② 又据该年12月23日董士恩呈称："职局于本年2月12日组织成立。"③ 东省特别区市政管理局"辖哈尔滨马家沟、香坊、顾乡屯、八区、正阳河和江北船坞等原为中东铁路附属地。该区亦称东省特别区市政管理局属哈尔滨。哈尔滨道尹董士恩为局（市）长，马忠俊为副局长。"④ 因此，万芳在《滨江关道设置略述》中提到的滨江关道"对当时管辖非俄占地区的社会政治、经济、文化等方面起着积极作用，形成了与东省特别行政区对峙的局面"⑤，是值得商榷的。

（二）滨江关道与督征关税

哈埠系交通要区，为中外商民荟萃之地。前清时，"道尹为滨江关道又称西北路兵备道兼任税关监督及木石税局长。"⑥ 民国三年（1914）五月二十三日颁布又九月六日修正的《道尹官制》规定："第一条，道置道尹隶属巡按使为一道，行政长官依法律命令执行道内行政事务并受巡按使之委任监督财政及司法行政及其他特别官署之行政事务。"⑦《道尹官制》中详细规定了道尹的各项权力，例如发布法令、人事奖惩、兵力调动等。施肇基任哈尔滨关道道台时，"东三省总督先为徐世昌，后为锡良。滨江关道有来往之上级机关凡五：东三省总督，吉林巡抚，黑龙江巡抚，外务部及税务处。"⑧

道尹权限仅达于道内。"道尹为执行法律、教令、省章程或依法律、

---

① 刘亚祥主编：《黑龙江市县设治时间考》，黑龙江人民出版社1988年版，第10页。
② 黑龙江省档案馆藏档案，全宗80目录1卷108。
③ 黑龙江省档案馆藏档案，全宗62目录5卷1060。
④ 陈绍楠主编：《哈尔滨经济资料文集1（机构·商会·贸易）》，哈尔滨市档案馆内部资料，1990年，第38页。
⑤ 万芳：《滨江关道设置略述》，《黑龙江史志》2012年第13期。
⑥ 殷仙峰编，王仲甫校：《哈尔滨指南》，东隆商报1922年版，卷二机关第4页。
⑦ 殷仙峰编，王仲甫校：《哈尔滨指南》，东隆商报1922年版，卷二机关第4—5页。
⑧ 施肇基：《施肇基早年回忆录》，台湾传记文学出版社1985年版，第65页。

教令、省章程之委任，得发布道单行章程及命令于所属之县知事，并得详报省长。奖励或惩戒之于所属之县知事。遇有事故或出缺时，得临时委员代理。道尹遇有非常紧急或特别重要事件时，于呈报省长外，得迳呈大总统。凡通商口岸地方驻有道尹者，得兼外交部特派员。"①

关于督征关税一事，《海关通志》中讲道："海关建设之初，因与外人通商贸易，多系沿海。固有江浙闽粤四省海关之设。未几及于内地沿江沿河各处矣。未几又及于沿边陆路各处矣。然通行皆曰海关。从其始名也。""我国宇内多事，外患迭乘，每为外人要求增设口岸。由是有一新开商埠，即增设一海关，逐成定制。""滨江即哈尔滨之略称。在吉林黑龙江两省之中心，盖中外交通之枢纽也。以前清光绪三十一年（1905）中日满洲善后协约允许开放，至三十三年（1907）开关。"② 哈尔滨开关是中俄议定《北满洲税关章程》的结果。但是《北满洲税关章程》未经签订，而在议定后互换照会使章程生效。外务部致俄国公使照会的日期为 1907 年 7 月 6 日，俄国公使覆照的日期为 1907 年 7 月 8 日，因而以后一日期为本章程的订立日期。③ 此为滨江关开关之始。滨江关设立后，"由滨江道尹兼任海关监督至民国成立，始行分立，总关署设在秦家岗海关街，而监督公署现驻在傅家甸四道街并于本埠傅家甸、满洲里、绥芬河、三姓、拉哈苏苏等处各设分关，复于总关东西等处及黑龙江省所属之瑷珲、大黑河、梁家屯、牡丹江、新甸、佳木斯等处各设分关、分卡"④。"民国后，始分立，由中央简放专员任监督。"⑤ 海关监督的"监督"对象是海关税务司，但两者不是"隶属"关系。⑥

据《晚清海关再研究——以二元体制为中心》一书介绍："晚清各海关监督，从其来源大致可分为两种，第一种是由原来的榷关监督转化而

---

① 东省铁路经济调查局编：《北满与东省铁路》，哈尔滨中国印刷局 1927 年版，第 19 页。
② 黄序鹓：《海关通志》，共和印刷局 1921 年版，第 23、24 页。
③ 参见步平等编著《东北国际约章汇释（1689—1919 年）》，黑龙江人民出版社 1987 年版，第 313 页。
④ 殷仙峰编，王仲甫校：《哈尔滨指南》，东陲商报馆 1922 年版，卷二机关第 280 页。
⑤ 辽左散人：《滨江尘嚣录》，《黑水丛书》之《东游日记（外十六种）》（上），黑龙江人民出版社 2009 年版，第 901 页。
⑥ 苟德仪在"晚清海关的分部及其隶属道名表"中提到，是"隶属"关系，时间是 1908 年。实际上是 1907 年。（苟德仪：《川东道台与地方政治》，中华书局 2011 年版，第 192 页。）

来，如粤海关、闽海关、浙海关、江海关、镇江关、九江关、芜湖关、山海关；第二种是从原来并不兼管榷关的地方官员（主要是道员）转化而来，包括哈尔滨关、安东关、东海关、嘉峪关、苏州关、金陵关、汉江关、沙市关、宜昌关、重庆关、思茅关、腾越关、龙州（镇南）关、梧州关、南宁关。"① 笔者认为，第一种海关因其沿海而设关较早，第二种海关因其沿江或沿河而设关较晚，这与列强对中国的侵略先后有关。滨江关就是江关。但是，由"第二种是从原来并不兼管榷关的地方官员（主要是道员）转化而来"可见，海关监督不是"转化"而是"兼任"，哈尔滨关道设立的目的就是"专办吉江两省铁路交涉并督征关税"。此书还提到"此道未见于刘子扬先生所编的《清代地方官制考》，一史馆中哈尔滨关的奏折也未见其具体的官衔，只称为哈尔滨关道，这里的吉林分巡西北路道是根据《清朝续文献通考》卷三百九，《舆地三》，考一〇五二二。"② 刘子扬的《清代地方官制考》一书1994年由北京紫禁城出版社出版，而在1982年第4期的《近代史研究》中，朱东安的《关于清代的道和道员》一文就对"哈尔滨关道"有所记载。③ 1905年，在"添设哈尔滨关道折"中，程德全"拟请于吉林哈尔滨添设道员"。道员就是道台、道尹，是官衔。同时，"吉林分巡西北路道"全称为"吉林分巡西北路兵备道"。据笔者查证，在中国旧海关史料"宣统元年（即1909年，笔者注）通商各关华洋贸易总册"中才出现哈尔滨的"征收各项税钞分别华、洋船完纳总数"④。

关于木石税局。据史料记载："光绪二十九年，吉当局方委专员来哈专办木石税征收事宜，是即今木石税费局之嚆矢。三十二年，将该局并入滨江关道管理。宣统三年，又由道署移出，划归统税局兼办。"⑤

---

①　任智勇：《晚清海关再研究——以二元体制为中心》，中国人民大学出版社2012年版，第97—98页。

②　任智勇：《晚清海关再研究——以二元体制为中心》，中国人民大学出版社2012年版，第116页。

③　朱东安：《关于清代的道和道员》，《近代史研究》1982年第4期。

④　中国第二历史档案馆、中国海关总署办公厅编：《中国旧海关史料（1859—1948）》第51册，京华出版社2001年版，第34页。

⑤　辽左散人：《滨江尘嚣录》，《黑水丛书》之《东游日记（外十六种）》（上），黑龙江人民出版社2009年版，第901页。

自中东铁路成立之后,"吾国按照该合同设立交涉局,当时中东铁路干路经过吉黑两省,支路则经过奉省,于是奉吉黑三省均各在哈尔滨设交涉局,专理本境省内刑民诉讼及一切交涉事宜,嗣因俄将由长春至大连支路割让于日,而奉天交涉局在哈无所事事,逐即裁撤,现只吉江两省交涉局而已"。吉林交涉局"局内总办由滨江道尹兼摄前清设立之初兼任税关监督及木石税局局长,民国成立后海关木石税局均行分立,不归交涉总办兼摄矣"。"内设有会审公堂专理租界及中东路沿线各站与华人诉讼与俄人有关系者并由俄领事与我会审专员公同审理,计吉林境内路线经过之初南至长春东至绥芬河(即五站)沿路均择要设有分局就近处理一切交涉事件,其重大事件不能就近了结者则呈送总局办理,除现时局内职员均由道尹公署职员兼充勿庸例外。"

　　中东铁路路工创始及竣工之时,"尚有吾政府所派之委员会充该路总办,居京遥领。后经庚子之变,所谓中国总办并其名阙焉无闻,而实际折冲于两国之间,总管交涉诸务,仍属于吉黑两省交涉总局。两局总机关皆设于哈尔滨,其下各有分局数处,择各大站冲要之区设焉。吉林交涉局局长即以滨江道尹兼领,其所辖事权为铁路与地方交涉各务,如铁路界内华俄人犯案时,华人则归交涉局,俄人则归俄警署会同审断,分别处理之,以及铁路须扩展地界、采矿伐木、招工购料,并与地方官来往供给乘车免票等等,胥与交涉总分局接洽,故交涉局实为华俄国际间沟通之唯一机关。"① 如"我国工商人等由哈尔滨赴俄境者,必须在吉林黑龙江两省交涉局请领护照。东路归吉林局专办,北路归黑龙江局专办。凡呈领护照时分一二三等征收照费,计一等五元、二等三元、三等二元,此外均贴印花税洋二元"②。

　　但是,"奉、吉、黑三省各设一交涉局于哈,例以候补道府司之,闻黑局为最贤。此三局住屋员薪,均由俄人供支。华员感俄人之为增差使也,其视俄为主,而视本省为客也,固宜。局员惟恐失俄欢,仰达尼尔鼻息惟恐不谨。局有谳案,非达诺不敢判,且非达诺不敢讯也。工役交涉案必请示于达,即傅家店一赌博案亦必请示达也。吉局员且有求俄人优给薪

---

① 秦岱源:《东陲纪闻》,《黑水丛书》之《东游日记(外十六种)》(上),黑龙江人民出版社2009年版,第826—827页。

② 殷仙峰编,王仲甫校:《哈尔滨指南》,东陲商报馆1922年版,卷二机关第142页。

水宽给住屋者矣"①。1901年,《吉林哈尔滨铁路交涉局章程》规定:"第九条,该总局总会办及各官员兵勇等一切经费,总监工每年缴给该总局总办,吉林市平银六万两。此款总监工分开交给该总办,按每三月以前缴给;第十条,此外,建修局所并差人居住房屋及局所应用器具等费,由该总办同总监工商定,该总办应用项若干项总监工支取。"②从而,同年《吉林将军长奏重设哈尔滨铁路交涉局并增改章程折》指出,"查哈尔滨车站原占地方宽八里,广四里,约三十二方里,前已咨呈总署有案嗣该站挖濠又拓占不少,现时俄总副监工欲占拓地面,绘图画分界线,约计拓广至周围五十余里,经文韫再三辩较,未允退让"③。

1928年南北统一。"各省道尹制度一律废除,改为市政筹备处,处长兼交涉员,仍按旧区制节制各县交涉事宜。滨江交涉员,辖于吉林省政府。辖滨江、阿城、双城、扶余、同宾、五常、榆树、珠河、苇河、宾等十县外事宜,且兼吉林铁路交涉局总办之职。"④

本文是对哈尔滨关道的设治、职能、道署和公署的变迁、道尹的更替,以及其与哈尔滨城史纪元、海关等相关问题的讨论。此后,笔者将对道尹在内政如批准报纸、哈尔滨的近代化建设、防疫等,以及外交如旅俄华侨华工问题、铁路附属地的木石问题方面进行详尽的专题研究。

---

① 钱单士厘著,杨坚校点:《癸卯旅行记·归潜记》,湖南人民出版社1981年版,第65页。
② 北洋洋务局辑:《约章成案汇览》(七·乙编·卷三十七·上),点石斋石印本1905年版,第130页背面。
③ 北洋洋务局辑:《约章成案汇览》(七·乙编·卷三十七·下),点石斋石印本1905年版,第47页正面—背面。
④ 辽左散人:《滨江尘嚣录》,《黑水丛书》之《东游日记(外十六种)》(上),黑龙江人民出版社2009年版,第902—903页。

第 二 章
哈尔滨城市发展与城市特色

作为一个区域的哈尔滨，因为不同时期的不同区位，在历史上的作用大有区别。在百年发展中，哈尔滨经历了三次转型：从松花江边的农业聚落、铁路村落到近代城市，从铁路附属地到自立自主以及从工业主导到多元成长的"蝶变"。伴随三次城市转型，哈尔滨出现了三次发展高峰。在三次转型与高峰中，哈尔滨的变化都与俄国（苏联、俄罗斯）的影响关系密切。

随着中东铁路的建设和开通，作为"T"字形铁路枢纽的哈尔滨，迅速在20世纪二三十年代成为国际化大都市和东北亚甚至是世界的贸易中心；解放战争时期，哈尔滨的经济中心地位开始逐渐弱化，特别是在东北，尤其是经济管理职能日益减弱；新中国成立后，哈尔滨与沈阳、长春等地成为中国计划经济体制下的重工业基地，同时哈尔滨的经济和政治地位被沈阳所取代。改革开放以后，市场经济发展和国有企业改革，曾经使以计划经济和重工业为核心的城市出现一些困境，但是国家振兴东北老工业基地战略和"一带一路"倡议的大力推进，给哈尔滨城市发展带来了新的机遇，再次凸显了哈尔滨的区位优势。

哈尔滨是一座具有特殊风格的城市。中东铁路的建设使哈尔滨成为"东西之间"的纽带。知识分子是一个带有特别秉性的群体。中国的艰难时局让知识分子变成"民族觉醒"的代表。两者在哈尔滨"相遇"，激发出对这座城市的思想"火花"。他们有对哈尔滨的"恒常性"记忆，也有对哈尔滨的"变异性"叙述，但是他们的妙笔给重塑"整体性"的20世纪二三十年代的哈尔滨提供了历史的"因子"。

第一节　区域、区位与区别:哈尔滨百年发展史中的三次转型和三次高峰

哈尔滨是一座年轻而独特的城市。随着中东铁路的修筑和开通，现代意义上的哈尔滨仅有百余年的发展历程。在百年发展中哈尔滨出现了三次转型，并伴随有三次高峰。最初，哈尔滨从一个松花江边松散的聚落形成了一个"洋华杂处、中西交融"的近代化国际性大都市，作为铁路附属地的哈尔滨逐渐成长为连接东西方的"路径"和"窗口"，成为当时中国、东北亚乃至世界的一个枢纽。解放战争和中华人民共和国成立后，哈尔滨实现了由铁路附属地、殖民地到独立自主的城市的历史性跨越，并日益成为一个以重工业为主导的城市。特别是随着苏联援华项目的建设和展开，哈尔滨出现了第二次发展高峰。但是，哈尔滨作为中国东北的核心地位被沈阳所替代，尤其表现在最初的政治方面。改革开放以后，国家实施振兴东北老工业基地战略特别是目前的"一带一路"倡议，使哈尔滨突破原有较为单一的以工业为中心的经济模式，形成了区域化多元性成长型的发展愿景。哈尔滨正在努力争取再次成为东北亚的中心和枢纽。哈尔滨的三次转型都与俄国（苏联、俄罗斯）的影响密不可分。在战争与和平的语境下，哈尔滨这座城市总也抹不掉俄国的影子。

一　从传统农业聚落到近代新兴城市：哈尔滨第一次转型与高峰

自 1896 年至 1945 年前，中东铁路的修建促进了哈尔滨城市的形成，哈尔滨实现了从传统农业聚落到近代新兴城市的第一次转型。同时，20 世纪二三十年代的哈尔滨出现了第一次发展高峰，成为胡适所称的"东西方文明的交界点"。作为"T"字形中东铁路节点的区位优势体现在，哈尔滨确立了中国东北、东北亚以及欧亚交流中心的地位。这一时期，哈尔滨城市的发展变化更多是一种外力作用的结果，内力的表现相对虚弱。

因水定城，中东铁路的节点曾经选址扶余和呼兰等地，但是由于松花

江的水势走向最终定在了南岸的哈尔滨；以路兴城，哈尔滨是一座随着中东铁路的建设而逐渐形成的近代城市。具体而言，在中国传统经济基础上，作为铁路附属地的哈尔滨是由中东铁路沿线大大小小的铁路村扩展而成的。《哈尔滨历史地图》《印·象 哈尔滨》与《昨天 今天 明天——哈尔滨地图概览》等资料中所提供的俄文或中文的老地图清晰地展示了这个过程。

哈尔滨城市的近代化是"被迫的""后发的"或者是"半殖民化"的结果。"哈尔滨这座城市同俄国动荡的现代政治史（包括帝制末年的革命活动）有关联。它是中东铁路的枢纽——这条铁路是沙皇建造的，通过中国的东北（当时称'满洲'），使联结俄国东西两部分的西伯利亚铁路大动脉有了一条捷径。在铁路沿线两侧，是一个特殊的地区，由俄国管理和警卫。"① 但是，需要强调的首先是破坏性。"快速的铁路建设使一座新兴城市在这里诞生。这条铁路是为了沙俄——当时侵略中国的殖民主义强国之一——的需要而兴建的。"② "俄国人住在这里，像在家里一样。"哈尔滨被称为"东方小巴黎""东方莫斯科"和"东方芝加哥"等，就是在这时形成的。在某种意义上，这些称谓是殖民主义的产物，带有殖民主义色彩。这是一个不得不承认亦无法掩盖的事实。

这一阶段需要厘清以下几个问题。

首先是铁路"附属地"、行政区划与市政管理问题。

《华俄道胜银行章程》（1895 年 11 月）、《中俄御敌互相援助条约》（即《中俄密约》，1896 年 6 月）与《关于东清铁路建设及经营合同》（即《中国政府与华俄道胜银行入股合同》，1896 年 9 月）等条约是中俄两国关于修筑中东铁路的一些具体条款，并没有对铁路附属地做出明确的界定和划定。从实际情况来看，现在的哈尔滨道里、南岗和香坊区的部分区域和道外区的八区等地属于铁路附属地，而道外区绝大部分并不归属铁路附属地，属于中国政府管辖（这也要看不同的历史时期）。铁路附属地最初是由中东铁路管理局管理。某种程度上，中东铁路管理局局长霍尔瓦特亦

---

① 伊斯雷尔·爱泼斯坦：《见证中国：爱泼斯坦回忆录》，沈苏儒、贾宗谊、钱雨润译，新星出版社 2015 年版，第 83 页。
② 伊斯雷尔·爱泼斯坦：《见证中国：爱泼斯坦回忆录》，沈苏儒、贾宗谊、钱雨润译，新星出版社 2015 年版，第 81 页。

是铁路附属地的最高行政长官。理论上，相关解释首先需要对铁路附属地、租界、租借地等概念进行阐释。此外，目前有的学者对中俄之间这些条约的性质提出新的观点，既然中东铁路是中俄两国签订条约建立华俄道胜银行共同建设，那就不存在侵略或殖民问题。但是，这要看两国签订条约的历史背景，不能孤立地看问题。形式上的平等并不等同于实质上的平等。

关于租界、租借地和铁路"附属地"等界定和差异，笔者认为，从管理权上看，上海、天津等地的租界是通过条约——明确的不平等条约——来实现的。在租界内，侵略殖民国家具有完全主权并且实施管理，范围也相对固定，是国中之国，"中国人不得入内"。1854年，"土地章程主要的改动包括大幅扩大了租地范围、改变租地办法、默认华洋杂居、成立工部局等"。根据"这个土地章程，外国居留地开始形成了独立于中国行政统治之外的管理机构，并获得了行政权和警察权，并初步具有一定的立法权和司法权，意味着国中之国的租界正式形成了"①。然而，"尽管在租界之初不允许中国人居住，但1850年代以后，上海租界很快成为中国商人、政治活跃人士、激进知识分子和普通人聚居的城中城"②。位置亦是在城市之内，最初面积相对小一些。到1914年，上海"两个租界（公共租界和法租界，笔者注）的面积，已经远远超过了上海县城的面积"③。从时间上看，租界也有明确的期限。从手段上来看，租界是赤裸裸的殖民主义的结果，是通过战争实现的。但铁路"附属地"签订的条约——不是战争的结果——表面上似乎存在平等，但实际上也是不平等的，是一种"伪装"的平等。由侵略殖民国家的一个代理机构如中东铁路管理局来管理城市。中东铁路管理局和霍尔瓦特与俄国的关系并不是完全一致的，是存在矛盾的。铁路"附属地"在城市内的范围比较明确，但是在铁路沿线的范围就相对模糊，特别是对俄国来说，它就不想明确，尽管有明确的限定。在铁

---

① 魏枢：《"大上海计划"启示录：近代上海市中心区域的规划变迁与空间演进》，东南大学出版社2011年版，第4页。
② 孙绍谊：《想象的城市：文学、电影和视觉上海（1927—1937）》，复旦大学出版社2009年版，第202页。
③ 魏枢：《"大上海计划"启示录：近代上海市中心区域的规划变迁与空间演进》，东南大学出版社2011年版，第4页。

路附属地内，中国人没有主权和管辖权，但可以居住，亦可利用铁路附属地的城市设施和购买服务等。从时间上看，铁路"附属地"也没有年限。上海和天津的租界相对于整个上海市是一个小区域，而哈尔滨基本就是铁路"附属地"——香坊、道里、南岗，也就是大体位于中东铁路以西的部分，以东是归中国人管理，即道外绝大部分，属于吉林省管辖，中国人有主权并行使管辖权。但道外的八区是铁路附属地的一部分。当然，哈尔滨的这种局面是随着时局变化的，如"中东路事件"后中国主权的收回，不如租界那样稳定。

此外，上海、天津的各国租界与整个上海市、天津市的关系，和中东铁路管理局与哈尔滨的关系不同。上海"沦陷"前，中国人对上海是拥有主权的，而作为铁路附属地的哈尔滨基本上是由俄国人来管理。租界是隔离的，而铁路附属地是开放的。上海、天津是先有城市后设租界，上海是在原松江县的基础上发展起来的，后来还设有松江道。而哈尔滨是随着中东铁路的建设而逐渐形成的，直接就是铁路附属地，所已有的研究哈尔滨的俄文书籍直接命名为"哈尔滨，俄国的远东分支"。尽管在哈尔滨形成之前也存在一些聚落，但它们是不稳定的，季节性和流动性较强。中东铁路建设和通车时，哈尔滨还没有明确的中国政权管辖界定。

这些论述仅是笔者一些初期的设想，还有待深入和细致地研究。

哈尔滨不同历史时期的各种行政区划及其市政管理是一个亟待厘清的问题。黑龙江大学历史文化旅游学院院长段光达在《哈尔滨早期城市特点刍议》一文中指出，1926年，哈尔滨的市政管理权依旧未统一，整个城市一分为四，仍处于多重行政管辖的特殊格局之中。其各自管辖范围如下："傅家甸属吉林省滨江县；道里区、南岗区属于哈尔滨特别市；马家沟、顾乡、香坊、偏脸子、正阳河等其余江南各区，统归东省特别市政管理局属哈尔滨市；松花江哈尔滨段北岸的松浦区，则由黑龙江省长官公署下属的松北市政局管辖（1920年初该局设立时称马家船口市政局）。"[①] 这一论述说明了哈尔滨行政管理的特殊性和复杂性，也反映了哈尔滨城市历史的独特性和多元性。

---

① 段光达：《哈尔滨早期城市特点刍议》，《北方文物》1994年第2期。

与道外有关的历史是1907年,设滨江厅;1913年,建滨江县;1929年,立滨江市;1934年,组滨江省。此外,哈尔滨历史上曾出现四次"特别市":1926年11月第一次称"哈尔滨特别市"。此前,一直由沙俄建立的"哈尔滨自治公议会"控制哈尔滨市政。1933年6月是第二次。1932年2月5日,日军进入哈尔滨,哈尔滨沦陷。第三次在1945年8月。日本投降,国民党将东北划分为9个省2个特别市,其中将哈尔滨定为特别市。第四次在1946年11月。中国共产党领导的东北民主联军解放哈尔滨后,1947年6月5日,中华民国国民政府公布中国东北地区行政区划方法,东北被划为辽宁省、安东省、辽北省、吉林省、松江省、合江省、嫩江省、黑龙江省、兴安省九省。与现在哈尔滨行政区划有联系的是吉林省、松江省、合江省、嫩江省四省。笔者认为,不能根据现在的行政区划模糊地认识哈尔滨过去的行政归属。实际上,从1906年哈尔滨设治,哈尔滨的中国部分便归属吉林省管理。以松花江为界,哈尔滨江南归吉林将军,江北基本上属黑龙江将军。

笔者在《关于"犹太人在哈尔滨"的历史文化研究》一文中指出,1945年以前特别是20世纪二三十年代,道外是形成了以八区为核心的哈尔滨的生产加工中心,道里是形成了以中央大街为核心的哈尔滨的金融商业中心,南岗则是形成了以东西大直街为核心的哈尔滨的行政管理中心。历史地形成了三个区在哈尔滨的不同职能,并且是形成了一个有序运转的体系或系统。① 此外,道外以正阳大街(今靖宇大街)为中心形成了中国人的商业贸易中心;在香坊形成了哈尔滨较早的工业特别是轻工业的中心。1917年至1920年在哈尔滨生活过的伊斯雷尔·爱泼斯坦指出,"在沙俄势力占统治地位的情况下,哈尔滨发展成了三个不同的区域:一个是在松花江畔的'码头'商业区(现为'道里区');另一个是称为'新城'的行政区(现为'南岗区'),这里有宽阔的马路和军政机关的高楼大厦,中东铁路局也在这里;最后一个就是上面提到过的'傅家甸'(现为'道外区'),是本地居民区"。② 需要说明的是,当时尽管道里、南岗、道

---

① 高龙彬:《关于"犹太人在哈尔滨"的历史文化研究》,《俄罗斯学刊》2012年第2期。
② 伊斯雷尔·爱泼斯坦:《见证中国:爱泼斯坦回忆录》,沈苏儒、贾宗谊、钱雨润译,新星出版社2015年版,第95页。

外、香坊在行政管理上还属于不同的国家或政府，呈现"两国、三省、四方"的市政管理格局，但是在经济上是互通的。现在需要相关专家学者对哈尔滨的早期行政沿革进行微观研究，厘清不同时期的行政区划和市政管理。

随着现代行政区划的变动，一些原来不属于哈尔滨的地域进入哈尔滨行政区划，如阿城，从而哈尔滨有了"千年文脉、百年设治"的界定。但是，笔者认为，不能因为行政区划的变动，把不属于哈尔滨原有区划的历史看作哈尔滨城市的历史组成部分。此外，出于研究的方便，学者或专家以1932年为哈尔滨城史研究的分水岭或节点。笔者认为，这实际上是一个整体，是不能人为断裂的。哈尔滨20世纪二三十年代特别是30年代之所以出现辉煌，不仅有俄国因素也有日本因素。目前，我国学者关于日本与哈尔滨城市发展的关系的研究相对滞后，如1932年与1936年日本对哈尔滨提出或实施的"大哈尔滨计划"及对哈尔滨城市的影响。

二 从铁路"附属地"到独立自主：哈尔滨第二次转型与高峰

从1945年到1978年，解放战争和中华人民共和国的成立，哈尔滨实现了从铁路附属地到独立自主的第二次转型。伴随着苏联援华项目的实施与传统工业型城市的形成，20世纪50年代末60年代初哈尔滨出现了第二次发展高峰。由于受苏联营造的社会主义阵营的影响，新中国成立初期我国实施"一边倒"的外交政策。这个时期哈尔滨受外力作用仍然是显而易见的，同时内部的张力亦逐渐彰显。但是，哈尔滨作为东北核心的区位优势逐渐弱化，特别是在政治方面的突变，在经济方面是渐变的。

根据《雅尔塔协定》相关条约，苏军进军我国东北，加速了日本侵略者的灭亡。1946年4月28日哈尔滨解放，并成为我国最早解放的大城市。随后，中国共产党最高指挥进入哈尔滨，哈尔滨一度成为解放战争的指挥中心。辽沈战役胜利后，东北成了中国共产党的大后方。在香港的民主人士沈钧儒、谭平山、章伯钧、蔡廷锴等亦来哈筹备新政协的召开。在新中国定都北京前，哈尔滨亦被选为建都之地。新中国诞生后，哈尔滨曾被称为"共和国的长子"。1950年毛泽东访苏归来，途经哈尔滨时，视察哈尔滨车辆厂和参观哈尔滨市貌。156个苏联援华项目中13个项目落户哈尔滨，哈尔滨日益成为一个以重工业为主导的城市。

这一时期需要弄清的问题如下。

首先，国际上中国与苏联的"博弈"问题。

在这个方面，问题突出表现在：苏军解放东北时的所作所为、哈尔滨解放时苏军与国民党的交接、苏联单方面撕毁援华项目合同等。

关于苏军解放东北时的所作所为以及人民的反应。1946年4月14日星期日，萧军日记记道，"晚间来了一批东北学生，他们提出苏联军队在东北拉机器和败坏军纪的行为一些问题，我只好为他们解答，和告诉他们到这里来应该有些什么精神准备等。他们似乎很满意地走了。我知道这些问题如果遇到别人，那是很难招架的，也不容易使他们满意"。1946年4月15日星期一，萧军日记写道，"夜间那四个学生又来了，谈了一些他们个人问题，也谈了昨夜我给他们解释的问题——关于苏联军队在东北拉机器与破败纪律事——他们认为我有点太偏重于替苏联辩解，有些主观。我用一个馒头喂狼和喂狗的例子又为他们解释一番。""以我所根据的材料，按我的看法，就我的立场来看，我是如此判断和认识以及主张的。也许太主观或武断，但现在我还不想有什么改变……也许将来你们承认我所说的对，也许不对……这要看你们发展。譬如有一个馒头，必须喂狼或喂狗，我是要喂狗的，因为喂饱了狼并没什么好处。这就是说，如果那机器能落于真正东北人民手里，而苏联如此做是错误的；但人民是不会得到它们的，与其落入法西斯蒂（即的，笔者注）手里，还莫如落入劳动人民的国家里，至少它们不会变为侵略别的国家工具以及屠杀东北人民……"他们对我这样解说，不再说什么了。① 笔者认为，这时萧军的观点基本上与共产党的方针政策是一致的，也符合人民大众的利益。我国对苏军的态度所带来的影响是利大于弊的，在当时也是一种不得已的默认状态。关于苏军在中国东北的具体情况，俄国方面有细致的研究及成果，包括档案资料。而我国学者在这方面的研究似乎难以望其项背，鲜见有分量的专著或论文。

1946年4月28日，哈尔滨解放。解放前，苏军是与国民党进行的交接。而那时共产党的军队就在哈尔滨周围待命，迎接哈尔滨的解放。苏军

---

① 萧军：《萧军全集》第19卷，华夏出版社2008年版，第754—755、755页。

把哈尔滨交给国民党不仅是因为在国际上国民党是代表我国的合法政府，而且应该是另有所图的。萧军亦曾在其"自任主编的《文化报》上公开揭发苏联政府及其军队在驱逐日寇后对东北的政策和行为，批评中共对苏联的态度和在东北的地方政策，从而引起和中共所办《生活报》的激烈论战，被中共东北局定性为'反苏、反共、反人民'。"① 在这件事上，萧军较多是从个体角度去评价，没有从国家整体的视角做衡量，没有反映民意，属于"不合时宜的思想"。中共东北局是从中苏关系的高度和国家整体利益去处理此问题的，欲擒故纵，尽管丧失了一部分利益，这也是一种不得已的默认状态。最终是以杨绰庵为代表的国民党接收人员两进两出哈尔滨，没能在哈尔滨站住脚。虽然在哈尔滨建立相关机构，但是接收人员没有在哈尔滨取得实质性成果。哈尔滨解放前后，苏联、共产党、国民党、抗联等各种力量在哈尔滨的较量有待深入地微观研究。

1960年，苏联单方面撕毁援华项目合同并召回在华专家，实质上是美苏冷战格局下社会主义阵营中苏之间"斗争"的一种结果。我国著名俄国史研究专家、中国社会科学院世界历史研究所研究员闻一指出，"冷战"表面上是不打仗，而实际上在准备有朝一日以战争手段来结束"冷战"，这是从形式上讲。而在实质上，"冷战"是两种制度的较量、两个主义的拼搏、两种意识形态对垒的旗号下进行的争夺世界霸权和宇宙空间的战争，最终所导致的是世界的一分为二。中国是以苏联为主导的社会主义阵营的重要组成部分。由于地缘和历史等因素，哈尔滨是苏联实施在华政策的重要区域。

"一五"时期，哈尔滨是国家重点建设城市之一，苏联援建的156项重点建设工程，有13项设在哈尔滨〔哈尔滨电机厂、哈尔滨汽轮机厂、哈尔滨锅炉厂、哈尔滨轴承厂、哈尔滨伟建机器厂（原哈飞）、哈尔滨东安机械厂、哈尔滨东北轻合金厂（原哈尔滨101厂）、哈尔滨量具刃具厂、电碳厂、电表仪器厂等〕，成为国家重要工业基地，并迅速由一个消费城市转变为新兴工业城市。苏联援华项目规划了中国的工业布局并在一定程度上奠定了中国的工业基础，项目的积极意义是值得肯定的。不可否认的是，苏联援华项目也有巩固社会主义阵营的目的。1960年，苏联撤回专家

---

① 何方：《萧军在延安》，《炎黄春秋》2015年第1期。

时，在哈援华项目早已建成并投入生产。虽然没有造成致命性的打击，但相对来说也是一个不小的损失。总体而言，苏联在哈援华项目是利远远大于弊。苏联在哈援华项目与哈尔滨城市工业布局及城市发展等方面的关系，也是一个有待梳理的课题。

其次是国家内中央与地方的"平衡"问题。

这个时期，在中央与地方的"平衡"中，哈尔滨的地位和作用随之变动。陈毅元帅曾经讲过，"淮海战役是人民用小推车推出来的"。以此类推，辽沈战役是用中东铁路拉出来的。作为中东铁路枢纽的哈尔滨的作用在那时并未改变。作为解放战争的大后方，包括哈尔滨在内的东北为整个中国的最后胜利奠定了坚实的物质基础。1950年，毛泽东访苏归来路经哈尔滨。在现哈尔滨颐园街1号的"革命领袖视察黑龙江纪念馆"，有毛主席给哈尔滨的题词："学习马列主义""不要沾染官僚主义作风""学习""奋斗""发展生产"。这些题词实际上是给哈尔滨和黑龙江人民甚至是全国人民定下的基调。

哈尔滨历史地位的变化始于解放战争后期，随着部队的推进以及整个东北和全国的解放，哈尔滨逐渐退出我国东北的核心位置，由沈阳取而代之，包括政治和经济方面特别是政治方面。这是全国重新布局的需要。应该说明的是，自1904年日俄战争和1905年《朴茨茅斯条约》后，我国东北以长春为分界线划为南满和北满，哈尔滨是北满的中心，沈阳是南满的中心。但是整个东北的经济中心在哈尔滨。这种局面持续到1931年"九一八"事变，甚至延续到1946年。东北海关的各种数据就是一个坚实的佐证。在政治方面，创立于沈阳后到过安东、哈尔滨和佳木斯等地并最终回到沈阳的《东北日报》，以及从延安到哈尔滨和佳木斯等地后到沈阳的鲁迅艺术学院，凸显了沈阳在东北的区位优势。这方面的研究也是一个有待被深化的命题。

三　从现代工业主导到区域多元成长：哈尔滨第三次转型与预期的高峰

自1978年到现在，哈尔滨正在实现从现代工业主导到区域多元成长的第三次转型。同时，21世纪初期的哈尔滨经历了从东北老工业基地到消费服务型城市转化的第三次发展高峰。这个高峰将会持续性延展。经过近三十年的改革开放和几十年的建设，哈尔滨正在由一个以工业为主的城市向综合性多功能的现代化城市转变。在这个时期，哈尔滨的自身发展内力是城市发展的核心驱动力，外部力量特别是苏联（俄罗斯）的推动力作用不大，效果不明显。过去，哈尔滨与俄关系更加紧密，是中俄关系的一座桥梁。但是，目前哈尔滨正在逐渐改变这种现状，恢复哈尔滨第一个发展高峰时期的历史地位。

新中国成立后尤其是改革开放以来，不像济南和青岛是山东的政治和经济中心，属双核驱动，亦不像沈阳和大连是辽宁的政治和经济中心，也是双核驱动，哈尔滨既是黑龙江省的政治中心，又是经济中心，是一种单核驱动。这是一种优势与劣势并存的状态。并且目前哈尔滨在优势方面得到了充分发挥，劣势得到了弥补。我国的"一带一路"倡议是我国经济自信和伟大复兴的充分体现，亦是我国在新形势下实施新的独立自主外交战略的整体部署。这不仅是一个政治问题，更重要的是一个经济战略。"一带一路"倡议亦是"中国梦"的具体实践。俄国以乌拉尔山为界分为欧俄与亚俄两部分。在俄国历史上，国家战略的重点始终放在欧俄部分。但是，在外交政策方面，俄罗斯这只"双头鹰"实施的是灵活的"钟摆理论"外交，东方不亮西方亮。但实际上，不管钟摆摆向东方还是西方，重心还是在西方。东方是工具，西方才是真正的目的。

这个时期需要梳理的问题有：

首先，国家振兴东北老工业基地战略中的哈尔滨与苏联（俄罗斯）因素问题。

东北地区是我国大国企集中的地方，甚至有的城市就是一个大国企，如鞍山与鞍钢、大庆与大庆油田等。

2014年8月，国家制定并实施《国务院关于近期支持东北振兴若干重大政策举措的意见》，"支持东北地区全面深化改革、创新体制机制、实现经济社会持续健康发展"。这是针对"目前面临新的挑战的，去年以来经济增速持续回落，部分行业生产经营困难，一些深层次体制机制和结构性矛盾凸显"。目的是"为巩固扩大东北地区振兴发展成果、努力破解发展难题、依靠内生发展推动东北经济提质增效升级"。2015年1月11日，中共哈尔滨市第十三届委员会第七次全体（扩大）会议上指出,《关于近期支持东北振兴若干重大政策举措的意见》是"国务院专门为推动东北地区振兴而量身打造的,也为东北地区振兴提供了又一个难得发展机遇"。哈尔滨要"在新一轮东北地区振兴中赢得主动"。

自中国改革开放以来,苏联先是戈尔巴乔夫的"新思维"改革,1991年第一个社会主义国家苏联解体,叶利钦实施"西化"的改革,以及后来的普京与梅德韦杰夫的"普梅"或"梅普"组合"新政",苏联（俄罗斯）一直在忙于自身的转型。苏联（俄罗斯）再也没有给中国提供"以俄为师"的条件和机会,而是中国走上了具有中国特色的社会主义建设道路。在这个过程中,中国对过去"趋苏联化"的因素进行理性的分析并进行合理化的"去苏联化"。尽管这个过程是痛苦的,但却是有意义的。当然,哈尔滨这个与俄国（苏联、俄罗斯）有着密切关系的城市也在进行这方面的改造或改革。中国·哈尔滨国际经济贸易洽谈会（哈洽会）及中国—俄罗斯博览会所体现的中俄关系特别是经济关系下的政治关系有待深化研究。

其次,国家"一带一路"倡议中的俄罗斯与哈尔滨因素。

近期,国家主席习近平提出的"一带一路"倡议,是我国在复杂多变的国际局势下重新打开外交局面的重要构想。其中,"丝绸之路"的重启,关系到俄罗斯的后院,这让俄罗斯有了危机感甚至胁迫感。但是,目前在北约东扩和欧盟东扩及乌克兰危机"西方"攻势下,俄罗斯还不太顾及中国这个"东方"伙伴。俄罗斯暗中与中国较劲的是,日本与韩国现在俄罗斯远东地区的投资要远远高于中国,俄罗斯用这一措施"挤压"中国,对中国实施"拉"与"压"的"面包"政策,寻找一条东亚局势的"缝隙"。俄罗斯远东石油天然气管线"安大线"与"安纳线"的意图是显而易见的。为了摆脱窘境,俄罗斯在亚俄部分的表现之一就是远东地区的开发,但是仅是一种"战略"意图,而没有具体而详细的"战术"布局。不过,在当前的俄罗斯远东开发方面,中国的政界和商界心知肚明,不会轻易出手。在俄罗斯远东开发上,俄罗斯并没有把与之毗邻的黑龙江和哈尔滨放在重要位置。

国家"一带一路"倡议提出后,各省各地都在寻找与此倡议有所"交叉"的方面，以争取倡议带来的各种优惠政策。黑龙江和哈尔滨处在新的"历史机遇期"。在"东部丝绸之路"上的黑龙江与俄罗斯远东地区有几千千米的边境线，哈尔滨曾经是世界上俄侨最重要的聚居地之一。黑龙江对俄各口岸的实际效能有待进一步提升。哈尔滨"音乐之城"的美誉，源自20世纪二三十年代俄侨艺术家的贡献。虽然现在俄国人不再对苏联歌曲、油画等文化感兴趣，但是我国人民对这些东西还有着偏好，哈尔滨就是连接俄罗斯和中国的最好纽带，缘于哈尔滨既有历史渊源又有资源优势。哈尔滨可以做中国人的市场。世界各地原驻哈尔滨的侨民"哈尔滨人"及他们的后代，对哈尔滨有着无尽的眷恋。澳大利亚的哈尔滨人协会、波兰的哈尔滨人协会以及以色列的原居中国犹太人协会等，都是哈尔滨的宝贵资源。但是，哈尔滨要有过硬的条件，让他们能来哈尔滨，留在哈尔滨。"冰城夏都"是哈尔滨的一块招牌。如何做大做强哈尔滨和黑龙江的旅游文化也是一个巨大的命题。哈尔滨和黑龙江需要制定行之有效的、有生命力的、有生产力的相关政策，关键是实施，需要持之以恒，循序渐进。第三产业的发展和壮大是一个城市成熟的标志，但这是一个艰难的转型。

在百年发展中，哈尔滨经历了三次不同意义的转型，并且带来了三次非同寻常的发展。缘于区位的变化，哈尔滨的地位和作用也随之变化。但是，这是一个历史的进程，不是人为因素能够改变的。哈尔滨城史研究需要国际视野和微观研究，客观总结哈尔滨城市发展的历史规律。"鉴于往事，以资于治道。"哈尔滨站在新的"历史机遇期"，广阔天地，大有作为。

第二节　政策、机遇与突破：哈尔滨城市发展的区位优势与重新定位

国家"一带一路"倡议和振兴东北老工业基地战略，以及中蒙俄经济走廊、龙江丝路带和哈长城市群发展规划等，给哈尔滨城市发展提供了新的契机和注入了新的活力。哈尔滨城市发展和规划需要突出自身区位优势，做好功能定位调适。哈尔滨城市发展需要处理好中央与哈尔滨、东北与哈尔滨、黑龙江与哈尔滨以及哈尔滨与各个城区等多个层次的点、线、

面的关系。

一 "一带一路"倡议与哈尔滨：前沿与路径

哈尔滨是国家"一带一路"倡议中的节点性城市，是我国实施关于俄罗斯和东北亚政策的前沿，也是我国外交实践的一种路径。哈尔滨需要做好国家"一带一路"倡议中的定位。这首先需要处理好与俄罗斯的关系，特别是俄罗斯远东开发政策。

2017年5月14日，习近平在"一带一路"国际合作高峰论坛开幕式上的讲演中讲道："2013年秋天，我在哈萨克斯坦和印度尼西亚提出共建丝绸之路经济带和21世纪海上丝绸之路，即'一带一路'倡议。"[1] 2014年11月8日，习近平在"加强互通互联伙伴关系"东道主对话会上的讲话中指出："一带一路""以亚洲国家为重点方向，率先实现亚洲互联互通。'一带一路'源于亚洲、依托亚洲、造福亚洲，关注亚洲国家互联互通，努力扩大亚洲国家共同利益。"[2] 2016年4月19日，习近平在主持中央十八届中央政治局第三十一次集体学习时的讲话中强调："推进'一带一路'建设，要处理好我国利益和沿线国家利益的关系，政府、市场、社会的关系，经贸合作和人文交流的关系，对外开放和维护国家安全的关系，务实推进和舆论引导的关系，国家总体目标和地方具体目标的关系。"[3] 2016年8月17日，习近平在推进"一带一路"建设工作座谈会上的讲话中指出："加强'一带一路'建设同京津冀协同发展、长江经济带发展等国家战略的对接，同西部开发、东北振兴、中部崛起、东部率先发展、沿边开发开放的结合，带动形成全方位开放、东中西联动发展的局面。"[4] 因此，东北老工业基地"对内要深入推动东北振兴与京津冀协同发

---

[1] 习近平：《携手推进"一带一路"建设》，《习近平谈治国理政》第二卷，外文出版社2017年版，第509页。

[2] 习近平：《"一带一路"和互联互通相融相近、相辅相成》，《习近平谈治国理政》第二卷，外文出版社2017年版，第497页。

[3] 习近平：《推进"一带一路"建设，努力拓展改革发展新空间》，《习近平谈治国理政》第二卷，外文出版社2017年版，第501页。

[4] 习近平：《让"一带一路"建设造福沿线各国人民》，《习近平谈治国理政》第二卷，外文出版社2017年版，第505页。

展等国家重大战略的对接和交流合作,对外要深度融入共建'一带一路',建设开放合作高地。"① 哈尔滨的城市发展需要融入国家"一带一路"倡议,把国家的总体目标与地方的特色优势相结合。

中国(海南)改革发展研究院院长、中国东北振兴研究院院长迟福林,在《形成"一带一路"东北开放的大格局》一文中强调:"东北地区应加快融入'一带一路'战略,以中蒙俄经济走廊建设为抓手,以推进基础设施投资合作和互联互通为依托,以制造业产业园区为平台,以建立东北亚自贸区网络为目标,以发展生产性服务贸易和服务业市场开放为重点,加快构建东北对外开放的大通道、大平台、大布局,由此形成东北振兴的新动力。"具体而言,"以沈阳、长春、哈尔滨、大连等城市为战略支点,协同推动外接俄罗斯、蒙古、韩国、日本、朝鲜和欧洲,内联国内腹地的贸易大通道建设,以实现'一带一路'战略与俄罗斯'欧亚联盟'战略和蒙古'草原丝绸之路'战略的对接,实现与'京津冀一体化'协同发展,吸引内地面向欧洲出口的产业和资金向东北转移"②。2018年7月27日下午,哈尔滨市委副书记、市长孙喆在市政府理论学习会上指出:"应该怎样在新的一轮发展当中,在总书记确定的'一带一路'和我们机构调整、新旧动能转换、稳中求进的发展当中,哈尔滨怎样能更好地发展,这个还是要站在全球、全国、全市的大格局下,以各个部门、各个系统、各个领域,怎样更好地发展?"③

在国家"一带一路"倡议下,哈尔滨需要分析自身优势和弱势,打破"过境贸易"的困局,突破东北三省一区与俄罗斯远东地区的同质化问题。国家政策是一个层面,哈尔滨的具体落实是另一个层面。同时,哈尔滨需要处理好与吉林、辽宁和内蒙古自治区"各自为政"的关系,形成与俄罗斯关系的整体化效应。现在的中俄博览会(原来的"哈洽会")由过去的哈尔滨单独举办到后来的双方互办,实际效果有待提升。在实施"一带一路"倡议过程中,我们既要重视历史,又要研究当今。俄罗斯关于我国

---

① 张晓松、杜尚泽:《奋力书写东北振兴的时代新篇——习近平总书记调研东北三省并主持召开深入推进东北振兴座谈会纪实》,《哈尔滨日报》2018年9月30日第1版。
② 迟福林:《形成"一带一路"东北开放的大格局》,《经济参考报》2016年8月29日。
③ 《孙喆市长在市政府理论学习会上的讲话》,《哈尔滨史志》2018年第4期。

"一带一路"倡议和中蒙俄经济走廊的态度和对策应该深入研究。国家政策、理论研究要与具体实践相结合。"实践是检验真理的唯一标准",任何理论都需要被实践检验。

二 "振兴东北老工业基地"战略与哈尔滨:创新与范式

东北老工业基地的形成与现状是历史的结果,哈尔滨、长春和沈阳都宣称自己是"共和国的长子",为新中国的诞生和巩固都曾做出巨大的贡献。计划经济体制下,哈尔滨等形成了以重工业为核心的城市发展空间和模式,在那个时期打造了哈尔滨等城市的特色和优势。在市场经济体制下,国有大型企业与城市发展的关系需要研讨。国家振兴东北老工业基地战略为哈尔滨等城市的创新发展提供了新的平台,哈尔滨等城市需要构建新的城市发展模式。

"东北地区等老工业基地曾是新中国工业的摇篮,在共和国发展史上写下了光辉灿烂的篇章。然而,最先步入计划经济,也是最后走出计划经济,东北长期积累的体制性、结构性矛盾日益显现,工业生产一度步履维艰,经济位次不断后移。"[1] 2015 年 7 月 17 日下午在长春召开部分省区党委主要负责同志座谈会,听取对振兴东北地区等老工业基地和"十三五"时期经济社会发展的意见和建议。习近平总书记就推动东北老工业基地振兴提出了着力完善体制机制、着力推进结构调整、着力鼓励创新创业、着力保障和改善民生的"四个着力"要求。2016 年 4 月 26 日,《中共中央 国务院关于全面振兴东北地区等老工业基地的若干意见》指出,"党中央、国务院对东北地区发展历来高度重视,2003 年作出实施东北地区等老工业基地振兴战略的重大决策,采取一系列支持、帮助、推动振兴发展的专门措施","实施东北地区等老工业基地振兴战略,是党中央、国务院在新世纪做出的重大决策。当前和今后一个时期是推进老工业基地全面振兴的关键时期"[2]。

---

[1] 张晓松、杜尚泽:《奋力书写东北振兴的时代新篇——习近平总书记调研东北三省并主持召开深入推进东北振兴座谈会纪实》,《哈尔滨日报》2018 年 9 月 30 日第 1 版。

[2] 《中共中央 国务院关于全面振兴东北地区等老工业基地的若干意见》,人民出版社 2016 年版,第 1—2 页。

但是，"当前，国际政治经济形势纷繁复杂，我国经济发展进入新常态，东北地区经济下行压力增大，部分行业和企业生产经营困难，体制机制的深层次问题进一步显现，经济增长新动力不足和旧动力减弱的结构性矛盾突出，发展面临新的困难和挑战，主要是由于：市场化程度不高，国有企业活力仍然不足，民营经济发展不充分；科技和经济发展融合不够，偏资源型、传统型、重化工型的产业结构和产品结构不适应市场变化，新兴产业发展偏慢；资源枯竭、产业衰退、结构单一地区（城市）转型面临较多困难，社会保障和民生压力较大；思想观念不够解放，基层地方党委和政府对经济发展新常态的适应引领能力有待进一步加强"。这些矛盾和问题归根结底是"体制机制问题，是产业结构、经济结构问题，解决这些问题归根结底要靠全面深化改革"①。因此，"东北地区不能再只吃重化工、资源型、'初字号'的饭，要形成多点支撑、多元发展的产业新格局"②。

2016年10月18日，在东北振兴滚石上山、爬坡过坎的关键节点上，国务院实施《关于深入推进实施新一轮东北振兴战略部署加快推动东北地区经济企稳向好若干重要举措的意见》和《东北振兴"十三五"规划》。李克强在《对2018年政府工作的建议》中指出，"扎实推进区域协调发展战略"，"制定西部大开发新的指导意见，落实东北等老工业基地振兴举措，继续推动中部地区崛起，支持东北地区率先发展"③。

从2003年国家实施振兴东北老工业基地战略到现在，"争取再用10年左右时间，东北地区实现全面振兴，走在全国现代化建设前列，成为全国重要的经济支撑带，具有国际竞争力的先进装备制造业基地和重大技术装备战略基地，国家新型原材料基地、现代农业生产基地和重要技术创新与研发基地。"④ 其中，"让人民群众共同分享东北振兴的红利，才能让人民

---

① 《中共中央 国务院关于全面振兴东北地区等老工业基地的若干意见》，人民出版社2016年版，第2页。

② 《打赢全面振兴东北这场硬仗》，《人民日报》2016年2月27日第1版。

③ 李克强：《政府工作报告——2018年3月5日在第十三届全国人民代表大会第一次会议上》，人民出版社2018年版，第31页。

④ 《中共中央 国务院关于全面振兴东北地区等老工业基地的若干意见》，人民出版社2016年版，第5页。

群众有更多获得感。有民生的托底，有公平的机会，有稳定的制度环境，就能最大限度地激发社会活力、创新潜力。"①

振兴东北老工业基地不仅是工业问题，还是社会等问题；振兴东北老工业基地既需要考虑全国和东北一盘棋，也要看到差异性和特殊性。哈尔滨的国有大型企业基本是中央直管企业，工业生产还是计划经济体制下的订单模式。这些大型国有企业与哈尔滨的实际关系，尤其是对哈尔滨城市发展的作用需要探讨。哈尔滨等东北老工业基地在计划经济体制下，同时缘于地理等因素，乡镇经济不发达，一定程度上阻碍了城市的发展。此外，国家的东北边疆政策需要从历史上进行认真梳理。

三 "龙江丝路带"与哈尔滨：核心与辐射

"龙江丝路带"是哈尔滨融入国家"一带一路"倡议和中蒙俄经济走廊的又一重要平台。哈尔滨是"龙江丝路带"的核心，既是起点也是终点，亦是东北亚联结中俄韩的枢纽。它是盘活"龙江丝路带"，辐射东北甚至内地的关键。

2015年4月12日，中俄韩"哈绥符釜"陆海联运常态化首班集装箱到港揭幕仪式在韩国釜山港码头举行，标志着"黑龙江陆海丝绸之路经济带"（后称"龙江丝路带"）横跨亚欧、连接陆海的国际物流通道全线贯通。"哈绥符釜"（哈尔滨—绥芬河—符拉迪沃斯托克—釜山）陆海联运的常态化运行，是黑龙江省更深入融入"一带一路中蒙俄经济走廊"建设进程的重大举措。2015年5月，习近平主席在访俄期间与普京总统签署了中俄关于丝绸之路经济带建设和欧亚经济联盟建设（以下简称"一带一盟"）对接合作的联合声明。2015年8月5日，哈尔滨铁路集装箱中心站建成投用，"哈绥符釜"陆海联运首发运营，144个集装箱从哈尔滨起运出海，黑龙江省正式打通出海口。2016年2月27日，首班哈俄班列发车，这是又一条对俄国际物流通道顺利贯通。2016年4月，"哈绥符釜"陆海联运常态化运营正式开通，黑龙江借港打通的出海口实现全天候运行。

因此，"协同推进战略互信、经贸合作、人文交流，加强与周边国家

---

① 《打赢全面振兴东北这场硬仗》，《人民日报》2016年2月27日第1版。

基础设施互联互通，努力将东北地区打造成我国向北开放的重要窗口和东北亚地区合作的中心枢纽。推动丝绸之路经济带建设与欧亚经济联盟、蒙古国草原之路倡议的对接，推动中蒙俄经济走廊建设，加强东北振兴与俄远东开发战略衔接，深化毗邻地区合作。推动对欧美等国家（地区）相关合作机制和平台建设，高水平推进中德（沈阳）高端装备制造产业园建设。推进沿边重点开发开放试验区建设，推动黑瞎子岛保护与开发开放。提升边境城市规模和综合实力。进一步加大对重点口岸基础设施建设支持力度"[1]。

哈尔滨作为对俄合作中心城市，是"龙江丝路带"建设的最大受益者。2015年12月16日国务院批复同意设立哈尔滨新区；2016年3月11日国家发改委发布《哈长城市群发展规划》；3月15日，国务院正式通过关于同意设立哈尔滨综合保税区的批复。哈尔滨作为黑龙江省的省会，不仅是政治中心，还是经济、文化中心，与辽宁的沈阳和大连及山东的济南和青岛等政治—经济双核驱动模式不同，哈尔滨（长春亦是如此）的单核结构与城市发展模式值得深入探讨。

四 "哈长城市群发展规划"与哈尔滨：桥梁与纽带

"哈长城市群发展规划"是国家对原来"哈大齐工业走廊"的重新规划和布局，推动黑龙江省和吉林省的协同发展。哈尔滨架构区域外合作与区域内合作的桥梁，发挥联结中外和内外的纽带作用。

哈长城市群处于全国"两横三纵"城市化战略格局京哈京广通道纵轴北端，是全国重要的老工业基地和最大的商品粮基地，也是东北地区城市群的重要组成区域和东北地区对外开放的重要门户。规划范围包括黑龙江省哈尔滨市、大庆市、齐齐哈尔市、绥化市、牡丹江市，吉林省长春市、吉林市、四平市、辽源市、松原市、延边朝鲜族自治州。编制实施《规划》，是贯彻落实党中央、国务院决策部署的一项重要举措，有利于探索粮食主产区新型城镇化道路、培育区域经济发展的重要增长极，对推进"一带一路"建设和扩大国际产能合作、进一步提升东北地区对外开放水

---

[1] 《中共中央 国务院关于全面振兴东北地区等老工业基地的若干意见》，人民出版社2016年版，第8页。

平等具有重要意义。

国家"支持沈阳、大连、长春等地打造国内领先的新兴产业集群。充分发挥特色资源优势，积极支持中等城市做大做强农产品精深加工、现代中药、高性能纤维及高端石墨深加工等特色产业集群。积极支持产业结构单一地区（城市）加快转型，研究制定促进经济转型和产业多元化发展的政策措施，建立新兴产业集聚发展园区，安排中央预算内投资资金支持园区基础设施和公共平台建设。积极推进落实'互联网+'行动。依托本地实体经济积极发展电子商务、供应链物流、互联网金融等新兴业态，支持跨境电子商务发展"①。

国家"支持总部设在东北地区的中央企业先行开展改革试点。研究中央企业与地方协同发展、融合发展的政策，支持共建一批产业园区。加大中央国有资本经营预算对东北地区中央企业的支持力度"。"在中央预算内投资中安排资金支持东北地区面向东北亚开放合作平台基础设施建设。提高边境经济合作区、跨境经济合作区发展水平"②，"国家重大生产力布局特别是战略性新兴产业布局重点向东北地区倾斜"③。

同时，"做好与'一带一路'建设、京津冀协同发展、长江经济带'三大战略'互动衔接"。"推动东北地区与京津冀地区融合发展，在创新合作、基础设施联通、产业转移承接、生态环境联合保护治理等重点领域取得突破，加强在科技研发和成果转化、能源保障、统一市场建设等领域务实合作，建立若干产业合作与创新转化平台。支持辽宁西部地区加快发展，打造对接京津冀协同发展战略的先行区。加强与环渤海地区的经济联系，积极推进东北地区与山东半岛经济互动合作。支持东北地区与长江经济带、港澳台地区加强经贸投资合作"。

"深化东北地区内部合作，完善区域合作与协同发展机制，支持省（区）毗邻地区探索合作新模式，鼓励开展协同创新，规划建设产业合作

---

① 《中共中央 国务院关于全面振兴东北地区等老工业基地的若干意见》，人民出版社2016年版，第11—12页。

② 《中共中央 国务院关于全面振兴东北地区等老工业基地的若干意见》，人民出版社2016年版，第8—9页。

③ 《中共中央 国务院关于全面振兴东北地区等老工业基地的若干意见》，人民出版社2016年版，第23页。

园区。加快推动东北地区通关一体化。"①

2018年9月25日至28日,习近平总书记在黑龙江、吉林和辽宁实地了解东北振兴情况,并在沈阳主持召开深入推进东北振兴座谈会。习近平就深入推进东北振兴提出6个方面的要求。一是以优化营商环境为基础,全面深化改革。二是以培育壮大新动能为重点,激发创新驱动内生动力。三是科学统筹精准施策,构建协调发展新格局。四是更好支持生态建设和粮食生产,巩固提升绿色发展优势。五是深度融入共建"一带一路",建设开放合作高地。六是更加关注补齐民生领域短板,让人民群众共享东北振兴成果。②

为此,2018年9月30日下午哈尔滨市委常委(扩大)会议强调:"习近平总书记关于东北振兴的重要论述,科学回答了为什么要推动东北振兴、怎样推动东北振兴等重大问题,是习近平新时代中国特色社会主义思想的组成部分,是深入推进东北振兴发展的纲领性文件,为新时代东北以及我市贯彻新发展理念、推动高质量发展、实现全面振兴确立了新坐标、指明了新路径。"哈尔滨市要把深化改革作为首要任务,切实解决制约哈尔滨发展的深层次问题;以高科技产业为突破口,依靠科技创新推进新旧动能转换;着力打造现代省会都市圈,扎实推进深哈合作;全面加强生态环境保护,坚决保障国家粮食安全;把开发开放作为重要抓手,加快建设对俄合作中心城市;把保障和改善民生作为出发点和落脚点,持续保障和改善民生。③ 2018年10月2日上午,哈尔滨市委副书记、市长孙喆主持召开市政府党组会议,传达学习习近平总书记在深入推进东北振兴座谈会上的重要讲话精神和在黑龙江考察期间的重要指示,会议要求"把工作、责任和问题摆进去,做到真学真用;要抓好分管战线的学习和大讨论,推动转观念、解难题;要关注发展短板,制定'时间表''路线图',务实有效推动工作"④。

---

① 《中共中央 国务院关于全面振兴东北地区等老工业基地的若干意见》,人民出版社2016年版,第4、9页。

② 《习近平在东北三省考察并主持召开深入推进东北振兴座谈会时强调,解放思想 锐意进取 深化改革 破解矛盾,以新气象新担当新作为推进东北振兴》,《新晚报》2018年9月29日第A04版。

③ 《市委常委会(扩大)会议强调,学习宣传贯彻好习近平总书记东北振兴重要论述,以新气象新担当新作为推进哈尔滨实现全面振兴》,《新晚报》2018年10月1日第A02版。

④ 《全面持续深入学习习近平总书记重要讲话精神 解放思想,真抓实干,促进哈尔滨全面振兴全方位振兴》,《新晚报》2018年10月8日第A02版。

一个城市的职能往往是"无序"的叠加,我们首先需要将这些职能梳理分层,形成"有序"的合力。东北老工业基地的振兴要融入国家"一带一路"、京津冀协同发展和长江经济带"三大经济体",因此我们需要寻找哈尔滨等东北老工业基地的实际与"三大经济体"匹配的"结合点"和"生长点"。"打铁还需自身硬",哈尔滨等东北老工业基地需要利用自身优势,结合国家政策,发挥区位作用,突破历史定位。

第三节 东西之间:中国知识分子视野下的 20 世纪二三十年代的哈尔滨

20 世纪二三十年代的哈尔滨,是哈尔滨城市百年发展史上的第一个巅峰。随着中东铁路的建设和通车,在中国传统经济发展模式的基础上,由中东铁路沿线大大小小的铁路村逐渐发展出一个"洋华杂处、中西交融"的近代都市,作为铁路"附属地"的哈尔滨呈现"多元、交互与共生"的城市特点。这个时期,许多途经或居住在哈尔滨的中国知识分子,如瞿秋白、胡适、朱自清、季羡林、陈纪滢、萧红和辽左散人等,记录了他们在哈尔滨的所见所闻和所想所感,给这座城市留下了历史的"胎记"。①

一 知识分子与他们的作品

1896 年 6 月 3 日,中俄两国在莫斯科签订了《御敌互助援助条约》,即《中俄密约》。此条约第四款规定,"中国国家允于中国黑龙江、吉林等接造铁路,以达海参崴"。根据该条约第四款,1896 年 9 月 8 日中俄两国在柏林又签订了《合办东省铁路公司合同》。此合同指出:"中国政府规定建造铁路,与俄之赤塔城及南乌苏里河之铁路两面相接。"同年 12 月 16 日,中俄两国还签订了《合办东省铁路公司章程》。该章程第一款强调,东省铁路公司系"专为在中国领土界内修造铁路,经理营业在黑龙江省最

---

① 以往关于这些记者、作家和学者等对哈尔滨的描写,多是个例的、局部的。本文拟对此进行整体性研究,探讨其中的共性和差异。

西边界之地点起，至吉林极东边界之地点止，以与俄政府延修至中国边境之后贝加尔铁路及南乌苏里铁路两面首尾相联"①。最西边是满洲里，最东边是绥芬河。这些条款解决了"T"字形中东铁路"横向"的北线铁路问题。从俄国的赤塔，经满洲里，至哈尔滨，到绥芬河，贯通了西伯利亚大铁路。

1898年7月6日，中俄两国在圣彼得堡签订《东省铁路公司续订合同》。此合同第一款表明："此东省铁路干路之支路，达至旅顺、大连湾海口，取名'东省铁路南满洲支路'。"1898年10月10日，中俄两国在北京签订《关内外铁路借款合同》。该合同第一条提到，"预备天津至山海关各路，自立合日同起，三年内应添设备工程及增造车辆之用"；"北京、山海关各路所有车道、车辆、一切产业，及脚价进款，并新路造成后所得脚价进款、应尽先作为此次借款之保"②。这些条款处理了从中东铁路枢纽（节点）哈尔滨经长春至大连的铁路"纵向"南线铁路问题，及与北京和天津的关内外铁路的连接问题。实际上，俄国对外战略的一个重点是寻找出海口。中东铁路贯通了俄国西伯利亚大铁路，在俄国直达符拉迪沃斯托克（海参崴），在中国直达大连，有效地实现了俄国寻找不冻港的战略梦想。

中东铁路1898年6月9日正式开工，1903年7月14日竣工。记者陈纪滢称："自从东清铁路通车后，欧亚交通起了重大变化。俄国的西伯利亚大铁路可直通法国巴黎，中间经过东欧各国。如由中国边境满洲里车站起，至欧洲仅需十二天，比自上海乘邮船经苏彝士运河（即苏伊士运河，笔者注）需二十四天，正好节省一半的时间。"从而，"不但中国自广州，经北京迄东北所有去欧洲的旅客都争搭东清铁路经西伯利亚到欧洲，就是菲律宾、日本的旅客也舍邮轮，改搭火车了。外交官、留学生、商人都取这条捷径，来往于欧亚之间"③。季羡林亦称："当年想从

---

① 步平、郭蕴深、张宗海、黄定天编著：《东北国际约章汇释（1689—1919年）》，黑龙江人民出版社1987年版，第130、135、139页。
② 步平、郭蕴深、张宗海、黄定天编著：《东北国际约章汇释（1689—1919年）》，黑龙江人民出版社1987年版，第162、166页。
③ 陈纪滢：《松花江畔百年传》，台湾商务印书馆1990年版，第21—22页。

中国到欧洲去，飞机没有，海路太遥远又麻烦，最简便的路程就是苏联西伯利亚大铁路。"①

20世纪30年代，上海到欧洲最快捷的路线是通过中东铁路。1930年，国民政府铁道部派凌竹铭②赴欧美出席国际学术会议，其夫人石惠芳经批准同行。回国后，石惠芳女士将这次出行写成一篇《欧美旅行记》，并在《旅行杂志》上发表。文中内容涉及中东铁路和哈尔滨。两人先要到欧洲的比利时和瑞士参加会议，然后到美国参加万国道路会议。选择水路，从上海乘海轮，经南洋、印度、东非，然后到南欧，需要40多天。而陆路，通过中东铁路出境到欧洲只需十三四天。从上海到欧洲的具体行程是这样的：购买上海至柏林的海陆联程通票（每人头等票连同沿路睡票等共计约284美元）。7月2日出发，从上海乘大连汽船会社轮船到大连，7月3日下午3点先停靠青岛，下午5点驶离，7月4日下午1点到达大连。7月5日早8点，乘南满特快列车到长春，然后换乘中东铁路火车，7月6日到达哈尔滨。其间停留三日，在苏联领事馆办理签证和等候欧亚铁路通车（每周开行三次，哈尔滨为周一）。7月9日，乘欧亚铁路通车离哈，7月10日中午抵达满洲里。出境，换乘西伯利亚铁路通车，7月16日中午到达莫斯科，当晚离开。17日中午抵达苏联波兰国界，换乘波（兰）德（国）通车，当晚到波兰首都华沙，停一小时。7月18日抵达柏林。换车，7月19日上午11点到达比利时首都布鲁塞尔。③

哈尔滨是松花江和中东铁路共同孕育的城市。"中东铁路与松花江都代表着哈尔滨，它们是哈尔滨的同母的两个姓名。它俩互为表里，既代表着哈尔滨的外貌，也是哈尔滨的内涵。"④"以水定城"，因为松花江及其流势，中东铁路的枢纽最后选址哈尔滨。"中东铁路关系哈尔滨甚大"⑤，"以路兴城"，随着中东铁路的建设和开通，哈尔滨由一个中国传统的渔村在很短的时间内崛起，成为一个近代化城市。从而，哈尔滨成为一个"多

---

① 季羡林：《留德十年》，中国人民大学出版社2009年版，第18页。
② 凌竹铭是我国铁路公路桥梁专家，曾任上海交通大学校长，1949年后去台湾。
③ 载石惠芳《欧美旅行记》，《旅行杂志》1931年第10期。
④ 陈纪滢：《松花江畔百年传》，台湾商务印书馆1990年版，第23页。
⑤ 瞿秋白：《饿乡纪程·赤都心史·乱弹·多余的话》，岳麓书社2000年版，第31页。

元、交互与共生"的新兴和国际化城市。

在《哈尔滨：永夜的极光》一文中，知名媒体人张泉谈道："南满支线在傅家店附近纵深开来，两条铁路像两道交叉的伤疤，在中华帝国的东北角灼烧出一个弯曲而丑陋的十字架。十字架的中心，将诞生一座传奇的城市，它从前的名字叫作傅家甸，它未来的名字，叫作哈尔滨。"在张泉《城殇：晚清民国十六城记》的序言《被淹没的雄心》中，著名媒体人许知远评价："这本书当然也有缺陷。有时，他太屈从于自己浪漫化的情绪，一些词句太过悲情。有时，他放弃了自己更直觉的观察与判断，被资料牵引着，倘若他能在历史叙述中加入更多此刻的感受与思考，行文无疑会更引人遐想。"① 笔者认为，张泉不仅没有把握到哈尔滨等城市的主要特征，唯美和煽情的语言在历史面前也是显得"苍白无力"；而且，他对相关史实的掌握和运用不到位，其文中一些有待商榷的表述，如"中东铁路不是十字架形式的"，"哈尔滨并不是因为有了中东铁路才称为哈尔滨"，"中东铁路将从海参崴一直铺到中国东北的满洲里"②。"大散文化"的历史写作模式也须建构在史料和史实的基础之上。

二 特质和特点："俄罗斯的租借地"与"东西文明的交界点"

"哈尔滨这个地方，中国本埠人初到的时候，总不免有种种奇异的感想。"③ 这些知识分子指出了哈尔滨的城市特质和特点。朱自清讲哈尔滨有"异域的风味"；胡适把哈尔滨看作"租界"与"东西文化的界线"；冯至认为哈尔滨是一个具有"异乡情调"的"不东不西的地方"；等等。"东西文化的界线""不东不西的地方"等实际上指出了哈尔滨的城市特点，哈尔滨是一座"洋华杂处、中西交融"的大都市。特质决定了特点。

---

① 张泉：《城殇：晚清民族十六城记》，新星出版社2012年版，第110页；许知远：《被淹没的雄心》，张泉：《城殇：晚清民族十六城记》，新星出版社2012年版，第Ⅳ页。许知远在此序言提道，"他还猜想，被掠夺到依宁的两位北宋皇帝的心境"。"依宁"应为"依兰"，曾为"三姓"，即"五国城"，第Ⅲ页。["靖康二年四月，金兵攻入汴京，将徽宗、钦宗以下后妃、皇族三千多人掳至北方，柔福帝姬即在其中。十五年后，柔福死于五国城（今黑龙江依兰）。"谭伯牛：《黄仁宇的三道屏风》，《盛世偏多文字狱》，海豚出版社2013年版，第71页。]

② 张泉：《城殇：晚清民族十六城记》，新星出版社2012年版，第107页。

③ 瞿秋白：《饿乡纪程·赤都心史·乱弹·多余的话》，岳麓书社2000年版，第35—36页。

萧红在《一条铁路底完成》中曾提到，道里和南岗"有点像租界，住民多是外国人"。许公路①的"最终极，一转弯到一个横街里去，那就是滨江县的管界。因为这界线内住的纯粹是中国人，和上海的华界差不多"②。

关于铁路"附属地"的性质，目前学者众说纷纭，没有达成共识。有"领土说、租界说、准租借地说、殖民地说；日本学者的另一种观点，认为铁路附属地相对来说比较接近'经营国属地行政权'的'外国行政地域'；也有学者指出，巴拿马运河是美国的国家事业，运河地带被作为美国领土，更与关东州酷似"。程维荣指出，"与租借、租借地一样，铁路附属地是近代列强向中国扩张势力的结果。与此同时，铁路附属地具有自己的特征：（1）它是俄国、日本角逐于中国东北的特殊产物；（2）其随中东铁路的兴建而出现，沿中东铁路及其支线互相连通；（3）由于初期无具体规定，其面积呈现经常变化、扩展的态势；（4）市街、农场、工矿等构成铁路附属地中的主要成分；（5）俄、日两国不向中国缴纳任何租金；（6）俄、日两国分别在所占附属地内擅自议决享有大多没有条约依据的特权；（7）俄、日两国分别建立了以私营为形式、以国家垄断为实质的中东铁路公司与南满洲铁道株式会社（满铁）实施对铁路附属地的行政管理；（8）经济文化应殖民地统治的需要而畸形发展"。

程维荣认为："铁路附属地是近代俄、日两国在中国东北的中东、满铁等铁路两侧建立的具有殖民地性质的特殊区域。所谓'具有殖民地性质的特殊区域'的含义是：（1）这类区域由俄、日两国所恃强侵占。（2）这类区域并不是政治上、法律上的概念，不包括行政权、警察权、司法权与驻军权，而仅仅出于建造、经营与防护铁路的需要占用若干土地，包括采砂石、沙土，建造铁路营运用房等。俄国在铁路用地中的各项权力大多系非法使用。（3）中国仍在这个区域保留某些形式上的权力，这个区域不完全等于一般的殖民地，而只是具有殖民地性质。"他最后的结论是，"这类区域应该根据《合办东省铁路公司合同》等条约，称为铁路用地，而不宜称为含有统治权意义的铁路附属地。"③ 他的表述前后是有矛盾的。实质问

---

① 许公路，即今天的哈尔滨市道外区景阳街，因驻俄公使许景澄被慈禧赐死而得名。
② 萧红：《一条铁路底完成》，《商市街——散文》，凤凰出版社2010年版，第293、294页。
③ 程维荣：《近代东北铁路附属地》，上海社会科学院出版社2008年版，第22—24页。

题是，合同签订的前提是俄强我弱，这是在俄国强势下的被迫行为。哈尔滨的南岗和道里是铁路附属地，行政权、管理权等就属于俄国掌控的中东铁路管理局。俄国出版的关于哈尔滨的图书中，有的书名为《哈尔滨——俄国的远东分支》等。

事实上，"俄国侵略吾国，自日俄战后，旅大既失，故所依为根据者，厥为中东路各支线是也。中东路局之组织，其名虽为铁路局所，然其实际则无殊于铁路。自俄国革命后，如民政，教育，交通，地亩等等，尚有若干特殊之迹象未除也"。并且，"俄前政府与吾国订结铁路章程时，借口铁路用地，竟浮占地亩，过于铁路用地三倍，而使俄人在铁路沿线经营农业，征收租税，实行以路殖民，在现在中东路局下之地亩处，虽已撤销，然占地甚多尚未收回也。"①

辽左散人在《滨江尘嚣录》中指出："租界区域，与傅家甸相毗连，租界地域俄军戒备森严，如防敌寇，我国军警率不敢越雷池一步，划地各守。如我军警戎装入租界，非但解除武装，且饱尝棍棒况味，可慨孰甚！"这里还需要厘清附属地与东省特别区的关系。"所谓东省特别区者，即东省铁路沿线之地带也。"实际情况是，"黑省自满洲里起，迄松花江北岸之车站止，共计展地十二万六千垧。自哈尔滨至长春，共展地九千六百余垧。哈尔滨本埠，俄人前后展地三次，共一万零三百九十四垧。铁路本身用地不过十分之二，其他十分之八，则租给华人以牟利"。并且，中东铁路"特别区域，并不限定哈埠，普通人往往认为东省特别区，即哈尔滨，误谬殊甚"②。

笔者认为，东北师范大学曲晓范教授对"铁路附属地"的界定比较明确。所谓"铁路附属地"，是沙俄在修筑中东铁路的过程中，为推行其殖民统治的需要，利用《东省铁路章程》中文本第六款中有关允许中东铁路公司为"建造、经理、防护铁路之必需"可在沿线设立"自行经理"用于兴建房屋工程和设立电线等铁路附属设施的铁路附属地的条款规定，蓄意曲解其含义，在铁路沿线采取无偿获得、低价收购等逐步蚕食方式建立的

---

① 雷殷：《东三省之过去、现在与未来》，民国大学出版部1926年版，第48、48—49页。
② 辽左散人：《滨江尘嚣录》，《黑水丛书》之《东游日记（外十六种）》（上），黑龙江人民出版社2009年版，第885—888页。新版为辽左散人：《滨江尘嚣录》，中国青年出版社2012年版。

排斥中国统治权、由俄国人独占、供俄国人定居的类似租界的一种特殊地区。按照俄方的私自扩大性解释，他们在铁路附属地拥有包括司法、警察、课税等各种政治、经济特权。由此可见，这种铁路附属地实际上是俄国依托中东铁路在东北设置的一个面积广大的带状殖民统治区，它与同期建立的大连租借地一起构成了近代俄国对我国东北地区实行殖民统治的全部内容。曲晓范还指出，中东铁路附属地主要包括两大部分，一是路基和车站占地，二是在重点站点和城市中规划的城区用地。①

此外，曲晓范还对满铁附属地进行了界定。满铁附属地是1905年日俄战争结束后，日本依据《朴茨茅斯条约》的规定，在继承、接收原由沙俄占据的长春以南至大连的中东铁路及附属地带的基础上，以保护和管理"南满洲铁道株式会社"所属的南满铁路的名义，继续通过胁迫、霸占、兼并、商租等手段，在东北南部铁路沿线建立的类似以往中东铁路附属地和租界的形式，完全排斥中国主权的具有殖民地性质的特殊区域。②

2018年第4期刊发马蔚云的《中东铁路"附属地"内涵及特征》一文，该文指出，中东铁路"附属地"这一名称不是汉语所原有，是从俄语翻译过来的。从广义来看，中东铁路"附属地"同近代列强在中国建立的租界、租借地有相似之处，它们属于一个类型。从狭义来看，中东铁路"附属地"同租界、租借地之间又存在本质区别。中东铁路"附属地"是一个内涵十分广泛的政治经济概念，其出现是近代俄国向中国势力扩张的结果，但中国并未丧失法律上的主权，不能简单地将其理解为殖民地。

胡适在《漫游的感想》一文中描述了他对哈尔滨的认识："我离了北京，不上几天，到了哈尔滨。在此地我得了一个绝大的发现：我发现了东西文明的交界点。哈尔滨本是俄国在远东侵略的一个重要中心。当初俄国人经营哈尔滨的时候，早就预备把此地辟为一个二百万居民的大城，所以一切文明设备，应有尽有；几十年来，哈尔滨就成了北中国的上海。这就是哈尔滨的租界，本地人叫作'道里'，现在租界收回，改为特别区。租界的影响，在几十年中，使附近的一个村庄逐渐发展，也变成了一个繁荣的大

---

① 曲晓范：《近代东北城市的历史变迁》，东北师范大学出版社2001年版，第46—47页。
② 曲晓范：《近代东北城市的历史变迁》，东北师范大学出版社2001年版，第71页。

城。这就是'道外'。'道里'现在收归中国管理了,但俄国人的势力还是很大的,向来租界时代的许多旧习惯至今保存着。其中的一种遗风就是不准人力车(东洋车)。'道外'的街道上都是人力车。一到了'道里',只见电车与汽车,不见一部人力车。道外的东洋车可以拉到道里,但不准再拉客,只可拉空车回去。我到了哈尔滨,看到了道里与道外的区别,忍不住叹口气,自己想道:这不是东方文明与西方文明的交界点吗?东西洋文明的界线只是人力车文明与摩托车文明的界线——这是我的一大发现。"①

"租界"之在中国,实为一种负面的时代产物:文士称为"洋场",学者直视之为"殖民地"。"租界之内土地,仍为吾国领土;故吾国对于租界,仍有最高之统治权。是则欲就现有之租界而论其类别,亦不过以各租借之管理权现属于何人为唯一之标准耳。"依一般之情形言之,"可将租界分为他管租界与自管租界两种。而他管租界又有公共租界与专管租界之分"。所谓自管租界亦称为"自辟租界,商埠,通商埠或通商场"。其"管理权及一切行政权,既完全为我国所自有,严格言之,实尚不失为单纯外侨居留地之性质而非真正之租界也"②。

《冯至自传》讲道,1927年暑假,"他在北大德文系毕业,到哈尔滨第一中学去教'国文'。"1928年暑假,"我回到北京,在孔德学校教'国文',同时任北京大学德语系助教。"他指出,"哈尔滨当时是一座离奇古怪的城市,白俄的侨民、日本的浪人、从西方不同国家来的一些冒险者,麇集在这里各展'奇能',掠取金钱,制造罪恶;中国人在东北军阀愚昧而残酷的统治下过着暗无天日的生活。"③ 1927年初秋,冯至"离开北京大学的学生宿舍,登上往北方的一个大都市哈尔滨去的长途"。冯至哀叹,"来到那分明是中国领土、却充满了异乡情调的哈尔滨,它是在北欧文学里常读到的、庞大的、灰色的城市。我在一座楼的角落里安放了我的行囊,独自望着窗外,霏霏的秋雨,时而如丝,时而似绳,远方只听到瘦马

---

① 胡适:《胡适文集》第2集《散文·游记·传记》,人民文学出版社1998年版,第106—107页。《漫游的感想》,最初发表于1927年8月13日至9月17日《现代评论》第六卷第一百四十、一百四十一、一百四十五期。

② 楼桐孙:《租界问题》,商务印书馆1933年版,第1、9页。

③ 冯至:《冯至全集》,第十二卷《书信 自传 年谱》,河北教育出版社1999年版,第607—608页。

悲鸣，汽车怒吼，自己好像是一个无知的小儿被戏弄在一个巨大的手中，不知怎样求生，如何寻死。"① 从而致使，"那座城对我太生疏了，所接触的都是些非常古怪的人干些非常古怪的事，而自己又是骤然从温暖的地带走入荒凉的区域，一切都没有准备，所以被冷气一袭，便手足无措，只是空空地对着几十本随身带来的书籍发呆，可是一页也读不下去"②。冯至在《北游》③的前言中写道，"我是一个远方的行客，走入一座北方都市的中心。"在《北游》之一的《哈尔滨》中，他写道："听那怪兽般的汽车，在长街短道上肆意地驰跑，瘦马拉着破烂的车，高伸着脖子嗷嗷地呼叫。犹太银行、希腊酒馆，日本浪人、白俄妓院，都聚在这不东不西的地方，吐露出十二分的心满意足。"④ 在《中秋》中，他写道："女人只看见男人衣袋中的金钱，男人只知道女人衣裙里的肉体。"⑤

瞿秋白看到，"俄国人在哈尔滨的经营历年也不少。到现在道里及秦家岗一带差不多都是俄国人的生活。商铺也还不少。俄革命后亡命者的白党、资本家、将军都聚集在此地。成天在街上之看见俄国人，那些亡命的资产阶级却还是高楼大厦住着，吃得饱饱的肚皮，和日本人鬼鬼祟祟串些新鲜把戏"。"哈尔滨道里的俄国化生活使人想到上海、天津等欧化景象，彼此截然不同。俄国的资产阶级，在哈尔滨盘踞着中东路的要津，已经根深蒂固"。"革命后各处的俄国亡命客又都聚集在哈尔滨。于是哈尔滨就变成俄国新旧党的纠葛地。新党（各派社会党）自有组织，努力于工人运动，和中国劳工结合。旧党分子也非常复杂，旧党机关报如《俄声》（Russky Golos）及谢美诺夫报馆《光明》（Sviet）专和新党机关报《前进》（Vperiod）

---

① 冯至：《冯至全集》，第一卷《昨日之歌　北游及其他》，河北教育出版社1999年版，第122、124页。
② 冯至：《冯至全集》，第一卷《昨日之歌　北游及其他》，河北教育出版社1999年版，第124页。
③ 《北游》长诗原载1929年1月6—17日《华北日报·副刊》第3—12号，共十三章，署名鸟影。
④ 冯至：《冯至全集》，第一卷《昨日之歌　北游及其他》，河北教育出版社1999年版，第154、157页。
⑤ 冯至：《冯至全集》，第一卷《昨日之歌　北游及其他》，河北教育出版社1999年版，第166页。

反对，差不多天天打笔墨官司。"① 但是，瞿秋白还看到了哈尔滨工党联合会庆祝十月革命纪念的盛况。"十一月七日是彼得堡发生世界上第一次无产阶级革命的日子（俄国向用希腊历，比西历迟十三天，十一月七日乃俄历十月二十五日，所以谓之'十月革命'）。我当时还在行止未定，得一俄国友人的介绍去参观他们的庆祝会。会场是哈尔滨工党联合会预备开劳工大学的新房子，那天居然得中国警察厅的许可，召集大会。会场里人拥挤得不了，走不进去。我们就同会长商量，到演说坛上坐下。看坛下挤满了的人，宣布开会时大家都高呼'万岁'，哄然起立唱《国际歌》（International），声调雄壮得很。——这是我第一次听见《国际歌》，到俄国之后差不多随处随时听见，苏维埃俄国就以这歌为国歌。"②

三 概况与地标：哈尔滨印象与中央大街、松花江

这些知识分子对哈尔滨的概貌进行了记录，记述了个人对哈尔滨印象，并对哈尔滨的地标性场所中央大街和松花江等做了详细的描述，还谈论各自不同的体会。同时，他们考察了哈尔滨的消费、银行、学校、报刊、书店等情况并分析了原因。

(一) 概貌和印象

瞿秋白指出，"哈尔滨久已是俄国人的商埠，中国和俄国的商业先任分出两个区域。道里道外市面大不相同。道外是中国人的，道里是俄国人的。我们到哈尔滨时，俄商埠已经归中国官厅管理。道里也已设中国警察局。其余一切市政，俄国援向例组织市政会参与行政的。"③

在日记中，朱自清详细记录了在哈尔滨的经过。1931年8月24日，朱自清"早到哈尔滨，寓北京旅馆。屋甚佳，价甚廉。赴俄领事署，嘱明日来。又赴波兰领事馆，适休假。逛中央大街，游特市公园，并至松花江滨"。25日，"与徐游太阳岛，在松花江划船，极畅。又游道外正阳街。由电车回。晚清华同人公宴，有许孟雄、顾敦吉、胡小石、鞠君、孟君、曹

---

① 瞿秋白：《饿乡纪程·赤都心史·乱弹·多余的话》，岳麓书社2000年版，第33—34页。
② 瞿秋白：《饿乡纪程·赤都心史·乱弹·多余的话》，岳麓书社2000年版，第43—44页。
③ 瞿秋白：《饿乡纪程·赤都心史·乱弹·多余的话》，岳麓书社2000年版，第31页。

盛德君，饭于商务，又在民娘九家啖冰淇淋，点心同北平法国面包房，冰淇淋未必佳。顾君请饮俄国之博兹（Bozd），有异味"。26日，"饭于环瀛家常饭馆，甚廉。尤上海之东华。哈埠此种饭馆极多"①。

  在《欧游杂记》的序中，朱自清指明，"出国之初给叶圣陶兄的两封信，记述哈尔滨与西伯利亚的情形的，也附在这里"②。这是《西行通讯》（一），1931年10月8日由伦敦寄出；《西行通讯》（二），11月15日亦由伦敦寄出。据笔者查阅，在日记和书信中，叶圣陶并没有提及此事。③ 在《西行通讯》（一）中，朱自清记道："我等八月二十日由北平动身，二十四日到哈尔滨。这至少是个有趣的地方，请听我说哈尔滨的印象。这里分道里，道外，南岗，马家沟四部分。马家沟是新辟的市区，姑不论。南岗是住宅区，据说建筑别有风味；可惜我们去时，在没月亮的晚上。道外是中国式的市街，我们只走过十分钟。我所知的哈尔滨，是哈尔滨的道里，我们住的地方。道里纯粹不是中国味儿。街上满眼是俄国人，走着的，坐着的；女人比哪儿似乎都要多些。据说道里俄国人也只十几万；中国人有三十几万，但俄国人大约喜欢出街，所以便觉满街都是了。你黄昏后在中国大街上走（或在南岗秋林洋行前面走），瞧那拥拥挤挤的热闹劲儿。上海大马路等处入夜也闹攘攘的，但乱七八糟地各有目的。这儿却几乎满是逛街的。这种忙里闲的光景，别处是没有的。"④ 他还说："这里的外国人不像上海的英美人在中国人之上，可是也并不如有些人所想，在中国人之下。中国人算是不让他们欺负了，他们又怎会让中国人欺负呢？中国人不特别尊重他们，切是真的。他们的流品很杂，开大洋行小买卖的固然多，驾着汽车沿街兜揽乘客的也不少，赤着脚爱淘气的顽童随处可见。这样倒能和中国人混在一起，没有什么隔阂了。也许因白俄们穷无所归，才得如

---

  ① 朱乔森编：《朱自清全集》第九卷《日记编·日记（上）》，江苏教育出版社1997年版，第37页。

  ② 朱自清：《西行通讯》，《欧游杂记》（附录），朱乔森编：《朱自清全集》第一卷，江苏教育出版社1996年版，第291页。

  ③ 叶至善、叶至美、叶至诚编：《叶圣陶集》，日记19—23，书信24—25，江苏教育出版社2004年版。

  ④ 朱自清：《西行通讯》，《欧游杂记》（附录），朱乔森编：《朱自清全集》第一卷，江苏教育出版社1996年版，第365页。

此;但这现象比上海沈阳等中外杂居的地方使人舒服多了。在上海沈阳冷眼看着,是常要生气,常要担心的。"①

《在哈尔滨》一文中,季羡林表示:"这是我第一次到哈尔滨来。第一个印象是,这座城市很有趣。楼房高耸,街道宽敞,到处都能看到俄国人,所谓白俄,都是十月革命后从苏联逃出来的。其中有贵族,也有平民;生活有的好,有的坏,差别相当大。我久闻白俄大名,现在才在哈尔滨见到。心里觉得非常有趣。"②

(二)毛子话:边缘语

瞿秋白了解到,"上等人只有市侩官僚,俄国话的商铺伙计。上上下下都能讲几句'洋泾浜'的俄国话——哈尔滨人叫做毛子话"③。朱自清亦看到,"这里人大都会说俄国话,即使是卖扫帚的。他们又大都有些外国规矩,如应诺时的'哼哼',及保持市街清洁之类。但他们并不矜持他们的俄国话和外国规矩,没有卖弄的意思,只看做稀松平常,与别处的'二毛子'不大一样。他们的外国化是生活自然的趋势,而不是奢侈的装饰,是'全民'的,不是少数'高等华人'的"④。

季羡林写道:"在哈尔滨山东人很多,大到百货公司的老板,小到街上的小贩,几乎无一不是山东人。他们大都能讲一点洋泾浜俄语,他们跟白俄能明白。这里因为白俄极多,俄语相当流行,因而产生了一些俄语译音字,比如把面包叫做'裂巴'等等。中国人嘴里的俄语,一般都不讲究语法完全正确,音调十分地道,只要对方'明白',目的就算达到了。我忽然想到,人与人之间的交际离不开语言;同外国人之间的交际离不开外国语言。然而语言这玩意儿真奇怪。一个人要想精通本国语和外国语,必须付出极大的劳动;穷一生之精力,也未必真通。可是要想达到一般的交际的目的,又似乎非常简单。洋泾浜姑无论矣。有时只会一两个外国词

---

① 朱自清:《西行通讯》,《欧游杂记》(附录),朱乔森编:《朱自清全集》第一卷,江苏教育出版社1996年版,第365—366页。
② 季羡林:《留德十年》,中国人民大学出版社2009年版,第21页。
③ 瞿秋白:《饿乡纪程·赤都心史·乱弹·多余的话》,岳麓书社2000年版,第33页。
④ 朱自清:《西行通讯》,《欧游杂记》(附录),朱乔森编:《朱自清全集》第一卷,江苏教育出版社1996年版,第366页。

尔，也能行动自如。"①

萧红解释："'列巴，列巴'，哈尔滨叫面包叫做'列巴'。"她还在《册子》一文中写道："那天预先吃了一顿外国包子，郎华说他为着册子来敬祝我，所以到柜台前叫那人倒了两小杯'哦特克'酒，我说这是为着册子敬祝他。"②"哦特克"就是伏特加，俄文 Водка 的译音，英文为 Vodka。

黑龙江大学俄罗斯文学教授荣洁称这种现象为边缘语。边缘语是出现在世界好多通商口岸的一种常见的语言现象。两个或几个使用不同母语的民族试图进行交流，但由于文化、语言差异过于悬殊，双方很难进行跨文化交际。于是，为了交际的需要，"双方或许是多方以他们本族语言为基础生成一种词项不多，语法规则简单的初等语言，这种边缘语言被称作洋泾浜语"。荣洁教授还指出："中俄间大范围跨文化交际最早出现在哈尔滨，稍后出现在大连、上海等地。""在中国居民与俄侨间的跨文化交际中，一些俄语词句及其他外来词进入中国居民的言语中，而一些汉语词句也相应地进入俄侨的言语中。于是形成了中俄跨文化交际中的边缘语。"③那时的边缘语都比较口语化，宜于记忆与表达。

（三）松花江：泛舟和畅游

"江上泛舟，为韵事中之韵事，骚人名士尤多好之。"并且，"怡情养性，有益身心良多，盖非达人不悉其趣，非名士不晓其乐也"④。

瞿秋白游览松花江的感受是："蔚蓝的天色，白云似堆锦一般拥着，冷悄悄江风，映着清澄的寒浪。松花江畔的景色，着实叫人留恋。那天我同着俄文专修馆的同学特地去游一游，趁着小船从道里到道外。在江中远看着中东铁路的铁桥，后面还崇起几处四五层的洋房，远远衬着疏林枯树，带些积雪，映着晴日，亮晶晶光灿灿露出些'满洲'的珠光剑气。在船上谈起俄文馆同学，原来在哈尔滨我们的同学很多，审判厅，

---

① 季羡林：《留德十年》，中国人民大学出版社 2009 年版，第 22 页。
② 悄吟：《商市街》，文化生活出版社 1936 年版；百花文艺出版社 2005 年版，第 29、137 页。
③ 荣洁：《中俄跨文化交际中的边缘语》，《解放军外语学院学报》1998 年第 1 期。
④ 辽左散人：《滨江尘嚣录》，《黑水丛书》之《东游日记（外十六种）》（上），黑龙江人民出版社 2009 年版，第 977 页。

俄白党报馆,中东铁路,戊通公司在在都有。——不但哈尔滨,从奉天到满洲里以及中东路小站都有我们的同学。他们的教育程度是'如此',他们的生活也比上海洋行买办式的英文学生甚至于北京、天津研究英法文的'大学生'寒碜得多。然而大家都知道的,满洲三省文化程度几等于零,他们还要算此地的明星呢。我这次到松花江畔,本是顺便找我的俄文馆同学——一个船长,可惜他没有在那里,所以趁此乘小船逛一逛,到道外上岸——沿着中国地界的茅屋土舍污秽不洁的小路转回寓所。"①

在《中秋》中,冯至写道:"松花江上停泊着几只小艇,松花江北的北边,是什么景象?向北望,是西伯利亚大陆,风雪的故乡!那里的人怎样地在风雪里奋斗,为了全人类做那勇敢的实验;我坐在一只小艇上,它把我载到了江心。我望着宁静的江水,抚胸自问:我生命的火焰可曾有几次烧焚?在几次的烧焚里,可曾有一次烧遍了全身?"② 后来,冯至还"在月夜下雇了一只小艇划到松花江心,觉得自己真是一个最贫乏的人的时候也有;夜半在睡中嚷出'人之无聊,乃至如此'的梦话,被隔壁的人听见,第二天被他作为笑谈的时候也有;10月上旬便飞着雪花,独自走入俄国书店,买了些俄国文学家的相片,上面写了些惜别的词句寄给远方的朋友的时候也有;雪渐渐多了,地渐渐绿了,夜渐渐长了,跑到山东人的酒店里去喝他们家乡的清酒,或在四壁都画着雅典图的希腊饭馆里的歌声舞影中对着一杯柠檬茶呆呆地坐了半夜的时候也有。"③

冯至为什么会有这样的感慨?笔者认为,这体现他在杨晦的感召下来东北后的理想与现实的矛盾,有抱负而无施展之处。这还反映了在那个时期为什么那么多知识分子来东北,如楚图南。《冯至年谱》记载,1927年夏,他"毕业于北京大学德文系。原拟任教于蔡元培创办的北京孔德学校,后听杨晦之劝,改赴哈尔滨第一中学任国文教师,以认识社会,锻炼

---

① 瞿秋白:《饿乡纪程·赤都心史·乱弹·多余的话》,岳麓书社2000年版,第41页。
② 冯至:《冯至全集》,第一卷《昨日之歌 北游及其他》,河北教育出版社1999年版,第165—167页。
③ 冯至:《冯至全集》,第一卷《昨日之歌 北游及其他》,河北教育出版社1999年版,第124页。

自己"①。但是，来哈后，冯至"散步在松花江边，怀念几年来朝夕相处、哀乐与共的几个朋友，想起'万事不如知己乐，一灯常记对床时'的情景，感到无限凄凉。我利用1928年新年放假三天的空闲，日以继夜地写出一篇长诗《北游》"②。1930年9月12日晚，冯至"与清华大学教授吴宓等人结伴，从北平登上去哈尔滨的火车，取道西伯利亚去欧洲，途经莫斯科、柏林，于月底抵达德国海德堡（冯至早年译作海岱山，晚年译作海德贝格），在古老的海德堡大学主修文学，兼修哲学、美术史。途中，做散文《赤塔以西》"。③ 不知道冯至再次经过他生活了两年的哈尔滨作何感想？

朱自清的松花江之游是："道里道外都在江南，那边叫江北。江中有一太阳岛，夏天人很多，往往有带上一家人去整日在上面的。岛上最好的玩意自然是游泳，其次许就是划船。我不大喜欢这地方，因为毫不整洁，走着不舒服。我们去的已不是时候，想下水洗浴，因未带衣服而罢。岛上有一个零时照相人，我和一位徐君同去，我们坐在小船上让他照一个相。岸边穿着游泳衣的俄国妇人孩子共四五人，跳跳跑跑地硬挤到我们船边，有的浸在水里，有的爬在船上，一同照在那张相里。这种天真烂漫，倒也有些教人感着温暖的。走方照相人，哈尔滨甚多，中国别的大都市里，似未见过；也是外国玩意儿。照得不会好，当时可取，足以纪念而已。从太阳岛划了小船上道外去。我是刚起手划船，在北平三海来过几回；最痛快是这回了。船夫管着方向，他的两桨老是伺候着我的。桨片是薄薄的，弯弯的。江上又没有什么萍藻，显得宽敞之至。这样不吃力而得讨好，我们过了一个愉快的下午。"④

季羡林的游松花江之感是，"谁来到哈尔滨，大概都不会不到松花江上去游览一番。我们当然也不会自甘落后，我们也去了。当时正值夏秋交替之际，气温可并不高。我们几个人租了一条船，方舟中流，在混混茫茫的江面上，真是一叶扁舟。远望铁桥一线，跨越江上，宛如一段没有颜色

---

① 冯至：《冯至全集》，第十二卷《书信 自传 年谱》，河北教育出版社1999年版，第631页。
② 冯至：《冯至全集》，第十二卷《书信 自传 年谱》，河北教育出版社1999年版，第607页。
③ 冯至：《冯至全集》，第十二卷《书信 自传 年谱》，河北教育出版社1999年版，第632页。
④ 朱自清：《西行通讯》，《欧游杂记》（附录），朱乔森编：《朱自清全集》第一卷，江苏教育出版社1996年版，第368—369页。

的彩虹。此时,江面平静,浪涛不兴,游人如鲫,喧声四起。我们异常兴奋,谈笑风生。"①

对于哈尔滨人来说,他们总也离不开松花江这条母亲河。在《夏夜》里,萧红记述:"我们三个人租一条小船在江上荡着,清凉的,水的气味。郎华和我唱起歌来。汪林的嗓子比我们更高。小船浮得飞起来一般地。"②在《册子》中,萧红曾记道:"最后洗澡了,就在沙洲上脱掉衣服。郎华是完全脱的。我看了看江沿洗衣人的面孔是辨不出的,那么我借了船身的遮掩才爬下水底把衣服脱掉。我时时靠近沙滩,怕水流把我带走。江浪击撞着船底,我拉住船板,头在水上,身子在水里,水光,天光,离开了人间一般的。当我躺在沙滩晒太阳时,从北来了一支小划船,我慌张起来,穿衣服已经来不及,怎么好呢?爬下水去吧!船走,我又爬上来。"③

关于游船的价钱,在《滨江尘嚣录》中有记载,1929 年"计其舟值,则极低廉,由道外江干迄道里约三公里,仅需费五分,由道外横渡大江,抵对岸之松北镇,约八里,仅为一角"④。

(四) 马路与中央大街

因为萧红曾经生活的"商市街"(即今天的红霞街)就是中央大街的附街,所以她多次写到这条街。"我特别充实地迈着大步,寒风不能打击我。'新城大街','中央大街',行人很稀少了!人走在行人道好像没有挂掌的马走在冰面,很小心的,然而时时要跌倒。店铺的铁门关得紧紧,里面无光了,街灯和警察还存在,警察和垃圾箱似的失去了威权,他背上的枪提醒着他的职务,若不然我看他会依着电线柱睡着的。再走就快到'商市街'了!然而今夜我还没有走够,马迭尔旅馆门前的大时钟孤独的挂着。向北望去,松花江就是这条街的尽头。"⑤ 文化学者刘邦厚先生在《赵一曼和萧红在中央大街上的一面之缘》中写道:"1933 年 5 月的某天,赵一曼和萧红这两颗中国现代女性的巨星,在哈尔滨的中央大街上曾有过一

---

① 季羡林:《留德十年》,中国人民大学出版社 2009 年版,第 24 页。
② 悄吟:《商市街》,文化生活出版社 1936 年版;百花文艺出版社 2005 年版,第 127 页。
③ 悄吟:《商市街》,文化生活出版社 1936 年版;百花文艺出版社 2005 年版,第 138—139 页。
④ 辽左散人:《滨江尘嚣录》,《黑水丛书》之《东游日记(外十六种)》(上),黑龙江人民出版社 2009 年版,第 977 页。
⑤ 悄吟:《商市街》,文化生活出版社 1936 年版;百花文艺出版社 2005 年版,第 95 页。

次双眸对视的际遇。"当时,"南来的一对是赵一曼和金伯阳(时任中共满洲省委常委,同年秋壮烈牺牲),北往的一对是三郎(萧军)和悄吟(萧红)"①。金伯阳悄声告诉赵一曼:"她们就是三郎和悄吟。"赵一曼静思良久,深情地说:"你有机会对他们做作忠告,孤军奋战,自由是自由,但不如加入团体力量大。"刘邦厚这样解释:"赵一曼所说的自由,是她一生都为之奋斗的自由;萧红所写的自由,是她一生都渴望的自由。"②

朱自清在哈尔滨的体验是:"这里虽是欧化的都会,但闲的处所竟有甚于北平的。大商店上午九点开到十二点,一点到三点休息;三点再开,五点便上门了。晚上呢,自然照例开电灯,让炫眼的窗饰点缀坦荡荡的街市。穿梭般的男女比白天多得多。俄国人,至少在哈尔滨的,像是与街有不解缘。在巴黎伦敦最热闹的路上,晚上逛街的似乎也只如此罢了。街两旁很多休息的长椅,并没有树荫遮着;许多俄国人就这么四无依傍地坐在那儿,有些竟是为了消遣来得。闲一些的街中间还有小花园,围以短短的栅栏,里面来回散步的不少。"③朱自清提到的这些商店应该是中央大街上的商店。

朱自清还提到哈尔滨的马路:"这里的路都用石块筑成。有人说石头尘土少些;至于不用柏油,也许因为冬天太冷,柏油不经冻之故。总之,尘土少是真的,从北平到这儿,想着尘土要多些,那知适得其反;在这儿街上走,从好些方面看,确是比北平舒服多了。"④哈尔滨的中央大街、头道街和抚顺街等街道,原来都是用石块即大家现在所说的"面包石"铺成的。

季羡林对哈尔滨的马路记忆犹新,"黄昏时分,我们出来逛马路。马路很多是用小碎石子压成的,很宽,很长,电灯不是很亮,到处人影历乱"。并且,"小车夫却巍然高坐,神气十足,马鞭响处,骏马飞驰,马蹄子敲在碎石子上,迸出火花一列,如群萤乱舞,渐远渐稀,再配上马嘶声和车轮声,汇成声光大合奏。我们外来人实在是闻所未闻,见所未见,不

---

① 刘邦厚:《两栖地》,黑龙江人民出版社2008年版,第262页。
② 刘邦厚:《两栖地》,黑龙江人民出版社2008年版,第262页。
③ 朱自清:《西行通讯》,《欧游杂记》(附录),朱乔森编:《朱自清全集》第一卷,江苏教育出版社1996年版,第367页。
④ 朱自清:《西行通讯》,《欧游杂记》(附录),朱乔森编:《朱自清全集》第一卷,江苏教育出版社1996年版,第367—368页。

禁顾而乐之了"①。

关于马路的修筑,在《滨江尘嚣录》中,辽左散人做了详细的介绍:"其筑路法,先坚其地基,次铺以碎石,厚约尺许,各石罅均灌以灰汁,用重量最大之机械轮压碾,往复压之,迨拳石如水面,然后再铺以粗砂,和以灰汁,仍用轮碾压之,往复多次,使沙石合一,此即各都市之普通马路也。此外,再铺以长形块石,则告成功。"这种马路的好处是,"既无尘土飞扬,又无雨天泥泞,且坚固耐久,虽历数年,犹平坦如初,非若普通之土石马路,无风三尺土,有雨一街泥,建筑后未及经年,拳石历历可数,倾侧凸凹可比也"②。

(五)特别市公园

特别市公园即今天的兆麟公园。该公园始建于1906年,初建时被命名为"董事会公园",后改为"特别市公园",解放后更名为"道里公园"。1946年3月9日,李兆麟将军安葬于此,随后黑龙江省政府将该公园命名为"兆麟公园"。道里公园"为本埠第一之公共消夏场所"。该公园"东西约三百步,南北二百五十步,正门向西,园内树木深密,甬道隐现,花卉浅草,多植成各种形势,极尽人工之妙,布置静雅,空气新鲜"③。

在《册子》中,萧红描述:"被大欢喜追逐着,我们变成孩子了!走进公园,在大树下乘了一刻凉,觉得公园是满足的地方。望着树梢顶边的天。外国孩子们在地面弄着沙土,因为还是上午,游园的人不多。日本女人撑着伞走,卖'冰淇淋'的小板房里洗刷着杯子。我忽然觉得渴了。但那是一排排的,透明的汽水瓶子并不引诱我们。我还没有养成那样的习惯,在公园还没喝过一次那样东西。"④ 在《公园》中,萧红说,"树叶摇摇曳曳地挂满了池边","我和郎华踏上木桥了。"⑤

朱自清畅言:"一个广大的公园,在哈尔滨是决少不了的。"这个公园

---

① 季羡林:《留德十年》,中国人民大学出版社2009年版,第23、24页。
② 辽左散人:《滨江尘嚣录》,《黑水丛书》之《东游日记(外十六种)》(上),黑龙江人民出版社2009年版,第892页。
③ 辽左散人:《滨江尘嚣录》,《黑水丛书》之《东游日记(外十六种)》(上),黑龙江人民出版社2009年版,第975页。
④ 悄吟:《商市街》,文化生活出版社1936年版;百花文艺出版社2005年版,第137—138页。
⑤ 悄吟:《商市街》,文化生活出版社1936年版;百花文艺出版社2005年版,第123、125页。

现在叫作"特别市公园"。"大小仿佛北平的中山公园，但布置自然两样。里面有许多花坛，用各色的花拼成种种对称的图案；最有意思的是一处入口的两个草狮子。是蹲伏着的，满身碧油油的嫩草，比常见的狮子大些，神气自然极了。园内有小山，有曲水，有亭有桥；桥是外国式，以玲珑胜。水中可以划船，也还有些弯可转。这样便耐人寻味。又有茶座，电影场，电气马（上海大世界等处有）等。这里电影不分场，从某时至某时老是演着；当时颇为奇特，后来才知是外国办法。我们去的那天，正演《西游记》；不知别处会演些好片子否。这公园里也是晚上人多；据说俄国女人常爱成排地在园中走，排的长约等于路的阔，同时总有好两排走着，向来倒也很好看。特市公园外，警察告诉我们还有些小园子，不知性质如何。"①

（六）物质生活和消费状况：价格高、货币乱

在长春到哈尔滨的火车上，中东铁路的警察和瞿秋白他们"说起哈尔滨生活程度怎样高，一个月的薪水也不够浇裹"。到站后，他们找了一家车站附近的旅店"福顺栈"，可"到了客栈一看，糟不可言。其中有两种房间，一种是一大敞门，上上下下横排着许多炕，来往小客商都住在那里，——所以一走进客栈，就闻得一种臭不可当的'北边人'气味。还有一种是单间的，一间可住四个人、三个人不等，每天五角钱宿费。房里就只四张铺一张板桌，凳子都没有，窗子是不能开的，空气极坏"。哈尔滨的生活程度"异常之高，一间房二块钱一天，一顿饭——很坏很坏的——一元几角钱，我们三个人一天至少五六元花费"②。

关于车费，瞿秋白曾记录过："相离不到一里半地，却要五角大洋。读者如其是中国内地人，不要以为是上海、汉口的马车，这里破旧不堪的俄国式马车，却要得如此之贵，——中国车夫要得便宜些。我因随口问问这一车夫家计怎样，据他说哈尔滨样样东西都贵，所以车费不得不昂，一天却也可以赚得五六元钱，——俄国车夫大半只知道要日本金票，不要中国洋钱，我这里是和他折算的。"③

---

① 朱自清：《西行通讯》，《欧游杂记》（附录），朱乔森编：《朱自清全集》第一卷，江苏教育出版社1996年版，第367页。
② 瞿秋白：《饿乡纪程·赤都心史·乱弹·多余的话》，岳麓书社2000年版，第29—30页。
③ 瞿秋白：《饿乡纪程·赤都心史·乱弹·多余的话》，岳麓书社2000年版，第38页。

关于哈尔滨消费高的原因，瞿秋白等人也进行了探寻。"我们每天在小馆子吃饭，饭馆主人和我们也熟了，我因问他'为什么哈尔滨饭食这样贵？'他说：'呵！不用说，哈尔滨什么比得我们山东，更不必说你们南边了。……'原来南满横梗在中间，中国货物经过该路，花的运费非常之大，所以竞争不过日货。于是日货就充轫哈尔滨了。中国人所得苟延残喘的一点经济势力未必见得保得住呵！"况且，"中国人的商业全靠几家火磨（面粉厂），当地的出产如豆、麦、油等，自从俄国断了通商关系之后，销路日隘，往南运去又非得经日本的南满铁路不可。如若中国不赶紧和远东恢复通商，结一经济同盟，其势决敌不过日本的帝国主义的。"①

季羡林在哈尔滨的消费情况是："我们在旅店里休息了以后，走到大街上去置办火车上的食品。这件事办起来一点也不费事。大街上有许多白俄开的铺子，你只要走进去，说明来意，立刻就能买到一大篮子装好的食品。主体是几个重约七八斤的大'裂巴'，辅之以一两个几乎同粗大的香肠，再加上几斤干奶酪和黄油，另外再配上几个罐头，共约四五十斤重，足供西伯利亚火车上约摸八九天之用。原来火车上本来是有餐车的。可是据过去的经验餐车上的食品异常贵，而且只收美元。其指导思想是清楚的。"② 在此，季羡林没有提到食品的价格，也没有表现出对价格的不可接受。这也在侧面表示他能承受哈尔滨的食品价格。

瞿秋白坦言："以前哈尔滨商场向以俄卢布为单位，现在卢布跌落，日本金票几有取而代之之势，幸而中国银行（哈尔滨）钞票有信用，居然变成中国银元的单位，哈尔滨中交银行且发辅币票，新铜元，概为十进制度，很整齐不紊乱。所以当时中国人的经济势力还算站得住。"③

（七）报纸、书店和学校少

瞿秋白惊叹："哈尔滨生活尤其是沉默静止的特征。全哈中国学校不过三四处，报馆更是大笑话。其中只有《国际协报》好些，我曾见他的主笔张复生，谈起哈尔滨的文化来，据他说，哈尔滨总共识字的人就不多；当真，全哈书铺，买不出一本整本的《庄子》，新书新杂志是少到

---

① 瞿秋白：《饿乡纪程·赤都心史·乱弹·多余的话》，岳麓书社2000年版，第32页。
② 季羡林：《留德十年》，中国人民大学出版社2009年版，第23页。
③ 瞿秋白：《饿乡纪程·赤都心史·乱弹·多余的话》，岳麓书社2000年版，第31页。

极点了。"①

朱自清惊叹:"这里没有一爿像样的书店,中国书外国书都很稀罕;有些大洋行的窗户里虽放着几本俄文书,想来也只是给商人们消闲的小说罢。最离奇的是这里市招商的中文,如'你吉达','民娘九尔'(即米尼阿久尔,笔者注),'阿立古闹如次'等译音,不知出于何人之手。也难怪,中等教育,还在幼稚时期的,已是这里的最高教育了!这样算不算梁漱溟先生所说的整个欧化呢?我想是不能算的。哈尔滨和哈尔滨的白俄一样,这样下去,终于是非驴非马的畸形而已。虽在感着多少新鲜的意味的旅客的我,到底不能不作如此想。"②

从相关资料来看,当时哈尔滨的教育情况并非那样。1918—1920年,"女校添授职业科""旅哈两等学校通告""东华中学开学确期""商业学校改组""议设高等学堂"等新闻报道,可从侧面反映一些哈尔滨教育和学校的情况。③

关于书店,1929年辽左散人在《滨江尘嚣录》记载:"书籍文具店,有中华书局、新华印书馆、中国印刷局、魁升堂、承文堂、成文厚等二十余家。就中新华印书馆、中国印刷局二家为上海商务印刷馆之特约代理店。新华印书馆一号为本埠印刷界之铮铮者,其工厂规模宏大,举凡一切铅印石印,精印彩印等,均能承印。"④

四 不同视点的交锋与辨析

缘于这些人的生活背景和身份等不同,他们对哈尔滨的描述和感观是有差异的,这是一种正常的文化现象。这表现在他们对哈尔滨的态度、对

---

① 瞿秋白:《饿乡纪程·赤都心史·乱弹·多余的话》,岳麓书社2000年版,第33页。
② 朱自清:《西行通讯》,《欧游杂记》(附录),朱乔森编:《朱自清全集》第一卷,江苏教育出版社1996年版,第366—367页。
③ 参见《哈尔滨史志丛刊》一九八四年增刊之四《远东报》摘编第八辑,单位内部资料,《教育》第58—72页;《哈尔滨史志丛刊》一九八四年增刊之六《远东报》摘编第十辑,单位内部资料,《教育》第102—115页;《哈尔滨史志丛刊》一九八四年增刊之八《远东报》摘编第十二辑,单位内部资料,《教育》第87—98页。
④ 辽左散人:《滨江尘嚣录》,《黑水丛书》之《东游日记(外十六种)》(上),黑龙江人民出版社2009年版,第953页。

物价的接受能力以及关于哈尔滨的文明与文化的争论等方面。

在对哈尔滨的态度方面，冯至就是一个突出的代表。哈尔滨并没有给他留下美好的印记，他的印象都是灰色的。一开始，冯至的态度是积极的，"我想，不论我的命运的星宿是怎样暗淡无光，但它究竟是温带的天空里的一颗啊；不论我的道路是怎样寂寞，在这样的路上总是常有一些斜风细雨来愉悦我的心情"①。但是，后来，他"唯一的盼望便是北京的来信"。最先收到的，"仍是慧修（即杨晦，笔者注）的信：'人生是多艰的。你现在可以说是开始了这荆棘长途的旅行了。前途真是不但黑暗而寒冷。要坚韧而大胆地走下去吧！一样样的事情随在都是你的究竟的试炼、证明。……此后，能于人士的艰苦中多领略一点滋味，于生活的寂寞处多做点工，那是比什么都要紧、都真实的'"②。但是，杨晦的鼓励似乎没有起到多大效果。冯至口吐真言，"终归我更认识了我的自己，我既不是中古的勇士，也不是现代的英雄，我想望的是朋友，我需要的是感情；终归我不能不离开那座不曾给我一点好处的大都市，而又依样地回到我的第二故乡的北京，握住我的朋友们的手了"③。这里值得深思的是，除了前文提到的理想和抱负，还可能有南方人不适应北方，甚至是最北方的生活的缘由，以及其他缘由。这里有一个需要深入解析的问题：20 世纪二三十年代缘何许多大学生到东北参加革命？

在对哈尔滨的物价接受方面，朱自清是他们当中的一个例外。他提到车费和餐费两种消费。"因为路好，汽车也好。不止坐着平稳而已，又多！又贱！又快！满街是的，一扬手就来，和北平洋车一样。这儿洋车少而贵；几毛钱便可坐汽车，人多些便和洋车价相等。开车的俄国人居多，开得'棒'极了；拐弯，倒车，简直行所无事，还让你一点不担心。巴黎伦敦自然有高妙的车手，马车填咽，显不出本领；街上的 Taxi 有时几乎像驴子似的。在这一点上，哈尔滨要强些。胡适之先生提倡'汽车文明'，这

---

① 冯至：《冯至全集》，第一卷《昨日之歌　北游及其他》，河北教育出版社1999年版，第122—123页。原载1929年5月13日《华北日报·副刊》第68号，题为《〈北游及其他〉的自叙》。
② 冯至：《冯至全集》，第一卷《昨日之歌　北游及其他》，河北教育出版社1999年版，第124—125页。
③ 冯至：《冯至全集》，第一卷《昨日之歌　北游及其他》，河北教育出版社1999年版，第124页。

里我是第一次接触汽车文明了。上海汽车也许比这儿多，但太贵族了，没有多少意思。此地的马车也不少，也贱，和五年前南京的马车差不多，或者还要贱些。"并且，"这里还有一样便宜的东西，便是俄国菜。我们第一天在一天津馆吃面，以为便宜些；那知第二天吃俄国午餐，竟比天津馆好而便宜得多。去年暑假在上海，友人吃'俄国大菜'，似乎那时很流行，大约也因为价廉物美吧。俄国菜分量多，便于点菜分食；比吃别国菜自由些；且油重，合于我们的口味。我们在街上见俄国女人的胫痴肥的多，后来在西伯利亚各站所见也如此；我们常说，这怕是菜里的油太重了吧。"[①]这可能是自身消费能力使然。

而对 1931 年前后生活在哈尔滨的萧红而言，只有一个字"饿"。在《雪天》中，萧红写道："一直到郎华（即三郎，萧军，笔者注）回来，他的胶皮底鞋擦在门槛我才止住幻想，茶房手上的托盘，盛着肉饼，炸黄的番薯，切成大片有弹力的面包……"当萧军问她"饿了吧?"，她"几乎是哭了"。在《他去追求职业》里，萧红感叹，清早"有的房间门上已经挂好'列巴圈'了! 送牛奶的人，轻轻带着白色的，发热的瓶子排在房间的门外。这非常引诱我，好像我已嗅到'列巴圈'的麦香，好像那成串肥胖的圆形的点心，已经挂在我的鼻头上，几天没有饱食，我是怎样的需要啊! 胃口在胸膛里面收缩，没有钱买，让那'列巴圈'们白白在虐待我。"[②] 在《提篮者》一文中，萧红再次深化了这种感受，"提篮人，他的大篮子，长形面包，圆面包……每天早晨他带来诱人的麦香等在过道"。第二天"挤满面包的大篮子又等在过道，我始终没推开门，门外有别人在买，即便不开门，我也好像嗅到麦香。对面包我害怕起来，不是我想吃面包，怕是面包要吞了我"[③]。从而，在《饿》的驱使下，萧红心里萌生了"偷"的意念。萧红"轻轻扭动钥匙，门一点响动也没有，探头看了看，'列巴圈'对门就挂着，东隔壁也挂着，西隔壁也挂着。天快亮了! 牛奶瓶的乳白色看得真真切切，'列巴圈'比每天也大了些。结果什么也没有去拿，我心里发烧，耳朵也熟了

---

① 朱自清:《西行通讯》,《欧游杂记》（附录），朱乔森编:《朱自清全集》第一卷，江苏教育出版社 1996 年版，第 368 页。
② 悄吟:《商市街》，文化生活出版社 1936 年版；百花文艺出版社 2005 年版，第 10、12 页。
③ 悄吟:《商市街》，文化生活出版社 1936 年版；百花文艺出版社 2005 年版，第 27—29 页。

一阵,立刻想到这是'偷'"。并且,"第二次又失败,那么不去做第三次了。下了最后的决心,爬上床,关了灯,推一推郎华,他没有醒,在'偷'这一刻,郎华也是我的敌人,假若我有母亲,母亲也是敌人。"① 萧红"只是秉持着记录者的冷静客观,像是一名忠于历史的书记员,记下日常生活的每个瞬间"。她"生出的'偷''列巴圈'的意念,把陷入饥饿的小知识分子心理活画出来"②。在萧红和萧军刚刚一起生活的时候,萧红的回忆里往往是《当铺》《借》和《度日》等灰色调的文章。实际上,即使在最贫困的情况下,萧红和萧军也吃过"半角钱的猪头肉""肉丸子还带汤",后来还是能吃上"面条""鱼"和"外国包子"。这也表明,在那个年代消费水平是和自身的经济能力相匹配的。

在对哈尔滨文化与文明③的争论方面,瞿秋白、朱自清和胡适各抒己见。瞿秋白认为,"经济生活、生产方法不变,一方面既不能有文化的要求,以进于概括而论的文明;另一方面更不能有阶级的觉悟,担负再造文明的重责。东方古文化国的文化何时才能重兴?所谓'改造',根本的意义,遂筹统计原在于'为全人类文化而奋斗'。"④ 朱自清指出:"一个生客到此,能领受着多少异域的风味而不感着窒息似的;与洋大人治下的上海,新贵族消夏地的青岛,北戴河,宛然是两个世界。但这里虽有很高的文明,却没有文化可言。待一两个礼拜,甚至一个月,大致不会教你腻味,再多可就要看什么人了。"⑤ 胡适解释:"人力车又叫东洋车,这真是确切不移。请看世界之上,人力车所至之地,北起哈尔滨,西至四川,南至南洋,东至日本,这不是东方文明的区域吗?人力车代表的文明就是那用人作牛马的文明。摩托车代表的文明就是用人的心思才智制作出机械代替人力的文明。把人作牛马看待,无论如何,够不上精神文明。用人的智

---

① 悄吟:《商市街》,文化生活出版社1936年版;百花文艺出版社2005年版,第32—33页。
② 郭淑梅:《寻找与考证:萧红居地安葬地及纪实作品研究》,黑龙江人民出版社2012年版,第53—54页。
③ 关于文化和文明的概念及论述可参见张广智、张广勇《史学:文化中的文化》,上海社会科学院出版社2003年版;张岱年、方克立主编《中国传统文化概论》,北京师范大学出版社2004年版;郑师渠《思潮与学派:中国近代思想文化研究》,北京师范大学出版社2013年版;等等。
④ 瞿秋白:《饿乡纪程·赤都心史·乱弹·多余的话》,岳麓书社2000年版,第41页。
⑤ 朱自清:《西行通讯》,《欧游杂记》(附录),朱乔森编:《朱自清全集》第一卷,江苏教育出版社1996年版,第366页。

慧造出机械来,减少人类的痛苦,便利人类的交通,增加人类的幸福,——这种文明却含有不少的理想主义,含有不少的精神文明的可能性。"胡适叹息:"我们坐在人力车上,眼看那些圆颅方趾的同胞努起筋骨,弯着背脊梁,流着血汗,替我们做牛做马,托我们远行登高,为的是要挣几十个铜子去活命养家,——我们当此时候,不能不感谢那发明蒸汽机的大圣人,不能不感谢那发明电力的大圣人,不能不祝福那制作汽船汽车的大圣人:感谢他们的心思才智节省了人类多少精力,减除了人类多少痛苦!你们嫌我用'圣人'一个字吗?孔夫子不说过吗?'制而用之谓之器。利用出入,民咸用之,谓之神。'孔老先生还嫌'圣'字不够,他简直要尊他们为'神'呢!"[①]

哈尔滨,一片神奇和神气的土地。20 世纪二三十年代,哈尔滨成长为一个国际性大都市。作为东西方交流的"窗口",东西方文明在此碰撞和交融。中国知识分子笔下的哈尔滨是"有趣的","欧陆风情"的哈尔滨让他们"刻骨铭心"。史沫特莱等西方知识分子和大量俄侨知识分子眼中的哈尔滨又是什么景象呢?

[①] 胡适:《胡适文集》第 2 集《散文·游记·传记》,人民文学出版社 1998 年版,第 107 页。《漫游的感想》,最初发表于 1927 年 8 月 13 日至 9 月 17 日《现代评论》第六卷第一百四十、一百四十一、一百四十五期。

第 三 章
哈尔滨近代疫病防治与城市治理

我国历史上关于鼠疫的记载以东北庚戌（宣统二年，1910）鼠疫最为惨烈。在国内外复杂的形势下，"鼠疫斗士"伍连德临危受命并力挽狂澜。1907年，南洋华侨伍连德受直隶总督袁世凯的邀请，到天津陆军军医学堂任职。1910年东三省暴发鼠疫后，伍连德临危受命，坐镇哈尔滨全权指挥防疫工作。他采用按户强制检疫、广设隔离所、火葬疫尸等科学防疫方法，有效扑灭了此次鼠疫。1911年的万国鼠疫研究会上，被选为主席的伍连德倡议创建东三省防疫处。1912年，中国近代第一个常设防疫机构东三省防疫处正式在哈尔滨创立。"九一八"事变后，1932年伍连德及其同人前往上海继续他们的防疫事业。在这20年中，伍连德领导下的东三省防疫处在防治1920—1921年第二次鼠疫、疫源旱獭的研究及管理、霍乱和天花等其他传染病的研究与防治、海港检疫、参加国际会议及报告研究成果等方面成绩卓著。在某种意义上，这奠定了中国近代防疫事业的基础。

伍连德的得力助手、奥地利犹太人伯力士，在哈尔滨以及中国公共卫生事业方面亦做出了重要贡献。

第一节 庚戌东北鼠疫的防治与善后

自然发展史与人类发展史共同构成了历史，两者不是彼此孤立的，而是相互联系的。人与自然的互动推动了历史的演进。在这个过程中，人往往是主动的，而自然恰恰是被动的。两者互动的结果更多以积极的形态呈现,但亦有极少消极的状态出没,如灾害和瘟疫等。鼠疫就是一种消极的表现。中外历史中,鼠疫是一个可怕的称谓。我国历史上关于鼠疫的记载以东北庚戌(宣统二年,1910)鼠疫最为惨烈。在国内外复杂的形势下,"鼠疫斗士"伍连德临危受命并力挽狂澜。此后由他主持的万国鼠疫研究会和创办的东三省防疫处,开创了中国公共卫生事业的现代化进程。

一 庚戌东北鼠疫的暴发

据《辞海》"鼠疫"词条介绍,"鼠疫杆菌引起的烈性传染病。一般先在家鼠和其他啮齿类动物中流行,由鼠蚤叮咬而传染给人。常先引起淋巴结炎,轻症局限于此;重者病原体侵入血液,引起败血症或肺炎,分别称为腺型、败血型和肺型鼠疫。后者亦可经呼吸道传播而得。主要症状有高热、出血倾向、极度衰竭等严重中毒现象"。而《剑桥百科全书》关于"鼠疫"的界定是,"历史上最凶恶的流行病,因鼠疫耶尔森氏菌(过去称鼠疫巴斯德氏菌)感染所致。菌由啮齿动物和松鼠身上跳蚤携带,蚤叮咬人时传播此病。表现为严重感染,身上出现急性淋巴结炎,故称淋巴结鼠疫,即腺鼠疫。流行时可出现肺型鼠疫,在人间传播极快"。中外两种代表性概念总结为:老鼠等啮齿类动物是疫源;在从动物到人的传播过程中跳蚤是媒介;鼠疫传播中引起的人的肺鼠疫传播速度快。而这方面没有涉及从腺鼠疫到肺鼠疫的转变条件等问题。总之,鼠疫是在一定历史时期发生的一种传播速度快、传染性极强、致命性颇高的世界性、烈性传染病。国外权威辞典《不列颠百科全书》对"鼠疫"的介绍是"由鼠疫耶尔森氏菌所致的发热性传染病,通过鼠蚤传播。原系啮齿类动物的地方性兽疫,在一定环境下在兽间流行,病兽大批死亡。蚤类另觅宿主,人被叮咬即可传染。初为散发,条件适当即造成流行"。"在人烟稀少而野生啮齿动物数量较多且感染者众多的荒地发生者称森林鼠疫或田野鼠疫。""14世纪鼠疫大流行,被称为黑死病(Black Death),欧洲死亡2500万人,占人口1/4。""1894年广州及香港爆发鼠疫,死亡8万—10万人。"鼠疫病情轻重悬殊,轻者仅感不适,重者致命。潜伏期3—6日(范围36小时至10日)。发病急。可分三型:"①腺鼠疫,占病例的3/4,较轻,以'人—蚤—人'的形式传播。发病时先寒战,继之呕吐、头疼、眩晕、畏光、背痛、肢痛、失眠、情感淡漠或谵妄。体温迅速升至40℃或以上，1—2日后即下降0.5—1℃，并极度虚弱。②肺鼠疫，较重，临床表现似支气管肺炎，随即出现肺水肿，多于3—4日后死亡。③败血性鼠疫，最凶险，表现为虚脱及脑损害。肺炎症状未及出现即于24小时内死亡，若出现肺炎，则传染性极强，接触者每受染而患肺鼠疫。"①

  1910年10月，在中俄边界的满洲里首先暴发了鼠疫，最先感染者是捕杀旱獭者。传染者和死亡者的增多，引起了人们的恐慌。他们最初纷纷乘坐中东铁路客车逃亡关内，火车停运后甚至步行返乡。东北庚戌鼠疫具有以下特点：第一，传播速度快。1911年的《宣统三年哈尔滨口暨所属北满各分口华洋贸易情形论略》记录："去年阳历十月二十四日，此等鼠疫始发现于满洲里铁路医院内。"11月8日，鼠疫就传播到中东铁路的枢纽、东北亚的中心城市哈尔滨。第二，持续时间长。这场鼠疫自暴发后一直持续到1911年3月初，历时4个多月，具有季节性与周期性的特征。第三，波及范围广。满洲里鼠疫发生时，临近中国春节。大批"闯关东"捕杀旱獭的山东人、河北人沿着中东铁路疾奔关内。由此，鼠疫波及东北三省以及山东、河北等华北各地，甚至湖北（武汉）等南方地区（由中东铁路转乘津浦路火车。笔者曾经撰写《清末东三省鼠疫的内传与湖北的预防》）。现代交通工具加速了鼠疫的传播。同时，这也是"闯关东"移民流动研究的一个重要切入点。第四，死亡人数多。据《中国旧海关史料》第57卷记载，"今年（1911年，笔者注）三月始见消减"，"统查疫死人数哈尔滨铁路内共一千五百人，傅家甸六千五百人，东三省约不下七万人"。据《泰晤士报》报道："这场鼠疫中，满洲和中国北部大约有60000人丧生。"第五，内外关系杂。中国东北是俄国、日本、英国、美国等国的"角斗场"。东北庚戌鼠疫关涉俄国、日本等国家在华利益，岌岌可危的清政府需要面对这些国家对防疫权的争夺。国内方面，中央与地方、地方与地方及关外与关内的关系亦极其微妙与复杂。如清政府及其统治者下令把鼠疫控制在山海关以外，不能危及政治中心。第六，国际影响大。从新闻传播方面来看，此次鼠疫在俄国、日本、法国、英国、意大利等国都有

---

① 《不列颠百科全书》（国际中文版）第13册，中国大百科全书出版社1999年版，第318页。

相关报道,如上文提及的《泰晤士报》,还有《法国色彩报》与《意大利色彩报》等媒体。从学术研究来讲,伍连德主持防疫并召开万国鼠疫研究会,展示了中国现代医学的水平。第七,历史意义深刻。从当时的政治环境来说,新旧交替之际,面对鼠疫当时的各种政治力量进行了激烈的博弈。从中国的发展历程而言,这次防治鼠疫拉开了近代中国最早的科学防疫的序幕。鼠疫过后设立的东三省防疫处,开启了中国公共卫生事业现代化进程。东三省防疫处后来开展的一系列活动,不仅有益于老百姓的健康,也利于国家的未来发展。我们现在的一些防疫举措亦是对这些经验的继承与发展。

二 庚戌东北鼠疫的防治

面对鼠疫,在组织管理、措施实施、医疗救护和防治检疫等方面,伍连德总医官表现出积极的应对态度、果断的判断能力与卓越的专业技术。

首先要做的是控制疫源。捕杀旱獭是东北庚戌鼠疫(20世纪上半叶,东三省发生过三次大的鼠疫,分别是第一次在1910年至1911年;第二次在1920年至1922年;第三次在1946年。)的罪魁祸首。据《宣统三年(1911)哈尔滨口暨所属北满各分口华洋贸易情形论略》记载:"现已查明此疫发生于旱獭之身。""自哈埠通商以来,年闻猎者每有传染斯疫。"由于经过特殊工艺加工过的旱獭皮毛可与貂皮媲美,西方市场的扩大刺激了对旱獭的捕杀。据《盛京时报》[宣统三年(1911)二月二十五日]介绍:"1910年,每张旱獭皮的售价比1907年猛涨了6倍多,仅从满洲里一地出口的旱獭皮就由1907年的70万张增加到了250万张。"当时,"俄人见满洲里旱獭之多也,私募华工四处捕取练(炼)制……利甚厚……于是山东直隶两省无业游民相率猎满洲里山中,而川谷流血,原野厌肉,其狼藉实不堪形状。"即使在东三省发生第二次鼠疫的1921年,"满洲里出口之大宗货物"中,"旱獭灰鼠二项,已达至十五万七千五百八十六张之多"。在控制动物疫源的同时,也针对感染者疫源进行控制和隔离,防止交叉感染。其中一个重要的举措就是焚烧尸体。1911年2月28日的《远东报》记载:"哈尔滨防疫局总医官伍连德,自到哈以来,办理防疫事宜不辞劳怨。闻日前在东西四家子焚烧疫尸,防疫局委员皆不欲前往监视,伍医官自赴该处查点尸数，亲视焚烧，俟焚化净尽始行回局。"

并且还需做到的是阻断交通。中东铁路成为鼠疫传播的重要途径。面对复杂的国际形势，哈尔滨是中东铁路附属地，在美国斡旋下俄国与日本签订《朴茨茅斯条约》后，中东铁路以长春为界分为南满与北满，分别由日本与俄国控制。关于铁路的阻断需要考虑这个复杂的国际局势。关于哈尔滨内城市交通的阻断相对简单，哈尔滨各个区域相对独立。傅家甸基本是中国人聚居区，伍连德实施防治的区域基本也在这个范围。南岗与道里不属于中国的管辖区。

同时，伍连德也重视综合防治。1910年10月，"时值哈尔滨肺鼠疫流行甚盛"，清政府特调伍连德主持东三省防疫，任总医官。在这个紧要关头，清朝外务部派遣天津陆军军医学堂医官伍连德（1879—1960）赴哈尔滨办理防疫事宜。面对医员无素养，药品无预储，财政应付不及，病院、隔离所筹备不及，断绝交通、检验留养，焚烧尸屋物品、隔离眷属六大困难，"伍连德博士临危受命"，于1910年12月24日"坐镇哈尔滨，全权指挥扑灭鼠疫工作"。他依靠科学力量，"采用新医之科学防疫方法，如按户强制检疫、广设隔离所或隔离车，将堆积哈尔滨及其他一带之无数疫尸付之火葬等"。1911年2月15日《远东报》报道："傅家甸近日焚烧染疫个房屋有尸身发现，并在各房顶获得尸身数具，皆系愚民暗藏者。闻昨日伍医士提议，现在交通未开，宜派巡警分段查看各房及屋院落之处，有无隐置尸身者，以便瘟疫作速消。"在人类历史上，这是首次有效地扑灭了鼠疫这一高危瘟疫，拯救了哈尔滨这座城市数万人的生命，遏制了鼠疫向关内特别是北京的蔓延，为世界防疫科学发展做出了不可磨灭的贡献，更确保了国家的安定。

除此之外，伍连德还着手进行科学研究。梁启超曾经这样评价伍连德："科学输入垂五十年，国中能以学者资格与世界相见者，伍星联（伍连德的字）博士一人而已。"陈垣在《奉天万国鼠疫研究会始末》一书中介绍："伍君，广东新会人。当光绪五年，生于吉隆坡，及长，肄业于新加坡之高等学校。学期试验，屡列优等。至十七岁，校长以其品学兼优，每年给以学费二百五十磅，送往英国堪伯猎基（即剑桥）大学肄业，专习理科及医科。考试亦常列优等，照章得两次官费。一千八百九十九年毕业，得文学学位。再入伦敦医科大学，试验医学。又得官给学费，并常获金牌等奖赏，为留学彼邦者从来所罕见。一千九百零二年，得文学博士、医学士、理学学士位。由堪伯猎基大学年给一百五十磅，送往德法等国，从事调查医学者三年。及回英后，英人公举为肺病医院院长。"此后，1907年，伍连德应直隶"总督袁世凯之请，服务政界于天津"，"任陆军医专副院长二年（1908—1910年）"。伍连德的学术背景和专业技术使其在这次鼠疫防治中大显身手，解剖感染鼠疫的人类尸体，寻找病因所在，对症施治。

三　庚戌东北鼠疫的善后

东北庚戌鼠疫善后举措一是积极筹备和召开万国鼠疫研究会，这是中国历史上第一次国际科学会议；二是筹建东三省防疫处，这是中国历史上第一个中国人创办的公共卫生防治机构。

在鼠疫日趋得以控制的1911年3月，伍连德上报外务部，请求召开国际研究会，讨论"素未注意之肺疫"。这得到其老友原滨江关道道尹、外务部左丞施肇基及东三省总督锡良的高度赞许和认可。在他们的努力和合作下，世界历史上第一次国际肺鼠疫会议，也是中国历史上第一次国际科学会议——万国鼠疫研究会在奉天（今沈阳）召开。会议于4月3日开幕，4月28日结束，持续了26天。会议邀请了德、美、英、奥、法、俄、日等11国鼠疫研究领域的34名著名学者，如北里柴三郎、扎博罗特尼、斯特朗、皮特里等"世界各国专门名医"。清政府派施肇基为特使莅临会议，主持防疫的总医官伍连德被选为主席。伍连德称该会是"吾国历史上首次之国际医学大会"。英国《泰晤士报》声称，"此次会议开创了中国医学史的新时代"。这"在我国历史上，固为空前未有之学术大会也"。会议期间，总共举行了24次全体会议，对这次鼠疫所涉及的问题进行了全面而细致的研究，如一、此次疫气因何流行？如何流行？暨有如何办理方法？二、此种疫气，是否为满洲里境内某处本土之病？如果系某处产生之病，有何最善之法，可向该处施救？三、其产生疫气之虫所含毒力，是否较核疫虫之毒力大？以显微镜观之，虫之形类相同，以疫学化验之，亦无少异，而何以在满洲则称肺瘟、血瘟，在印度等处则成核瘟而鲜成肺瘟者？

等等。最后，以会议的名义形成了给中国政府的临时报告，即后来的《奉天国际鼠疫会议报告（1911）》。

此次会议上，伍连德倡议在哈尔滨创建东三省防疫处，这得到参会专家的赞同。1912年7月29日，伍连德在给莫理循的信中也强调此事："由于东北鼠疫的大流行，中国政府于1911年4月在奉天举行万国鼠疫探讨会。其目的是汇总鼠疫流行的资料，并希望与会的国际专家对可能出现的下一次大流行做出建议。专家们强烈建议，在东北建立一个包括沿铁路沿线设立的防疫站和医院等适当的医学机构。"外务部规定设立机关之目的："一、在满洲北境设法不令疫气再起，一遇疫起，从速扑灭；二、奉天研究会条陈各事应照办理，查考肺疫究在何处发生，究因何故发生，其与旱獭及他种兽类究竟有何关系；三、所指各地应办卫生事宜。若遇病症亦施治，并研究各地病症发生之理。"1912年10月，中国第一个近代常设防疫机构创立。这也是"中国医疗史上的第一个自办的检疫和防疫机构"。

据伍连德介绍，"北满一带，直至1919年未见鼠疫流行。在最初数年，防疫处所有工作，专重一般医务及研究满洲与外贝额尔（即外贝加尔，笔者注）鼠疫问题。其成绩已详载于防疫处发刊之报告大全书"。笔者还发现，20世纪20年代的东三省防疫处和伍连德的相关工作动态，以年报和季报的形式在《外交公报》刊发。这个时期，在伍连德的领导下，东三省防疫处在防治1920—1921年第二次鼠疫、疫源旱獭的研究及管理、霍乱和天花等传染病的研究与防治、海港检疫等方面成绩斐然，同时伍连德、陈永汉等也频繁参加中外国际会议并报告研究成果。这些活动让世界对中国的现代医学特别是防疫学和公共卫生学有所了解，并得到一定程度的认可。

对于疫源旱獭的研究及对疫源地的管理是东三省防疫处的核心工作。在疫源地的管理方面，东三省管理处派"陈医官永汉带同防疫要件前往满洲里及海拉尔一带就地防范，并在满拉两处严密设防"。在出国研修及参加中外国际会议报告研究成果方面，伍连德前往美国研究公共卫生问题、参加"联太平洋食品研究会、远东热带病第六次大会与新加坡卫生联盟大会"。1926年，"天气异常干燥，苍蝇孳生极多"。"回忆当民国八年时苍蝇孔多即末次霍乱流行之日也近顷。""上海亦见此症流行。广东及暹罗亦然，其余如天津、烟台、神户等处亦据有数例报告。"牛庄医院"已开始查验航轮"，并"严厉防御"。东三省防疫处还开展公共卫生知识普及和调查。1926年，伍连德在《滨江卫生上调查成绩》中指出，"按防疫上最新办法，公共卫生发达为主体。所以，医官等已于是年一月开始试办本埠公众卫生事宜（滨江县境内）"，"深盼数年之后，市民中对于公共卫生必有大进步焉。"

东北庚戌鼠疫无疑是中国历史乃至世界历史上的一件大事。这次鼠疫的防治说明，科学防治是战胜瘟疫的法宝，要从整体与局部、中央与地方、区域与区域之间进行通盘考虑。同时，政治力量需要与医学力量通力配合，完善布局。

第二节　伍连德与东三省防疫处的创立和演进

华侨伍连德（1879—1960）因成功主持扑灭1910—1911年的东三省鼠疫而声名鹊起。1912—1932年，他在哈尔滨东三省防疫处任总办兼总医官，因防治鼠疫、霍乱和研究公共卫生而声名远播。1930—1937年，伍连德在上海全国海港检疫管理处处长兼任上海海港检疫所所长，在开展海港检疫和捍卫国家主权等事业上取得可观成果。同时，他参与创办现北京大学人民医院等医疗机构；主编《中国医学杂志》《中西医学报》等医学杂志；主导撰写过《鼠疫概论》《霍乱概论》《中国医史》等专业医学书籍。因此，曾担任过中华医学会会长等职的伍连德被誉为"中国现代医学第一人"。1924年，梁启超这样评价伍连德："科学输入垂五十年，国中能以学者资格与世界相见者，伍星联（伍连德的字）博士一人而已。"

然而，诚如《鼠疫斗士——伍连德自述》的中文翻译者之一、曾任中国微生物学会秘书长的程光胜研究员所感叹的："到现在为止，哪怕是院士，有很多都不知道伍连德是何许人也。"伍连德"被遗忘"了。在中国期刊网（CNKI）中，在"题名"下分别输入"伍连德"和"东三省防疫处",从 1979 年到 2012 年,笔者仅搜索到 72 篇和 3 篇文章,并且这些文章大多是介绍性的,鲜见深入研究之力作。① 笔者认为,虽然伍连德 1937 年回到马尼拉开诊所终老一生,但是他给我们留下的遗产是不可磨灭的。本书拟用《东三省疫事报告书》《奉天国际鼠疫会议报告（1911）》《海港检疫管理处报告书》《远东报》《滨江时报》《外交公报》等重要史料,从清末东三省鼠疫与伍连德、万国鼠疫研究会与东三省防疫处的创立、伍连德与东三省防疫处的演进三个方面,来论述伍连德在东三省防疫处的重要事迹和作用,凸显他在中国防疫史和公共卫生史上的历史地位。

一 清末东三省鼠疫与伍连德

1910 年 10 月,满洲里暴发鼠疫,并迅速波及东三省及山东、河北等地区。这场鼠疫一直持续到 1911 年 3 月。据《东三省疫事报告书》② 记载:"宣统二年（1910）九月二十三日,百斯脱（也称百斯笃,即鼠疫,

---

① 关于以"伍连德"为题名的文章如下:《医学博士伍连德四次扑灭哈尔滨瘟疫》,《世纪桥》2011 年第 8 期;《鼠疫斗士伍连德以及中国公共卫生体系的开始》,《中国地方病防治杂志》2011 年第 6 期;《伍连德,又一个"白求恩"》,《兰台世界》2009 年第 19 期;《伍连德鼠疫战闻》,《三月风》2008 年第 12 期;等等。关于东三省防疫处可参见马学博、姒元翼《东三省防疫处纪略》,《中华医史杂志》1999 年第 29 卷第 4 期;李玉堃《民国时期在哈尔滨设立的东三省防疫处》,《黑龙江档案》2000 年第 2 期;马学博、金东英《东三省防疫事务总管理处的设立时间》,《中华医史杂志》2006 年第 36 卷第 2 期;马学博《〈黑龙江省都督府稿〉中发现有关东三省防疫事务总处的原始资料》,《中国科技史杂志》2006 年第 27 卷第 4 期;马学博《万国鼠疫研究会与东三省防疫事务总管理处的设立》,《哲学与医学》(人文社会医学版) 2006 年第 27 卷第 7 期。笔者认为,对相关档案和资料的发现是重要的,但是限于资料和档案以及对资料和档案的利用和释读,这些论文显得相对宽泛。关于伍连德的介绍可参见 Wu Lien-Teh *Plague Fighter*: *the Autobiography of a Modern Chinese Physician*, W. Heffer & Sons Ltd., 1959;王哲《国士无双伍连德》,福建教育出版社 2007 年版和 2011 年版;伍连德《鼠疫斗士——伍连德自述》(上),湖南教育出版社 2011 年版;礼露《发现伍连德——诺贝尔奖候选人华人第一人》,中国科学技术出版社 2010 年版。哈尔滨市政协文史和学习委员会《哈尔滨文史资料》第 28 辑《爱国侨胞、防疫泰斗伍连德》,2006 年版等传记和专著及多默《伍连德和 100 年前的东北大鼠疫》,《南方周末》2011 年 5 月 4 日等文章。

② 关于《东三省疫事报告书(附东北四省略图)》一书,最初由奉天全省防疫局编译,分为上下两册,宣统三年（1911）十月印刷,十一月出版。据笔者查阅,此报告书现存很少,辽宁省档案馆和哈尔滨市图书馆有存。2005 年,李兴盛先生在编辑《黑水丛书》时,曾将此报告书收入。但是,《东三省疫事报告书(黑龙江吉林史料选编)》删去了辽宁部分。李兴盛:《黑水丛书》第 10 卷《秋笳馀韵（外十八种）》(上下册),黑龙江人民出版社 2005 年版;2010 年天津古籍出版社出版的《中国荒政书集成》第十二册收入了此报告书的全本。

笔者注）发现于黑龙江省胪滨府①之满洲里。十月初七日，发现于吉林省滨江厅之傅家甸。十二月初二日，发现于奉天省城七区之南满车站。""七旬之久而流毒已遍三省，自是而后，逐蔓连六十六州县。"并且，"当疫之由满洲里传入哈尔滨，由哈尔滨奔散三省各府厅州县也，竭半载之日力，靡三百余万之金钱，牺牲中外员医夫之千余生命，以殉此四万余横死之疫。"②

当时，哈尔滨傅家甸（今属道外区）"有常住人口25000人，流动人口10000人。5138人死于鼠疫"。其中，"1910年11月20人；12月322人；1911年1月3329人；2月1467人"③。另据《直隶省城办理临时防疫纪实》记载："其时东省鼠疫盛行，蔓延于畿辅山左各州县，死亡载道，人心惊慌。""计保、河两郡，深、冀、定三州，延蔓者十六州县，传染者百余村，死亡者千余人。"④

1910年10月，"时值哈尔滨肺鼠疫流行甚盛"，清政府特调伍连德主持东三省防疫，任总医官。1911年4月，他被选为万国鼠疫研究会主席。1912年，东三省防疫处创立。伍连德担任总办兼总医官，直到1932年日军进入哈尔滨。"1930年7月1日，全国海港检疫管理处成立，作为全国海港检疫的领导机构，直属于国民政府卫生部，伍连德任处长。"⑤ 同时，他兼任上海海港检疫管理所所长。1937年七七事变，在淞沪抗战中，全国海港检疫管理处遭日军洗劫，其住宅也被日寇炮火所毁。8月，伍连德一家被迫离开上海，回到马来亚。后来，他在怡保市开设私人诊所。1960年1月21日，伍连德在槟榔屿家中因突发脑卒中去世。

---

① 清光绪三十四年置胪滨府，民国元年府废，九年改置县，属呼伦道。县距省治（齐齐哈尔，笔者注）西北一千二百八十里，地濒胪朐河，亦称满洲里。东至呼伦县界；东北至室韦县界；西北金源边堡外通库伦道；西与南接外蒙古喀尔喀车臣汗界。全境二百二十里，袤四百二十里，面积八万九千八百五十方里，未划区。载万福麟监修，张伯英总纂，崔重庆等整理《黑龙江志稿》（上），黑龙江人民出版社1992年版，第74—75页。

② 奉天全省防疫总局：《东三省疫事报告书》，载李文海、夏明方、朱浒《中国荒政书集成》第十二册，天津古籍出版社2010年版，第8207、8204页。

③ The Plague in China: Course of the Epidemic, The Times, 1911年3月23日。

④ 李文海、夏明方、朱浒：《中国荒政书集成》第十二册，天津古籍出版社2010年版，第8015页。

⑤ 邓铁涛：《中国防疫史》，广西科学技术出版社2006年版，第379页。

二 万国鼠疫研究会与东三省防疫处的创立

在1933年出版的《海港检疫管理处报告书》第三册中，伍连德在《东北防疫处之沿革》一文中写道：1911年4月奉天万国鼠疫研究会的"成绩之最足称者，即提议创设东三省防疫处"。具体而言，"1912年10月在哈尔滨设立东三省防疫处。旋因革命军兴，进行稍缓。幸有诸长官之提倡，如奉天总督赵尔巽、海关总税务司额古兰、外交次长颜惠庆、海关税务司屈臣等，对于此举，均异常重视，莫不竭力赞助"。其中，"防疫处经费，系总税务司额古兰指定。每年由海关拨发银六万两"。此事，"北京公使团初不赞成此举，后经设法转圜，使得其同意"。最后，"又蒙哈尔滨税务司屈臣（1914年逝世）竭力主张，组织各防疫医院，并促其成立。盖屈君当鼠疫流行时，曾目睹惨状故也"①。

黑龙江省档案馆馆藏一份1912年黑龙江省都督府稿与当时外交部、民政部关于"为加状委任伍连德为防疫院总医官"的来往函件。其中，《北满防疫机关办法大略》的"缘起"中也对此有较详细的记载："查北满防疫机关其正当组织办法。去年，业经中央政府暨东三省总督核准照办在案，当时虽经开办各派委医员分赴各处就职任事，并于哈尔滨、满洲里、拉哈苏苏（即同江，笔者注）建造医院等等，不过其中之一部分耳，尚未能称完备。迨革命事起，各官税款因被革命扣留，以作归还借款及庚子赔款之用。东省防疫经费因由海关拨用，故亦在被扣之列，于是款不应手，防护各项事亦未能进行，中间延耽六月之久。现经外交部与公使团议定，所有预算值七万八千卢布一款仍应拨归东省防疫之用，由领衔公使知照到部，此款业经外交部咨行税务处，令总税务司饬，由哈关税司在东省关税项下拨用，故防疫各事自应接续进行。"②

1912年7月29日，伍连德在致莫理循的信中也介绍过该事，中国政府"组建了一个分布在北满6个重要车站即哈尔滨、满洲里、齐齐哈尔、艾根、三星（艾根和三星翻译有误，艾根应为爱辉，三星应为三姓，笔者

---

① 伍连德、伍长耀：《海港检疫管理处报告书》（第三册），上海海港检疫管理处1933年版，第11页。
② 黑龙江省档案馆藏，全宗号64，目录号1，卷号350，第4—5页。

注）和拉哈苏苏的鼠疫预防机构"。但是，"其后辛亥革命爆发，税务处帮办大臣胡维德（胡维德应为胡惟德，笔者注）为增加海关收入以支付庚子赔款，将本来支付本地开销包括支付东北防疫总处经费的东北海关收入并入中央海关总收入"。"本来独立的东北海关收入为北京外交使团所控制。当外交部为东北防疫总处申请每年78000卢布的经费时，被外交使团拒绝了，表示如果鼠疫再次发生的话他们会重新考虑。由于6月中旬天津出现几例肺鼠疫，外交部重新提出申请，外交使团征求使团医生的意见。"使团医生们"都支持维持东北防疫总处的运转"①。美国驻哈尔滨领事格林纳认为，"东三省防疫处"的建立标志着"这一地区（东北）行政管理的新时代"。因为过去"在这些地区，除了关税和邮政，中国政府的活动很少见。"②

关于东三省防疫处的办公地点，据黑龙江省档案馆馆藏1923年《东三省北境防疫事务总处第二年（1913，笔者注）全年报告书》记载："本事务总处原附设于滨江海关之内。因该处甚形迫狭而海关办公之室亦不敷用。"因此，"外交部核准另赁一屋以资办公。于五月十五日迁移秦家岗（即南岗，笔者注）大道街（即大直街，笔者注）东，门牌六十三号"③。1921年，黄序鹓在其著作《海关通志》中讲道，"滨江即哈尔滨之略称。在吉林黑龙江两省之中心，盖中外交通之枢纽也。以前清光绪三十一年（1905）中日满洲善后协约允许开放，至三十三年（1907）开关。"据1999年出版的《哈尔滨海关志》记载："关址设在哈尔滨秦家岗火车站对面（今哈尔滨火车站对面）。"1922年《东陲商报》社发行的《哈尔滨指南》写道："滨江海关自前清光绪二十九年中日协约后始行设立，由滨江道尹兼任海关监督，至民国成立始行分立，总关署设在秦家岗海关街④，而监督公署现驻在傅家甸四道街。"光绪三十一年九月初七（1905年10月

---

① 王哲：《国士无双伍连德》，福建教育出版社2007年版，第298页。关于此事的介绍，与礼露在《发现伍连德——诺贝尔奖候选人华人第一人》一书第104页的讲述"有出入"，有些夸大伍连德的作用。

② 王学良：《美国与中国东北》，吉林文史出版社1993年版，第186页。

③ 黑龙江省档案馆藏，全宗号62，目录号4，卷号3822，第36页。

④ 海关街：东南起同兴街，西北止铁路街。载哈尔滨市人民政府编制《黑龙江省哈尔滨市地名录》，内部资料，1985年，第159页。

5日），黑龙江将军程德全在《添设哈尔滨关道折》中，"拟请于吉林哈尔滨添设道员，专办吉江两省铁路交涉并督征关税，以期联络而维利权"①。"民国二年三月，始设滨江关监督专缺。"②

《北满防疫机关办法大略》还规定了总办兼总医官之权限、职务与责任。如下：

> 一、总办兼总医官为外交部所委任，对于外交部一面担承其责。二、总办兼总医官由外交部咨会吉林、奉天、黑龙江都督另加委任，并准其直接与三省都督商请办事。凡关于防疫机关应办各事，应请三省都督随时随事，准予襄助。三、主管防疫机关一切事宜。任免医员、分派各项执事均归总办兼总医官主管。在事医员人等是否遵守纪律、有无失效由总办兼总医官对于中央政府担承责任。四、所有支配防疫机关之款项由总办兼总医官担承责任。一切用款或为经常或为特别均需由总办兼总医官核准方可照付。五、设为防疫治病研究等事特别应用之款，总办兼总医官得于防疫款内随时酌拨。惟无论如何拨用，在本年内总不得逾出所定之七万八千卢布。六、总办兼总医官薪水每月六百五十卢布由防疫经费款下支付。七、总办兼总医官除赴各境办事之时外应常驻哈尔滨，以重职守。八、防疫境内凡有已建医院与附属医院之各物以及造院所余之款，一律由总办兼总医官到任时接收。其造院余款移交会办兼司账员，经发仍作原定事项开销之用。九、防疫境内一切进行事宜由总办兼总医官按季报告外交部。其有特别紧要事宜可于季报外另备专报。除呈部外另备副本呈送三省都督。③

关于东三省各地防疫医院的建设和资金情况，据《东北防疫处沿革》一文介绍，赵总督（即赵尔巽）曾由东三省税入项下拨给哈尔滨医院银五

---

① 李兴盛、马秀娟主编：《程德全守江奏稿（外十九种）》（上册），黑龙江人民出版社1999年版，第203页。
② 陈绍楠主编：《哈尔滨经济资料文集》第一辑《机构·商会·贸易》，哈尔滨市档案馆内部资料，1990年，第221页。
③ 黑龙江省档案馆藏，全宗号64，目录号1，卷号350，第6—8页。

万两、满洲里医院银四万两、齐齐哈尔医院银三万两、拉哈苏苏（即同江）医院银二万两。① 对于各防疫医院的具体建设情况，伍连德介绍，在哈尔滨东铁区与市区交界处，有一地方，计122亩，为吉林巡抚所拨，于1911年9月动工建筑哈尔滨防疫医院，次年夏季落成，建筑费为7万元，于是年12月开幕。该院分为两部，西院专备办公、治疗、普通病症及容400人检疫之用；东院则能容疑似患者30名及鼠疫患者40名隔离之用。又于1919年增建新式办公房屋，内有临时研究室及手术室等。1922年复添造新病室，借以收容治疗各科患者。1924年又加建新式房舍为研究室、藏书楼及博物室之用。1924年4月，《造送哈尔滨等防疫医院第十二次季报请备案呈》也有记载，"大洋一万五千元作建筑研究鼠疫化验室及博物室之用"，并说明"此项建筑甚属急需，缘当此四年间房屋不敷，驻院办事员勉强与病菌化验室同居一处，又加以大门附近有如兵舍样建筑砖房一列，系自宣统末年所盖，日久倾坏。"② 7月，"入春以来，筹划建筑新楼事宜已于4月19日动土筑基，自5月9日从事开工建筑日渐进步，现已及顶而屋面亦准备订盖，全部工程约于9月可以万均矣。"③ 9月，新落成的新式化验研究部"实行研究关于鼠疫及种种传染病之问题亦。该处计有研究鼠疫部、血清部、临床诊断部、培养基制造部，及藏书楼、博物室等陈列均甚完备。"④ 1926年又在东院建一新式肺疫病室。该室之建筑，能使治疗或研究肺病之医生，获得充分安全，不致有被污染之虞。7月，伍连德《东省防疫总处第14次季报送请备案呈》写道："5月20日兴工建筑新式鼠疫研究室现将告竣，只有洋灰地面未竣工耳。且建筑为平房式，宽60英尺、长78英尺，置有高大窗门。"此室之特点"有长形玻璃壁，系用玻璃

---

① "当时东三省总督赵尔巽拨款白银5万两资助滨江医院，4万两资助满洲里医院，4万两资助齐齐哈尔医院，2万两资助同江医院。"初载如元翼《老哈医大的前身——东三省防疫事务总管理处》，《黑龙江文史资料》第34辑。又载邓铁涛《中国防疫史》，广西科学技术出版社2006年版，第307页。可见，关于"4万两资助齐齐哈尔医院"有误，"4万"应为"3万"。

② 外交部：《外交公报》第36期，《近代中国外交史资料汇刊三十种》第30种第18册，文海出版社有限公司1988年版，《通商》，第7页。

③ 外交部：《外交公报》第39期，《近代中国外交史资料汇刊三十种》第30种第20册，文海出版社有限公司1988年版，《通商》，第13页。

④ 外交部：《外交公报》第46期，《近代中国外交史资料汇刊三十种》第30种第23册，文海出版社有限公司1988年版，《通商》，第15页。

片组成，以便疫病者与研究者隔别之用，由此可使医者研究及治疗疫病者以免意外传染之危险"①。

当建筑哈尔滨医院之际，同时有在满洲里建筑同样防疫医院之计划。1923年，总办哈尔滨等处防疫事务兼总医官伍连德在《为呈报满洲里防疫医院办理防务恳请》中指出："满洲里毗连俄界之西比利亚（即西伯利亚，笔者注），历年俄国发生瘟疫，内地被染几无不以此地为门径。""设防疫医院于该地藉资扼守险要，防堵疫痢而免入内地。"② 盖此处为1910年至1911年肺疫大流行之侵入门户。1911年赵总督拨给满洲里医院建筑费银4万两。防疫医院于1912年春奠基兴筑，并购置大量建筑材料。不料俄人煽动蒙民革命，致所有建筑物被焚毁，只余一片焦土。荏苒数载，直至1921年第二次鼠疫流行，吾人始由市府租得房屋若干作为办理防疫之需。同年派卫生医员常川驻满办事。"在满洲里建筑防疫医院，曾蒙允拨合式地段八百方沙申（五亩），查现在选择之地点系由地方官暂时借用，诚恐难期久远。惟有恳望总长拨有款项以便从事建筑此项之紧要防疫机官，以乘永久而利防务斯，则西比利亚之鼠疫无从南侵矣。"③ 于1923年花费9000元购得现成石屋一座，作为研究实验室及驻院医官住室。并由市府借用木屋一列，作为医院。在本站设置大消毒器，以备獭皮出口前用福美林蒸熏消毒之用。

在创办哈尔滨医院之同年，即1912年，在阿木（即阿穆）河及松花江交连处之同江县（即拉哈苏苏，笔者注），建有隔离医院一所。次年在松花江岸之三姓（今依兰），有同样之建筑。又次年在大黑河即俄国阿木尔（即阿穆尔）江之对岸，有更大医院之建筑。

防疫工作日益扩充。1918年又蒙拨给经费，建筑营口海港检疫医院。于1919年动工，次年7月10日正式开幕。该院前部分有162尺阔之屋宇，内设手术室、诊断室、总养病室等。次为消毒部，其后部则为传染病室，此室

---

① 外交部：《外交公报》第62期，《近代中国外交史资料汇刊三十种》第30种第31册，文海出版社有限公司1988年版，《通商》，第11页。
② 黑龙江省档案馆藏，全宗号62，目录号5，卷号2022，第1页。
③ 外交部：《外交公报》第19期，《近代中国外交史资料汇刊三十种》第30种第10册，文海出版社有限公司1988年版，《通商》，第27页。

有单间养病房，其阳台均向南。有病床45张。全部建筑费计银4万两。1923年至1924年，又增建隔离室6幢，为砖墙洋灰地，每幢有防瘟虱及尘埃之卫生睡炕，能容80人。故全幢同时每次至少能收容400人。此第二部建筑费计洋4万元。1927年又费洋9000元，添造旅客检疫室一座。①

在建造各防疫医院的同时，伍连德还亲自到各防疫分院调查监督。1926年5月19日，伍连德"离哈沿松花江前往各分院视察情形。先至三姓、富锦、拉哈苏苏及大黑河"。6月间，他"赴满洲里、海拉尔、牛庄等处调查"，"幸各分院办理成绩均有进步"②。

1931年，日本侵占东北，防疫处就地工作因受挫折。防疫处虽有各项重要工作，但新成立之海关当局，对于二十年来所拨防疫处之常年经费，先拟完全停拨。后虽仍拨发，但已被减至极小数目。新税务司日人，并将与防疫处有悠久历史之处长，遽于裁去。所有防疫处历年博得国际称誉之研究、设备等种种事业，均告停顿。吾人所预料，而准备在上海继续努力此工作③。即伍连德等东三省防疫处工作人员到上海，在全国海港检疫管理处和上海海港检疫管理所开展此项事业。

三　伍连德与东三省防疫处的演进

据伍连德介绍："北满一带，直至1919年未见鼠疫流行。在最初数年，防疫处所有工作，专重一般医务及研究满洲与外贝额尔（即外贝加尔）鼠疫问题。其成绩已详载于防疫处发刊之报告大全书。"④ 笔者还发现，20世纪20年代的东三省防疫处和伍连德的相关工作动态，以年报和季报的形式在《外交公报》刊发。这个时期，在伍连德的领导下东三省防疫处在防治1920—1921年第二次鼠疫、疫源旱獭的研究及管理、霍乱和天

---

① 参见伍连德、伍长耀《海港检疫管理处报告书》（第三册），上海海港检疫管理处1933年版，第12—13页。
② 外交部：《外交公报》第66期，《近代中国外交史资料汇刊三十种》第30种第33册，文海出版社有限公司1988年版，《通商》，第17页。
③ 伍连德、伍长耀：《海港检疫管理处报告书》（第三册），上海海港检疫管理处1933年版，第14—15页。
④ 伍连德、伍长耀：《海港检疫管理处报告书》（第三册），上海海港检疫管理处1933年版，第13—14页。

花等传染病的研究与防治、海港检疫等方面成绩斐然，同时伍连德、陈永汉等也频繁参加中外国际会议并报告研究成果。这些活动让世界对中国的现代医学特别是防疫学和公共卫生学有一定程度的了解与认可。

关于 1920—1921 年第二次鼠疫的防治情况[①]，《东三省防疫事务总处第七年报告录要》写道：1919 年 "9 月 11 日由距满洲里 40 英里西比里亚地界之依基时加亚传来消息谓，彼处有俄人发现核鼠疫者二名，一从颈部起核，一从腋下起核，经依微菌学之研究，证明其确为核鼠疫。当时人心颇形恐慌，即已施行严厉预防方法，使其不致传于我国内地"[②]。因深恐鼠疫传至本埠（即哈尔滨）祸及商民，1920 年 12 月 19 日，东三省防疫事务总处总办伍连德召集本埠各要人，在该处特开防疫会议，研究预防方法及检查规则。是日决议六条事项："第一条，隔离事务所暂时设立于商务会内。第二条，拟先请款三万元，由道尹、镇守使、县知事、总医官等会衔呈请，但由道署拟稿。第三条，道里如有染疫者，可以借用火车为隔离所，道外须由警厅在街外欲觅隔离所。第四条，凡由满洲里开来客车，由本埠军警会同医官检查，道里、外检查各旅店亦如是。至检查章程由军警、医官商酌，但由医院起草。第五条，通知各处本埠防疫会成立。第六条，道内外病人如有类似瘟疫者，警厅局应随时通知医院前往检查。"[③]

关于防治 1920—1921 年第二次鼠疫的实际效果，伍连德指出："1920—1921 年，第二次肺疫流行，防疫工作，又行紧张。此次疫症，系由外贝额尔东部之猎户，传染至附近满洲境内。当时疫势甚凶，防疫人员虽曾极端努力，终未能制止疫氛由海拉尔向外流行，逐复被蔓延至哈尔滨。犹幸防御得力，死亡人数（包括西伯利亚）因以减少，疫死者共 9300 名。疫势只及哈尔滨南部为止。"[④] 具体而言，"防疫事务所特在南岗下坎

[①] 关于这次鼠疫的详细记载可参见《哈尔滨临时防疫总事务所报告书》，哈尔滨市档案馆档案号 LZ1/075。

[②] 《远东报》1920 年 1 月 20 日，载《哈尔滨史志》1984 年增刊第 8 期（《远东报摘编》第 12 辑）。

[③] 《远东报》1920 年 12 月 22 日，载《哈尔滨史志》1984 年增刊第 8 期（《远东报摘编》第 12 辑）。

[④] 伍连德、伍长耀：《海港检疫管理处报告书》（第三册），上海海港检疫管理处 1933 年版，第 14 页。

预备瓦罐火车数十辆,所有检验患瘟者连日均用铁车载往该处车上静养,已计有一百余名。凡道外、道里通行之人一概禁止,不准由该道经过云。"①《滨江时报》报道:"自满站发生疫病,东省未致延蔓,实赖防范得法。"②"在海拉尔疫氛传来本埠,即急组织防疫所、隔离所以防蔓延之患。闻本埠道里外,月余仅疫毙三百余名,足见各官长防范森严、办理适宜之效果。"③

  对疫源旱獭的研究及对疫源地的管理是东三省防疫处的核心工作。在旱獭研究方面,据伍连德介绍:"后将旱獭作更详细之研究,乃证明旱獭在冬眠时,能将疫毒保存过冬,至次年春醒时,往往罹急性菌血症而辗转传于人类。"④1922年9月间,东三省防疫处"接有到电报称,哈兰诺尔(满站西八十俄里)发现鼠疫,即由本处陈永汉正医官带同助手于9月23日赶即前赴实地检验"。俄国人一家五口先后死于鼠疫,"病理标本曾携至哈院细菌室化验,亦确证为肺疫菌"⑤。1924年8月9日,在距满洲里西36英里俄境内发现腺鼠疫一名、肺疫一名,均系重恶疫症。患腺鼠疫者系因"拨旱獭皮不慎将左手大指切伤,毒由伤口传染"。当时,正在满洲里的细菌研究医官伯力士,"乘时研究旱獭瘟与疫症之关系,即如何染疫旱獭能传染于健康旱獭"。据伯力士研究所得,"系由寄生虫咬噬所传染。"⑥1925年5月27日,在满洲里与海拉尔之间一村发现鼠疫二例。"患者均为俄籍猎户,罹疫原因系由猎后回家起病。"东三省防疫处即派"李晏医官协同严防,以杜蔓延之势"。报告称:"旱獭为此例之原因。"⑦

---

  ① 《远东报》1921年2月15日,载《哈尔滨史志》1984年增刊第8期(《远东报摘编》第12辑)。

  ② 《滨江时报》1921年3月15日第5版。

  ③ 《滨江时报》1921年3月18日第5版。

  ④ 伍连德、伍长耀:《海港检疫管理处报告书》(第三册),上海海港检疫管理处1933年版,第14页。

  ⑤ 外交部:《外交公报》第19期,《近代中国外交史资料汇刊三十种》第30种第10册,文海出版社有限公司1988年版,《通商》,第24页。

  ⑥ 外交部:《外交公报》第46期,《近代中国外交史资料汇刊三十种》第30种第23册,文海出版社有限公司1988年版,《通商》,第14页。

  ⑦ 外交部:《外交公报》第51期,《近代中国外交史资料汇刊三十种》第30种第26册,文海出版社有限公司1988年版,《通商》,第15—16页。

在疫源地的管理方面，1923年11月7日，据满洲里报告称："铁路医官、该地地方官暨本境运皮商等提议在该地开会，会议旱獭皮张贩运事宜，本处派驻满医院李晏医官赴会。会议旋即报告，会员均表示愿意将悬禁旱獭开禁。"① 针对"海拉尔一带临近皆为甚产旱獭之区，对于鼠疫发生有密切关系"，伍连德指出："宜在此地增设防疫医院与隔所以从事防务。"② 1925年9月，"弛禁猎运旱獭后，曾在满洲里、哈尔滨、海拉尔三处举办皮张消毒"。截至11月10日，已消毒皮张："满洲里124354张；海拉尔53554张；哈尔滨3583张。"③ 1926年11月，在蒙古发现恶性之鼠疫，流行疫气侵入位于满洲里与库伦车道间之主要市埠桑贝子及车臣一带。因此处汽车交通之便，遂致传染更甚。12月16日，东三省管理处派"陈医官永汉带同防疫要件前往满洲里及海拉尔一带就地防范，并在满拉两处严密设防"④。

在出国研修及参加中外国际会议报告研究成果方面，1924年，伍连德应"英国略格非罗（即洛克菲勒）之万国卫生部邀请，前往美国研究最近公共卫生事宜及在该国时或演述同科问题"。他强调："迩来略格非罗之裨益影响所及甚广，此时吾国医界正宜与其亲善。"7月15日，他由上海搭乘日本的西伯利亚丸汽船出发，7月31日到达檀香山。8月1日至14日，伍连德"奉农商部派遣"参加"联太平洋食品研究会"⑤。他的演讲题目是："远东航路检疫问题"⑥。会后，他乘大洋丸轮船赴旧金山。在约翰霍金（即霍普金斯）大学研究卫生及公共卫生。1925年7月27日，伍连德获得博士学位回国。本年度2月，每两年举行一次的中华医学会第六次大会在

---

① 外交部：《外交公报》第33期，《近代中国外交史资料汇刊三十种》第30种第17册，文海出版社有限公司1988年版，《通商》，第5页。

② 外交部：《外交公报》第46期，《近代中国外交史资料汇刊三十种》第30种第23册，文海出版社有限公司1988年版，《通商》，第17页。

③ 外交部：《外交公报》第59期，《近代中国外交史资料汇刊三十种》第30种第30册，文海出版社有限公司1988年版，《通商》，第22页。

④ 外交部：《外交公报》第68期，《近代中国外交史资料汇刊三十种》第30种第34册，文海出版社有限公司1988年版，《通商》，第8页。

⑤ 外交部：《外交公报》第36期，《近代中国外交史资料汇刊三十种》第30种第18册，文海出版社有限公司1988年版，《通商》，第7页。

⑥ 外交部：《外交公报》第39期，《近代中国外交史资料汇刊三十种》第30种第20册，文海出版社有限公司1988年版，《通商》，第14页。

上海举行，东三省防疫处有两名医官赴会，陈永汉演讲"猩红热链球病菌抗毒素质要点"。伍连德未到会，但提交论文"中华医业发展论"。1925年10月，远东热带病第六次大会在日本东京召开，我国政府派遣的10名赴会人员中就有东三省防疫处的伍连德和林家瑞。他们将讲论题四道："远东猩红热的状况、预防脚气由行政方面管理观、野啮齿类对于鼠疫病的经验、鸦片吗啡与公共卫生之关系观。"① 1926年1月4日至8日，伍连德代表中华政府参加新加坡万国卫生联盟大会。会上，他作了办理鼠防务成绩的演讲。当时，该会卫生部长拉芝文博士倡议"组织研究队从事研究旱獭及其他疫学上与肺疫的关系"，伍连德表示赞同。② 1926年8月，中国医会（前为博医会）在北京举行。伍连德预备论文四篇：《滨江卫生状况初次报告、田鼠与旱獭之肺疫病理系统的研究、中国花柳病问题、哈尔滨猩红热研究》。③ 1926年，伍连德还"曾被国际联盟会卫生部部长邀请赴欧作三个月旅行，以便随时讲演关于远东及传染病预防事宜。此行除对欧洲各专门家筹商于吾国卫生事宜外，更可乘此机会藉求增进西方最近新文化之知识也"④。

20世纪之交前后几十年也是我国除鼠疫外，霍乱、猩红热、天花等传染病频频出现的时期。东三省防疫处对霍乱、猩红热、天花等传染病的研究与防治亦做出重要贡献。据《东三省防疫事务总处第七年全年报告录要》记载：1919年夏季"天气酷热，苍蝇滋多，故由南方传来之霍乱时疫一抵营口，转瞬即遍布全满。而其发见实以福州为最先"，"由福州而汕头、而上海、而天津、而廊坊、而北京、而牛庄、而大连、而奉天、而哈尔滨、而长春、而吉林、而呼兰、而三姓，更沿松黑二江以至黑河"。这次霍乱最剧烈时期"则为8月，其媒介物则为苍蝇及食水"。哈尔滨自9

---

① 外交部：《外交公报》第54期，《近代中国外交史资料汇刊三十种》第30种第27册，文海出版社有限公司1988年版，《通商》，第17页。

② 外交部：《外交公报》第66期，《近代中国外交史资料汇刊三十种》第30种第33册，文海出版社有限公司1988年版，《通商》，第16页。

③ 外交部：《外交公报》第62期，《近代中国外交史资料汇刊三十种》第30种第31册，文海出版社有限公司1988年版，《通商》，第12页。

④ 外交部：《外交公报》第68期，《近代中国外交史资料汇刊三十种》第30种第34册，文海出版社有限公司1988年版，《通商》，第9页。

月10日已告肃清。① 此《报告录要》也报告了1919年哈尔滨的霍乱：哈尔滨"之发见霍乱时疫自侨居平康里之沪籍人，始其发见时为8月3日至8月5日，逐有此种病人就医滨江防疫医院，吾人验其粪便却有霍乱疫菌，即按法施治"。因为"医院平时均设备周至，故疫甫发见即能收容多数病人速行救治"。据查，哈尔滨之流行霍乱以8月15日为最剧烈之时，其时热度最高，而苍蝇亦最多，"是日死者达207人"。据统计，此次霍乱中，"就医滨江医院者1962人，死者275人，平均计算死者约14%"。但是，"合中、俄、日各医院而计，其成绩以滨江医院为最优"，因"本处配就最新之体功盐水，注射病人较为得法也"②。

1921年7月至1928年，在伍连德呈送外交部的哈尔滨等防疫事务季报和年报中，亦对猩红热、天花、霍乱、麻疹等传染病及时上报。1925年《牛庄海口检疫医院第六次年报送请备案呈》写道，1924年冬天，牛庄"有猩红热与天花等症发生。军队中患天花者8名内有3人致死"③。1925年四五月间，"在满洲一带，我国人民多染天花之症。哈埠一域已有45名之众，其未查出者为数尚多"。因此，"惹起市民之恐慌"。市民"遂纷纷请接种牛痘"。防疫医院"登报说明天花之利害，并施种牛痘数千名"。是年，"猩红热一症亦颇猖獗，计罹病者288名"④。1925年冬季，"天花及猩红热二症流行颇盛"。但是，防疫医院已"制备猩红热抗毒素"，并"拟将实行校童免疫接种以作根本防范，此逾万哈尔滨校童也"⑤。

至于国内其他地区和世界其他国家鼠疫、霍乱等情况及海港检疫，据《东三省防疫事务处第十年全年报告请备案呈》报告，1922年"东省近来

---

① 《远东报》1920年5月23日，载《哈尔滨史志》1984年增刊第8期（《远东报摘编》第12辑）。

② 《远东报》1920年5月23日，载《哈尔滨史志》1984年增刊第8期（《远东报摘编》第12辑）。

③ 外交部：《外交公报》第51期，《近代中国外交史资料汇刊三十种》第30种第26册，文海出版社有限公司1988年版，《通商》，第13页。

④ 外交部：《外交公报》第51期，《近代中国外交史资料汇刊三十种》第30种第26册，文海出版社有限公司1988年版，《通商》，第16页。

⑤ 外交部：《外交公报》第66期，《近代中国外交史资料汇刊三十种》第30种第33册，文海出版社有限公司1988年版，《通商》，第15页。

鼠疫未见发现。独香港一埠腺鼠疫仍不见消减，惟传染者约千人。广东及其邻埠均未发现，日本之横滨及大阪曾发现数名"①。1924年4月至6月，"东省一带尚幸未曾发现鼠疫及霍乱症。"而"印度本年鼠疫来势猖獗，在上五个月内罹疫致死者计约6万余名。其染疫最剧之区为潘执省。查粤垣亦报告发现腺鼠疫数名。因此，牛庄亦宣布为传染连带区域也"②。关于1926—1927年的鼠疫情形，伍连德报告："疫情尚属平静，以印度一处论，比前年大为减少。"

1924年6月1日至8月30日，牛庄海口检疫医院"因广东鼠疫之盛行，防其侵袭逐加紧戒备。当时检验轮船四艘，又乘客华人35名、洋人1名、均无恙放行"③。1926年，"天气异常干燥，苍蝇孳生极多"。"回忆当民国八年时，苍蝇孔多，即末次霍乱流行之日也近顷。""上海亦见此证流行。广东及暹罗亦然，其余如天津、烟台、神户等处亦据有数例报告。""牛庄医院"已开始查验航轮，并"严厉防御"④。

东三省防疫处还开展了公共卫生知识普及和调查。1920年5月，东三省防疫处欲人民注意卫生，预防疾病，特出公布如下："查时疫杀人之多，甚于欧洲大战，吾人若不设法预防，生命之危险实无殊日处枪林弹雨中。而预防之法显浅易行，获益最大者，厥有数端，条举如下，幸共励行。""厨房、厕所及便溺器、秽物箱、马房等，宜时清洁，并洒以适当消毒药水或石灰。其所清出之粪秽，易以火焚或埋诸深坑"；"宜灭绝虱类，凡墙隙板罅，宜浇以少许煤油，使跳蚤、臭虫等无从发生"；"宜谋公共卫生，关于市场、街道、食水、公厕等公共卫生，非一人之力所能为，宜由绅商学界捐集资款，协同境界，医院合力进行。"⑤ 1926年，

---

① 外交部：《外交公报》第19期，《近代中国外交史资料汇刊三十种》第30种第10册，文海出版社有限公司1988年版，《通商》，第24页。
② 外交部：《外交公报》第39期，《近代中国外交史资料汇刊三十种》第30种第20册，文海出版社有限公司1988年版，《通商》，第14页。
③ 外交部：《外交公报》第51期，《近代中国外交史资料汇刊三十种》第30种第26册，文海出版社有限公司1988年版，《通商》，第10页。
④ 外交部：《外交公报》第62期，《近代中国外交史资料汇刊三十种》第30种第31册，文海出版社有限公司1988年版，《通商》，第11—12页。
⑤ 《远东报》1920年5月23日，载《哈尔滨史志》1984年增刊第8期（《远东报摘编》第12辑）。

伍连德在《滨江卫生上调查成绩》中指出："按防疫上最新办法，公共卫生发达为主体。所以，医官等已于是年一月开始试办本埠公众卫生事宜（滨江县境内）"，"深盼数年之后，市民中对于公共卫生必有大进步焉。"并且，"现正筹办牛庄公共卫生事宜，拟在明年始实行同样调查矣"①。公共卫生的普及，取得了不错的效果。1925年冬天，伍连德称："最可庆幸者即市民中对卫生智识能普及了解，则将来虽再有鼠疫、霍乱之流行亦可放心矣。"②

历史研究必须建立在大量的史料基础上，在摆明史料的时候，观点自然而出。通过对大量史料的爬梳，伍连德与东三省防疫处的创立和演进得以比较全面地被呈现。同时，伍连德及东三省防疫处的重要作用也得以诠释。笔者认为，这仅仅是伍连德历史功绩的一部分，是冰山一角。伍连德的早期求学经历，与施肇基、袁世凯等人的关系，在全国海港检疫管理处的7年活动以及回马尼拉后的生活，包括伍连德与清末东三省鼠疫以及东三省防疫处研究都有待深入而细致地研究。伍连德研究是一座亟待开发的学术"富矿"。

---

① 外交部：《外交公报》第66期，《近代中国外交史资料汇刊三十种》第30种第33册，文海出版社有限公司1988年版，《通商》，第15—16页。
② 外交部：《外交公报》第66期，《近代中国外交史资料汇刊三十种》第30种第33册，文海出版社有限公司1988年版，《通商》，第15页。

第 四 章
哈尔滨外国侨民与历史遗迹

立陶宛是一个命运多舛的国家，曾经分别被德国和俄国（苏联）占领和统治。随着中东铁路的建设和开通，立陶宛人来到哈尔滨。他们的最初身份是侨民。立陶宛人在哈尔滨的人口数据相对较少和复杂。立陶宛人在哈尔滨设立过领事馆，开展经济和文化等方面的活动。这是哈尔滨多元特质文化中的一个重要组成部分。

随着中东铁路的建设，当时还在俄国治下的波兰人来到中国哈尔滨。他们是中东铁路和哈尔滨的建设者和见证者。波兰人在哈尔滨的人口数量及其变化涉及哈尔滨人口史、哈尔滨城市史、侨民（俄侨）来华史及中俄、中波关系史。厘清波兰人在哈尔滨的人口变迁对中波关系的发展具有现实意义。

在"犹太人在中国"活动的近现代历史中，曾经作为远东最大的犹太人社区之一的哈尔滨享誉海内外。这段宝贵的历史让哈尔滨成为国际和国内犹太历史文化研究的重镇。在哈尔滨、上海、青岛、天津的犹太历史研究中，哈尔滨的犹太研究独树一帜。黑龙江省社会科学院犹太研究中心的哈尔滨犹太历史文化研究，成为继俄罗斯研究后的又一具有特殊优势的学科。

第一节 哈尔滨立陶宛人的历史文化考察

因水而定，以路而兴。哈尔滨是一个随着中东铁路的建设而逐渐形成的城市。作为侨民的立陶宛人，是随着中东铁路的修筑和开通而来的。

立陶宛（立陶宛语 Lietuvos Respublika，俄语 Литва，英语 Republic of

Lithuania，日语リトアニア）曾经两次被德、俄两国占领和统治。"立陶宛人在哈尔滨"的身份首先是侨民，立陶宛人往往被纳入俄国（苏联）的人口统计范畴。这就造成立陶宛人在哈尔滨人口数据的模糊和差异。立陶宛在哈尔滨亦设立过领事馆，开展经济活动等。在"洋华杂处、中西交融"的哈尔滨，立陶宛人在"多元、交互与共生"的特质文化中也是一个重要的文化因子。

一 "立陶宛人在哈尔滨"的人口变化

据立陶宛驻华大使馆文化参赞里提斯·萨特考斯卡斯介绍："1923年中国有约1300名立陶宛人，其中有700人是立陶宛族，其余的是出生或居住在立陶宛的俄罗斯人、犹太人以及其他民族。"[1]在哈尔滨的"东欧侨民大多是随俄国人在中东铁路修建之初进入哈尔滨的，其余国家侨民大多是1905年，在哈尔滨开辟国际商埠之后进入哈尔滨的。这些国家和地区的侨民来哈尔滨大多数是经商办企业，各国侨民人数虽然不多，但都有自己经营的工厂或商店，因此人数比较稳定。1931年之前约一千二三百人"[2]。

据《哈尔滨市志·外事》介绍："1928年，在哈尔滨居留的其他国家侨民计有18国962人。其中法国140人，英国116人，美国72人，德国164人，瑞典20人，意大利57人，荷兰28人，奥地利30人，葡萄牙3人，丹麦37人，印度8人等。1930年在哈尔滨其他国家侨民计有20余国，1729人。其中捷克斯洛伐克109人，德国333人，英国178人，希腊49人，法国84人，匈牙利10人，美国81人，瑞典11人，丹麦53人，意大利64人，荷兰31人，印度24人，葡萄牙3人，瑞士1人，希腊49人，奥地利36人，罗马尼亚7人，塞尔维亚3人，亚美尼亚17人等。这些外国侨民，大多数为商人、工厂主、银行经理及外国企业的职员、技术人员，还有少部分为律师、记者、医生等。"[3] 但是，这两处外侨在哈尔滨人

---

① 感谢李述笑老师提供。
② 哈尔滨市地方志编纂委员会：《哈尔滨市志·大事记　人口》，黑龙江人民出版社1999年版，第550页。
③ 哈尔滨市地方志编纂委员会：《哈尔滨市志·外事　对外经济贸易　旅游》，黑龙江人民出版社1998年版，第51页。

口的介绍，都没有提到"立陶宛人在哈尔滨"的具体情况。

从 1898 年到 1932 年，"立陶宛人在哈尔滨"的人口数量少有记载。1906 年 3 月 14 日到 1921 年 3 月 1 日的《远东报》是否存在"立陶宛人在哈尔滨"的报道，有待深入查阅。① 1922 年东陲商报馆编辑的《哈尔滨指南》一书的"人口"中没有立陶宛人的情况；1929 年哈尔滨新华印书馆出版的《滨江尘嚣录》的"人口"一节亦没有提及；1931 年哈尔滨特别市市政局编纂的《哈尔滨特别市市政报告书》第三卷·第七章《市政局》第二节《市户口》和 1933 年出版的日文版《哈尔滨案内》的"人口"都没有"立陶宛人在哈尔滨"的人口数量；1936 年出版的《哈尔滨特别市概况》中，也没有介绍"立陶宛人在哈尔滨"的人口情况。② 在 1998 年出版的《哈尔滨人口变迁》一书中，《1916—1931 年哈尔滨外侨人口数量变动状况》没有涉及"立陶宛人在哈尔滨"的人口数量及其变化。③《哈尔滨市志·人口》中的"建国前外侨人口数量变动及国籍构成"与《哈尔滨人口变迁》一书的数据介绍基本一致，主要集中在 1932 年以后。

《滨江时报》中涉及人口的报道如下：1923 年 5 月 22 日第六版的《哈尔滨户口最新统计》、1923 年 9 月 8 日第六版的《东省特别区中外户口》、1925 年 11 月 22 日第七版的《道里人口表》、1926 年 10 月 20 日第七版的《东三省最近人口调查》、1927 年 12 月 22 日第六版的《本埠外侨户口总数》、1928 年 1 月 14 日副刊的《哈埠人口调查》、1928 年 3 月 29 日副刊的《特区外侨户口之调查》、1930 年 12 月 21 日第十版的《哈埠人口统计》、1932 年 4 月 26 日第六版的《哈市户口统计》、1932 年 11 月 2 日第六版的《哈市户口统计》、1933 年 11 月 19 日第七版的《哈市各国户口人数》、1934 年 6 月 5 日第六版的《哈市户口调查》等。

《滨江日报》中涉及人口的报道如下：1938 年 11 月 27 日第三版的

---

① 《远东报》的电子版在哈尔滨市图书馆和黑龙江省图书馆都有收藏。1983 年和 1984 年，哈尔滨市人民政府地方志编纂办公室编辑过十二辑的《〈远东报〉摘编》；2015 年，东北林业大学出版社出版了以哈尔滨市图书馆电子版《远东报》为底稿的 14 卷本《远东报》，时间为"1910—1911 年和 1916—1921 年"。笔者查阅十二辑的《〈远东报〉摘编》后没有得到"立陶宛人在哈尔滨"的相关情况。

② 哈尔滨特别市公署：《哈尔滨特别市概况》，1936 年。

③ 薛连举：《哈尔滨人口变迁》，黑龙江人民出版社 1998 年版，第 137—139 页。

《哈市人口国籍统计》、1941年7月6日第四版的《哈市人口统计》、1942年4月7日第四版的《各都市调查人数》、1943年5月10日第三版的《清查全市人口》等。

在《滨江时报》和《滨江日报》中，笔者没有查找到"立陶宛人在哈尔滨"的人口数据。其中一个原因是"均以白系俄人之资格"①。同时，我国相关部门在人口统计时更多注重"户数"，而不是具体"人数"。因此，这需要厘清历史上立陶宛与俄国（苏联）的关系。立陶宛曾经两次被德国占领和纳入俄国（苏联）的统治。从纵向的历史发展来看，19世纪，"沙俄侵占了整个立陶宛。在侵占时期，沙俄对立陶宛采取了'分而治之'的政策，在这一政策下，立陶宛被划为数省，积极推行'俄化'政策"。1917年十月革命至1920年，"波罗的海三国处在当时的苏维埃政权和资产阶级政权争夺时期，最后以资产阶级政权胜利而告终"。20世纪初至中叶，即1920—1940年，"由于'民族主义运动'的发展，苏俄（苏联）被迫退出，三国由此经历了一段为期约20年的独立时期"。1940年8月3日，立陶宛"被接纳入苏联"，成为"苏联的一个加盟共和国"。1990年，立陶宛正式宣布独立。1991年9月6日，"苏最高当局承认三国独立"②。这就造成统计人口时，立陶宛人是作为俄侨这个大群体还是作为单独的小群体进行统计的问题。

立陶宛与俄国的关系涉及波兰与俄国的关系。"在1772年、1793年和1795年波兰被瓜分时，立陶宛的大部分被俄国所获得（其余的置于普鲁士的控制下）。""作为18世纪划分波兰后的一个结果，俄罗斯帝国兼并了立陶宛。当被兼并时，立陶宛人可以声称他们曾长期享有独立的地位，作为欧洲心脏地带庞大王国的统治者，他们是伟大的。落入俄国人治下的波罗的海其他地区不曾有这样一个民族独立的记忆。"③

立陶宛与德国的关系证明，"1917年12月11日，立陶宛委员会正式

---

① 《滨江日报》1939年7月12日第3版。
② 李兴汉：《波罗的海三国》，社会科学文献出版社2003年版，第29、31—32、34、38、59页。
③ ［美］凯文·奥康纳：《波罗的海三国史》，王加丰等译，中国大百科全书出版社2009年版，第23、61页。

宣布立陶宛是一个独立国家，其首都是维尔纽斯；但是这个强调了与德意志帝国之间紧密联系的公告也接受了军事同盟、货币和关税同盟的必要性。九个星期后，一份措辞更为明智的公告出台。它避免提及任何德国赞助，并将1918年2月16日确立为独立日"①。鲁登道夫曾言："如果没有德意志帝国的支持，他们将不可避免地退回俄罗斯的轨道中。波罗的海地区最适合展开殖民化的是立陶宛：其人民看起来颇具可塑性。它拥有大片良田，并且它在战前和东普鲁士有着紧密的商业联系。"②

据哈尔滨市档案馆藏《东省特别区警察总管理处》（1920—1932年）档案反映："外侨人口管理成为当时警察部门的一项重要任务，形成不少这方面的档案。其中有第一警区呈报的中外户口月报材料，中外住户居住年限及外侨职业调查材料；有修订侨民居住留证执照规则；有第五署管界内无照俄侨和临时居住侨民材料；有发放各国侨民各种执照数目月报和发放居留执照及出境证明执照的材料；有俄侨请改国籍的材料以及东省特别区第一区警察第三署西大桥派出所呈俄侨取得国籍调查材料；还有查禁侨民无照入境的材料等。"③ 这些档案可能弥补1920—1930年"立陶宛人在哈尔滨"的人口状况及其他情况。

据《哈尔滨市档案馆指南》介绍，"东省特别区警察总管理处成立于民国九年（1920）。民国十六年（1927）十一月，改为东省特别区警察总管理处（简称特警处）"。特警处"直隶于东省特别区行政长官公署，负责管理东省特别区内的警察事务。全区域分为五区，各分区设有警察总署和分署，哈尔滨市为第一区，内分五署。档案主要由第一区的三署、五署和特警处的文件构成"。档案"形成于1920年至1932年，其中1927年后形成的档案占绝大多数，共2459卷"④。经查阅，笔者发现《调查户口及各国游历应保护各事》（1926年5月）、《关于调查管界中外户口数目及请领户口用纸事宜》（1927年1月）、《调查外人统计表》（1929年10月）、

---

① ［美］阿兰·帕尔默：《波罗的海史》，胡志勇译，东方出版中心2013年版，第320页。
② ［美］阿兰·帕尔默：《波罗的海史》，胡志勇译，东方出版中心2013年版，第319页。
③ 《黑龙江历史档案通览》编委会：《黑龙江历史档案通览》，黑龙江人民出版社2014年版，第158页。
④ 哈尔滨市档案馆、哈尔滨市档案局编：《哈尔滨市档案馆指南》（上），2014年，第19—20页。

《中外户口各项事宜》(1931 年 6 月) 等卷宗。① 但是，目前看到的仅是档案目录，因为某些原因并没有查阅到档案文本。

相对于 1932 年之前的"立陶宛人在哈尔滨"的人口数据，1932 年之后的人口统计比较完善和详细。1933 年 12 月 31 日，《哈尔滨特别市第一次市势年鉴》(1935 年 6 月刊行) 记载，立陶宛人在哈尔滨有"1 户，男 2 人，女 1 人"，其在"八站区和埠头区"②。

1934 年 12 月，《哈尔滨特别市户口调查结果表》第一卷第一辑介绍，立陶宛人"143 户，男 210 人，女 178 人，计 388 人"③。

埠头区（今道里区部分区域），立陶宛人"99 户，男 138 人，女 119 人，计 257 人"。其中，中央大街的立陶宛人"12 户，男 14 人，女 7 人，计 21 人"；炮队街（今通江街④）的立陶宛人"8 户，男 14 人，女 10 人，计 24 人"；高士街的立陶宛人"5 户，男 8 人，女 9 人，计 17 人"；经纬街（原斜纹街）的立陶宛人"1 户，男 3 人，女 4 人，计 7 人"；买卖街（今天的称呼也是买卖街）的立陶宛人"1 户，男 2 人，女 4 人，计 6 人"；二蹬街的立陶宛人"3 户，男 2 人，女 2 人，计 4 人"；三蹬街的立陶宛人"2 户，男 5 人，女 3 人，计 8 人"；四蹬街的立陶宛人"4 户，男 6 人，女 3 人，计 9 人"；五蹬街的立陶宛人"男 2 人，女 1 人，计 3 人"；七蹬街的立陶宛人"1 户，男 1 人，女 3 人，计 4 人"；警察街（今友谊路）的立陶宛人"2 户，男 3 人，女 2 人，计 5 人"；商务街（今上游街）的立陶宛人"1 户，男 1 人，女 2 人，计 3 人"；药铺街（今中医街）的立陶宛人"2 户，男 2 人，女 2 人，计 4 人"；商市街（今红霞街）的立陶宛人"9 户，男 13 人，女 7 人，计 20 人"；面包街（今红专街）的立陶宛人"4 户，男 9 人，女 7 人，计 16 人"；马街（今东风街）的立陶宛人"6 户，

---

① 2016 年 6 月 22 日上午于哈尔滨市档案馆，全宗号 6，目录号 1，顺序号 12。
② 哈尔滨市方志馆编：《哈尔滨特别市市势年鉴》（上），东北林业大学出版社 2014 年版，第 47 页。
③ 哈尔滨特别市公署，1935 年 5 月。
④ 关于哈尔滨的地名和街道的划分与变化参见东省特别区警察管理处制《哈尔滨特区街市图表》，1931 年 2 月；东省特别区警察管理处编制《东省特别区哈尔滨街市全图》，东省特别区检察管理处（出版），1927 年 5 月初版；哈尔滨市人民政府编制《黑龙江省哈尔滨市地名录》，内部资料，1985 年；李述笑编著《哈尔滨历史编年（1763—1949）》，黑龙江人民出版社 2013 年版，等等。

男6人，女6人，计12人"；大安街（原大坑街）的立陶宛人"10户，男14人，女12人，计26人"；霞漫街（今霞曼街）的立陶宛人"5户，男7人，女6人，计13人"；商铺街（今红霞街）的立陶宛人"女2人，计2人"；中央头道街（原监狱街）的立陶宛人"2户，男2人，女3人，计5人"；中央四道街（原八杂市街）的立陶宛人"5户，男7人，女4人，计11人"；中央五道街（原东商市街）的立陶宛人"男1人，计1人"；中央九道街（原保险街）的立陶宛人"1户，男1人，女2人，计3人"；中央十道街（原俄国街）的立陶宛人"3户，男3人，女1人，计4人"；中央十三道街（原宽街）的立陶宛人"3户，男3人，女5人，计8人"；石头道街的立陶宛人"1户，男1人，女1人，计2人"；开明街的立陶宛人"女1人，计1人"。

南岗区的立陶宛人"14户，男25人，女20人，计45人"。其中，大直街的立陶宛人"男1人，计1人"；省公署街（今民益街）的立陶宛人"1户，男1人，女1人，计2人"；松花江街的立陶宛人"1户，男1人，女1人，计2人"；海关街的立陶宛人"女2人，计2人"；马家街的立陶宛人"3户，男3人，女3人，计6人"；河沟街的立陶宛人"1户，男2人，女4人，计6人"；公司街的立陶宛人"1户，男3人，女1人，计4人"；义州街（今果戈里大街）的立陶宛人"1户，男1人，计1人"；阿什河街的立陶宛人"3户，男7人，女3人，计10人"；吉林街的立陶宛人"2户，男2人，女2人，计4人"；龙江街的立陶宛人"女1人，计1人"；铁岭街的立陶宛人"1户，男1人，女1人，计2人"。

新安埠区的立陶宛人"5户，男11人，女9人，计20人"。其中，安国街的立陶宛人"1户，男2人，计2人"；安民街的立陶宛人"2户，男4人，女4人，计8人"；安顺街的立陶宛人"2户，男3人，计3人"；安宁街的立陶宛人"男1人，计1人"；安达街的立陶宛人"男1人，女5人，计6人"。

正阳河区的立陶宛人"4户，男5人，女3人，计8人"。其中，河洲街的立陶宛人"1户，男1人，女1人，计2人"；新民街的立陶宛人"男1人，计1人"；河曲街的立陶宛人"1户，男1人，女1人，计2人"；河清街的立陶宛人"1户，男1人，计1人"；河图街的立陶宛人"1户，男1人,女1人,计2人"。

马家沟区的立陶宛人"17户,男25人,女23人,计48人";通道街的立陶宛人"男3人,计3人";士课街的立陶宛人"3户,男4人,女3人,计7人";国课街的立陶宛人"1户,男2人,女2人,计4人";黑山街的立陶宛人"女1人,计1人";分部街的立陶宛人"2户,男2人,女1人,计3人";卢家街的立陶宛人"男1人,计1人";永和街的立陶宛人"1户,男1人,女3人,计4人";协和街的立陶宛人"1户,女2人,计2人";中和街的立陶宛人"男1人,计1人";比乐街的立陶宛人"2户,男3人,女2人,计5人";教堂街的立陶宛人"男1人,计1人";巴陵街的立陶宛人"1户,男1人,女2人,计3人";宣德街的立陶宛人"1户,男2人,女1人,计3人";宣威街的立陶宛人"1户,男2人,女1人,计3人";宣信街的立陶宛人"1户,男1人,计1人";方元里的立陶宛人"1户,女3人,计3人";联部街的立陶宛人"女2人,计2人";文化街的立陶宛人"1户,男1人,计1人"。

旧哈尔滨区的立陶宛人"3户,男4人,女1人,计5人"。其中,陆军街的立陶宛人"1户,男1人,计1人";新乡里的立陶宛人"1户,男2人,女1人,计3人";步兵街的立陶宛人"1户,男2人,女5人,计7人"。

水乡区的立陶宛人"1户,男1人,女1人,计2人";太阳岛的立陶宛人"女2人,计2人"①。

1934年12月1日,《哈尔滨特别市第二次市势年鉴》记录,立陶宛人在哈尔滨"143户,男209人,女178人",共计387人。其中,埠头区"99户,男138人,女119人";南岗区"14户,男25人,女20人";新安埠街"5户,男11人,女9人";正阳河区"4户,男5人,女3人";马家沟区"17户,男25人,女23人";旧哈尔滨区"3户,男4人,女1人";水乡区"1户,男1人,女3人"②。

1934年,《哈尔滨特别市户口调查结果表》第一卷第一辑和《哈尔滨特别市第二次市势年鉴》中,前者统计的"男210人"与后者的"男209

---

① 《哈尔滨特别市公署》,1935年5月。
② 哈尔滨市方志馆编:《哈尔滨特别市市势年鉴》(上),东北林业大学出版社2014年版,第175页。

人"相差1人,这是缘于前者统计有误,实际共计亦为"209"人。所以,该年立陶宛在哈尔滨的人口总数为"387"人。此外,《哈尔滨特别市户口调查结果表》第一卷第一辑中,水乡区的立陶宛人"1户,男1人,女1人,计2人";太阳岛的立陶宛人"女2人,计2人";《哈尔滨特别市第二次市势年鉴》中水乡区的立陶宛人"1户,男1人,女3人"。后者是把前者太阳岛的立陶宛人并入了水乡区。

1933年和1934年的"立陶宛人在哈尔滨"的人口数量差距悬殊,1933年是"1户,男2人,女1人",共计3人;而1934年就是"143户,男209人,女178人",共计387人。笔者认为,主要是日本在哈尔滨没有进行详细的户口调查所致。

1935年12月1日,《康德三年版哈尔滨特别市市势年鉴(第三次)》显示,立陶宛人在哈尔滨"15户,男22人,女24人,计46人"。其中,经纬署"2户,男4人,女5人,计9人";南岗署"9户,男11人,女14人,计25人";香坊署"2户,男3人,女2人,计5人";新安埠署"2户,男4人,女3人,计7人"①。

1936年12月末,《康德四年版哈尔滨特别市市势年鉴(第四次)》统计,经纬署"6户,男9人,女7人,计16人";南岗署"5户,男8人,女10人,计18人";香坊署"1户,男2人,女2人,计4人";新安埠署"10户,男12人,女11人,计23人"②。该年立陶宛人在哈尔滨共计61人。

1934年与1935年、1936年"立陶宛人在哈尔滨"的人口数量也存在很大差距。笔者认为,一方面是因为日本在哈尔滨重新划分行政区划;另一方面是因为1934年康德元年的人口统计与日本的侵略和殖民统治密切相关。

1937年12月末,《康德五年版哈尔滨特别市市势年鉴》告知,经纬"118户,男97人,女94人,计191人";南岗"6户,男6人,女7人,计13人";香坊"6户,男6人,女7人,计13人";新安埠"1户,男2

---

① 哈尔滨市方志馆编:《哈尔滨特别市市势年鉴》(上),东北林业大学出版社2014年版,第379页。
② 哈尔滨市方志馆编:《哈尔滨特别市市势年鉴》(中),东北林业大学出版社2014年版,第47页。

人，女 2 人，计 4 人"；正阳"9 户，男 11 人，男 10 人，计 21 人"①。该年立陶宛人在哈尔滨共计 242 人，但是《哈尔滨人口变迁》中为"229"②人，后者系误。这可能因为把同为 13 人的南岗和香坊漏算了一个。

1938 年 12 月末，《康德六年版哈尔滨市特别市市势年鉴（第六次）》中的《外户口总览》没有具体的"立陶宛人在哈尔滨"的人口数据。③ 1939 年 12 月末，《康德七年版哈尔滨特别市市势年鉴（第七次）》中的《哈尔滨市人口并户口民族别统计（管辖别）》没有具体的"立陶宛人在哈尔滨"的人口数据。④ 1939 年 7 月 12 日的《滨江日报》指出，"在满洲国之立陶宛人，以哈尔滨为中心，约五百三十人。"

《康德八年版哈尔滨特别市市势年鉴（第八次）》中的《哈尔滨市区别户口表》写明，立陶宛人在哈尔滨埠头区"49 户，男 67 人，女 49 人，计 116 人"；南岗区"4 户，男 3 人，女 2 人，计 5 人"；马家区"4 户，男 7 人，女 11 人，计 18 人"；合计"57 户，男 77 人，女 62 人，计 139 人"⑤。

关于 1945 年后"立陶宛人在哈尔滨"的人口情况，黑龙江省档案馆馆藏一份 1946 年的《罗马尼亚、立陶宛侨民名单》，但该档案处于"控制"状态。⑥

二 "立陶宛人在哈尔滨"的外交与经济活动

关于"立陶宛人在哈尔滨"的政治活动，我们首先关注的是设置领事馆问题。笔者目前没有查找到立陶宛在哈尔滨设立领事馆的详细资料，只有一些对零碎史料的梳理。

---

① 哈尔滨市方志馆编：《哈尔滨特别市市势年鉴》（中），东北林业大学出版社 2014 年版，第 341 页。

② 薛连举：《哈尔滨人口变迁》，黑龙江人民出版社 1998 年版，第 159 页。

③ 哈尔滨市方志馆编：《哈尔滨特别市市势年鉴》（下），东北林业大学出版社 2014 年版，第 58 页。

④ 哈尔滨市方志馆编：《哈尔滨特别市市势年鉴》（下），东北林业大学出版社 2014 年版，第 464—465 页。

⑤ 哈尔滨市方志馆编：《哈尔滨特别市市势年鉴》（下），东北林业大学出版社 2014 年版，第 687—688、690 页。

⑥ 黑龙江省档案馆藏，全宗号 158，目录号 1，卷号 721。笔者 2016 年 3 月 16 日下午于黑龙江省档案馆查阅。

1922年东陲商报馆编辑的《哈尔滨指南》一书的《附铁路机关及外国机构》中没有设立陶宛领事馆的情况介绍；1929年哈尔滨新华印书馆出版的《滨江尘嚣录》中《驻哈尔滨各外国领事馆所在地》亦没有提及。《哈尔滨商业指南》①一书中，关于外国在哈尔滨使馆的介绍，没有写到立陶宛在哈尔滨的领事馆设立情况。据《建国前外国人在哈尔滨活动简况》等资料介绍，立陶宛在哈尔滨"1921年12月设办事处，1925年改领事馆"②。地址在大直街，后迁到海城街，1931年撤销。"1932年之后由于日本侵略者实行严格的经济和政治统治，1941年12月太平洋战争爆发，各国设在哈尔滨的领事馆大部分被关闭。"③据《哈尔滨市志·外事》介绍，"1921年，立陶宛共和国在哈尔滨设立代表处。1925年12月，设立领事馆，馆址先在南岗大直街，后迁至南岗海关街。"1940年，"苏军进驻立陶宛后闭馆。先后担任领事的有托乌里斯、卡秋卡其里乌斯、名柯夫斯基等"④。

1924—1932年日文版《满蒙年鉴》中的"在满洲外国领事馆"提到了立陶宛在哈尔滨设立领事馆的情况。⑤

表4.1

年份	领事名	出处
1926	代理领事 プートランド⑥	上册第73页
1927	代理领事 A. Polishaits	上册第65页
1928	代理领事 Jean Katil-Katilius	上册第71页
1929	代理领事 Jean Katil-Katilius	第69页
1931	代理领事 Jean Katil-Katilius	第77页
1932	代理领事 Jean Katil-Katilius	第50页

1933—1945年日文版《满洲年鉴》中的"在满洲外国领事馆"涉及

---

① 哈尔滨市图书馆藏索书号325.31/6130。
② 薛连举：《哈尔滨人口变迁》，黑龙江人民出版社1998年版，第135页。
③ 哈尔滨市地方志编纂委员会：《哈尔滨市志·大事记 人口》，黑龙江人民出版社1999年版，第550页。
④ 哈尔滨市地方志编纂委员会：《哈尔滨市志·外事 对外经济贸易 旅游》，黑龙江人民出版社1998年版，第29页。
⑤ 哈尔滨市图书馆藏。
⑥ 感谢哈尔滨理工大学外国语学院日语系2010级孙鹏雁同学的日文书写，2016年4月16日14时30分左右于黑龙江省图书馆一楼自习室110。

立陶宛在哈尔滨设立领事馆的情况。①

表 4.2

年份	领事名	出处
1933	代理领事 Jean Katil-Katilius	第 69 页
1936	名誉领事ヘフムｌス	第 146 页
1937	名誉领事レフムｌス	第 130 页

日文版《哈尔滨商工名录》的"在哈各国领事馆"有关于立陶宛在哈尔滨设立领事馆的情况。②

表 4.3

年份	领事名	领馆地址
1939	ア・メハムス	道里五蹬街一一 电话：四六九二
1941	ヤｌトウリス	道里斜纹五蹬街一一 电话：四六九二

1936 年 8 月 16 日,《午报》报道《立陶宛驻哈名誉领事提出本国委任状——外交部已办完承认手续》。具体内容如下，"在勤满洲国之外国领事，从来关于就任，毫无正式手续者居多，满洲国对此亦暂行的默认；而今后决尽可能办理正规手续，因该结果今回在哈尔滨立陶宛之名誉领事事务取扱爱克夫夏尔氏关于职务执行，已对外交部正式提出其本国政府之委任状，外交部对其职务执行已办完承认之正式手续"③。

1939 年 7 月 12 日,《滨江日报》报道《满洲国立陶宛间正式回复国交——在哈尔滨设置领事馆》，关于立陶宛设置哈尔滨领事馆："凤由外务局申请许可中，此次决定许可，近将申请发给许可状。在满洲国之立陶宛人，以哈尔滨为中心，约五百三十人，均以白系俄人之资格，于满洲国活

---

① 哈尔滨市图书馆藏。《满洲年鉴》延续了《满蒙年鉴》。
② 哈尔滨日本商工会议订：《哈尔滨商工名录》，1939 年，哈尔滨市图书馆藏索书号 325.31/6130，第 189 页；哈尔滨商工公会：《哈尔滨商工名录》，1941 年，哈尔滨市图书馆藏索书号 F72—62/13，第 373 页。
③ 《午报》1936 年 8 月 16 日第 2 版。2016 年 3 月 15 日星期二 13：30—14：40，笔者于哈尔滨市图书馆三楼 350 室查阅"全国文化信息资源共享工程市级分中心"相关资料。

跃,为此等立陶宛人,自事变前,曾有名誉领事,驻在哈尔滨。但此次废止而新设置领事馆。立陶宛领事亚特里乌司氏,本年五月二十六日,曾访问我外务局,出示本国政府任命哈尔滨领事之委任状,要求发给认可状,故政府谅解该要求在相互条件之下,正式认可亚特里乌司氏为立陶宛领事,近将申请发给许可状。此次立陶宛之正式派遣领事间之国交正式恢复"①。1939年10月6日,《滨江日报》报道《欧洲立陶宛国在哈设置领事馆——外务局业经正式认可》。据报道,"驻哈尔滨之立陶宛领事,表托利斯氏,本日由哈来京(新京,即今长春,笔者注)当即赴外务局访问,亚示在哈尔滨设立该国领事馆事宜,而以正式之手续,向外务局请求;嗣经外务局酌核之结果,业经认可,准许其设立云",并刊登"写真立陶宛驻哈初任领事亚托利斯氏"②。这一时期需要进一步厘清立陶宛与日本及伪满洲国的关系问题。

图4.1 《滨江日报》刊发的《欧洲立陶宛国在哈设置领事馆》报道

据黑龙江省档案馆藏《外交部吉林哈尔滨交涉员公署》(1913—1930)档案显示,哈尔滨"外国驻哈领事馆林立,外交事务及其繁杂,形成了大量的外事档案。中外关系方面,有各国承认正式大总统,驻哈各国领事到

---

① 《滨江日报》1939年7月12日第三版。
② 《滨江日报》1939年10月6日第三版。

任日期、领事馆设立等材料；有俄国驻中国各埠领事所辖区域一览表，驻哈各领事署迁移表，外交部职官录、外交部颁发各省交涉员姓名表，外交部颁发的法令汇编等"①。这些档案是准确提供立陶宛在哈设立领事馆及其活动的重要资料。

在哈尔滨的犹太人当中，有一些人的国籍是立陶宛。俄罗斯学者 B. 罗曼诺娃经研究得出结论："俄籍犹太人占哈尔滨犹太人总数的 90%，其余 10% 为波兰、立陶宛和拉脱维亚等国籍。"根据 1936 年的统计资料，"立陶宛工商业主 96 家中，犹太人占 70 家，如 M. M. 科茨创办的日内瓦钟表珠宝店、爱斯金兄弟商会等，占总数的 73%"②。其中，"立陶宛基（应为，籍）犹太人爱斯金兄弟商会，创办于 1915 年，坐落在中国大街与商市街（今中央大街与红霞街）交角处"③。商会"设有大型布匹、日用产品批发仓库，与俄罗斯、美国和欧洲许多国家及地区有业务往来"④。

《中华民国三十六年度（1947）哈尔滨特别市工商业名簿（三）》中的《公营、公私合营、合作社、外侨工商业之部》⑤涉及外侨工业的金属制品、日用化学及电气、纤维制品、皮毛、粮谷加工食品、木材、建筑、印刷文教、烟草及其他；外侨商业的金属、日用杂货、纤维制品、皮毛、饮食杂货、木材及建筑材料、书籍文教、药品、金融、代理及其他内容。这两项都没有"立陶宛人在哈尔滨"的制造和经营情况。

改革开放以来哈尔滨与立陶宛之间的贸易往来依旧密切。哈尔滨市档案馆藏有《邀请立陶宛客商来哈业务洽谈的请示》（1992 年 8 月至 1994 年），共有 5 件档案，目前处于"控制"状态。⑥该档案涉及立陶宛受邀请来哈尔滨参加"中国哈尔滨第三届边境、地方经济贸易洽谈会"等。这次洽谈会"应邀到会的客商有俄罗斯、乌克兰、白俄罗斯、塔吉克斯坦、哈萨克斯坦、乌兹别克斯坦、阿塞拜疆、土库曼斯坦、格鲁吉亚、立陶宛、

---

① 《黑龙江历史档案通览》编委会：《黑龙江历史档案通览》，黑龙江人民出版社 2014 年版，第 168 页。
② 曲伟编：《哈尔滨犹太人图史》，黑龙江人民出版社 2015 年版，第 76 页。
③ 黑龙江省图书馆藏，自建数字资源，索书号 K18—64。
④ 曲伟、李述笑主编：《哈尔滨犹太简明辞书》，社会科学文献出版社 2013 年版，第 121 页。
⑤ 《中华民国三十六年度（1947）哈尔滨特别市工商业名簿（三）》，工商局编印 1947 年版。
⑥ 笔者 2016 年 3 月 16 日上午于哈尔滨市档案馆。

亚美尼亚、摩尔多瓦、波兰、保加利亚、捷克和斯洛伐克、罗马尼亚、蒙古国等 18 个国家的 1006 个经贸团组，共计 4936 人"①。

三 "立陶宛人在哈尔滨"的社会与文化事业

"立陶宛人在哈尔滨"的社会与文化事业，涉及宗教信仰、学校教育、社团抚恤等方面。立陶宛人大部分信仰天主教，也在哈尔滨成立了立陶宛社团。

1902 年，中东铁路工程局"在东正教墓地一隅（文化公园），开辟了天主教墓地"。1907 年以后，"又开辟了许多不同教派的墓地，包括天主教、莫洛干教、卡拉伊姆教、鞑靼人墓地，统称为天主教联合墓地。虽称联合墓地，但原来均由各教派自己管理自己的墓地。40 年代以后，便呈无人管理状态，只有天主教的墓地，至 1958 年时，仍有一苏籍老妇人代管，有墓碑 487 块。截至 1958 年迁墓前统计，该墓地内共有外侨坟墓 2104 个，按教派分，天主教 1298 个、莫罗勘教 151 个、基督教信义宗（巴基斯特派）42 个、基督教安息日宗 92 个、卡拉伊姆教 41 个、鞑靼教 480 个"②。

关于哈尔滨立陶宛社团的情况，据立陶宛驻华大使馆文化参赞里提斯·萨特考斯卡斯介绍："哈尔滨的第一个立陶宛社团成立于 1909 年，名为'奥施拉'。社团成员主要从事文化活动，维护立陶宛的民族特征。1914 年终止。1918 年，成立委员会，处理立陶宛事务，给想归国的立陶宛人提供法律服务。在社团的帮助下很多立陶宛人得以回到立陶宛，留下的人通过领事和立陶宛保持联系。1923 年，领事馆设立后接手了这部分工作。"1935 年，"哈尔滨立陶宛社团再次成立，22 名成员，1938 年成员超过 100 人，1939 年 184 人。社团创始人之一乌拉达斯·马卓纳斯牧师是核心人物。社团设有俱乐部、阅览室、图书馆，订阅了立陶宛报纸，组织合唱队，排练舞蹈，教授立陶宛语课。1939 年领事艾杜阿达斯·亚图里斯来

---

① 杜宪忠：《在中国哈尔滨第三届边境、地方经济贸易洽谈会领导委员会全体成员会议上的讲话》，中国哈尔滨经济贸易洽谈会办公室编：《车轮的辙印：中国哈尔滨经济贸易洽谈会 1990—2004》，黑龙江人民出版社 2004 年版，第 72 页。

② 哈尔滨市地方志编纂委员会：《哈尔滨市志·外事 对外经济贸易 旅游》，黑龙江人民出版社 1998 年版，第 104 页。

到哈尔滨,更重视立陶宛的民族文化,他出版《远东年鉴》,组织波罗的海国家合唱队,为新立陶宛之家筹款,每年庆祝立陶宛国家假日。"①

从立陶宛的发展历程及"立陶宛人在哈尔滨"的历史来看,"立陶宛人在哈尔滨"的情况,应该与其他两个波罗的海国家爱沙尼亚、拉脱维亚和波兰在哈尔滨的状况共同研究,逐渐重构"立陶宛人在哈尔滨"的历史。

第二节 关于"波兰人在哈尔滨"的人口变迁

波兰地处欧洲中部,在历史上是一个多灾多难的国家。18世纪后期,"昔日的帝国"波兰被俄等三国瓜分,大部分国土划归俄国;十月革命后,波兰获得重生而独立;第二次世界大战时,波兰顷刻间又被德国蹂躏。哈尔滨位于中国的东北端,在历史上是一座古老而年轻的城市。19世纪末以前,哈尔滨是一个烟波浩渺的渔村和渡口,"萧瑟寒村"。古老的女真人在此留下历史的痕迹和印记,金戈铁马的金元文化亦在此诉说与传唱,"闯关东"的关内人的足迹在此延展和扎根。两个以前彼此没有联系的国家和地区,缘于中东铁路的修筑而发生联系。最初俄属波兰人成为中东铁路的设计师、供应商、工程师等,以"建设者"的姿态和"俄侨"的身份进入哈尔滨。在这个过程中,波兰人既是"被动的"亦是"主动的"。"被动"指的是他们是由俄国人安排的;"主动"则指的是他们欲摆脱俄国人的摆布,寻求更广阔的自由和解放,变"被动"为"主动"。但是,这也给他们打上了"殖民者"的烙印。同时,通过俄国的西伯利亚大铁路,真正实现了波兰与哈尔滨的实质性联系。② 两种不同的文化传统和风俗习

---

① 感谢李述笑老师提供。
② 一张小小的明信片,足以见证这段历史:"目前我们收集到的、在黑龙江地区较早使用的、带图像画面的明信片是1902年4月5日从哈尔滨寄至波兰华沙的。这张明信片是通过俄国设立在哈尔滨的邮局,经东清铁路西线转搭俄国西伯利亚铁路邮车寄达华沙的。"具体而言,这张实寄片是"俄历1902年3月12日从哈尔滨寄往波兰华沙,寄达日期是4月5日"。从这张绘画彩色明信片的正面图案来看,是"表现大清国时代娱乐升平景象的,中间坐着的男人应是一位穿着官服的清朝官员(甚至是外国人心目中的清朝皇帝),左右歌舞的是歌女(抑或是宫中嫔妃)。从画法判断,作者应是外国人。始发邮局是哈尔滨俄国普通邮局,其时正是俄国客邮盛行时期"。(黑龙江省邮政博物馆编,刘延年主编:《老明信片中的黑龙江》,黑龙江人民出版社2007年版,前言第2页。)

惯在哈尔滨碰撞与融合。

由于不同的统计机构和标准等问题,"波兰人在哈尔滨"各年份的具体人口数量及其变化存在一定的差异;波兰领事馆的设立缘于历史与现实的因素,是复杂而曲折的;"波兰人在哈尔滨"的经济活动中既有影响世界的富商巨贾,亦有深入生活的小微企业;社会生活中的波兰侨民会、教堂、学校、墓地等,见证着波兰人成为哈尔滨这座城市的一个重要组成部分;新中国成立后,波兰人逐渐离开哈尔滨,然而波兰的"哈尔滨人"的根仍然留在他们的第一故乡,这根脐带连接着两个国家和人民的血脉。

一 "波兰人在哈尔滨"人口变化的整体考察

哈尔滨"在中东路未筑以前,本是一片荒漠。三十年间,由旷野而成村落,由村落而成都市。在昔帝俄时代,哈埠不啻为该国之殖民地,埠内华人不及十分之一;自经该国政变以后,近年以来,市内华人,约占十分之五。以华人言,燕鲁人为最多,东省人次之,他省人又次之"。据民国十六年(1927)调查,"人口只六万四千八百四十五人";民国十七年(1928),"七万二千零五十四人";民国十八年(1929),"七万八千三百八十六人"。以侨民而言,"苏联及无国籍人(白俄)为最多,日本及朝鲜人次之,波兰犹太人又次之,德美英法人又次之,其他各国人又次之"。1930年10月的《哈尔滨特别市中外户口分籍调查表》显示,该年"波兰人在哈尔滨"的"户数是148户,男340人和女280人,计620人"[①]。这些数据是1931年由哈尔滨特别市市政局编纂的,具有较高的可信度。

1922年由东陲商报馆发行、殷仙峰编辑的《哈尔滨指南》一书中,没有提到"波兰人在哈尔滨"的人口数量。道里"按特别区警察总管理处最近调查数目如下:中国六万六千四百三十人;俄国五万五千四百零三人;法国九十二人;美国八十一人;英国一百五十五人;日本三千零五十五人;高丽四百六十人;意大利四十五人;德国四人;奥国二人;捷克四十一人"。而道外"按滨江警察厅最近调查之数目如下:大小户共计两万八

---

① 哈尔滨特别市市政局编纂:《哈尔滨特别市市政报告书》第三卷·第七章《市政局》第二节《市户口》,东省特别区平民总工厂1931年版,第7、25页。

千七百五十户；男丁六万九千七百八十名；妇女一万九千八百七十口；日本男女六百八十一人"①。据 1929 年 6 月 25 日哈尔滨新华印书馆工厂印刷的《滨江尘器录》介绍，"迨民国十四年十月（1925 年 10 月，笔者注）间调查全埠人口"，"波兰人五百人"；"最近之调查统计"，"波兰人五百九十四人"②。波兰的日文为"ポーランド"。

1933 年出版的日文版《哈尔滨案内》记载，哈尔滨"总人口约四十五万人"。具体人口数量如表 4.4③ 所示：

表 4.4

国别	人数（人）	调查时间
日本	6209	昭和八年三月末日本总领事馆调
朝鲜	7146	同
满洲国	约 370000	昭和六年末
无国籍	41981	昭和七年十一月警察管理处调
苏联	28073	同
归化露人	7096	同
米国	118	昭和七年十一月调
捷克④	250	同
和兰	20	同
匈牙利	40	同
白耳义	5	同
英国	200	同

---

① 殷仙峰编：《哈尔滨指南》，东陲商报馆 1922 年版，卷一《总纲》之《户口人数》，第 6—7 页。此书黑龙江省图书馆有藏，索书号 K293.5；哈尔滨市图书馆藏有该书复制品；国家图书馆馆藏《哈尔滨指南》（重编本）哈尔滨东陲商报馆，1932 年版，缩微文献阅览室索取号 MGTS/062173。

② 辽左散人：《滨江尘器录》，张颐青、杨镰整理，中国青年出版社 2012 年版，第 15 页。《哈埠人口调查》，《滨江时报副刊》1928 年 1 月 14 日。

③ 哈尔滨商品陈列馆编：《哈尔滨案内：附录哈尔滨地图、日露满会话》"日文版"，1933 年版，第 6—7 页。哈尔滨市档案馆 LZ1 史志—005。哈尔滨市档案馆藏关于 20 世纪二三十年代哈尔滨整体介绍的书籍还有：金汝伯：《大哈尔滨案内》，富华兴印刷局，大同二年（1933），档案号 LZ1 综合—012；新哈尔滨指南编辑社，殷仙峰、邱肇瀛：《新哈尔滨指南》（样本），哈尔滨道外北七道街路西，具体年月不详（据国家图书馆信息应为 1932 年），档案号 LZ1 综合—014；[俄] 夫罗阿齐：《哈尔滨指南》，俄文中文，1930 年，档案号 LZ1 综合—014。

④ 感谢时任哈尔滨理工大学艺术学院孔庆权教授的日文翻译。

续表

国别	人数（人）	调查时间
爱沙尼亚	120	同
伊太利	72	同
独逸	181	同
佛国	78	同
丹麦	42	同
拉脱维亚	300	同

关于"波兰人在哈尔滨"的具体最高人口数量和一些不同年份的人口数量是一个存在争议的问题。2000年，原新华社驻波兰分社记者单榰写道，1897年，"沙俄攫取了在中国东北修建中东铁路（时称东清铁路）的权利后，陆续招募了一批波兰人前往中国东北，参加建设"。

（20世纪初），"当地波兰侨民最多时达到7000人左右。大部分长期住在哈尔滨"。十月革命后，"中苏政府协议这条铁路上只许中苏公民工作。1920年和1924年先后有两批波兰人返回波兰。日本人占领东北后在1935年又遣返了大批波侨"。1947年，"波侨组织进行的调查表明，80%的波侨愿意回国。到1949年神州获得解放时，哈尔滨的波兰人有近2000名，在这一年除少数迁往其他国家外，大部分返波。"① 2002年6月11日，在《波兰人在哈尔滨轶事》一文中，李述笑对"波兰人在哈尔滨"的人口变迁进行了梳理，"波兰M.查巴诺夫斯基在1993年于华沙出版的相关著作中说：'中东铁路开工后3年，在满洲的波兰侨民已有7000人'；俄罗斯著名史学家Г. В. 梅里霍夫披露，1917年前，在中国东北的波兰人为6000人；俄罗斯科学院远东分院的副博士H. 瓦西连科根据档案确认，1910年哈尔滨波兰人仅53人；而本人查到1926年日文《露亚日报》公布的哈市人口一览表中，波兰人1916年为2558人，1924年锐减至87人；另据其他中、外文史料，1924年922人，1925年500人，1929年594人，1943年991人；1979年澳大利亚出版的刊物中却说到1949年在哈波兰人还有近3000人……"② 俄国学者在《俄国的哈尔滨》一书中提道："1920年代有

---

① 单榰：《心归哈尔滨——记波兰的"哈尔滨人"》，《当代世界》2000年第5期。
② 李述笑：《波兰人在哈尔滨轶事》，《黑龙江日报》2002年6月11日第8版"城与人"专栏。

20万俄国人来到哈尔滨",但是没有提及"波兰人在哈尔滨"的人口数量。①

李述笑还强调,"由于历史的原因,准确地统计在哈波兰人人口是困难的,不同时期、不同文字、不同口径的统计资料差距很大",并且,"人口统计出入如此之大,除了人口流动的因素外,原因大概是:在波兰独立前,某些统计把波兰人也统计到俄侨栏内,单列出的波兰人专指非俄属的波兰人;某些人口数字含波兰籍犹太人,而另一口径统计却将波兰人、犹太人分别计算。数字歧异,扑朔迷离,一时难以定论,但有一点是肯定的,波兰人曾是哈尔滨国际都市中的重要成员。"② 李述笑后来指出:"波兰侨民是哈尔滨历史上诸多外侨中的重要一族,其人口最多时可达5000—7000人。"③

笔者赞同李述笑的观点。1925年,"俄人奥切列京在《哈尔滨——傅家甸:经济和统计概述》一书中,对1922—1923年哈尔滨及其郊区(不包括傅家甸)俄侨人口的职业状况作了统计,其中含有别国加入俄籍的不同种族的侨民人口。在当时属于俄侨人口的56369人中,其构成情况为俄罗斯人48674人,俄籍犹太人5738人,俄籍波兰人922人,俄籍拉脱维亚人196人,俄籍爱沙尼亚人92人,俄籍芬兰人3人,俄籍捷克人164人,俄籍日耳曼人11人,加入俄籍的其他民族人口459人。依此统计,在俄罗斯民族之外尚有其他民族的俄籍人口7695人,约占当时哈尔滨俄侨人口总数的13.5%"。在《哈尔滨俄侨史》一书中,石方、刘爽、高凌"取自哈尔滨市档案馆所藏1955年登记的俄侨档案。在我们随机抽样所得的1000份俄侨档案中,有俄罗斯之外的其他民族俄籍人口52人,占样本总数的5.2%,其中俄籍犹太人19人,俄籍波兰人13人,俄籍法兰西人2人,俄籍保加利亚人1人,俄籍德国人1人,俄籍芬兰人1人,俄籍朝鲜人10

---

① Русский харбин, издательство московского университета черо, 1998, с. 14.
② 李述笑:《波兰人在哈尔滨轶事》,《黑龙江日报》2002年6月11日第8版"城与人"专栏。
③ 《波兰人在远东》,中国人民政治协商会议黑龙江省委员会、黑龙江省求真经济研究基金会内部资料,2015年,代序第1页。李述笑在此序言中曾提到2002年6月11日的《波兰人在哈尔滨轶事》一文,但写成了《波兰人在哈尔滨》。此书后来正式出版,[俄]塔德乌什·舒凯维奇:《波兰人在远东》,黑龙江省求真经济研究基金会译,哈尔滨出版社2018年版。

人，俄籍华人4人，俄籍日本人1人"①。《北满与东省铁路》中关于人口数据的提示为，"北满人口迄未有确实之调查，即中国其他各省亦毋莫不然。中国人民不若欧美日本有登记册籍之制度，故考核綦难。苟欲调查，必须到本地官署或商会搜集材料，而此等机关又皆依警察所为根据。常不记人数而仅记户数。甚有并依据而无之。只就主观揣臆，其不确实"②。《北满概观》一书强调："东省人口无确实统计，中国官厅之调查，亦系推定，本无所谓北满之行政区域，故于人口，当然不能有确切之数字。"③ 可见，中国相关政府等机构也不重视人口统计。

这两个数据只是说明"波兰人在哈尔滨"人口最多时的数量，即7000人，而没有表明人口最多时的具体年份。同时，单楒一文还写出了"波兰人在哈尔滨"人口变迁的简要过程和重要年份（1920、1924、1935和1949）及相关原因。当然，"7000人"一说不是没有根据的。据《滨江时报》记载："哈尔滨一带有波侨七千余名。"④《他乡亦故乡》一书指出："在东北的波兰人数仅次于俄罗斯人，也是最多的外来民族。1923年，哈尔滨的波兰人已有7000余人。"⑤ 但是，其为"最多"有待考证。

然而，波兰学者提到"参与铁路建设的波兰侨民，到1903年铁路建成交工时，达7000人"。该学者还写道："1903年5月15日，进行了第一次正式的人口普查，根据普查结果显示，当时哈尔滨有15579名俄国人和28338名中国人。不同种族的哈尔滨居民人数为44576人。波兰裔占工程技术人员的1/3和铁路建设工人的3/4。"⑥ 另一说法是，

---

① 石方、刘爽、高凌：《哈尔滨俄侨史》，黑龙江人民出版社2011年版，第99页。该书还有另外2个版本，石方、高凌、刘爽：《哈尔滨俄侨史》，黑龙江人民出版社1998年版，第350册；石方、高凌、刘爽：《哈尔滨俄侨史》，黑龙江人民出版社2003年版，第351—1000册。

② 东省铁路经济调查局编：《北满与东省铁路》，哈尔滨中国印刷局1927年版，第9—10页。该书有俄文和英文版，Chinese Eastern Railway, North Manchuria and the Chinese Eastern Railway, Harbin, China：C. E. R. Printing Office, 1924. Северная маньжуия и китаская железная дорога востчная, 1922. 该书应该是先有俄文版，后有英文版，最后出版的中文版。

③ 哈尔滨满铁事务所编：《北满概观》，汤尔和译，商务印书馆1931年版，第2页。

④ 波兰请设领事馆，《滨江时报》1923年12月5日第7版。

⑤ 贺颖主编：《他乡亦故乡：俄罗斯人回忆哈尔滨》，赵喜罡、郭秋萍编译，黑龙江人民出版社2010年版，第250页。

⑥ ［波兰］彼特拉夏克·玛尔戈让塔：《哈尔滨的波兰侨民》，刘涧南译，《黑河学院学报》2015年第2期。

"80%的成员都有波兰血统","集合全俄最优秀的基建、机械和通信方面的人才"①。但是,应该注意的是该学者仅提到了"1903年"这个年份,而其后的陈述没有涉及"波兰人在哈尔滨"的总数,不足以支撑这个数据。同时,值得关注的是,相对于日本对于中国的人口普查与统计,俄国对此事较为不重视。这样就造成了研究的难度和复杂性。这位波兰学者亦讲道,"第一次世界大战后,波兰获得独立。这时到1920年初,哈尔滨的波兰人约有6000人,并开始称自己为波兰侨民"。20世纪30年代,"满洲还有5000人左右的波兰侨民,到1934年,只剩下约3000人,1935年只有1250人"。这里的满洲指代不明确,不知是指中国东北还是哈尔滨。1949年,"中华人民共和国成立后,波兰政府组织从哈尔滨疏散了约1000名波兰裔侨民"②。

另一数据表明,"早在十月革命前,就有20万—22万俄国臣民居住在中国东北,其中至少有6万波兰人和犹太人。到1920年11月,白俄数量更是激增到28.8万,其中波兰人占了相当数量。1920年,随着中国北洋政府剥夺原沙俄'治外法权',这些人在中国日子更加难熬,特别是苏俄在1921年废除所有政治流亡者公民身份,全体白俄沦为无国籍人士。在此情形下,呆在中国的波兰人开始寻求回国,因为灭亡123年的波兰宣布复国。据统计,约1.5万原俄籍波兰人经中国返回母国"③。这些数字基本是一个概数,没有具体涉及在哈尔滨的人数,但是对波兰人在中国的变迁进行了一定的原因分析。

另据介绍,"十八世纪,波兰曾多次被俄国、德国和奥地利瓜分,直到1918年一战结束,才成为独立国家。大批波兰侨民就是在这样的背景下流落到哈尔滨的。他们大体分为两部分,一部分是沙俄政府为修筑中东铁路,从波兰地区招募的大批工程技术人员,另一部分是被流放到远东西伯利亚的波兰人,为改善境况而来此寻求生计。据波兰方面的史料,20世纪20年代,最高峰时在中国东北的波兰人曾高达3万人左右,其中大部分聚

---

① 罗山爱:《数万波兰人参与哈尔滨建城》,《兰台内外》2014年第3期。
② [波兰]彼特拉夏克·玛戈让塔:《哈尔滨的波兰侨民》,刘涧南译,《黑河学院学报》2015年第2期。
③ 罗山爱:《数万波兰人参与哈尔滨建城》,《兰台内外》2014年第3期。

集在哈尔滨，这些人主要在铁路及相关部门工作。中东铁路系统的员工中，波兰籍工程师约占30%，技术人员约占80%。哈尔滨中央火车站和松花江铁路大桥，就出自波兰设计师的手笔"①。

《哈尔滨人口变迁》中的《1934年哈尔滨外侨人口构成图》显示，外侨人口总数是79604人，其中波兰人占1.68%。②按此计算，1934年"波兰人在哈尔滨"的人口总数为13375人。康德二年五月（1935年5月）哈尔滨特别市公署刊行的《康德元年十二月（1934年12月）哈尔滨特别市户口调查结果表》第一卷第一辑中，《主要民族别比较表》显示，俄国（露西亚）人口总数是59622人，日本人口总数为21324人，其他外国人口总数是21324人。因此，外国人在哈尔滨的总数为102270人。其中，在《其他外国人国籍比较表》中，波兰人占41%。按此数据，1934年"波兰人在哈尔滨"的总数应为8740人左右。

二 "波兰人在哈尔滨"人口变化的年度考察

在《黑龙江移民概要》一书中，李德滨和高凌介绍，1927年、1934年和1945年"波兰人在哈尔滨"的人数是562人、1344人和1145人。数据的来源分别是《哈尔滨案内》《哈尔滨人口调查》和《哈尔滨市人口统计资料》。③在《哈尔滨人口变迁》一书中，薛连举记录了《1916—1931年哈尔滨市外侨人口数量变动状况》。其中，"波兰人在哈尔滨"的人数是1916年2558人，1924年87人，1926年1356人，1927年562人，1928年735人，1929年874人，1930年1041人和1931年1090人。根据《1916—1931年哈尔滨外侨人口国籍构成》，其分别占当年外侨总数的5.78%、0.14%、2.17%、0.90%、1.15%、1.37%、1.47%和1.45%。这些数据是著者根据《露亚时报》等资料所得。④《1932—1948年哈尔滨市外侨人口数量变动状况》显示，"波兰人在哈尔滨"的人口数量是1932年1089人，1933年1093人，1934年1334人，1935年1112人，1936年1265人，1937年1090

---

① 杜宇新：《波兰侨民的哈尔滨情缘》，《哈尔滨日报》2014年12月13日。
② 薛连举：《哈尔滨人口变迁》，黑龙江人民出版社1998年版，第157—158、161页。
③ 李德滨、石方：《黑龙江移民概要》，黑龙江人民出版社1987年版，第152页。
④ 薛连举：《哈尔滨人口变迁》，黑龙江人民出版社1998年版，第137、142页。

人，1938 年 1182 人，1939 年 1034 人，1940 年 937 人，1946 年 1145 人和 1948 年 887 人。1940 年出版的《满洲国之现阶段》一书中的《主要都市户口人口统计表》仅显示了"哈尔滨市总人数 517127 人，日本人数 38197 人"，没有涉及"波兰人在哈尔滨"的相关情况。① 经查日文版的《东北年鉴》亦没有"波兰人在哈尔滨"的人口统计。日文版的《哈尔滨特别市概况》写道，1936 年 6 月末哈尔滨"总人口 460300 人、男 292024 人和女 168276 人。苏联 7218 人、朝鲜 6260 人和白露 30715 人"②；日文版的《北满事情》提供了哈尔滨人口总数"66 万"③；《满洲产业经济大观》介绍的哈尔滨人口状况是，"康德八年十月二十日（1942 年 11 月 27 日，笔者注）现在之总人口为七十二万二十八人，其中满洲人六十一万七千七百五十三人，日本人六万七千八百九十四人，俄外人三万四千三百八十一人"④，还是没有提到"波兰人在哈尔滨"的户口人数。

此处应该指出的是薛连举的"1934 年 1334 人"是有误的，应该是李德滨和高凌所写的"1344 人"。同时，需要指出的是李德滨和高凌所依据的不是《哈尔滨人口调查》，而是康德二年五月（1935 年 5 月）哈尔滨特别市公署刊行的《康德元年十二月（1934 年 12 月）哈尔滨特别市户口调查结果表》第一卷第一辑。该书的《全市户口总数》显示，该年"波兰人在哈尔滨"的户数是 403 户，其中男 662 人和女 682 人，总计 1344 人。同时，应该指出的是《哈尔滨市志·外事》利用的数据与薛连举的《哈尔滨人口变迁》基本相同，只是 1948 年略有不同，"哈尔滨市内仍有波兰侨民 835 人"⑤。另外，《哈尔滨市志·人口》中的"波兰人在哈尔滨"的相关数据亦同。⑥ 据《哈尔滨历史编年》记载，1929 年"哈尔滨人口总计 342772 人，其中中国人 274369 人，苏联籍 28850 人，无国籍 31433 人，英

---

① 张鹤立：《满洲国之现阶段》，南京中文仿宋印书馆 1940 年版，第 8 页。
② 哈尔滨特别市公署编：《哈尔滨特别市概况》，1936 年。
③ 满洲事情案内所：《北满事情》，1941 年，第 106 页。
④ 满洲总局编：《满洲产业经济大观》，日本产业调查会 1943 年版，第 905 页。
⑤ 哈尔滨市地方志编纂委员会：《哈尔滨市志·外事　对外经济贸易　旅游》，黑龙江人民出版社 1998 年版，第 50 页。
⑥ 哈尔滨市地方志编纂委员会：《哈尔滨市志·大事记　人口》，黑龙江人民出版社 1999 年版，第 536—538 页。

国人169人，法国人156人，德国151年，美国58人，日本3739人，朝鲜1358人，波兰594人……"① 1933年哈尔滨市户口统计，"总计380110人，其中中国人300276人，无国籍俄侨34497人，苏籍侨民27617人，朝鲜人8250人，日本人7078人，波兰人3500人……"② 这两个年份的"波兰人在哈尔滨"的人口统计存在较大差异。

据《康德元年十二月哈尔滨特别市户口调查结果表》第四卷介绍，"哈尔滨市全市人口总数为500526人，男326810人和女173716人；其他外国人总计3840人，男2158人和女1682人；苏联人总数20281人，男9964人和女10837人；无国籍人总计34178人，男15752人和18426人"③。据《康德三年（1936，笔者注）末现在户口调查统计表》统计，波兰人在"滨江181人，哈尔滨1265人"，总计1446人；当时，苏联人在"滨江547人，哈尔滨6561人"，总计7108人；无国籍人在"滨江5437人，哈尔滨27992人"，总计33429人。苏联人与无国籍人总计40537人。④ 1935年哈尔滨的波兰人为"1113人"，1936年比1935年增长"152人"。同时，滨江省的波兰人分布及数量为"阿城127人、海伦10人、珠河10人、苇河12人、宁安13人、穆棱7人、东宁1人及虎林1人"⑤。这说明波兰人主要集中在哈尔滨市范围之内。据《康德六年十月一日现在满洲帝国现住人口统计（总编及年龄别人口编）》记载："哈尔滨市总数511821人，男320184人和女191637人；其他外国人32999人，男15381人和女7618人。"⑥

从相关史料情况来看，1932年以前的"波兰人在哈尔滨"的人口数量及变化不太清晰，而1932年后"波兰人在哈尔滨"的人口统计相对而言更加精细化和常态化。同时，1945年后至中华人民共和国成立初期"波兰

---

① 李述笑：《哈尔滨历史编年（1763—1949）》，黑龙江人民出版社2013年版，第345页。
② 李述笑：《哈尔滨历史编年（1763—1949）》，黑龙江人民出版社2013年版，第425页。
③ 哈尔滨特别市公署总务处庶务科编：《康德元年十二月哈尔滨特别市户口调查结果表》第四卷，哈尔滨特别市公署1936年版，第2—3页。
④ 《康德三年末现在户口调查统计表》，民政部警务司1936年版，第2页。
⑤ 《康德三年末现在户口调查统计表》，民政部警务司1936年版，第44、21—22页。
⑥ 《康德六年十月一日现在满洲帝国现住人口统计（总编及年龄别人口编）》，治安部警务司1939年版，第10—11页。

人在哈尔滨"的人口统计也较少。

三 "波兰人在哈尔滨"人口变化的区域考察

大同二年（1933）版《哈尔滨特别市第一次市势年鉴》中，大同二年十二月三十一日的《国籍别户口》（二）显示，"波兰人在哈尔滨"的"八站区73户，男149人和女143人；新安埠区、正阳河区和沙曼区55户，男85人和女94人；南岗区106户，男190人和女193人；马家沟区旧哈尔滨区61户，男116人和女113人；水乡区4户，男4人和女6人。总计299户，男544人和女549人"。① 因此，总人数是1093人。

康德元年（1934）版《哈尔滨特别市第二次市势年鉴》中，康德元年十二月一日的《国籍别户口》（二）显示，"波兰人在哈尔滨"的"傅家甸区，女1人；埠头区116户，男211人和女191人；南岗95户，男128人和女179人；新安埠区76户，男133人和女104人；正阳河区10户，男14人和女15人；沙曼区7户，男14人和女12人；马家沟区77户，男130人和女136人；旧哈尔滨区14户，男19人和女37人；太平区1户，男2人和女1人；水乡区7户，男9人和女6人。总计403户，男660人和女682人"②。因此，总人数是1342人。

康德三年（1936）版《哈尔滨特别市第三次市势年鉴》中，康德二年（1935）十二月三十一日的《哈尔滨特别市户口数（国籍别）》显示，"经纬署42户，男83人和女84人，计167人；南岗署88户，男128人和女127人，计255人；香坊署102户，男203人和女202人，计405人；新安埠区87户，男146人和女128人，计274人；太平桥署1户，男3人和女1人，计4人；水上署3户，男2人和女5人，计7人"。因此，"户数是323户，男565人和女547人，计1112人"③。

---

① 哈尔滨市方志馆编：《哈尔滨特别市市势年鉴》（上），东北林业大学出版社2014年版，第40页。哈尔滨市图书馆和哈尔滨市档案馆均有《哈尔滨特别市市势年鉴》，但哈尔滨市档案馆该资料处于"控制"状态。
② 哈尔滨市方志馆编：《哈尔滨特别市市势年鉴》（上），东北林业大学出版社2014年版，第173页。
③ 哈尔滨市方志馆编：《哈尔滨特别市市势年鉴》（上），东北林业大学出版社2014年版，第378页。

康德四年（1937）版《哈尔滨特别市第四次市势年鉴》中，康德三年十二月（1936年12月）末的《哈尔滨特别市户口数（国籍别）》显示，"经纬署50户，男93人和女92人，计185人；南岗署88户，男128人和女122人，计250人；香坊署84户，男160人和女353人，计513人；新安埠署108户，男152人和女145人，计297人；南新署2户，男3人和女2人，计5人；太平桥署1户，男3人和女1人，计4人；水上署4户，男4人和女7人，计11人"。因此，"户数是337人，男543人和女722人，计1265人"①。

康德五年（1938）版《哈尔滨特别市第五次市势年鉴》中，康德四年十二月（1937年12月）末的《哈尔滨市满外户口总览》显示，"经纬156户，男155人和女150人，计305人；南岗68户，男99人和女82人，计181人；香坊72户，男131人和131人（应为137人），计268人；新安埠108户，男157人和女147人，计304人；太平桥1户，男3人和女1人，计4人；松花9户，男5人和女19人（应为29人），计34人"。因此，"户数是408户，男560人和女530人，计1090人"②。

康德六年（1939）版《哈尔滨特别市第六次市势年鉴》中，康德五年十二月（1938年12月）末的《哈尔滨市满外户口总览》显示，"经纬202户，男193人和女255人，计448人；南岗135户，男202人和女226人，计428人；香坊11户，男18人和17人，计35人；新安埠74户，男135人和女116人，计251人；太平桥1户，男3人和女2人，计5人；松花8户，男7人和女7人，计14人"。因此，"户数是432户，男558人和女642人，计1182人"③。

康德七年（1940）版《哈尔滨特别市第七次市势年鉴》中，康德六年十二月（1939年12月）末的《哈尔滨市人口并户口民族别统计（管辖别）》显示，"经纬署250户，男291人和女225人，计516人；南岗署

---

① 哈尔滨市方志馆编：《哈尔滨特别市市势年鉴》（中），东北林业大学出版社2014年版，第48页。
② 哈尔滨市方志馆编：《哈尔滨特别市市势年鉴》（中），东北林业大学出版社2014年版，第340页。
③ 哈尔滨市方志馆编：《哈尔滨特别市市势年鉴》（下），东北林业大学出版社2014年版，第58页。

132 户，男 229 人和女 250 人，计 479 人；香坊署 4 户，男 7 人和 13 人，计 20 人；松花署 11 户，男 11 人和女 8 人，计 19 人"。因此，"户数是 397 户，男 538 人和女 496 人，计 1034 人"①。

康德八年（1941）版《哈尔滨特别市第八次市势年鉴》中的《哈尔滨市人口并户口民族别统计（管辖别）》显示，"埠头区 104 户，男 183 人和女 142 人，计 325 人；新阳区 52 户，男 88 人和女 71 人，计 159 人；南岗区 83 户，男 91 人和女 121 人，计 212 人；马家区 80 户，男 84 人和女 116 人，计 200 人；香坊区 11 户，男 14 人和女 11 人，计 25 人；松浦区 9 户，男 8 人和女 8 人，计 16 人"。因此，"户数是 339 户，男 468 人和女 469 人，计 937 人"②。

康德二年五月（1935 年 5 月）哈尔滨特别市公署刊行的《康德元年十二月（1934 年 12 月）哈尔滨特别市户口调查结果表》第一卷第一辑中，还对不同国别和族别的各区和各街道的人口分布进行了统计，其中包括波兰人。傅家甸有波兰人 1 名，女性。埠头区有波兰人 116 户，男 211 人和女 191 人，计 402 人。其中，中央大街 9 户，男 8 人和女 9 人，计 17 人；新城大街 1 户，男 1 人，计 1 人；炮队街 4 户，男 4 人和女 1 人，计 5 人；高士街 2 户，男 3 人和女 3 人，计 6 人；经纬街（斜纹街）10 户，男 10 人和女 16 人，计 26 人；地段街 3 户，男 4 人和女 2 人，计 6 人；北安街 3 户，男 6 人和女 8 人，计 14 人；一蹚街 1 户，男 2 人，计 2 人；二蹚街 3 户，男 3 人和女 6 人，计 9 人；三蹚街，男 4 人和女 2 人，计 6 人；四蹚街 2 户，男 7 人和女 7 人，计 14 人；五蹚街 1 户，男 1 人，计 1 人；八蹚街 1 户，男 3 人和女 2 人，计 5 人；江沿街 1 户，男 1 人和女 1 人，计 2 人；警察街 2 户，男 3 人和女 3 人，计 6 人；供养街 2 户，男 4 人和女 4 人，计 8 人；商务街 6 户，男 9 人和女 8 人，计 17 人；药铺街 5 户，男 6 人和女 10 人，计 16 人；商市街 3 户，男 4 人和女 5 人，计 9 人；面包街 10 户，男 16 人和女 18 人，计 34 人；马街 6 户，男 11 人和女 11 人，计

---

① 哈尔滨市方志馆编：《哈尔滨特别市市势年鉴》（下），东北林业大学出版社 2014 年版，第 465 页。

② 哈尔滨市方志馆编：《哈尔滨特别市市势年鉴》（下），东北林业大学出版社 2014 年版，第 687—690 页。

22人；大安街7户，男10人和女15人，计25人；霞漫街1户，男1人和女3人，计4人；端街男2人和女1人，计3人；自治会街2户，男4人和女3人，计7人；商务街1户，男1人，计1人；中央头道街1户，男1人和女1人，计2人；中央三道街2户，男2人和女2人，计4人；中央四道街4户，男4人和女7人，计11人；中央六道街1户，男1人和女1人，计2人；中央八道街，男1人，计1人；中央十道街3户，男4人和女1人，计5人；中央十一道街1户，男1人和女1人，计2人；中央十二道街1户，男3人和女2人，计5人；中央十三道街2户，男2人和女2人；中央十四道街，男2人，计2人；中央十五道街3户，男4人和女7人，计11人；田地街2户，男1人和女2人，计3人；石头道街1户，男1人，计1人；开明街1户，男1人，计1人；电车街2户，男46人，女15人，计61人；工厂街2户，男3人和女2人，计5人；小安街2户，男5人和女4人，计9人；霓虹街，男1人和女1人，计2人。

南岗区的波兰人有95户，男128人和女179人，计757人。大直街17户，男23人和女21人，计44人；省公署街1人，计1人；邮政街5户，男6人和女16人，计22人；银行街，男2人和女1人，计3人；松花江街3户，男6人和女5人，计11人；车站街1户，男1人和女3人，计4人；铁路街2户，男1人和女2人，计3人；凤翥街4户，男5人和女5人，计10人；海关街4户，男1人和女9人，计10人；花园街2户，女4人，计4人；马家沟5户，男10人和女3人，计13人；河沟街女2人，计2人；曲线街1户，男2人和女2人，计4人；夹树街2户，男2人和女3人，计5人；砖街1户，男1人和女1人，计2人；石屏街1户，男1人和女3人，计4人；工程师街1户，男1人和女1人，计2人；上方街女1人，计1人；公司街女2人，计2人；北京街女1人，计1人；同江街1户，男2人和女4人，计6人；护军街1户，男3人和女3人，计6人；西市场7户，男13人和女9人，计22人；窑门街，男1人，计1人；医院街，女1人，计1人；义州街5户，男5人和女9人，计14人；阿什河街5户，男10人和女12人，计22人；吉林街2户，男4人和女4人，计8人；龙江街4户，男5人和女17人，计22人；宁江胡同1户，男1人和女2人，计3人；奉天街3户，男3人和女3人，计6人；铁岭街3户，男5人和女6人，计11人；辽阳街1户，男1人和女3人，计4人；海拉尔街2户，男3人和女5人，计8人；三姓街1户，男2人和女1人，计3人；山街2户，男3人和女1人，计4人；桥东街1户，男1人，计1人。

新安埠区的波兰人76户，男133人和女104人，计237人。第一工程街2户，男2人，计2人；守卫胡同2户，男2人和女3人，计5人；安道街1户，男1人和女1人，计2人；安阳街2户，男3人和女3人，计6人；安康街1户，男3人和女4人，计7人；安定街4户，男5人和女3人，计8人；安国街4户，男7人和女2人，计9人；安静街1户，男1人，计1人；安良街男1人，计1人；安民街3户，男5人和女3人，计8人；安平街5户，男5人和女7人，计12人；安化街5户，男7人和女7人，计14人；安心街4户，男10人和女3人；抚顺街5户，男9人和女8人，计17人；安顺街4户，男4人和女1人，计5人；安丰街1户，男2人和女1人，计3人；安隆街2户，男5人和女4人，计9人；安宁街5户，男6人和女7人，计13人；安达街2户，男4人和女5人，计9人；安埠街3户，男8人和女5人，计13人；正义街1户，男1人，计1人；安广街1户，男1人，计1人；安和街2户，男5人和女4人，计9人；地节街1户，男1人，计1人；地灵街7户，男18人和女12人，计30人；民安街4户，男5人和女5人，计10人；民和街1户，男1人和女1人，计2人；民兴街4户，男7人和女9人，计16人。

正阳河区的波兰人10户，男14人和女15人，计29人。河洛街1户，男1人和女1人，计2人；河梁街1户，男2人和女1人，计3人；河鼓街2户，男3人和女2人，计5人；河曲街1户，男1人和女1人，计2人；河清街2户，男2人和女2人，计4人；河图街3户，男5人和女8人，计13人。

沙曼区的波兰人7户，男14人和女12人，计26人。通达街1户，男1人，计1人；松明街，男1人和女1人，计2人；元和街2户，男2人和女2人，计4人；元士街1户，男4人和女5人，计9人；五瑞街1户，男2人，计2人；七政街1户，男4人和女2人，计6人；西园街1户，女2人，计2人；

马家沟区的波兰人77户，男130人和女136人，计266人。通道街4

户，男8人和女10人，计18人；雨阳街3户，男2人和女2人，计4人；小戎街6户，男6人和女12人，计18人；士课街3户，男6人和女10人，计16人；国课街7户，男12人和女9人，计21人；黑山街2户，男2人和女8人，计10人；分部街1户，男3人和女1人，计4人；永安街1户，男1人和女2人，计3人；卢家街1户，男2人和女3人，计5人；建新街2户，男2人和女3人，计5人；永和街2户，男3人和女2人，计5人；协和街7户，男12人和女10人，计22人；中和街3户，男8人和女5人，计13人；比乐街3户，男6人和女4人，计10人；教堂街4户，男6人和女5人，计11人；洁净街1户，男3人和女2人，计5人；巴陵街4户，男10人和女11人，计21人；巴山街2户，男4人和女8人，计12人；宣化街1户，男2人和女2人，计4人；十字街2户，男2人和女2人，计4人；平安街3户，男4人和女6人，计10人；宣文街4户，男8人和女7人，计15人；宣威街3户，男6人和女4人，计10人；宣义街男1人，计1人；平准街1户，男3人和女1人，计4人；联部街1户，男1人，计1人；文明街1户，男2人和女2人，计4人；文化街1户，男2人和女1人，计3人；文景街1户，男1人和女1人，计2人；文政街1户，女2人，计2人；通顺街1户，男1人和女1人，计2人。

旧哈尔滨区的波兰人14户，男19人和女37人，计56人。陆军街2户，男2人和女3人，计5人；军政街，男1人和女1人，计2人；四史街1户，男1人和女1人，计2人；三辅街1户，男1人和女2人，计3人；步兵街1户，男4人和女3人，计7人；工兵街2户，男2人和女1人，计3人；辎重街1户，女1人，计1人；野营街2户，男3人和女1人，计4人；军队街，男1人和女2人，计3人；卫生街，女5人，计5人；菜园街2户，女4人，计4人；延福街1户，女10人，计10人；文化屯1户，男3人和女2人，计5人。

太平区的波兰人1户，男2人和女1人，计3人。大嘎哈屯1户，男2人和女1人，计3人。

水乡区的江平街2户，男2人和女1人，计3人；水警街2户，男5人和女1人，计6人；通桥街，女1人，计1人；平权街1户，女2人，计2人；平民街1户，男1人和女1人，计2人；石当站街1户，女1

人，计1人。

未定区域7户，男9人和女6人，计15人。

监狱囚人及留置人总数中波兰人2人，计2人。关于波兰人在哈尔滨的犯罪行为也是有据可查的。据《波侨亦行窃》报道："日昨午前十时倾，由满洲制粉会社店员由正隆银行提取日金一万元，拟转存朝鲜银行，行至，则因有人正在交易，在外室稍候，适有绅士装束之俄人三名行至木田近侧，故作谈话，移时一同走去，木田忽然发觉所携钱款少二千五百元，既时向外追出，该三人向南飞奔，遂喊令前方堵截，至地段街拐角地方，被某日人堵获一名，由其身畔搜得日金五百元，以电话报告警署，派来刑事（即司法警察）三人，将该匪绑去，当日即行引渡，二分署转送总警察处，讯得该匪名伊万米海洛伊，年三十岁，系波兰人，伊等党徒甚夥多，在上海、奉天等处活动，近来在哈已作案数次，中外商民应注意及之。"①

小　结

综观上述史料，哈尔滨的人口普查和统计（指新中国成立前）与"波兰人在哈尔滨"的人口状况呈现如下特点：从统计机关来看，中国、俄国稍不及日本对哈尔滨的人口普查和统计，甚至波兰本国也没有确切的数据。这方面可以反映出两个问题：一是俄国把哈尔滨（傅家甸除外）作为铁路附属地，从俄国传统上讲没有注重人口普查和统计②；中国政府机构如道台衙门及道尹（1907—1928年）只能统辖傅家甸等区域，不能涉及中东铁路附属地部分。习惯上，中国政府机构也是以户数为基准。1945年至1949年新中国成立前后的哈尔滨人口数据因为解放战争等原因的确难以统计，流动性和不确定性过大。

二是日本从1932年2月5日进入哈尔滨甚至更早，几乎每年都会对哈尔滨进行人口普查和统计，具体到每个区、每条街、每个户和每个人。需要指出的是，日本对哈尔滨的人口统计亦不是准确无误的。从这方面也可

---

① 《滨江时报》1925年10月28日第7版。
② 俄文版的《哈尔滨年鉴》1926年、1927年，哈尔滨市图书馆藏，索书号K923.5/T353、K923.3/T353（后改为K923.51）。

"窥视"出日本侵吞中国建立"大东亚共荣圈"的野心。这也是日本侵华的一个不可否认的证据，如日本的满铁调查部与《满铁调查月报》等。从统计数据来看，波兰人首先是作为俄侨的一部分来到哈尔滨的，"波兰人在哈尔滨"的分布情况与俄国人在哈尔滨的状况是相似的。他们主要集中在香坊区、埠头区、新城区和新阳区（埠头区和新阳区即现在的道里区，新城区即秦家岗也就是现在的南岗区），也就是中东铁路的附属地范围之内。并且，他们亦基本集中在中央大街、新阳路和大直街等主要街道及附近地区。

从变化原因来看，"波兰人在哈尔滨"的人口变迁是以中国、俄国、日本和波兰的自身情况及其关系为背景和前提的。俄国、普鲁士和奥地利三国于1772年、1793年和1795年对波兰进行三次瓜分。1795年，波兰亡国；19世纪拿破仑战败后，波兰的大部分领土归属俄国；但在俄国发生十月革命后，波兰于1918年11月获得独立。像犹太人在哈尔滨一样，"波兰人在哈尔滨"之所以被单独统计也是他们的自身民族意识使然。1921年，"满洲的波兰人开始急剧减少，这是因为波兰战俘和难民已经开始遣返回波兰。还有一部分原先在中东铁路工作而在满洲定居的波兰人一起被遣返回国，于是发生了返俄和返波兰的浪潮"。尽管波兰是"同日本的同盟国作战，但波兰驻哈尔滨领事馆一直工作到1941年，波兰中学一直存在到1943年。之所以会形成这种局面，是因为当时的日本关东军特务机关长柳田元三对波兰人采取了亲善政策。而从其离开之后（调任33师团长），波兰人的情况急剧恶化"[①]。

1945年至中华人民共和国成立初期，哈尔滨的人口统计（全国应该也是这种状况）相对薄弱。因此，研究者要查阅这个时期的相关数据并非易事。20世纪50年代，"在哈尔滨的波兰人大多已回波兰也有一部分人去了澳大利亚、北美和巴西。在哈尔滨的最后一位波兰人斯托卡尔斯基，于1993年挥泪告别了生活77年的哈尔滨，回到自己的祖国。"[②]

---

① ［波兰］彼特拉夏克·玛尔戈让塔：《哈尔滨的波兰侨民》，刘润南译，《黑河学院学报》2015年第2期。
② 贺颖主编：《他乡亦故乡：俄罗斯人回忆哈尔滨》，赵喜罡、郭秋萍编译，黑龙江人民出版社2010年版，第252页。

关于新中国成立后"波兰人在哈尔滨"人口的具体情况，据《建国后哈尔滨市外侨人口数量和国籍变动状况统计》介绍："1946 年 1145 人；1949 年 302 人；1950 年 204 人；1951 年 177 人；1952 年 168 人；1953 年 144 人；1954 年 122 人；1955 年 91 人；1956 年 89 人；1957 年 69 人；1958 年 53 人；1959 年 36 人；1960 年 27 人；1961 年 23 人；1962 年 19 人；1963 年 17 人；1964 年 8 人。1971 年和 1972 年 7 人；1973 年和 1974 年 6 人；1975 年、1976 年、1977 年、1978 年和 1979 年各 5 人；1980 年至 1988 年各 1 人；1990 年 1 人。"[①] 1948 年 2 月，哈尔滨市进行外侨户口登记时，波兰人是"887 人"[②]。从历史发展的历程和人口变化的规律来看，"波兰人在哈尔滨"的人口数量的变动是合乎情理的。

但是，从其他一些资料中，研究者可以找到"波兰人在哈尔滨"的蛛丝马迹。根据《1953 年哈尔滨犹太宗教公会会员名册》统计，"苏联人 395 人；无国籍者 29 人；以色列人 3 人；波兰人 19 人；匈牙利人 1 人；日本人 1 人；国籍不明者 6 人；共计 454 人"[③]。其中，波兰人的情况如下[④]：

表 4.5　　1953 年哈尔滨犹太宗教公会会员名册中的波兰人情况表

序号	姓氏	性别	名字	出生时间（年）	住址
102	格罗斯曼	男	格里戈里	1885	东商务街 23 号
103	格罗斯曼	女	克拉拉	1893	东商务街 23 号
104	格罗斯曼	男	伊利亚	1927	东商务街 23 号
170	科罗杰尔	男	菲舍尔	1887	大坑街 19 号
171	科罗杰尔	女	马尔卡	1889	大坑街 19 号
188	莱温	男	基尔什	1881	大坑街 19 号
203	利赫季格	男	约胡农	1894	经纬街 172 号

---

① 薛连举：《哈尔滨人口变迁》，黑龙江人民出版社 1998 年版，第 257—258 页。
② 薛连举：《哈尔滨人口变迁》，黑龙江人民出版社 1998 年版，第 263 页。
③ 曲伟、李述笑主编：《哈尔滨犹太简明辞书》，社会科学文献出版社 2013 年版，第 551 页。
④ 曲伟、李述笑主编：《哈尔滨犹太简明辞书》，社会科学文献出版社 2013 年版，第 542—544、546、548—549 页。

续表

序号	姓氏	性别	名字	出生时间（年）	住址
204	利赫季格	女	贝尔塔	1910	经纬街172号
205	利赫季格	男	阿布拉姆	1944	经纬街172号
256	涅伊费利德	女	马利亚姆	1880	沙曼街4号
281	博尔特涅尔	男	艾玛努伊尔	1889	商市街41号
330	谢加尔	女	沙伊娜	1881	短街14号
351	杰佩尔	男	哈依姆	1889	炮队街9号
352	杰佩尔	女	尤丽娅	1894	炮队街9号
353	杰佩尔	男	伊萨克	1922	炮队街9号
354	杰佩尔	女	丽娅	1922	炮队街9号
355	杰佩尔	男	别尔	1946	炮队街9号
356	杰佩尔	男	杰奥多尔	1952	炮队街9号
377	菲什巴伊姆	男	绍洛姆	1914	面包街17号

此外，在涉及犹太人在哈尔滨的情况时，也涉及波兰人。1956年，"哈市现有犹太人（即教徒）194人，其中苏联籍180人，波兰籍7人，无国籍7人"[①]。

第三节 关于"犹太人在哈尔滨"的历史文化研究

自2000年成立以来，黑龙江省社会科学院犹太研究中心2003年首先出版了曲伟主编的《犹太人在哈尔滨》大型画册，这与《犹太人在中国》《犹太人在上海》《犹太人在天津》共同构筑了犹太人在中国不同地区生活的完整画卷，让大家对犹太人在中国的境遇有了初步了解。2004年出版的《哈尔滨犹太人》研究文集，"在某种程度上代表了国内研究哈尔滨犹太人

---

① 《黑龙江省人委宗教事务处·外交部、国务院宗教局、哈市人委宗教处等四个单位关于处理外侨教会房地产和外资财产的指示、通知（1956年1月13日至1956年12月）》，黑龙江省档案馆藏，全宗号159目录号2卷号45，第84页。

问题的最高水平"①。2007年，犹太研究中心又出版了《哈尔滨与世界犹太人》论文集，2007年，还出版了西奥多（特迪）·考夫曼的《我心中的哈尔滨犹太人》一书。这期间，犹太研究中心还多次举办国际学术研讨会，哈尔滨犹太人问题研究初具规模。

李述笑、曲伟、刘爽、张铁江等人的著作或论文在"犹太人在哈尔滨"研究中"各领风骚"。其中，李述笑奠基功劳不可忽视，他的《哈尔滨犹太人历史年表》《哈尔滨犹太复国主义组织述略》等文章具有开创作用。2007年，刘爽的《哈尔滨犹太侨民史》"涉及犹太人流散迁移史、犹太复国主义史、俄国侨民史、东北亚国际关系史、东北近现代史、东北经济史、哈尔滨地方史等诸多领域，对这些错综复杂的因素进行综合研究，使本书不仅具有较高的学术价值，而且也有着重要的现实意义"②。2003年，张铁江的《揭开哈尔滨犹太人历史之谜——哈尔滨犹太人社区考察研究》一书，"把哈尔滨犹太人从传统的俄侨中分离出来，更加注重研究犹太人的民族性，把社会上关注哈尔滨犹太人的传说，用历史事实科学地加以印证和阐释"等。

此外，国内省外的潘光、王健、房建昌等也关注犹太人在哈尔滨的历史文化研究。上海社会科学院潘光发表于《社会科学》2005年第5期的《俄国犹太人来华之潮流和哈津沪俄犹社团的形成与发展》和发表于《社会科学》2006年第2期的《来华犹太人的国籍和法律问题（1840—1945）》，上海社会科学院王健的《关于日占时期哈尔滨犹太社区的几点思考》及中国社会科学院房建昌的《上海和哈尔滨犹太圣衣社述略》《近代中国东北的犹太人》等论文，也从不同时期、不同角度对犹太人在哈尔滨的历史文化进行了论述和阐释。

这些专著、论文集和论文的出版和刊发，都为研究犹太人在哈尔滨的历史文化奠定了坚实的基础。

2007年，原哈尔滨犹太社区主席考夫曼之子、现以色列原居中国犹太人协会主席西奥多（特迪）·考夫曼在《我心中的哈尔滨犹太人》一书中

---

① 曲伟、李述笑主编：《哈尔滨犹太人》，社会科学文献出版社2004年版，第364页。
② 刘爽：《哈尔滨犹太侨民史》，方志出版社2007年版，前言第2页。

指出:"1898 年,哈尔滨城市开始兴建。此前,这里仅是一个小村庄。第一批犹太人随着哈尔滨城市的建设而来,最后一批于 1963 年归国离去,犹太社区在哈尔滨生息繁衍了 65 年。哈尔滨犹太人来自不同的地域,有着不同的传统,一些人受过良好的教育,博学多才;另外一些人是文盲,缺乏最基本的犹太宗教知识,但是这些不同背景的犹太人很快就与社区融为一体,适应了新环境。这是犹太社区最为显著的特点之一。与流散到德国、波兰及其他国家的犹太人不同,他们用了近百年时间才团结、凝聚在一起,而哈尔滨犹太社区几乎是在一夜间就形成了。"①

西奥多(特迪)·考夫曼的这段话比较全面地记述和评价了犹太人在哈尔滨的历程及其特点。在《我心中的哈尔滨犹太人》一书中,他就犹太人在哈尔滨的生活状况进行过叙述。同时,国内外也有许多专家、学者对此做过大量的专门研究。由于相关资料的缺乏、研究者知识背景的"欠缺"等造成了认识上的"误读","犹太人在哈尔滨"的研究仅处于"刚刚开始"阶段。本书在前人研究的基础上,提出一些自己的观点和想法,就具体的关于犹太人在哈尔滨的历史再做进一步论述和阐释。

一 概念阐释:移民、难民、侨民、流人

笔者首先对移民、侨民、难民与流民等专业术语的概念进行阐释。关于移民的具体含义,学术界说法不一,目前尚无定论。《现代汉语词典》(第 5 版)把移民定义为,居民由一地或一国迁移到另一地或另一国落户。迁移到外地或外国去落户的人。②《辞海》中则有两种解释:(1)迁往国外某一地区永久定居的人;(2)较大数量、有组织的人口迁移。我国著名人口史、移民史专家葛剑雄教授指出,移民是"人口从原居住地迁移到其他地方居住",这是动词意义上的移民;作为名词,移民则是指"进行这种迁移行为的人"③。

"从各种辞书、著作对移民所下的定义,可以看出,其分歧的焦点主

---

① [以]西奥多(特迪)·考夫曼:《我心中的哈尔滨犹太人》,刘全顺译,黑龙江人民出版社 2007 年版,第 3 页。
② 《现代汉语词典》(第 5 版),商务印书馆 2006 年版,第 1606 页。
③ 葛剑雄:《中国移民史》第一卷,福建人民出版社 1997 年版,第 5 页。

要在于人口从甲地到乙地后,在乙地居留时间的长短问题。"① 有的研究者认为,只有永久居住的迁移者是"移民";有的学者则认为,只要有迁移的行为就是"移民"。

目前,大多数国家采用联合国的定义,认为凡旅居国外至少一年的人就算移民。但实际上问题并没有这么简单。首先,"移民"这一概念将种种境况中形形色色的人都包罗其中。其次,要真正统计移民数量,确定他们在国外的时间也相当困难。最后,确定移民身份何时终止与确定移民身份何时获得同样重要。终止移民身份的方式一是重返故土,二是成为新国家的公民,而限定这种身份转变的程序则千差万别。移民常见的分类方式是区分"自愿"和"被迫"移民。后者指由于冲突、迫害,以及诸如干旱或饥荒等环境的原因,而被迫离开本国迁往他国的人。这些人通常被称为难民。②

1997年出版的《风雨浮萍——俄国侨民在中国(1917—1945)》一书中对"侨民"的解释是:"通常把那些由于某种政治的、经济的、宗教的或其他原因,被迫或自愿地从自己的祖国迁居到其他国家的居民称作侨民。这些人中,有的仍保留原先的国籍;有的则放弃或失去了原先的国籍,但并未加入新的国籍,从而成为'无国籍者';还有的加入了侨居国的国籍。"③ 赵鑫珊教授在刚刚出版的《上海白俄拉丽莎》一书中介绍,"所谓俄侨,成分包括旧俄、俄籍犹太人、乌克兰人和已入中国籍的俄国人"④。

1937年商务印书馆出版的《保护侨民论》一书中指出:"一个人居留于国外,其本国视之为侨民,而其居留地国家视之为外侨。"又强调:"就属人法而言,以国家对于其人民,无论居留何地,必须受本国法律之拘束;就属地法而言,一国家对于在其国境内之人,无论为本国人抑或外侨,概须受当地法律之约束。"⑤ 侨民——国际移民,显然是指那些自愿移

---

① 范立君:《近代关内移民与中国东北社会变迁(1860—1931)》,人民出版社2007年版,第13页。
② [美]哈立德·科泽:《国际移民》,吴周放译,译林出版社2009年版,第14页。
③ 李兴耕等:《风雨浮萍——俄国侨民在中国(1917—1945)》,中央编译出版社1997年版,前言第1页。
④ 赵鑫珊:《上海白俄拉丽莎》,文汇出版社2010年版,第15页。
⑤ 薛典曾:《保护侨民论》,商务印书馆1937年版,第1页。

民，尤其是非政治移民，而不应是难民，因为难民已经失去了任何国家的法律和外交的保护，而侨民则不然，他们是些虽移居在外但仍拥有其国籍因而受到其国籍国保护且又未加入其侨居国国籍的人。

什么是流人？著名流人、流人史与流人文化研究专家李兴盛在《中国流人史与流人文化概论》一书中指出，流人就是由于以惩罚、实边戍边或被以掠夺财富为指导思想的统治者认为有罪而被强制迁徙（流放或贬逐）边远之地，并采取一定的管制措施的一种客籍居民。简言之，流人就是统治阶级认为有罪而被强制迁徙（流放或贬逐）之人，即流放贬逐者，它既指流人整体而言，又指个体（一人）或部分。同时，李兴盛还概括出流人的五大特点：第一，流人是被惩罚的对象，在阶级社会中则是阶级专政的对象；第二，流人是统治阶级掠夺财富或实边戍边政策的产物；第三，流人是统治者认为有罪的人；第四，强制迁徙，是流人区别于自发的流民及有组织有计划的移民的根本标志；第五，迁徙之地，多为僻远。①

在了解了与犹太人相关的概念后，犹太人在哈尔滨的"探源"是一个首先需要厘清的问题。

二 "追根溯源"：俄籍犹太人的来龙去脉

从历史上看，犹太人可以分为阿什肯纳兹人和塞法迪（也有人称为"塞法迪姆"）人两部分。据南京大学著名犹太学专家徐新、凌继尧主编的《犹太百科全书》介绍，阿什肯纳兹人是中世纪著作中称谓居住在莱茵河畔，而后来称谓居住在整个日耳曼地区的犹太人的术语。随着时间的推移，它不仅指称德国犹太人，而且指称按出身是中世纪德国犹太人后裔的所有犹太人。按照现代的理解，这个称谓指属于上述社会和文化综合体的那部分犹太人。阿什肯纳兹人这个术语用来表示同塞法迪人的某种对比，塞法迪人指在西班牙和葡萄牙形成的犹太文化综合体。"阿什肯纳兹人"表示包括法国北部、德国和斯拉夫国家的犹太社区特殊的文化共同性。②上海社会科学院著名犹太学专家潘光、王健在《一个半世纪以来的上海犹

---

① 李兴盛：《大荒集》，黑龙江教育出版社 2009 年版，第 11—12 页。也见李兴盛《流人史流人文化与旅游文化》，黑龙江人民出版社 2008 年版，第 14—15 页。
② 徐新、凌继尧主编：《犹太百科全书》（修订版），上海人民出版社 1998 年版，第 418 页。

太人——犹太民族史上的东方一页》中概括为，阿什肯纳兹（Ashkenazi）犹太人，原指欧洲犹太人，后来主要指中欧、东欧及俄罗斯犹太人。塞法迪（Sephardi）犹太人，原指从西班牙被驱逐出来的犹太人，后来泛指从地中海沿岸，特别是西亚北非移居世界各地的犹太人。① 俄国的犹太人属于阿什肯纳兹犹太人。

大约在1世纪时，就有一些犹太人陆续迁徙到东欧的克里米亚、乌克兰、西白俄罗斯、波兰和立陶宛等地区。在欧洲历史上具有毁灭性的瘟疫出现在1348—1361年。这是一场腺鼠疫天灾，后来一般称为黑死病。黑死病发生后，人民"开始寻找罪犯，贵族、残疾人和犹太人相继遭到怀疑，尤其是犹太人，其被怀疑有意用一种所谓毒药污染井水或是涂抹房屋和人来传播瘟疫。""在弗赖堡，所有被认出来的犹太人被赶进一个大木屋里烧死。在斯特拉斯堡，据说有两千多人被吊死在竖立在犹太人坟地的一个绞刑架上。迫害如此残酷，以至开明的教皇克莱蒙特六世颁布了两道诏书，宣布犹太人是无辜的。许多犹太人逃离西欧去德意志和波兰。""在那里，他们受到宽容并建立了数量迅速增加的社区，这一现象可以部分解释为什么19世纪和20世纪前期在俄国西部、德国东部、波兰和奥地利东北部会有大量犹太人。"②

作为一个外来民族，犹太人是在18世纪后半期真正大批进入俄国。这主要是通过沙皇叶卡捷琳娜二世（1762—1796）三次吞并波兰实现的。处于波罗的海与黑海之间的波兰，由于它重要的地理位置，一直是俄国沙皇的觊觎之地，从彼得一世（1682—1725）到叶卡捷琳娜二世都奉行吞并波兰的政策。1772年8月5日，俄国、普鲁士和奥地利在彼得堡签署了第一次瓜分波兰的条约。根据条约，俄国得到了拥有92000平方公里和130万人口的德鲁奇河、西德维纳河和第聂伯河之间的白俄罗斯和拉脱维亚的部分领土。1793年，俄国和普鲁士在彼得堡签订了第二次瓜分波兰的协议。根据协议，俄国得到共有25万多平方公里的白俄罗斯和立陶宛的一部分领

---

① 潘光、王健：《一个半世纪以来的上海犹太人——犹太民族史上的东方一页》，社会科学文献出版社2002年版，第9页。
② ［英］弗雷德里克·F.卡特赖特、迈克尔·比迪斯：《疾病改变历史》，陈仲丹、周晓政译，山东画报出版社2004年版，第39页。

土以及第聂伯河以西乌克兰的大部分地区。1795 年 10 月 24 日,俄国、普鲁士和奥地利签订了第三次瓜分波兰的协定。根据协定,俄国吞并了 12 万平方公里的立陶宛、库尔兰、西白俄罗斯和沃伦西部地区,把边界推进到了涅曼河—布格河一线。通过三次吞并,大量的波兰犹太人并入了俄国。1815 年,俄国(包括俄属波兰)犹太人约有 120 万①,到 19 世纪中期俄国境内的犹太人大约为 240 万,19 世纪末已接近 500 万,俄国成为世界上犹太人最多的国家②,占当时全世界犹太人的三分之二。③

从 19 世纪初开始,俄国犹太人就被排斥在俄国本土之外,他们被限制在从波罗的海到黑海的"隔离区"(又称栅栏区,Pale of Settlement)。在"隔离区"里,大多数犹太人居住在黑暗的地下室或者湿墙湿顶的简陋狭小的房子里,10 个人住一个房间,拥挤地生活在压抑的气氛中。他们主要从事木业、制锁业、制袜业、制革业、香烟和火柴业等行业,通常在拥挤和空气滞塞的工作环境中劳作 16—18 个小时。④ 一份关于 19 世纪 80 年代犹太人状况的俄国政府委员会的调查报告称 90% 的犹太人是"仅够糊口的无产阶级";到 19 世纪末,将近一半的犹太人靠他们中有工作的人提供的慈善金维持生活。⑤ 在俄国,他们不仅没有公民权,而且特别法对他们的居住、商业和婚姻等问题严加限制。

沙皇政府为了所谓"不让犹太人败坏俄国社会",采取同化、排犹、反犹和屠杀犹太人的政策。16 世纪伊凡四世即位后,他就禁止犹太人在俄国居住;17、18 世纪,沙皇政府多次拒绝波兰犹太人来俄国居住的申请,彼得一世说:"我宁愿接受伊斯兰教徒和异教徒,也不要犹太人。"叶卡捷琳娜二世在 1762 年允许外国人来俄国旅行、居住,但犹太人不在范围之内。然而,18 世纪 70 年代俄国从奥斯曼土耳其手中接管的乌克兰南部的

---

① 陈斯骏、余崇建:《历史上的犹太国和犹太复国运动》,《世界史研究动态》1984 年第 1 期。
② 参见余建华《1882—1914 年犹太复国主义运动初兴阐析——兼谈现代阿犹冲突的起源》,《西亚非洲》1997 年第 4 期;肖宪《中东国家通史·以色列卷》,商务印书馆 2001 年版,第 42 页。
③ 徐新:《犹太百科全书》,上海人民出版社 1993 年版,第 539 页。
④ John Rose, *The Myths of Zionism*, Pluto Press, 2004, pp. 104 – 105.
⑤ [英]诺亚·卢卡斯:《以色列现代史》,杜先菊、彭艳译,商务印书馆 1997 年版,第 3—5 页。

以前鞑靼的地域则是个例外。这个新俄罗斯地区向犹太人和其他少数民族开放，以便增加当地人口和发展当地的经济。这一地区的主要城市敖德萨很快成了犹太生活的一个主要中心。1791 年，由于莫斯科的东正教商人要求在与犹太商人的竞争中得到保护，因此犹太商人被禁止居住在俄国中部。① 保罗一世（1796—1801）时期，颁布了建立"犹太人居住区"的法令，规定犹太人只能居住在白俄罗斯和乌克兰，且不得在首府居住。亚历山大一世（1801—1825）在位时，下令将犹太人从白俄罗斯农村赶走；尼古拉一世（1825—1855）时，制定了反犹法令，这两个沙皇实施了屠杀犹太人的政策；亚历山大二世执政（1855—1881）初期，犹太人的文化水平得到了迅速提高，犹太中学生人数显著上升，到 1873 年已占中学男生人数的 13.2%。但在他统治后期，反犹报纸就指责犹太大学生和中学生在俄国国民学校中所占比例过高，致使俄国政府对犹太人入学重新规定了苛刻的限制。② 同时，接受大学教育的犹太人的日益增多也加深了俄国民众对犹太人的普遍怀疑和敌意，因为他们认为这样会引起社会主义和革命思想。③

1871 年敖德萨发生了排犹暴乱，犹太人死伤近百人。

1881 年 3 月 1 日，沙皇亚历山大二世在彼得堡遇刺身亡。沙皇政府称参加这次谋杀的民意党人中有一位犹太妇女，俄国当局竭力描述这次迫害情况，以将民愤转移到俄国犹太人身上。全国掀起了屠杀犹太人狂潮，亚历山大二世的继承者沙皇亚历山大三世（1881—1894，Tsar Alexander Ⅲ）镇压了革命活动，所有的自由反抗和革命活动遭到打击。④在接下来的几个月里，至少有 160 个城市和村庄出现暴乱，一开始集中在俄国南部和乌克兰，后来在华沙和诺夫哥罗德也时有发生。在彼得堡的美国大使约翰·福斯特（John Foster）向美国政府报告："近来发生的这些事件比如今这个世

---

① ［美］罗伯特·M. 塞尔茨：《犹太的思想》，赵立行、冯玮译，生活·读书·新知三联书店 1995 年版，第 531 页。

② ［以］阿巴·埃班：《犹太史》，中国社会科学出版社 1992 年版，第 294 页。

③ Robert. M. Seltzer, *Jewish People, Jewish Thought: the Jewish Experience in History*, Macmillan Publishing Co., 1994, p. 693.

④ Peter N. Stearns, *The Encyclopedia of World History*, sixth edition, James Clarke and Cambridge, 2001, pp. 510 – 511.

纪更配称为'黑暗时代'（Dark Ages）。"① 而事实上，如列宁所言，这是"把穷国的工人和农民的仇恨引导到犹太人身上去"②。这次迫害"导致了日益增长和无法控制的动荡和在俄国日益刻毒的反犹主义，这些也激起了反犹主义在整个西欧和中欧的流行"③。

  这两起迫害事件的发生，使成千上万原先主张以同化方式融入俄国社会来解决犹太人备受迫害的问题的犹太人思想发生突变。屠杀使俄国的犹太人清醒地认识到犹太人要在俄国获得解放和公民平等的权利是根本没有希望的。因为这些屠杀表明，这种暴乱不仅是可恶的农民的劣迹，而且学生、新闻界的民粹革命者也都积极怂恿。这种恐怖活动，连当时最受崇拜的俄国作家们［除克鲁泡特金（Kropotkin）和拉甫洛夫（Lavrov）④］也对其表示默许。⑤ 这使"同化的犹太人也认为自身是不安全的"⑥。俄国犹太人开始反思试图放弃本民族信仰的一系列做法，这直接导致了犹太回乡思潮朝着民族解放运动的方向发展，鼓舞了越来越多的犹太人积极投身到正在兴起的犹太复国主义运动中去。平斯克就是其中一员，正是在这些迫害事件的刺激下，平斯克写下了《自我解放》。⑦

  关于俄国犹太人的论述，我们可以阅读黑龙江省社会科学院刘爽的《哈尔滨犹太人探源》、上海社会科学院潘光发表于《社会科学》2005年第5期的《俄国犹太人来华之潮流和哈津沪俄犹社团的形成与发展》以及石岩、戴伟的《犹太人移居哈尔滨的历史及其作用》⑧ 等文章。华东师范大学2001级本科生中2005年完成的毕业论文《十九世纪俄国反犹浪潮成因初探》，也值得大家参考。在探讨犹太人在哈尔滨的历史文化时，"最

---

① Arthur Herzberg, *The Zionist Idea: a Historical Analysis and Reader*, New York: Atheneum, 1984, p. 180.
② 《列宁全集》第29卷，人民出版社1985年版，第221页。
③ *Encyclopedia of Jewish History-Events and Eras of the Jewish People*, Facts on File, 1986, p. 114.
④ Monty Noam, *The Emergence of Zionist Thought*, Associated Faculty Press, 1986, p. 32.
⑤ ［英］诺亚·卢卡斯：《以色列现代史》，杜先菊、彭艳译，商务印书馆1997年版，第18页。
⑥ Philip Matter, *Encyclopedia of the Modern East and North Africa*, Macmillan Reference, 2004, p. 1024.
⑦ 参考和引用高龙彬《〈自我解放〉和列奥·平斯克的犹太复国主义思想》，硕士毕业论文，北京师范大学历史学院，2007年，导师张建华教授。
⑧ 载《北方文物》1992年第2期。该文后在《世界民族》2013年第4期刊发部分内容。

早"或"第一个"来哈尔滨的犹太人和他的身份,尤其是身份往往是研究者或读者首先关注的问题。

1896年,俄国与清政府签订了《中俄密约》,取得了中东铁路的修筑权。经过俄国工程技术人员的勘察设计,把哈尔滨定为中东铁路的枢纽。1898年,开始向西、东、南三个方向修筑铁路。大量俄国工程技术人员、管理人员、筑路工人开始涌入哈尔滨。

三 《中俄密约》:最初来哈尔滨的犹太人的"身份"意义

目前,关于最初来哈尔滨的犹太人"是谁",学界众说纷纭,没有定论。同时,也鲜有学者强调他们的"身份"意义及来哈的国际"背景"。

西奥多(特迪)·考夫曼在《我心中的哈尔滨犹太人》一书中提道:"1898年,犹太人开始在哈尔滨定居,犹太社区及会堂于1903年正式建立。第一批移居哈尔滨的犹太人来自西伯利亚。"他还说:"19世纪末,随着中东铁路路轨的铺设,犹太人来到满洲。""首批到来的是级别不一的铁路工人,其后是投资商、承包商、供应商和自由职业者(包括医生、工程师、律师和建筑师等等)。"[①]

李述笑在《哈尔滨犹太人历史年表》中讲道:"随着中东铁路的建设,S.L.别尔采里成为第一个来哈尔滨的犹太人。"他在《格·鲍·德里金其人》一文中考证:"据《犹太生活》杂志1939年1月3—4期哈尔滨犹太宗教公会成立35周年纪念文章中载,第一个来到哈尔滨的犹太人是雅克夫·伊列维奇·别尔采里。他来哈的时间是1899年。"他强调,此说"可靠,《犹太生活》杂志更为权威"[②]。

张铁江在《第一个来哈尔滨的犹太人——格利高里·德里金的墓碑发现记》一文中谈道:"笔者在哈尔滨市东郊的犹太人墓地发现了第一个来哈尔滨的犹太人的希伯来文墓碑,揭开了谁是最早到达哈尔滨的犹太人这个百年之谜。""此次发现的希伯来墓碑证实:格利高里·鲍里索维奇·德里金是第一个(1894)来到哈尔滨并在此长期居住的俄籍犹太人,即第一

---

① [以]西奥多·考夫曼:《我心中的哈尔滨犹太人》,刘全顺译,黑龙江人民出版社2007年版,第3—4页。
② 曲伟、李述笑主编:《哈尔滨犹太人》,社会科学文献出版社2004年版,第78页。

个来哈尔滨的'阿什肯纳兹'（指来自东、中欧及俄罗斯的犹太人）犹太移民。"①

薛连举指出："1898年之后，哈尔滨成为帝国主义和资本主义国家榨取中国人民血汗的基地和各国商人资本家发财致富的乐园。犹太商人就是在这一历史背景下来到哈尔滨的。"他还强调："进入哈尔滨的犹太人，最早是在中东铁路开筑时随俄国人而来的建筑工程技术人员，随后就是来自俄国、波兰、立陶宛、爱沙尼亚、拉脱维亚以及西欧国家的犹太商人。"②

李锡岐在《犹太教传入哈埠的情况》一文中介绍："犹太教在1898年由帝俄传入哈尔滨市。当时由于修建中东铁路，工程技术人员相继来哈尔滨市，其中信仰犹太教人员较多。"③

丹·本-卡南在《卡斯普事件——1932—1945年发生在哈尔滨的文化与种族冲突》一书中强调："犹太人因为各种原因来到哈尔滨，这些原因包括商业机遇和他们认为将是一个自由的环境。"④ 美国加利福尼亚大学伯克利分校教授格里高利·格罗斯曼在《构建东北：1900—1940年间满洲的犹太人企业》一文中讲道："犹太人被吸引到了满洲，除了纯粹的经济原因外，更重要的是满洲的相对宽容和自由的氛围：不论是官方的、经济的、还有社会的。私人企业和私人资本在这里非常需要，也受到普遍欢迎。"⑤

刘爽在《哈尔滨犹太侨民史》一书中介绍和总结各种观点后指出："我们将俄籍犹太人最初到达哈尔滨的时间确定为1896年前后，并且，也不想肯定某个人是来哈尔滨的第一个犹太人。"他解释："因为客观地说，对于根本无法确定的史实，这种稍微模糊的定论在某种意义上可能更为接

---

① 张铁江：《揭开哈尔滨犹太人历史之谜——哈尔滨犹太人社区考察研究》，黑龙江人民出版社2004年版，第5—6页。
② 薛连举：《哈尔滨人口变迁》，黑龙江人民出版社1998年版，第149页。
③ 马维权主编：《黑龙江宗教界忆往》（黑龙江文史资料第三十二辑），黑龙江人民出版社1992年版，第297页。
④ [以]丹·本-卡南：《卡斯普事件——1932—1945年发生在哈尔滨的文化与种族冲突》，尹铁超、孙晗译，黑龙江人民出版社2009年版，第75页。
⑤ [以]西奥多（特迪）·考夫曼、曲伟主编：《哈尔滨犹太人的故乡情》，黑龙江人民出版社2005年版，第313页。

近历史的真实。"①

笔者认同刘爽的观点，但是还要强调这些最初来哈尔滨的犹太人的身份问题和来哈的国际背景问题。首先，这些最初来哈尔滨的犹太人是"淘金"者，而不是"逃难"者，尽管他们原来生活在俄国"栅栏区"。这是要说明他们来哈尔滨"干什么"。其次，1896年，《中俄密约》的签订给俄籍犹太人来哈尔滨提供了契机。这是要说明他们"怎么来"哈尔滨。1896年6月3日，中俄两国签订的《中俄密约》第四款规定，"今俄国为将来转运俄兵御敌并接济军火、粮食，以期妥速起见，中国国家允于中国黑龙江、吉林地方接造铁路，以达海参崴。"②

因此，西奥多（特迪）·考夫曼说："1896年，中国和俄国在圣彼得堡签订了《中俄密约》，这项条约对增强俄国在中俄边境的影响力是举足轻重的。在俄国，总的来说，犹太人受到严厉的限制，而来到俄国所取得的在中国的铁路附属地后，这种境况大为改观。这与俄国当时政策紧密相关。当时，为增加在中国的影响力，俄国不遗余力，他们废除了宗教和民族歧视。因此，生活在那片土地上的不仅有俄国人，还有格鲁吉亚人，甚至早期受其压制的犹太人，他们拥有完全的公民权。从此，犹太人开始向此地移近。"③ 通过考夫曼这些讲述，也足以说明最初来哈尔滨的犹太人不是来哈"避难"。在某种意义上讲，犹太人与其他非犹太人俄籍侨民一样，认为哈尔滨是"他们的"，他们是哈尔滨的"主人"。这不能不说带有某种"殖民"或"侵略"色彩。

笔者认为，俄籍犹太人在俄国国内首先被看重的是"民族"身份，也就是说首先关注的他是哪个民族，而俄籍犹太人来到中国哈尔滨后首先被看重的是"侨民"身份，也就是说首先被关心的他是哪国人，而后才是犹太人的"民族"身份。具体来说，在哈尔滨的俄籍犹太人，首先是个"侨民"，然后才是"犹太人"。针对在哈尔滨犹太人的"民族"身份，犹太人自身也是非

---

① 刘爽：《哈尔滨犹太侨民史》，方志出版社2007年版，第40页。
② 步平等编：《东北国际约章汇释（1689—1919年）》，黑龙江人民出版社1987年版，第130页。
③ ［以］西奥多（特迪）·考夫曼：《我心中的哈尔滨犹太人》，刘全顺译，黑龙江人民出版社2007年版，第4页。

常明确的。他们有自己的墓地、医院、教堂、宗教公会、学校等一整套完整的机构、设施。俄籍犹太人与非犹太人俄侨是有明确"界限"的。

四 犹太人在哈尔滨的人数变化考察

目前,学术界对哈尔滨犹太人人数特别是最多时期的犹太人人数颇感兴趣,讨论集中。代表性著作或文章主要有李述笑、傅明静的《哈尔滨犹太人人口、国际和职业构成问题探讨》,王志军、李薇的《论20世纪早期哈尔滨犹太人的人数问题》以及薛连举在《哈尔滨人口变迁》一书中的《犹太侨民》一节中的人口介绍等。

关于犹太人在哈尔滨的人数,首先列举几个笔者认为可靠的数字。1924年,据俄文版《哈尔滨—傅家甸商工与铁路指南》一书记载,在哈尔滨的犹太人"5848人,其中男2885人,女2963人"。1926年5月5日《滨江日报》介绍:"1367人,其中男807人,女560人。仅区内人口调查。"1919年1月17日《远东报》记载,"7500人。其中20岁以上者4500人,20岁以下者3000人。"① 薛连举在《1916—1930年哈尔滨犹太侨民数量的变动》一表中,把年份误写为"1918年"。据日文报纸《露亚时报》介绍,1920年犹太人在哈尔滨的人数为20000人。而《滨江尘嚣录》第二章第四节记载,迨民国十四年度(1925,笔者注)十月调查,哈埠人口,"犹太一千四百人"②;1929年,在哈犹太人人数为1324人。③ 薛连举指出,犹太人"经常持有双重身份:既持有居住国国籍,又是犹太人"。"1920年以后的不少统计资料,在犹太人的项目下常常标明'包括在无国籍人口中'或'不明'。"因此,"20年代以后犹太人的实际数量,要比统计表上的数量多。"④ 据笔者了解,日伪时期,犹太人在哈尔滨和东北的人数有

---

① 《哈尔滨史志》1984年增刊第5期,《远东报摘编》第九辑,第67页。也见李述笑编著《哈尔滨历史编年(1896—1949)》,哈尔滨市人民政府地方志编纂办公室内部资料,1986年,第82页。
② 辽宁散人:《滨江尘嚣录》,载李兴盛等主编《东游日记(外十六种)》(上),黑龙江人民出版社2009年版,第892页。
③ 参见李述笑、傅明静《哈尔滨犹太人人口、国际和职业构成问题探讨》一文,载曲伟、李述笑主编《哈尔滨犹太人》,社会科学文献出版社2004年版,第42—43页;李兴盛等主编《东游日记(外十六种)》(上),黑龙江人民出版社2009年版,第893页。
④ 薛连举:《哈尔滨人口变迁》,黑龙江人民出版社1998年版,第146页。

比较详细的记录。日本的满洲调查团，也有犹太人在东北的详细调查。

2010年3月，在道里区田地街91号的原丹麦驻哈尔滨领事馆现为哈尔滨国际友好城市展览馆，笔者在哈尔滨馆见到一份1946年3月的《哈尔滨市种族别外侨人口数目调查表》。这份调查表详细显示，犹太人"十四岁以下，男78人，女79人；自十四岁至六十岁，男539人，女626人；六十岁以上，男187人，女171人。总计1680人，其中男804人，女876人"。这是笔者见到的第一份1946年犹太人在哈尔滨的人口档案，具有一定的参考价值和意义。

为展现犹太人在哈尔滨的人口变化，笔者再引用李述笑老师的《哈尔滨犹太人历史年表》中具有代表性年份的犹太人人数。1902年年底，哈尔滨已有犹太人300人，犹太人店铺10余家。1906年，哈尔滨犹太人3000人。1908年，哈尔滨犹太人达6000人。1913年，侨居哈尔滨的犹太人5032人，占哈尔滨侨民总数的11.5%。1919年1月17日《远东报》载，侨居哈尔滨的犹太人7500人，其中20岁以上者4500人，20岁以下者3000人。1920年，大批犹太人从符拉迪沃斯托克等地迁居哈尔滨，哈尔滨犹太人口增至20000人。1922年，侨居哈尔滨的犹太人11000人。1924年，哈尔滨犹太人5848人，男2885人，女2963人，其中在业人口2580人，占总人口的44.12%。1926年，哈尔滨有犹太人1367人，男807人，女560人（统计仅限道里、南岗、香坊）。1927年，哈尔滨有犹太人1352人（仅特别市区内统计）。① 1931年，在哈犹太人2600人。1937年，在哈犹太人1100人。② 截至20世纪30年代中期，70%的犹太人离开了哈尔滨。③

通过对犹太人在哈尔滨的人口变化趋势的分析，笔者认为，犹太人在哈尔滨的人口变化特别大，尤其是1920年至1922年，竟然减少了9000人，并且据目前资料来看1922年后逐年大为减少。之所以出

---

① 据《1927、1934、1945年三年哈尔滨市欧美移民人数明细表》记载，1927年，犹太人1113人。载李德滨、石方《黑龙江移民概要》，黑龙江人民出版社1987年版，第152页。
② 曲伟、李述笑主编：《哈尔滨犹太人》，社会科学文献出版社2004年版，第253—261页。
③ 李兴耕等：《风雨浮萍——俄国侨民在中国（1917—1945）》，中央编译出版社1997年版，第134页。

现这样大的起伏,是由于俄籍犹太人只把哈尔滨看作一个"驿站",在哈尔滨落脚后往天津、上海等内地城市流动。赵喜罡指出:"1920年出现了大批犹太人迁移外地的现象,至7月份共有1万余人离开哈尔滨,去上海、天津,更多的犹太人去了美、英、法等国。"① 同时,"大规模移民浪潮往往发生在历史大变动时期"②,犹太人在哈尔滨的人口波动还与当时俄国的国内和国际形势紧密相连。关于这方面的深入分析还是"凤毛麟角"。

据《哈尔滨俄侨史》介绍,"1917年苏俄十月革命后,大批的俄国侨民迁居哈尔滨,但是俄国侨民迁居哈尔滨的高峰期却是1922年以后的事情。"据有关统计资料记载:1918年时哈尔滨的俄国侨民是60200人,1920年为131073人,1922年为155402人。而到1923年苏俄国内战争结束后,"定居哈尔滨的俄侨一度多达20万人,甚至超过了当地中国居民的人数。哈尔滨成为中国最大的俄侨聚居中心"③。

笔者发现,俄侨大量移居哈尔滨的时候,正是犹太人在哈尔滨逐渐减少的时期,两者的迁移是"不同步"的。俄籍犹太人的迁移与非犹太人俄侨的迁移是"不同步"的。俄籍犹太人迁出与非犹太人的俄侨迁入的关系,还有待专家学者进一步做深入的分析研究。

关于犹太人在哈尔滨的最多人数的讨论,笔者认为,在资料等方面相对不是很充足的情况下讨论意义不大。因为目前普遍认可的20000人,已经让哈尔滨成为公认的远东最大的犹太人社区,尽管薛连举在《1916—1930年哈尔滨犹太侨民数量的变动》一表中列出人数,据《哈尔滨日本商业会议所时报》载:"1921—1922年,犹太人55000余人。"④ 这是哈尔滨犹太社区真正具有的历史意义。诚如对王替夫给12000个犹太人发过入"满"过境签证的讨论一样⑤,我们应该看的也是此举的意义。并不能说人越多就越好,更重要的是要看事件本身具有的意义。王替夫回忆:"当时,

---

① 凌国新主编:《哈尔滨文史资料》(第十九辑),黑龙江人民出版社1995年版,第267页。
② 李兴耕等:《风雨浮萍——俄国侨民在中国(1917—1945)》,中央编译出版社1997年版,前言第1页。
③ 石方、刘爽、高凌:《哈尔滨俄侨史》,黑龙江人民出版社2003年版,第67、71页。
④ 薛连举:《哈尔滨人口变迁》,黑龙江人民出版社1998年版,第146页。
⑤ 曾一智:《城与人——哈尔滨故事》,黑龙江人民出版社2004年版,第366页。

我在公使馆（伪满洲国驻柏林公使馆，笔者注）事务上兼任领事职衔，亲手经办上述事宜，故对犹太人问题比较清楚。德国政府对这些出国的犹太人在出境时，除身上衣服外，只限带衣、帽、鞋一套，现金 10 元。由 1939 年春到 1940 年 5 月末，由柏林伪满公使馆取得入境查证（应为签证，笔者注）的犹太人就达 12000 多人。"① 具体来说，首先是"美国犹太人共济会向在德国被迫害的犹太人提出援救办法，凡愿赴美国者可得美金 400 元，充当旅费，这些离德赴美的都是先到伪满洲国驻柏林公使馆办理入满过境查证，取道上海赴美国"。

俄罗斯哈巴罗夫斯克国立师范大学政治历史系教授罗曼诺娃在《哈尔滨犹太宗教公会的慈善活动》一文中指出："1938 年 3 月，约 20000 名第一批欧洲犹太人难民经过苏联来到'满洲国'。"② 她的数据来自 1943 年第 1 期《犹太生活》（第 17 页）。她接下来还介绍："在这里难民们一如既往地得到了同情和支持。犹太公会经常帮助难民，日本当局没有进行任何干涉。"笔者质疑这种说法。

19 世纪末 20 世纪初，随着犹太人逐渐迁移到哈尔滨，在哈尔滨道里区以通江街的老会堂、经纬街的新会堂作为宗教活动场所，以通江街的犹太妇女慈善会、犹太贫民食堂、哈尔滨犹太养老院作为慈善保障场所，以红专街的犹太私人医院、西五道街的犹太医院作为医疗卫生场所，以东风街犹太第一小学、红霞街犹太第二小学、通江街犹太中学作为教育教学场所，以上游街哈尔滨科学宫的犹太人侨民会（即犹太人协会，后称犹太宗教公会）作为公共管理场所，以集中于中央大街两侧的犹太人开设的银行、商场作为金融商业场所，在哈尔滨以中央大街为中心形成了一个体系完备的犹太人社区。

五 犹太人在哈尔滨的商业经济活动

笔者认为，犹太人的商业头脑是在几千年颠沛流离的生活中被"逼"

---

① 王替夫口述，金淑梅整理：《伪满外交官的回忆》（黑龙江文史资料第二十五辑），黑龙江人民出版社 1988 年版，第 94 页。

② ［以］西奥多（特迪）·考夫曼、曲伟主编：《哈尔滨犹太人的故乡情》，黑龙江人民出版社 2005 年版，第 381 页。

出来的。他们作为一个没有土地和国家的"无根性"民族，在别的国家里只能选择从事商业活动，从中历练出一套经商之道。

在哈尔滨有个说了多年的顺口溜"道外是地狱、道里是人间、南岗是天堂"。这个顺口溜说明了一个时期哈尔滨三个区的人们的不同生存状态，但是不能用来全面描绘当时的实际经济状态。笔者认为，1945 年以前特别是 20 世纪二三十年代，道外形成了以八区为核心的哈尔滨的生产加工中心，道里形成了以中央大街为核心的哈尔滨的金融商业中心，南岗则形成了以东西大直街为核心的哈尔滨的行政管理中心。三个区在哈尔滨的历史上形成了不同职能，并且形成了一个有序运转的体系或系统。犹太人在哈尔滨的活动主要集中在道里区以中央大街为中心的犹太社区，但是在道里、南岗、道外都有他们的"影子"。需要说明的是，尽管当时道里、南岗、道外在行政管理上还属于不同的国家或政府，呈现"两国、三省、四方"的市政管理格局，但是在经济上是互通的。黑龙江大学历史文化旅游学院院长段光达在《哈尔滨早期城市特点刍议》一文中指出，1926 年，哈尔滨的市政管理权依旧没有统一，整个城市一分为四，仍处于多重行政管辖的特殊格局之中。其各自管辖范围如下："傅家店属于吉林省滨江县；道里区、南岗区属于哈尔滨特别市；马家沟、顾乡、香坊、偏脸子、正阳河等其余江南各区，统归东省特别市政管理局属哈尔滨市；松花江哈尔滨段北岸的松浦区，则由黑龙江省长官公署下属的松北市政局管辖（1920 年初该局设立时称马家船口市政局）。"①

"在哈尔滨主要街道上，80% 的生意都是犹太人的。"② 斯基德尔斯基、葛瓦里斯基、卡巴尔金、索斯金、德里金、卡甘、齐克曼、卡斯普等犹太人，在哈尔滨创建了银行、商场、保险公司、啤酒厂、卷烟厂、高级宾馆等。他们凭借着自己的商业智慧，在哈尔滨创造了无数的经济奇迹，"成为哈尔滨早期金融业、工商业的奠基人及哈尔滨最早走向世界的开拓者"。"20 世纪上半叶，犹太人在哈尔滨的房地产业和工商业中占有举足轻重的地位。"③ 笔

---

① 《北方文物》1994 年第 2 期。
② ［以］西奥多（特迪）·考夫曼：《我心中的哈尔滨犹太人》，刘全顺译，黑龙江人民出版社 2007 年版，第 48 页。
③ 曲伟、李述笑主编：《犹太人在哈尔滨》，社会科学文献出版社 2006 年版，第 51 页。

者在此书中，不计划详细地叙述犹太人在哈尔滨的具体经济活动。关于犹太人在哈尔滨的经济活动，读者可以进一步阅读张铁江的《揭开哈尔滨犹太人历史之谜——哈尔滨犹太人社区考察研究》。也可参阅曲伟、李述笑主编的大型画册《犹太人在哈尔滨》，其图文并茂地介绍了犹太人在哈尔滨打造的"经济奇迹"。

针对犹太人在哈尔滨的经济活动的研究，笔者认为，卡斯普、齐克曼等个案研究仅处于起步阶段，没有对这些个案进行非常深入的分析。如个案研究方面①，斯基德尔斯基、葛瓦里斯基的住宅在南岗，而大部分犹太人居住在道里中央大街一带。他们为什么要把住宅建在南岗？斯基德尔斯基、葛瓦里斯基与中东铁路的关系，以及他们之间的关系还有待于厘清。同时，也没有犹太人在哈尔滨的经济活动的整体研究。

在利用犹太资源促进黑龙江和哈尔滨的经济发展中，我省研究者做了《关于引进以色列高新技术，促进黑龙江省经济振兴的研究报告》《哈尔滨与犹太人经贸合作研究》《关于发挥我省对以色列（犹太人）历史人文优势，促进对外经济贸易合作的调研报告》《关于建立"哈尔滨—以色列生态农业科技示范园"的调研报告》《以色列及世界犹太企业在华投资状况研究》等研究，取得了一定的成果。② 但是，我们是否真正了解犹太人，具体效果怎样？"文化搭台，经济唱戏"成为一句空话。早在2006年"哈尔滨犹太历史文化国际论坛"上，澳大利亚的爱理克教授在《关于中国人民和犹太人民的友谊及商业、文化和人才交流方面的提议》中就指出："与中国典型的看法相反，犹太人身份的本质并不意味着统一的形式和集体行动。因此在有效地向犹太人传达信息之前，需要纠正对犹太人存在的一些错误认识。"他提议："什么可能对中国的前犹太居民有吸引力，使他们参与到不仅对中国而且对双方都有益的行动当中来。""除了给予投资者、旅游者和其他利益群体于财政方面的动力之外，团结和激起前犹太居民兴趣的理想方法是使他们团结起来并鼓

---

① ［以］西奥多（特迪）·考夫曼：《我心中的哈尔滨犹太人》，刘全顺译，黑龙江人民出版社2007年版，第48页。
② 艾书琴主编：《黑龙江省社会科学院院史（1960—2010）》，黑龙江人民出版社2010年版，第296—299页。

励他们共同努力。"①

六 "精神纽带"：犹太人在哈尔滨的宗教生活

会堂、宗教公会、墓地等是一个完善犹太人社区的不可或缺的组成部分。

会堂是"犹太人进行公共祈祷、慈善、文娱活动和研读经书的场所，是犹太人的宗教、教育和公共事务中心"②。教堂是一个犹太人社区形成的"标志性"条件，也是犹太人的精神维系之所。由于信奉犹太教的侨民众多，故在哈尔滨设有犹太教堂（祈祷所）四座。其最早的犹太教堂称"西那国加教堂"，于1903年建在道里炮队街（今通江街），次为于1908年建在道里商务街（今上游街）的"加拉伊母宗教公会"，复次为1916年建在马家沟小戎街（今南岗光芒街）的"马家沟礼拜堂"，再次为1920年建于道里斜纹街（今经纬街）亦称为"西那国加教堂"。在哈尔滨犹太教堂临近关闭之时，苏侨吉谢寥夫曾为其中两所教堂的负责人。③"犹太教会堂的出现、普及和发展，在维系犹太民族共同信仰、共同文化、共同感情、共同特征等方面发挥了极为重要的作用。它不仅是犹太人散居期间的精神生活中心，还是犹太人之间的沟通纽带"④。西奥多（特迪）·考夫曼指出："在所有的社区中，哈尔滨犹太社区被视为唯一的宗教社区。其他的社区尽管宗教仪式活动依然进行，但社区成员都过着世俗的生活。"⑤

犹太宗教公会，是"《圣经》中指犹太教最高议院及司法机构"。犹太教公会成员"由三种人组成：在职或退职的大祭司、文士和社会贤达。其中祭司代表神职界，文士代表知识界，社会贤达代表平民"。⑥ 犹太宗教公会是哈尔滨犹太教最高管理机构兼民事管理机构。"1903年犹太公会在中

---

① 《哈尔滨犹太历史文化国际论坛文件汇编》，单位内部资料，2006年，第149页。
② 黄陵渝：《犹太教与文化》，中央民族大学出版社1999年版，第191页。
③ 石方、刘爽、高凌：《哈尔滨俄侨史》，黑龙江人民出版社2003年版，第448—449页。
④ 黄陵渝：《犹太教与文化》，中央民族大学出版社1999年版，第193页。
⑤ [以] 西奥多（特迪）·考夫曼：《我心中的哈尔滨犹太人》，刘全顺译，黑龙江人民出版社2007年版，第8页。
⑥ 黄陵渝：《犹太教与文化》，中央民族大学出版社1999年版，第74页。

东铁路建设中心哈尔滨进行了登记。它的正式名称是哈尔滨犹太宗教公会，时有会员将近 500 人。"① 哈尔滨犹太宗教公会管理市内犹太会堂、图书馆、浴池、墓地和救济贫民食堂等，一切工作由宗教公会理事会领导。哈尔滨犹太宗教公会理事会由 10 人组成，监事 3 人。在 1951 年社会团体登记时，是最后一届理事会。1927 年印制的《哈尔滨犹太宗教公会组织章程》规定了该会的主要职能："补助哈尔滨社区犹太宗教之需要，管理教堂及其教师（神父）经费，管理牲畜宰杀之祈祷；管理和登记本埠犹太侨民之降生、死亡、结婚、离婚等事宜；呈请中国官厅之准许，遵照中国法令，建设侨民学校及其经费之管理或其他犹太侨民文化教育之组织；呈请中国官厅之准许，办理各种慈善事业以救助贫苦之侨民。"②

犹太墓地是哈尔滨犹太历史与文化的重要组成部分。现哈尔滨皇山公墓犹太墓地，是现存远东面积最大的犹太人墓地。张铁江、赵连泰在《哈尔滨犹太人墓地考察研究》③ 一文中研究了哈尔滨犹太人墓地的变迁等问题。文中指出，哈尔滨犹太人墓地，最初的地址在哈尔滨东正教堂（哈尔滨有多处东正教堂，此处应为东大直街东正教圣母守护教堂，笔者注）墓地后侧。1903 年开始埋葬犹太亡者。后迁至哈尔滨市太平区太平桥的太安街墓地，占地约 37500 平方米。根据哈尔滨人民政府 1958 年 5 月 6 日的公告，同年 8 月 6 日，将犹太人老墓地迁往哈尔滨犹太教会新组建的荒山（现称皇山，笔者注）犹太人新墓地。"根据哈尔滨犹太公会的死亡登记名册，并结合墓地名册综合统计，自 1903 年 5 月 28 日，在犹太人老墓地首次埋葬（按老样式）开始，至 1958 年 3 月 5 日最后一次埋葬为止，55 年以来，共有 3173 座犹太人墓葬。其中男性 1923 人、

---

① 梅力霍夫：《哈尔滨犹太社区》，载于《以色列原居中国犹太人协会会刊》，1997 年，第 44 页，转引自俄罗斯哈巴罗夫斯克国立师范大学政治历史系教授罗曼诺娃的《哈尔滨犹太宗教公会的慈善活动》，载［以］西奥多（特迪）·考夫曼、曲伟主编《哈尔滨犹太人的故乡情》，黑龙江人民出版社 2005 年版，第 379 页。

② 转引自哈尔滨市社会科学院地方史及旅游发展研究所黄澄《20 世纪上半叶哈尔滨的犹太人》，载［以］西奥多（特迪）·考夫曼、曲伟主编《哈尔滨犹太人的故乡情》，黑龙江人民出版社 2005 年版，第 430—431 页。

③ 此文载曲伟、李述笑主编，2004 年 9 月出版的《哈尔滨犹太人》一书；而编入张铁江著，2004 年 12 月出版的《揭开哈尔滨犹太人历史之谜——哈尔滨犹太人社区考察研究》一书中，作者之一"赵连泰"被省略。

女性1250人。"哈尔滨犹太人墓地埋葬着曾活跃于哈尔滨政治、经济、宗教文化界的犹太人,如犹太教拉比、哈尔滨犹太人的精神领袖亚伦·摩西·吉塞列夫,犹太教公会会长 A. 考夫曼及其亲属、奥尔默特、德里金等。①

哈尔滨市皇山公墓管理处主任李芳斌在《哈尔滨市犹太人墓地的开放与管理》一文中介绍:"目前皇山公墓内部保存完好的605座犹太人墓地,是东北亚最大的犹太墓地。""有据可查583座。"②

据西奥多(特迪)·考夫曼回忆,在哈犹太人还成立了犹太丧葬互助会。犹太丧葬互助会是在完全自愿原则的基础之上建立起来的。"如果逝去之人贫穷困顿,埋葬是免费的,他们的家属不必为埋葬地和墓碑支付任何金钱,此两笔费用都由社区捐助,而且,每位去世的犹太人,无论贫穷还是富裕,他们的墓葬前都会有墓碑。但是,当富人去世时,他的家人则必须为其支付许多费用,费用的20%用于埋葬,剩余的80%用于犹太社区福利机构的开销。"③

笔者认为,哈尔滨的犹太建筑遗存的开发和利用有待进一步深入和提升。如皇山犹太墓地的交通问题成为人们参观和研究的一个"瓶颈"。这是一个亟待解决的问题。同时,一个关键的问题是在打犹太"文化牌"的时候如何打好"经济牌",正确处理好"文化"和"经济"的关系。"文化搭台,经济唱戏",要把握好"度"。

以"返乡复国"为核心的犹太复国主义运动是宗教和现实相结合的一个产物。犹太人在哈尔滨的复国主义运动,笔者不做详细论述。相关文章可参见西奥多(特迪)·考夫曼《哈尔滨犹太复国主义活动》④ 和李述笑《哈尔滨犹太复国主义组织述略》⑤ 等。

---

① 参见《黑龙江社会科学》2002 年第 1 期。
② 载[以]西奥多(特迪)·考夫曼、曲伟主编《哈尔滨犹太人的故乡情》,黑龙江人民出版社 2005 年版,第 272 页。
③ [以]西奥多(特迪)·考夫曼:《我心中的哈尔滨犹太人》,刘全顺译,黑龙江人民出版社 2007 年版,第 39 页。
④ [以]西奥多(特迪)·考夫曼、曲伟主编:《哈尔滨犹太人的故乡情》,黑龙江人民出版社 2005 年版,第 94—96 页。
⑤ 《哈尔滨犹太历史文化国际论坛文件汇编》,内部资料,2006 年,第 142—145 页。

七　犹太人在哈尔滨的慈善保障活动

犹太妇女慈善会、犹太贫民食堂、犹太养老院、犹太医院、犹太丧葬互助会等犹太人在哈尔滨的慈善保障组织，不仅是哈尔滨犹太人社区的有机组成部分，而且在犹太人在哈尔滨的生活中起到了举足轻重的作用。

哈尔滨犹太妇女慈善会创办于 1907 年，会址设在道里炮队街（现通江街）。会长齐特林。该会专对俄籍犹太贫困妇女实施救济，其救济人数最多时达一百九十余人。救济款由会员会费及捐款解决，每年收支约 3000元。犹太妇女慈善会的"主要职责是搞好社区福利事业及对贫穷人进行职业培训，使这些人能够自力更生，减轻社区的负担"。为达到此目的，犹太妇女慈善会"出资为工匠购买工作工具，帮助他们建立手工作坊；为乳品场购置奶牛；帮助欲离开哈尔滨的家庭。犹太妇女慈善会还向贫穷的家庭提供木材和煤炭，因为哈尔滨寒冷的冬天持续七个多月，从 10 月份到来年的 4 月。"①

犹太贫民食堂（免费食堂）由哈尔滨犹太宗教公会于 1917 年 9 月在道里炮队街创办，会长为穆布尔格。每日免费或半价供给平民俄侨两餐。其经费来自会员会费、义演和社会募捐，每年收支约一万元。由于其经费有保障，这个贫民食堂直至 20 世纪 50 年代还在开办。犹太免费食堂"向第一次世界大战前后来哈尔滨的大量犹太移民提供伙食，在整整一年里，免费食堂提供热午餐，象征性地收取一点费用。在犹太人节日期间，它也向犹太犯人提供饮食，犹太犯人是指那些因偷窃和非法持有外币而入狱之人。在逾越节的一周里，免费食堂每天均严格遵循犹太教规'科谢尔'（洁净食物）准备三餐。在赎罪节，它在斋戒前后提供餐食。70% 来免费食堂的是犹太人，但俄国人和中国人也可以到此求助。免费食堂每天提供170 份餐，但并非都在供应地食用，因为一些人倾向于将食物带回家"②。笔者认为，"第一次世界大战前后来哈尔滨的大量犹太移民"的具体情况

---

①　[以] 西奥多（特迪）·考夫曼：《我心中的哈尔滨犹太人》，刘全顺译，黑龙江人民出版社 2007 年版，第 30 页。
②　[以] 西奥多（特迪）·考夫曼：《我心中的哈尔滨犹太人》，刘全顺译，黑龙江人民出版社 2007 年版，第 32 页。

还有待做进一步深入研究。

　　哈尔滨犹太养老院创建于 1921 年 1 月,地址在道里炮队街。负责人为拉宾诺维赤。养老院以收容供养犹太人及俄籍犹太病残老人为宗旨,1934 年在院老人有 34 人。它的年经费在 6000 元左右,由犹太宗教公会资助及社会募捐解决。① 在犹太养老院,"老年人可以接受到来自社会的包括药品在内的医疗上的关照和呵护。在养老院,一位内科医生定期来到这里,对老年人和病弱者进行巡诊,而当时的一位助理医生阿尔卡迪·夫特兰(Arkadi Futran)则每日俱来"②。

　　1932 年 7 月,大雨滂沱,连降 27 天。松花江江水日涨。8 月 5 日,松花江洪水泛滥成灾,水位达海拔 133.16 米,哈尔滨太阳岛、十字岛完全淹没,马家船口民房倒塌,人们纷纷逃难。8 月 7 日,江水暴涨,道外九道街江堤决口百米,道外受淹。市内银行停业,商店关门,电话断绝。是日,松花江水位达海拔 133.51 米。8 日,道里自顾乡屯一带漫入洪水。至 10 日,道里全部遭淹,到处一片汪洋。哈市道里、道外十余万罹于浩灾的难民向南岗、马家沟、香坊高埠之地潮涌而来。五万余人在极乐寺、文庙、大直街、山街等地露宿田野之间。有无一席以避风雨者,人们啼饥呼寒,其状惨不忍睹。③《壬申哈尔滨水灾纪实》讲道,水灾时"几似人间地狱,殊甚酸鼻也"。据记载,"全市 38 万居民中,约 24 万人受灾,2 万人丧生,12 万人颠沛流离,经济损失至少 2 亿银元"。据日伪当局统计,整个洪水期间,哈尔滨全市患虎列拉的共 621 人,死亡 248 人,路毙者 149 人;患其他传染病的 168 人,死亡 62 人。④

　　面对大水,哈尔滨犹太社团组织救护队,对受灾难民开展紧急救助。据西奥多(特迪)·考夫曼介绍:"许多中国人的生命被吞噬了,但一个犹太人也没有为此丧生。犹太社区领袖们刻不容缓地将大家组织起来,向

---

　　① 石方、刘爽、高凌:《哈尔滨俄侨史》,黑龙江人民出版社 2003 年版,第 493—494 页。
　　② [以]西奥多(特迪)·考夫曼:《我心中的哈尔滨犹太人》,刘全顺译,黑龙江人民出版社 2007 年版,第 36 页。
　　③ 参见李述笑编著《哈尔滨历史编年(1896—1949)》,哈尔滨市人民政府地方志编纂办公室内部资料,1986 年,第 213—214 页。
　　④ 夏明方、康沛竹主编:《20 世纪中国灾变图史》(上),福建教育出版社、广西师范大学出版社 2001 年版,第 197、210 页。

处于困境中的家庭提供面包和水。医生乘坐小船四处巡视病人，活跃于传染病房。因为一楼也已经被淹没，'贝塔'青年把灾区的犹太人输送到犹太食堂的二楼。志愿者们主动向老弱病残伸出援助之手，从免费食堂带来了食物。直到五周之后，洪水方才退去。"①

八 "音乐之都"：犹太人在哈尔滨的文化艺术活动

犹太人在哈尔滨也出报刊、办学校，宣传远东犹太人的生活状态和培养音乐、美术等人才，开展丰富多彩的文化艺术活动，在哈尔滨留下了厚重的一抹文化色彩。2010 年 6 月 24 日《新晚报》报道《联合国授予哈尔滨"音乐之都"称号》。文中讲道，6 月 22 日，中国哈尔滨被联合国授予"Music City②——Harbin，China！"从此，百年音乐之都哈尔滨，有了国际组织认可的固定品牌——Music City；哈尔滨人民百年来对音乐的热爱与坚持，有了世界认可的符号——Music City。③但是，笔者认为，"音乐之都"的称号得益于哈尔滨 20 世纪上半叶特别是二三十年代丰厚的音乐遗产，其中在哈尔滨的犹太音乐人才也功不可没。

据《1917 年到 20 世纪 30 年代初的俄侨新闻出版物》其中一节介绍，犹太人刊物如下：《哈尔滨犹太人协会理事会通报》《犹太侨民和巴勒斯坦》（犹太人国家社会主义思想机关刊）、《犹太人言论》（远东犹太复国主义地方委员会机关刊）、《走向新岸》（哈尔滨妇女犹太复国主义组织出版）、《我们的生活》（上海俄国犹太人创办）、《犹太复国》（青年犹太复国主义者小组创办）、《我们的言论》《西伯利亚—巴勒斯坦》等。④据《一二十年代哈尔滨报纸出版状况表》记载，犹太人报纸如下：1918 年出版《犹太语言》，1919 年出版《我们的语言——犹太语》，1920 年出版《巴勒斯坦流亡者》和《哈尔滨犹太社通报》。1925 年出版《犹太生活报》，专门探讨犹太人的利益，特别是远东犹太人的生活，这份报纸一直

---

① ［以］西奥多（特迪）·考夫曼：《我心中的哈尔滨犹太人》，刘全顺译，黑龙江人民出版社 2007 年版，第 81—82 页。
② 笔者认为"Music City"译为"音乐之城"更为妥帖。
③ 《新晚报》2010 年 6 月 24 日。
④ 李兴耕等：《风雨浮萍——俄国侨民在中国（1917—1945）》，中央编译出版社 1997 年版，第 378—379 页。

到1935年后仍在出版。① 据《黑龙江省报纸简表（1901—1985）》介绍，《犹太生活报》是周报，创刊日期是1925年1月4日，主办人或负责人是考夫曼。1935年后继续出版，但是停刊年月不详。这份简表还提到一份有俄、英说明的犹太语报《德尔·魏捷尔·米兹拉赫》，创刊日期是1921年12月2日，停刊于1922年10月6日，主办单位或负责人是比尔曼。② 另一种说法提到："1920年，在比乐街③59号创办了《犹太生活》，编辑为阿·依·卡乌弗玛恩。这份报纸内容丰富，涉及社会、政治、文学，是远东地区犹太问题的权威，是发行不局限于哈尔滨的日报。报社后迁到埠头区的炮队街。"④

在哈尔滨创办、出版各种报刊的俄籍犹太人中，"最为著名的是列姆比奇，曾先后在哈尔滨、上海、天津等地出版《柴拉报》⑤、《柴拉晚报》和《柴拉画报》"⑥。据我国著名新闻史专家、中国人民大学教授方汉奇先生介绍，《霞光报》1920年创刊于哈尔滨；《上海柴拉报》1925年创刊于上海；俄文《霞光报》1928年创刊于天津。《霞光报》于1920年4月15日在哈尔滨创刊。社址在道里区中国大街（今中央大街），创办人列姆比奇。⑦ 戈公振著《中国报学史》记述：该报"意译《霞报》，每日发行两次，晨刊曰《朝霞》，夕刊曰《晚霞》。昔在哈尔滨最占势力，在上海亦设分馆"。又言："其消息灵通，议论精辟。"日伪时期，《霞光报》成为除《哈尔滨时报》外的唯一俄文报，1942年以后仍在出刊发行，停刊日期不详。⑧ 报纸由"考夫曼任经理，责任主编是萨托夫斯基"。《霞光报》创刊十周年时，张学良还亲笔题词。

---

① 石方、高凌：《传统与变革——哈尔滨近代社会文明转型研究》，黑龙江人民出版社1995年版，第304页。
② 黑龙江日报社新闻研究室编：《黑龙江报》，内部资料，1986年11月15日第5期。
③ 东北起大成街，西南止中山路。1915年，称为"比乐时街"。据哈尔滨市人民政府编制，《黑龙江省哈尔滨市地名录》，内部资料，1985年，第150页。
④ 凌国新主编：《哈尔滨文史资料》（第十九辑），黑龙江人民出版社1995年版，第273页。
⑤ 也有人译为《霞光报》《霞报》《曙光报》。该报在报头处用汉语写着《霞光报》。
⑥ 李兴耕等：《风雨浮萍——俄国侨民在中国（1917—1945）》，中央编译出版社1997年版，第134页。
⑦ 在赵永华著由中国人民大学出版社2006年出版的《在华俄文新闻传播活动史（1898—1956）》一书中，"列姆比奇"翻译为"连比奇"。笔者认为"连比奇"较好。
⑧ 《黑龙江省志·报业志》，黑龙江人民出版社1993年版，第257—258页。

关于列姆比奇，据有关资料介绍，他来华之前，曾在俄国最大的商业报纸《俄国言论报》当过记者，已经小有名气。后来他逃亡到哈尔滨，在对当地的文化状况和政治局势做出正确的估计后，勇敢地决定创办一份"城市"报纸，或说是"通俗"报纸。于是，1920年4月5日，他与记者希普科夫在哈尔滨共同创办《霞光报》，地址在埠头（今道里区）中国大街5号，列姆比奇自任主编。①

1909年，犹太侨民会小学开办。1918年，哈尔滨犹太中学开办。1919年，哈尔滨犹太人教会学校开办。② 据《1928年私立俄侨中、小学一览表》记载，1920年在马街（今东风街，笔者注）成立的犹太第一小学，当年有5名教员111名学生；1925年在商市街（今红霞街，笔者注）成立的犹太第二小学，当年有4名教员40名学生。③

1909年后，在哈尔滨的犹太人还陆续开办了下列学校：音乐学校（中央大街），校长为捷尔什戈里诺伊·弗。商业会计学校，校长为哈达伊·阿·伊。小提琴学校在面包街（今红专街），校长为特里捷恩别尔格·弗·格。钢琴、声乐学校在商务街（今上游街），校长为什捷尔恩·子利泽·季特玛尔。1912年，犹太人在炮队街创办了图书馆，藏书13000册。④

关于犹太人在哈尔滨的学校教育，笔者认为，音乐教育是一项异常出彩的教育活动，为我们留下了宝贵财产。笔者简要叙述一下这些犹太音乐家。伯尔斯丁，1922年生，男，犹太小提琴演奏家。1928年伯尔斯丁侨居哈尔滨，1935年就读于哈尔滨第一高等音乐学校，1941年离开哈尔滨赴美国。迪龙，女，犹太钢琴演奏家兼音乐教育家，毕业于德国莱比锡音乐学院钢琴专业，1925年侨居哈尔滨，1936年离开哈尔滨赴欧

---

① 赵永华：《在华俄文新闻传播活动史（1898—1956）》，中国人民大学出版社2006年版，第169页。
② 石方、高凌：《传统与变革——哈尔滨近代社会文明转型研究》，黑龙江人民出版社1995年版，第286页。
③ 石方：《黑龙江区域社会史研究（1912—1931年）》，黑龙江人民出版社2009年版，第287页。
④ 参见凌国新主编《哈尔滨文史资料》（第十九辑），黑龙江人民出版社1995年版，第273页。

洲。吉斯金特，男，犹太大提琴演奏家，曾就读于俄国皇家音乐学院，1922年侨居哈尔滨，1935年离开哈尔滨。基洛夫，男，犹太长笛演奏家，1915年出生于哈尔滨，毕业于哈尔滨医学专科学校，在烟台、青岛、上海等地从事音乐活动，任哈尔滨铁路俱乐部乐队演奏家，1961年离开哈尔滨赴智利定居，等等。① 在我省著名音乐史研究专家刘欣欣、刘学清整理的《部分侨民音乐家名录》中，有14名著名音乐家或音乐教育家或演奏家，这些犹太人都在哈尔滨、中国甚至世界音乐史上"名声显赫"，为哈尔滨乃至中国培养了大批优秀的音乐人才。

黑龙江省艺术研究所研究员苗笛在《中国当代音乐名家与哈尔滨犹太音乐家的历史功绩》一文中强调，"哈尔滨是西方音乐传入东方的重要窗口，俄侨音乐学校为中国培养了首批西洋音乐艺术家。他们为西洋音乐在中国的传播做出了杰出贡献，而在这些音乐家当中起主要作用的是一批犹太音乐家。"② 如"西部歌王"王洛宾，在哈尔滨音乐学校学习时聆听过，犹太音乐教育家或指挥家艾·梅捷尔、特拉赫金贝尔格、格尔施戈琳娜的教诲。金铁霖、李双江、郭颂等从哈尔滨走出去的优秀音乐家，都是在哈犹太音乐家或俄侨音乐家的音乐教育所结出的硕果。

笔者认为，目前，哈尔滨在国内音乐方面的地位没有得到充分的研究和展示，有待进一步深入挖掘，尤其是20世纪上半叶在哈犹太音乐家或俄侨音乐家对我国音乐的影响。

九 犹太人在哈尔滨的"互动"研究

笔者认为，目前，犹太人在中国哈尔滨、上海、天津、青岛等城市特别是哈尔滨、上海的研究已经取得了一定的成果，但是现在关于这方面的研究遇到了"瓶颈"。这除了资料或档案的原因，一个更为重要的缘由是各地研究者都专注于各自区域内的犹太人，往往忽视了这些犹太人在中国各地活动的"互动"研究，如在经济、文化、音乐等方面。这种"互动"不仅表现在中国国内各地之间，而且表现在中国与其他国家之间。在中国

---

① 刘欣欣、刘学清：《哈尔滨西洋音乐史》，人民音乐出版社2002年版，第380—397页。
② [以] 西奥多（特迪）·考夫曼、曲伟主编：《哈尔滨犹太人的故乡情》，黑龙江人民出版社2005年版，第420—421页。

国内的"互动",也不仅是在犹太人之间,而且在犹太人与中国人或其他国家的人之间。同样,俄侨在中国的研究也存在这样的问题。

在音乐方面,2010年7月24日,我省多年来致力于哈尔滨西洋音乐研究的中国音乐家协会会员刘学清先生在黑龙江省图书馆"龙江讲坛"第150期,作了长达三个小时的演讲"哈尔滨西洋音乐对中国的影响",其中就对犹太音乐家在中国各地的"互动"做了一些讲述,这是一次有重要意义的"尝试"和"开端"。他讲道,女犹太钢琴教育家恰普里克,毕业于敖德萨音乐专科学校;1924年,侨居哈尔滨,自1924年至1933年在哈尔滨从事钢琴教学活动;自1933年至1938年赴上海学习和教授钢琴;1938年回哈尔滨从事钢琴教学活动;自1946年至1955年任教于哈尔滨苏联高等音乐学校;1955年回苏联。男犹太小提琴教育家托诺夫,毕业于圣彼得堡音乐学院小提琴班。1918年后侨居哈尔滨;1925年前往北京、天津等地从事小提琴教学工作;20世纪40年代末赴香港。男犹太长笛演奏家基洛夫,1915年出生于哈尔滨,毕业于哈尔滨医学专科学校;在烟台、青岛、上海等地从事音乐活动……上海音乐学院教授汤亚汀在《上海犹太社区的音乐生活(1850—1950,1998—2005)》一书中也提道:"1934年哈尔滨工业大学犹太学生隆斯特列姆与其兄弟一起建立了一支爵士乐队,演奏探戈、华尔兹、狐步舞曲、布鲁斯,一鸣惊人。1935年,随着中东铁路转卖日伪政权,苏联员工纷纷回国,隆斯特列姆爵士乐队去上海发展,在'百乐门'舞厅占据一席之地。1937年,日军占领上海,他们又去青岛。1941年重返上海'百乐门',直至1947年回国。"[①]

在经济方面,卡斯普、斯基德尔斯基、葛瓦里斯基、索斯金……这些犹太商人在哈尔滨留下了"传奇"的经济活动。我们比较熟悉的卡巴尔金的大豆生意做到欧洲。收购阿什河糖厂的齐克曼专门从事从爪哇进口蔗糖和蔗糖批发销售的工作。作为一个次要活动,他也开始从印度进口黄麻袋

---

① 汤亚汀:《上海犹太社区的音乐生活(1850—1950,1998—2005)》,上海音乐学院出版社2007年版,第50页。书中第32页,汤亚汀教授把"哈尔滨总会堂"和"哈尔滨新会堂"的照片标注颠倒。这可能受人民美术出版社2000年出版的《中国名城百年·哈尔滨旧影》(第71页)的影响。关于这方面的资料可参见《画说哈尔滨》《老明信片中的黑龙江》《哈尔滨保护建筑》《凝固的乐章——哈尔滨市保护建筑纵览》《犹太人在哈尔滨》等。

子（"粗麻布袋子"），它们主要被用于当时已经很兴旺的满洲大豆出口。他的生意做得很好。他也在日本横滨设立了一个办事处。哈尔滨办事处在石头道街北市场内开办。生于尼古拉耶夫斯克的犹太人"路瑞兄弟"，从事鲑鱼捕捞和皮毛生意。1902年，"路瑞兄弟""不论在经营范围，还是在地理范围上，生意急剧扩张。短短几年内，除了尼古拉耶夫斯克之外，路瑞家族建立了自己在海参崴、横滨、东京、上海、哈尔滨、沈阳和大连的办事处"。后来"生意逐渐成长为'工业帝国'"①。美籍犹太人普列西与山东人士齐竹山、郝如九合股，在哈尔滨经营着一家大型糕点店，叫"义顺和"。义顺和的生意做得很大，除在哈尔滨开设总店外，还在长春、大连、沈阳开设了分店，生产糕点和糖果，行销东北，很有名气。奥尔伦兄弟公司专门经营狗皮生意，在天津和哈尔滨设有连锁公司。他们从东北购进长毛狗皮，从天津经大连运往美国纽约，在那里加工成各种精美的皮革制品。金山洋行创办人罗古文1918年从俄国来到哈尔滨。他原是立陶宛犹太人，曾经经营西药业，来到哈尔滨后，先做西药经纪人，有了一定积蓄，便于1927年南下上海。1930年，罗古文与人合伙在上海的外滩开设了金山洋行，在闸北买了几间房当栈房，主营西药。②

　　从音乐和经济方面看，犹太人在中国或国际的"互动"还是很频繁的，他们为什么流动、怎么流动等问题都值得深入探讨。尽管受一些资料或档案的限制，但是在利用国内现有中文资料或档案，特别是俄、英、日、德等外文的资料或档案的基础上，还是可以深入研究"互动"的，比如流动的路线问题，并且这对国际关系史、民族交流史、经济史、文化史、人类学等方面的研究"大有裨益"，具有很强的研究价值。"论由史出"，本书只是作者在五六年的犹太问题研究中的一些心得体会，仅是在前人研究的基础上对犹太人在哈尔滨的历史进行了框架式的梳理，对犹太人在中国的研究还有待进一步深入。

---

　　① ［以］西奥多（特迪）·考夫曼、曲伟主编：《哈尔滨犹太人的故乡情》，黑龙江人民出版社2005年版，第314、317页。
　　② 宋安娜：《神圣的渡口——犹太人在天津》，天津人民出版社2007年版，第55、50、71页。

第 五 章
哈尔滨犹太社区公共事务与社会活动

随着中东铁路的建设和俄国十月革命的爆发以及其后的国内战争，俄国大批犹太人来到哈尔滨，建立了犹太社区，人数最多时达到2万余人。犹太社区组建了宗教公会、医院、养老院、墓地、图书馆等机构。现在"犹太人在哈尔滨"的皇山墓地是犹太人在远东最大的历史文化遗存。1958年为适应城市建设的发展以及市民健康的需要，哈尔滨市内墓地整体外迁。这次迁移不仅有中国人墓地，也包括外侨墓地。位于文化公园内的犹太墓地，搬迁到皇山墓地。当时《哈尔滨日报》对此次墓地迁移进行数次宣传教育；哈尔滨市档案馆的相关档案亦反映了此次墓地迁移的详细过程。与此相关的文史资料和电子资源等也提供了一定的线索。档案、文史资料及数字化资源等具有本身的特点，它们的利用应该遵循一定的原则和规范，这样才能发挥材料积极有效的作用。

自1978年以来，我国学者对近现代史上犹太人来华史的"区域"研究成果颇丰。但是，近几年，此项研究可能在"整体"上遇到了瓶颈。笔者利用已有资料和刚出版的研究成果，从"区域"和"整体"的路径，对近现代史上犹太人来华史的研究进行了总结和探究。

第一节 1958年"犹太人在哈尔滨"的墓地迁移研究

学术界目前关于"犹太人在哈尔滨"墓地[①]已进行较为详细和拓展

---

① 张铁江：《哈尔滨犹太会堂和犹太墓地》，《哈尔滨史志》2000年第22期；张铁江、（转下页）

性①的研究。但是从具体情况来看,关于哈尔滨市内原有墓地研究不足及1958年墓地迁移具体过程研究不足。这一方面是因为相关历史档案的开放程度问题,另一方面缘于相关学者的关注度不够。

一 1958年前"犹太人在哈尔滨"墓地概述及相关述评

关于"犹太人在哈尔滨"的墓地问题,首先是墓地的场所,其次是墓地的管理,最后是墓地的迁移。这三个方面与哈尔滨犹太宗教公会关系密切。

哈尔滨犹太社区领袖亚伯拉罕·考夫曼之子、以色列原居中国犹太人协会主席西奥多(特迪)·考夫曼写道,哈尔滨犹太墓地"建立于1903年,目的是纪念日俄战争期间战死疆场的犹太士兵。1920年,又增建了祈祷所、洗礼间及公墓管理者的住所。这些工程竣工后,人们在公墓种植了树木,并将坟墓规划整齐,墓葬成排林立。至1958年,墓地有墓葬近3000座,这突出显示出20世纪上半期犹太社区规模之大。1958年,出于城市建设的需要,哈尔滨市人民政府决定将犹太公墓迁移到市区郊外。基督教公墓、伊斯兰教公墓和其他公墓也都被移出"②。考夫曼关于1903年建立犹太墓地的原因不足为据,因为日俄战争是1904—1905年在中国东北发生的。但是,"在哈尔滨道里炮队街(现通江街)56号成立了哈尔滨犹太丧葬互助委员会,H.巴赫成为第一任会长。1926年,哈尔滨犹太丧葬互助会改选,B.M.弗列伊施曼任会长,隶属于哈尔滨犹太宗教公会"③。

(接上页)赵连泰:《哈尔滨犹太人墓地考察研究》,《黑龙江社会科学》2002年第1期。该两文收入张铁江:《揭开哈尔滨犹太人历史之谜——哈尔滨犹太人社区考察研究》,黑龙江人民出版社2005年版,第75—85页;李芳斌:《哈尔滨市犹太人墓地的开放与管理》,[以]西奥多(特迪)·考夫曼、曲伟主编:《哈尔滨犹太人的故乡情》,黑龙江人民出版社2005年版,第272—275页;王志军、吕韫风:《哈尔滨犹太人墓地变迁及其现代意义》,《黑龙江社会科学》2009年第5期;[以]丹·本-卡南:《不懈追求安息之地——漫议哈尔滨犹太公墓迁址皇山的过程》,郝志鸿译,《西伯利亚研究》2012年第4期。

① 《哈尔滨皇山犹太公墓墓葬分布表》(中、英、俄文),曲伟、李述笑主编:《哈尔滨犹太简明辞书》,社会科学文献出版社2013年版,第485—538页。《哈尔滨皇山犹太公墓墓葬分布表》(中、俄、英文),曲伟、韩天艳、程红泽:《东方诺亚方舟——犹太人在中国哈尔滨历史文化研究》(下),中国社会科学出版社、黑龙江人民出版社2014年版,第979—1059页。两部书还收录《1953年哈尔滨犹太宗教公会会员名册》等。

② [以]西奥多(特迪)·考夫曼:《我心中的哈尔滨犹太人》,刘全顺译,黑龙江人民出版社2007年版,第39—40页。

③ 曲伟:《哈尔滨犹太图史》,黑龙江人民出版社2015年版,第56页。

据《哈尔滨市志》记载,"光绪二十四年(1898),中东铁路工程局在道里高士街(高谊街一带)圈定了墓地,以埋葬死去的俄国东正教筑路人员。光绪二十六年(1900),由于城市建设的需要,这个墓地被废弃。光绪二十八年(1902),在南岗新市街(南岗大直街52号处),即圣巴罗夫斯卡亚教堂①附近,划出地段为墓地,俗称东正教老墓地"。光绪二十八年(1902)下半年,"哈尔滨霍乱流行,俄国侨民因霍乱而死亡的达600多人,东正教老墓地埋葬的俄人增加。光绪二十九年(1903),哈尔滨铁路工程局在南岗大直街的东头(文化公园),开辟了一处东正教新墓地,即乌丘宾斯卡亚教堂②墓地"③。由于"俄国籍犹太人较多,中东铁路当局在建立东正教新墓地的同时,就在附近划出地段,辟为犹太人墓地。第一个死者葬于1903年6月10日,犹太人墓地在犹太宗教公会建立以后,一直由犹太宗教公会管理。1958年,尚有专人看管墓地,因此墓地状况良好"④。

根据《哈尔滨市1876(清光绪二年)—1932年市内墓(义)地分布情况》的介绍,犹太公墓"所在地是大安街⑤,辟建年代为1903年,既葬面积6412平方米,未葬面积6400平方米,合计12812平方米,埋葬数2270"⑥。这里的"大安街"是值得商榷的,应该是"太安大街"⑦。1932年在哈尔滨出版的《东省特别区哈尔滨街市全图》中使用的是"太安街";1939年在日本出版的《哈尔滨街市全图》中使用的是"大安街"。这一是说明应为"太安街",二是"大安街"还是有出处的,但是错误的,不可

---

① 即圣母帡幪教堂、圣母守护教堂。
② 即圣母安息教堂、乌斯宾斯卡亚教堂。
③ 哈尔滨市地方志编纂委员会:《哈尔滨市志·17·外事 对外经济贸易 旅游》,黑龙江人民出版社1998年版,第103页。
④ 哈尔滨市地方志编纂委员会:《哈尔滨市志·17·外事 对外经济贸易 旅游》,黑龙江人民出版社1998年版,第105页。
⑤ 但是另有一说,"犹太墓地位于太安街(现黑龙江省冰上基地),与俄侨墓地毗邻,是当时除俄侨墓地外最大的外侨墓地"。(曲伟编著:《哈尔滨犹太图史》,黑龙江人民出版社2015年版,第56页。)笔者赞同此说。
⑥ 哈尔滨市地方志编纂委员会:《哈尔滨市志·33·民政 侨务》,黑龙江人民出版社1994年版,第206页。
⑦ 2016年6月26日下午求教于李述笑研究员。"太安大街,东南起分区街,西北止南通大街";太安大街,1938年称为"新地号";"大安街,东起中央大街,西止经纬街";大安街原称为"大坑街",1903年称为"外国六道街"。(哈尔滨市人民政府编:《黑龙江省哈尔滨市地名录》,内部资料,1985年,第227、496、50、484页。)

能同一张地图两个"大安街"。但是在日文中"太"和"大"意义是不同的。1958年,新墓地犹太人"共有坟3173个",迁坟数量"共853个"①。这里需要说明的是,3173个"坟"与3173个"人"不是一个概念。坟墓有单葬、合葬之区别。如德里金与其妻子就是合葬。并且,"3173"座坟是从1903年到1958年的埋葬数据统计,还是1958年当时的墓地存在状态,即1958年为"3173"座?具体而言,"1947—1948年,又对所有墓葬进行登记,自1903年5月28日(俄历)从犹太人老墓地首次埋葬开始,至1958年3月5日最后一次埋葬为止,55年间,共有3173座犹太人墓葬落户于此。其中男性1923人,女性1250人"②。关于"853个"也是值得商榷的,综合各种材料和实际情况,应该是"583个"。2005年实地踏访皇山公墓时,笔者看到的介绍是,该处"外侨墓地是亚洲地区最大的外国人墓地,安放着犹太墓(以色列)583座,东正教墓地(俄罗斯)1300余座"。据相关资料介绍,"1958年8月,老犹太墓地的迁移工作正式启动。直到1959年4月全部搬迁工作才告完成"③。实际上,迁坟工作1961年才基本完成。④

关于市内犹太墓地的埋葬情况、荒山外侨墓地的犹太墓地情况及其改革开放后的具体情况,据《哈尔滨市殡葬事务管理所志》记载,"1948年10月,哈尔滨市卫生局对'俄侨'、'犹太'、'七国'墓地进行了调查……犹太墓地埋有棺木2270座";1958年2月,"在荒山墓地划出埋葬区域:东山南部左侧为苏联、波兰等国侨民和犹太人墓地"。并且,"外侨墓地迁移量最繁重的是犹太人墓地,该墓地的坟墓全迁到'荒山'墓地内的东南部与俄侨墓地毗邻,由于坟墓上建筑物复杂,拆卸后又运到新墓地重新安装,既废(应为费,笔者注)工又废(应为费,笔者注)料,故延至翌年才告竣工"。荒山墓地的"犹太人墓地面积846平方米,分为东西两侧,有坟墓677座(东侧364座,西侧313座),由市侨务办管理,犹太侨民会

---

① 哈尔滨市地方志编纂委员会:《哈尔滨市志·17·外事 对外经济贸易 旅游》,黑龙江人民出版社1998年版,第105页。"迁至犹太新墓地的犹太人墓共853个"。(政协哈尔滨市南岗委员会编:《南岗文史》,内部资料,1996年,第90页。)
② 曲伟编著:《哈尔滨犹太图史》,黑龙江人民出版社2015年版,第57—58页。
③ 曲伟编著:《哈尔滨犹太图史》,黑龙江人民出版社2015年版,第58页。
④ 亦可参见王晶、黄澄、梁爽、彭巍、邸春光《哈尔滨犹太人历史文献资料调查》,《东北史研究动态》2003年第1期。

雇人在墓地看管"；1966年，"外侨墓地交由市殡葬所管理"；1995年，"皇山公墓投资2万元，对犹太墓区的605座墓进行登记、修缮；投资10万元在犹太墓区和以色列墓区交界处修筑400延长米围墙"①。

《哈尔滨市志》和《哈尔滨市殡葬事务管理所志》比较来看，《哈尔滨市殡葬事务管理所志》的记载，在时间和数量等方面更加详细；作为参与者和管理者，哈尔滨市殡葬事务管理所提供的相关数据也具备较高的可信度。例如，从1959年的"677座"到1995年的"605座"，更多是因为"外侨墓地在'文化大革命'期间遭到严重破坏，石碑被推倒，有的破损，树木大部分被毁，看管墓区用的教堂式小屋门窗被拆除，只剩下空壳，当地百姓在此放牧"②。

关于包括犹太墓地在内的墓地类别、管理权与相关章程等事宜。1922年出版的《哈尔滨指南》一书，仅有十四条《管理浮厝场的章程》。③ 1929年发行的《滨江尘嚣录》介绍了"滨江公墓"。滨江"向无公墓，旧有者，系属俄人瘗地，位于秦家岗东端；道外方面，则多以圈儿河为亡命异乡者葬身之所。特区方面，独无华人公墓"。据记载，"民国十四年（1925，笔者注）夏时，时吉林省张王树翰，兼任特别区行政长官，因指令地亩局，将极乐寺东侧之地拨四方里作为特区永久之华人公墓。同年建灵堂一所于其地，及四周墙壁与应用房舍等，工程既竣逐名曰滨江公墓。凡滨江人士，不拘何界，苟猝遭不幸，均可寄骨于公墓"。关于公墓的类别和价格，"因埋葬地点不同，故分为四等。近于灵堂者为第一等，每灵一口须纳地皮一百二十元；以此向四周分为二三四等，二等纳洋六十元；三等四十元，四等二十元，均准永远占用，不限年期。至沿围墙内浮厝者，年纳地皮租洋十二元，果浮厝于灵堂内者，则月纳租洋十元"。有关公墓的数量，"截至现在，共已有骸骨三百六十余具。以其全面积论，可埋葬三万余人"④。但是，这仅涉及俄国人墓地的位置，没有说明包括犹太

---

① 《哈尔滨市殡葬事务管理所志》，内部资料，1999年，第68、7、87、70页。
② 《哈尔滨市殡葬事务管理所志》，内部资料，1999年，第68—69页。
③ 殷仙峰编：《哈尔滨指南》，东隆商报馆发行，1922年版，卷二·机关·警务·滨江警察厅，第275页。
④ 辽左散人著，张颐青、杨镰整理：《滨江尘嚣录》，中国青年出版社2012年版，第160—161页。

人在内的外侨墓地的具体情况。

1931年出版的《哈尔滨特别市市政报告书》记载："本埠旧有公墓六处。（一）华人公墓（二）俄侨旧墓（三）俄侨新墓（四）犹太公墓（五）德侨公墓（六）回回公墓。此外如希腊教坟地、天主教坟地、耶稣坟地、莫罗干斯教坟地、伊力根里切斯基教坟地、日本教坟地、朝鲜教坟地等，俱系公墓性质。各公墓现归前董事会管理。民国十五年四月（1926年4月，笔者注），以各公墓地址大半在市区以外，改归市政管理局管理。其各项坟地，仍归各教会自行管理，惟华人公墓一所，系民国十三年（1924，笔者注），经路局指明界址，交由佛教会就近管理。民国十五年六月（1926年6月，笔者注），由市政管理局另订章程，委托极乐寺方丈就近经管。"①

二 1958年"犹太人在哈尔滨"墓地迁移原因与过程

关于1958年"犹太人在哈尔滨"的墓地迁移问题，相关报道和档案详细记录了这次迁坟的宣传、动员甚至有理有据的斗争经历，比较完整地呈现了这次哈尔滨历史上比较重大的历史进程。

新中国成立前后，哈尔滨曾经颁布过关于墓地及其收费问题的规则和办法。哈尔滨市人民政府1949年8月26日卫防字第卅二号公布施行的《哈尔滨市墓地规则》规定。一、一般指定墓地：1.市立顾乡公墓地（伪协和墓地）。2.市立大有坊公墓地（即市立义地）。二、特殊指定墓地：1.俄人墓地（包括七国，外侨基督墓地共三处）。2.基督教墓地。3.回民墓地。4.三江墓地。特殊墓地必须经该墓地管理者认可，方得埋葬。三、除一、二两项所指定墓地掩埋外，其他所有墓地一律禁止掩埋。四、指定墓地使用区间划分：1.道里、新阳、故乡等区及南岗区的西部死亡居民必须到市立顾乡公墓地掩埋。2.西傅家、北傅家、东傅家、太平、马家等区及南岗区的东部死亡居民到市立大有坊墓地掩埋。五、外侨、基督教徒及回民的死亡，可到第二项指定的墓地掩埋，如愿在第一项所指定墓地掩埋时须按第四项的规定到指定墓地掩埋（分局负责按规定指定之）。

---

① 哈尔滨特别市市政局：《哈尔滨特别市市政报告书》第四册，东省特别区平民总工厂1931年版，第369页。

六、各区街管内如有浮厝、灵柩（墓地在内）及零散坟墓（特殊者除外）必须到所指定墓地掩埋之。七、凡市内死亡的人口必须到指定墓地掩埋，不准到非指定墓地埋葬。八、各非指定墓地（已经埋满的墓地）管理人及看守人应负责制止再行掩埋，并不准沟①通私埋。九、指定墓地（顾乡公墓及大有坊墓地）各设一事务所专办掩埋手续。十、凡到指定墓地掩埋者，须持有所属有公安分局及发给的出殡许可证，到墓地事务所办理手续再行掩埋。十一、期尸骨运往他地者，掩埋期间须超过三年以上方准起出迁移（但全部未曾腐烂时不准起出）并须经墓地消毒后再运往他地。十二、本办法自9月1日施行。②

同时，颁布实施了《哈尔滨市墓地掩埋收费办法》。该办法规定：一、掩埋手续分合葬、普通两种：1. 合葬号收费三十万元③（未葬时每年纳保留费二万元）。2. 普通号收费五万元（只限一柩埋入）。3. 十岁以内者收半费（如大型棺木须纳全费）。二、办理免费掩埋者（只限本市死者）经管内公安分局负责证明确系军属或者贫困无力交费，须提交证明书到指定墓地事务所办理手续即可掩埋（只限给普通号掩埋之）。三、交费时写三联收据手续，一由本主保管作为永久证件（即灵柩执照），一交墓地负责掩埋人（即掩埋通知书），一为事务所存根，但公安分局发给的出殡许可证由事务所保留，准备缴卫生局保存，并发给铁牌为灵柩制定号码。四、只收规定之掩埋手续费，概不收其他一切费用。五、墓地管理者及看守人为政府指派人员，负责墓地一切事宜，不准收用其他钱款。六、起尸骨者（每柩）收消毒费十万元。七、其他地运到本市的尸骨及本市起出的尸骨，寄存墓地时每具收费三万元，但每超出一个月加赠二万元。八、寄存灵柩者按合葬号收费（须严密包铁皮三个月内运往他地者），但每超过一个月时增加合葬号收费的三分之二。九、按实际情况随时增减收费。④

针对包括犹太墓地在内的侨民墓地的迁移，哈尔滨市相关部分进行深入细致的工作，不仅在报纸上进行通告宣传，而且召开相关会议，仅《关

---

① 原文"勾"，应为沟，笔者注。
② 哈尔滨市人民政府办公室编：《法令汇编》第一辑，1950年10月1日，第680—681页。
③ 这个需要换算，但是笔者没有找到相关标准。
④ 哈尔滨市人民政府办公室编：《法令汇编》第一辑，1950年10月1日。

于迁移外侨坟墓工作情况的报告》（标题略有不同）就有七次。这些资料和档案详细地描述了1958年迁坟的具体过程。

1958年5月7日、8日和9日《哈尔滨日报》刊发《黑龙江省哈尔滨市人民委员会通告》（哈卫字261号）指示："为使哈尔滨变成'八无城'、'卫生城'和城市发展的需要，决定凡在市区内的一切墓地（包括外侨墓地）一律取消。所有坟墓均需在1958年6月末以前，由坟主自行负责前往荒山咀子公墓，逾期不迁者按无主坟处理，由政府负责就地深埋。"实际上，3月11日，哈尔滨市人民委员会就讨论了关于《鼓足干劲，雷厉风行，苦战五十天，争取"五一节"前实现"八无城""卫生城"而奋斗》的报告。①

关于外侨墓地迁移的通告发出后，在哈尔滨的俄侨和世界其他地区与哈尔滨有联系的俄侨中引发了一系列强烈反响。1958年5月16日，对外侨宣传教育工作组给哈尔滨市人民委员会的《关于迁移市内外侨坟墓工作情况的报告》（侨宣字第01号）显示，兹报告自5月7日市人民委员会发出将市内的墓地迁至教区的通知后在外侨中的反响和我们所采取的措施："一、自公告发出后外侨的活动与反响。经我们了解通告发出后不久就有五六十人去苏联侨民会询问情况，有的人当即表示，无法迁坟，也有人提出'迁坟的钱应由中国政府出'，有的人有对立情绪，表示'不能迁'，并说中国人不让他们的父母在那里（指外侨墓地）。近几日来去东正教墓地的人也较过去为多，并在其中议论纷纷。"

其中，"哈市犹太族侨民给毛主席发了一封电报，请求停止迁坟，东正教徒正在进行要求停止迁坟的签名，自5月11日已有1000多人签名，据悉签名预期在13日结束，并称签名将向联合国呈递"。（档案中如此，笔者没有做进一步档案查找和研究。）

关于迁坟一事，在哈尔滨的侨民纷纷到侨民会、大使馆及中国宗教事务处等机构了解情况并提出相关要求。"12日上午波兰侨民会会长尤特结维赤、犹太宗教公会会长缶乜尔②也去苏联民会打听迁坟情况，当苏联侨民会将通告的俄文译本给他们看后，尤特结维赤表示要向波兰大使馆请

---

① 哈尔滨市档案馆编：《哈尔滨大事记（1946—1966）》，内部资料，1986年，第144页。
② 即卡聂尔。

示。12日东正教各教堂的神职人员在一起开会，决议'坚决请求保持墓地的神圣不可侵犯的现状，并保留墓地的空地，以便今后继续埋葬死去的东正教徒'。12日上午犹太宗教公会会长缶乜尔去宗教事务处，提出由于宗教的原因，墓地最后不迁。13日东正教苏联神职人员及各教堂弟兄会长提出三名代表去苏联在哈尔滨的领事馆，请求墓地不迁出。之后，又去宗教事务处提出了相同的要求，并说：'迁坟是对活人、死者的不尊重和侮辱'，并歪曲说'和毛主席的宗教信仰自由政策有抵触'，还威胁说：'许多侨民已给国外去信了，影响很不好。——几年前在日内瓦只因迁移一个东正教的坟，在世界上造成很大舆论等'。同日下午，东正教代表、波兰侨民代表、犹太宗教公会会长等六人又一起到外事处，提出请求。"

针对这些要求，"宗教事务处和外事处均驳斥了他们提出的'理由'，告诉他们通告是政府法令必须执行，并将迁坟的墓地一再给他们做了说明，同时也表示对他们提出的一些具体困难，政府将予以考虑"。

为了坚决贯彻执行市人民委员会的通告和平息他们的活动，使迁坟工作能顺利进行，关于迁坟的具体事宜，市人民委员会于5月12日召集有关单位进行了研究布置，并指定外事处、宗教事务处、公安局组成一个工作组，负责进行思想教育工作。"根据市指示外事处、宗教事务处、公安局三个单位已于5月13日下午开会，对外侨具体情况进行了研究，认为外侨对宗教感情较浓，他们就迁坟问题到教堂问神父如何办，而神父利用教徒的这种情绪加以鼓动，号召签名请愿，进行抵触活动。因此，确定在外侨中抓紧进行宣传教育工作。这项工作主要通过三方面进行：外事处通过侨民团体做工作，宗教事务处通过神职人员做工作，这两方面都首先要讲清道理说服上层领导人，缓和其抵触情绪或使其不积极反对和进行活动。再进行下层说服工作，促使分化。公安局要注意情况的发展变化，尤其要注意掌握破坏分子的活动情况，防止其煽动，扩大事态。另外，为使迁坟的具体工作做得更好，能重视他们的宗教感情和民族习惯，要和具体负责迁移工作的区人民委员会密切联系。经我们研究外侨墓地迁移的具体情况，在限期（6月底）方面确有问题，为慎重起见，避免将来可能发生麻烦，对迁坟拟采取以下步骤：1. 建设局最好能在短期内将通往外侨新墓地的道路修好，说服现在死亡的家属就可以送到新墓地安葬，这样可起一定的分化作用。2. 现在墓主在哈市的，选择抵触情况不大的易于说服的并有能力自愿迁移的，首先迁移。对抵触情绪较大的或无力迁移的，可放后一步，以便进一步研究解决。3. 现在墓主在国外，估计在苏、波的问题不大，但在资本主义国家的，其在哈市的亲属或教会纷纷向国外发信或电报，可能波动大一些。为避免对我不利的政治影响和被动，可暂缓迁移，注视情况的变化和我们对现在哈市外侨思想教育工作的程度，再研究迁移。4. 对完全无主的坟墓，根据我们对外侨进行思想教育的情况，如无抵触或抵触情绪不大，即可考虑就地深埋。"①

1958年5月22日和6月2日《哈尔滨日报》的《黑龙江省哈尔滨市人民委员会关于迁坟手续及各区迁坟办公室地址的通知》（哈卫字276号）声称："关于市区内坟墓须一律迁出的问题，市人民委员会前已公布（刊5月7日《哈尔滨日报》第四版），现将如果办理手续及迁坟办公室地址通知如下：一、凡在大有坊墓地、山东墓地、直隶墓地、三江墓地、回民墓地（三棵树、兴平街两处）、圈河墓地的坟墓，坟主应持户口簿及手戳到太平区迁坟办公室登记，办理迁坟手续。太平区迁坟办公室的地址在太平区南通街8号，电话：32823。二、凡在苏侨新墓地、苏侨老墓地、波兰墓地、犹太墓地、极乐寺墓地的坟墓，坟主应持户口簿及手戳到南岗区迁坟办公室登记，办理迁坟手续。南岗区迁坟办公室的地址在南岗区极乐寺街7号，电话：44974。三、凡散在市区各区的坟墓，坟主可与坟墓所在地区人委联系，办理登记迁坟手续。"

1958年5月23日，对外侨宣传教育工作组给哈尔滨人民委员会的《关于迁移市内外侨坟墓工作情况的报告》（侨宣字第02号）详细说明："5月19日下午'对外侨宣传教育工作组'召开会议，分析了外侨当前思想动态，研究了迁坟的措施步骤。兹将外侨情况和工作的意见报告如下：据各方面的了解，外侨签名请愿的活动，看到政府对迁坟的态度是肯定的，因此，感到闹事也难解决问题，而市人委的通告必须执行。所以在行动上暂时有所缓和，少数人已开始考虑如何处理自己亲人的坟墓——是迁移还是深葬。但多数人还是犹豫等待，期望政府撤销迁坟通告。30余名东

---

① 哈尔滨市档案馆藏，全宗号XD022 目录号001 馆编0060。

正教神职人员在5月19日讨论迁坟问题的会议上仍提出'迁坟违背宗教教义'的理由，进一步要求政府停止迁坟。并于5月21日由东正教、犹太教、基督教、阿尔绵教、鞑靼教的代表到市人委再次请求停止迁移。"

外侨之所以有这样一些抵触情绪，分析起来有如下主要原因："1. 宗教观念较浓厚，认为死人是'神圣'的，不可移动。一般教徒与宗教界领导人的思想又有所不同。一般教徒是出于对宗教的虔诚，而领导人则主要是为了巩固宗教的权威，也就是为了自己的权威和经济利益。2. 关于迁坟在经济上的负担也是侨民考虑的主要问题之一。因为侨民的迁坟一般的说修建得较好，迁移花费大，不少人无力自费迁移，富有者也不愿为迁坟花费巨额金钱。况且绝大多数的墓主已出境，尤其是委托教会代管的坟墓。3. 一部分人存在着'功劳'思想，认为死者'多是中东路和哈尔滨市的建设者'，不应迁，政府决定迁坟，对他们以及活人都是一种'耻辱'。"

根据他们的思想情况和对外侨宣传教育组迁坟工作的估计，采取以下步骤："1. 继续通过侨民会和教会对侨民进行解释教育工作，向他们说明迁坟的必要性和对中外居民同样对待。中国人在市内约有十五万多座坟墓需要迁移，外侨亦不应例外。并且迁墓是一百六十万人的普遍要求，政府考虑的是多数人的意见。通过解释教育，减少他们的抵触情绪，争取一部分人愿意考虑迁坟的具体问题。2. 为了减少神职人员的抵触情绪和分化他们，可考虑将现在墓地的围墙和无主坟的墓碑有计划地交教会自行处理。当他们要求停止迁坟的念头打断后转而考虑迁坟工作中的困难时，可照顾他们的困难。并可由各侨民会和教会共同组成'外侨迁坟委员会'，在南岗区人委迁坟办公室的带领下负责外侨坟墓的迁移事宜，各不同教会对新墓地的划分和新墓地是否修筑围墙、祈祷所等也由他们自己解决。南岗区人委迁坟办公室只给他们解决劳动力、运输工具及棺材和砖料的供应等问题。"①

1958年5月24日，对外侨宣传教育组给哈尔滨人民委员会的《外侨

---

① 哈尔滨市档案馆藏，全宗号XD022目录号001馆编0060，《市外事处迁移外侨墓地、埋葬问题函》。

坟墓工作情况的报告》（侨宣字第03号）再次谈道："5月21日下午以东正教苏籍神甫维克多尔①为首的东正教、天主教、犹太教、鞑靼教、阿尔绵教的代表八人到市人民委员会请愿，要求政府不要迁坟。由市人民委员会接待室负责同志、卫生局宋主任和外事处冯永库同志共同接待，他们提出的理由是：1. 墓地是'圣地'，迁坟'违背教义'，对死者是'侮辱'，对活人是'罪孽'，并引'经'据'典'地说：他们送葬时的'经言'是：'永世纪念、永世安息'，'死人葬后，按宗教法规不许再抬出'。2. 外侨埋葬的墓，有科学依据，对卫生没有任何影响。并提出'在莫斯科有列宁、斯大林墓，在伦敦有马克思墓，在法国巴黎和保加利亚某城内都有坟墓等'作为他们的根据。3. 中国是社会主义大国，幅员广阔，希望不计较这点土地。接见人向他们说明了迁坟的道理，并向他们表示政府的决定是根据160万人的愿望和利益，经过周密考虑确定的。所以通告必须执行，不能改变；并批判了他们把苏侨墓和马克思等伟大领袖的坟墓相比拟和其他错误论点之后，东正教弟兄会长包洛金……向政府道歉说：'这是误会，可能是译错了，我们怎能与伟大共产主义创始人相比呢'等；并且他们提出了一些迁坟中的具体困难。鞑靼教代表说：他们'有近一千坟，而教徒只有50余人，只迁动自己亲人的坟，在经济上就有很大困难，但对其他坟置之不管，又于心不忍。'其他人也提出相似具体问题，接见人表示对他们提出的具体困难，政府将予以考虑。"

苏联侨民会反映的是："1. 多数侨民认为墓地如必须取消，不愿把坟迁出，认为把墓碑拆掉，坟平除。并认为如把现在的墓地改为公园，坟墓这样处理还可以，如在墓地修建工厂、楼房，那是又把坟扒开，这样处理坟墓就不妥当了。这种思想反映的实际是一种消极抵抗的情绪，坟墓很多，而现有侨民很少，多数坟的坟主不在或根本没有坟主，迁坟经费个人无力负担。2. 希望能在新墓地修围墙、祈祷所和设置管理人员。"

对此，"以市人委迁坟委员会的名义在5月22日下午苏联侨民会召集了有苏、波侨民会及各外侨教会代表参加的会议，成立了'外侨迁坟委员会'，因为哈市外侨多为苏侨和多信东正教，所以确定苏侨侨民会主席巴

---

① 即维克多。

诺夫作为主任委员，东正教教务委员会主席王玉林作为付（应为副，笔者注）主任委员，其他各代表为委员，对成立委员会也无人反对。只有人说'迁坟虽违背教义，但政府通告仍应遵行'，和东正教神甫维克多尔以年老力衰为由，希望不担任委员，波兰民会代表表示应与会长商量后再确定是否参加委员会。后二者经解释后均取消了原来的意见。接着'外侨迁坟委员会'即召开了会议，确定近期分别召开教徒或侨民会议，详解通告的精神，研究迁坟中的具体问题"。

"5月23日上午该委员会的成员去旧墓地看了坟墓的分布情况。下午又去荒山咀子①看了地段，绘了地图，以备按宗教划分新墓地。在看新墓地时对这路一般表示满意，神甫维克多尔还询问别人是否带有指南针，拟测定方向，确定修建祈祷所的位置和死者的头脚的方向。再看新墓地时，他们确定5月24日下午召开委员会研究新墓地的划分和成立小组的问题。以上述情况可以看出，外侨上层人物看到政府的决定不能改变，虽然思想上还有抵触，但已开始考虑和研究迁坟具体问题。上层分子的动摇对一般教徒是起决定性作用的。因此，我们将进一步利用'外侨迁坟委员会'，继续进行宣传教育，分化上层，并挑选一批积极分子带头迁坟，造成声势，以利工作进行。"②

经过一系列工作，迁坟事宜还是取得了一定的成果。1958年5月26日，第二次迁坟会议认为："自第一次迁坟会议之后，迁坟工作已经开展起来，平民墓地的坟墓正大批外迁，极乐寺墓地的坟墓亦开始外迁，外侨坟主也开始做准备工作。群众对迁坟问题，除外侨、宗教徒在思想上尚有抵触外，绝大部分群众均拥护这个措施。为了把这项工作开展好，经会议讨论做如下决定：1. 广泛开展宣传，讲清为什么要迁坟，造成社会舆论。各区要通过街道布置到居民中去，必要时可以有领导地开展辩论。建议党委从内部发一通知，动员干部带头迁，一定要大张旗鼓地造成迁坟的声势。民族问题和宗教问题要分开，对迷信要大加破除。在报刊上要宣传，在人代会上也要讲，进行唯物主义宣传，破除迷信。2. 全部迁坟工作仍必

---

① 即现皇山公墓。
② 哈尔滨市档案馆藏，全宗号XD022目录号001馆编0060，《市外事处迁移外侨墓地、埋葬问题函》。

须在 6 月末以前结束，经费一律由坟主自行负担，不变。坟上的设备和墓内的东西均归坟主所有，前往荒山咀子墓地后，如因坟上设施较大，占地较多，亦可多给些土地。迁坟后，如安装碑碣所需之水泥及砖由物资处第一工业局负责供应。3. 烈士墓①、革命军人墓、因公牺牲的干部墓由政府负责迁，各区查对后报民政局办理。红军墓不迁，日本人墓地就地平掉，但需绘制草图及立上标识以备日后查询。无主墓深葬后，亦应绘制草图，编写卡片，以备坟主日后查找。4. 无主坟深葬问题，由建设局结合园林规划，统一研究提出方案。"②

1958 年 5 月 31 日，《哈尔滨日报》刊载《哈尔滨市道里区人民委员会关于迁坟问题的通知》："根据市人委的指示，凡在市区内的坟墓须一律迁出，现将办理手续及本区迁坟范围、办公室地址通知如下：一、凡在本区正阳河的坟墓和顾乡乡乐街南头及其他各街管内的零散坟墓的坟主，应持户口、手戳到我区迁坟办公室登记办理迁坟手续，办公室设在河图街 20 号正阳街办事处，电话43127。二、上述地址坟墓限期 1958 年 6 月末前全部签完，过期不迁者按无主坟处理。"

1958 年 6 月 7 日，莫斯科犹太宗教公会主席列文给哈尔滨犹太宗教公会的回信（译自俄文）："关于你们本年 5 月 20 日的来信，请接受我如下的回答：1. 是的，当你市关闭旧墓地的情况下，允许将死者的尸骨，从墓中起出并迁葬他处。2. 可否迁移某些坟墓呢？可以，可能将全部坟墓迁出，

---

① 1945 年 8 月 20 日，苏联红军进驻哈尔滨后，苏军指挥部为纪念在光复哈尔滨战斗中牺牲的苏军将士，修建了苏军烈士墓地，原位于南岗区哈尔滨游乐园（文化公园）内，安葬了 111 位苏联红军将士，该墓地于 2007 年 11 月正式迁移到皇山公墓内。（丛明宇：《苏联红军墓长眠 111 名苏军将士》，《哈尔滨日报》2008 年 3 月 13 日。）

1974 年 11 月 16 日，外交部向国务院递交的《关于清理在华外国人坟墓的请示》指出，"外国人在华坟墓的状况，近些年来变化很大。据京、津、沪、黑龙江等九省、市初步调查，文化大革命前夕，外国人坟墓约有 5 万多座，分属英、法、美、德、意、日、苏（俄）及亚非拉 40 多个国家。"目前，"已平毁的外国人墓约 60%，有不同程度损坏的约 30%。保存较完整的约 10%（主要是国际友人、知名人士、友好国家的外侨及苏联红军、朝、越等国烈士墓）"。"国际友人、知名人士及其亲属，苏联红军、朝、越烈士及其他为中国人民解放事业牺牲的外国烈士，解放后外国驻华机构人员（包括专家、留学生、实习生）及其亲属的坟墓，应予保护。已损坏者，酌情从简修葺。修整后加强管理，防止破坏。"

② 哈尔滨市档案馆藏，全宗号 XD022 目录号 001 馆编 0060，《市外事处迁移外侨墓地、埋葬问题函》。

并不妨碍迁移其他坟墓（注：原文如此，疑译文有误）。3、4、5 系关于迁坟时的宗教仪式，从略。6. 对墓地上的教堂怎么办？当然，如果可能，就尽量迁至新墓地，如果不可能，你们有什么办法呢？不是你们的罪过。措施有自己的目的（注：原文如此），所以谁也没有过错。"①

1958 年 6 月 9 日，对外侨宣传教育工作组给哈尔滨人民委员会的《关于迁移市内外侨坟墓工作情况的报告》［侨宣字第（58）04 号］告知："为了克服迁坟工作中的思想障碍，5 月 30 日在苏联侨民会召开了苏联侨民会干部、积极分子和教会代表会议。外事处杨佐青处长在会上讲了话，说明了迁坟的原因和市人民委员会迁坟的通告必须执行，对迁坟中的一些具体问题作了解释，同时对他们在迁坟问题上的错误言论和认识作了批判。6 月 2 日苏联驻哈总领事馆邀请外事处杨佐青处长在他们召开的民会干部和积极分子会议上对迁坟问题作了讲话。在会上副领事柯华列也以迁坟为题讲了话，表明总领事馆完全支持中国政府的迁坟措施，要求侨民执行。为打击个别企图利用迁坟问题煽动侨民群众的分子，公安局对法人并积极搞签名运动反对迁坟的苏侨契斯吉亚克夫进行传讯，拘留 15 天。"同时，"我们推动外侨迁坟委员会做了一些具体工作。现在各宗教已成立了自己的迁坟工作组，对新墓地地段进行了划分，并着手新墓地的建设，如东正教准备迁教堂，筑围墙等。迁坟委员会也通知停止在旧墓地上埋葬。现新墓地上已埋葬三人，东正教已有四个教徒登记迁坟。六月四日外侨迁坟委员会开会决定于六月五日开始迁坟登记，准备一周时间登记完毕，六月六日开始迁坟。于六月五日下午有约两千名东正教徒在旧墓地举行了迁坟祈祷"。

通过几方面的工作，侨民看清了市内坟墓必须迁出的事实，基本上打消了观望思想，开始考虑迁坟的具体问题，并已有实际行动。但就目前各方面反映的情况来看，他们还不是心甘情愿的，所以有些人就想把坟平掉，而不迁移。他们所以要这样做，其原因有二：一、是认为"迁坟妨碍死者的安宁"，是"罪过"；二、是一些人经济上有困难。另外，他们认为红军墓不迁，俄军墓也不应迁。

---

① 政协哈尔滨市南岗委员会编：《南岗文史》，内部资料，1996 年，第 93 页。

根据市里规定在旧墓地修建公园的决定，和外侨坟多已埋葬多年，并都深在二公尺以下对城市卫生无大妨碍的情况，也考虑照顾外侨的具体困难。为了缓和他们的抵触情绪，利于分化，可同意平掉。但对不同情况可分别作如下处理："1. 坟主在哈市的，尽量动员他们迁移。如实无力迁移，则由他们提出请求后，可同意其平掉。2. 坟主在国外，可许其寄钱委托教会，民会或个人代为迁移，对这类坟墓的迁移在限期上可适当延长。到一定时期仍无人迁移时，将予以平掉。并在原墓址做上标志或绘图造册以便将来墓主要迁移时仍可找到。3. 能确定为无主坟者，到期平掉。上述各类坟墓需要平掉时，最好说服他们，由外侨迁坟委员会负责进行，如他们无力清理时，再由政府负责清理。4. 为了减少抵触情绪，俄军士兵公墓暂不迁动，以后再迁。5. 在国外的坟主，若要求亲自来迁坟的，在资本主义国家者一律不准，在社会主义国家的，原则上不放，个别坟墓较多，迁后能如期归去的，可酌情准许。6. 为照顾他们的宗教习惯，今后对在墓地新葬者可准许他们收一定的管理费，做为墓地管理的开支。"①

1958年6月13日，对外侨宣传教育工作组给哈尔滨人民委员会的《关于迁移市内外侨坟墓情况的报告》［侨宣字第（58）5号］中总结："对外侨迁坟宣传教育工作组于六月十日上午召开了会议，分析了近日外侨对迁坟的思想情况并提出了今后的做法。从目前外侨思想情况来看，他们的消极抵抗情绪很大，用'墓地改建公园，不迁比迁好'和经济上有困难为借口，互相观望，拖延不迁，从六月六日开始苏侨墓地迁出二三十个坟，其中只有两个苏侨坟；苏联侨民会进行的迁坟登记，历时四天，只有七人登记，并且都是提出平掉不迁。近日由一些坟主去墓地取下墓碑的照片，并表示政府愿意平掉就平掉，他不管了。也有个别造谣破坏的情况：如一个在东正教墓地照相的人死了，就有人造谣说这是因为迁坟所引起的；有的外侨到迁坟办公室打听迁坟的具体手续等问题，被一外侨妇女骂了一顿等。由于外侨中大部分人是拖延不迁和有个别人的破坏，就使得一部分有迁坟打算的外侨，也采取了观望态度，怕受众人斥责，不敢积极行

---

① 哈尔滨市档案馆藏，全宗号XD022 目录号001 馆编0060，《市外事处迁移外侨墓地、埋葬问题函》。

动;另外还有许多人希望看一看新墓地,六月九日借送葬的机会有五六十名外侨看了新墓地,他们对新墓地感到满意,但以路远和无钱为理由,还表示不愿迁。"

根据这种情况,小组拟进行如下工作,以消除消极对抗情绪,分化反对的侨民群体,推动工作,严肃政令。"1. 由苏联侨民会召集侨民开会,进一步宣传解释政府迁坟的目的和具体措施,要求坟主进行登记,登记中要求坟主对迁出或平掉的问题表明态度,登记给予一定限期,逾期不登记,将由政府处理。建议侨民会在迁坟初期对一部分确实无力迁移者,给予一定帮助。动员苏联侨民会的干部和积极分子带头先迁。2. 东正教教务委员会已通过决议:东正教神甫的坟平掉不迁,侧面表示或通过我能掌握靠近我们的中国神职人员,使其在六月十五日以前向政府提出请求,同时使其清理出一批确实无主墓,也向政府提出平掉要求。根据他们的请求,政府予以批准,但在平掉前外侨中通告,有不同意者在一定的期限内,还可提出迁移的请求。如逾期不提出迁移请求时,首先选择真正不迁的平掉一部分,以示政府对迁坟工作的严肃性,以便消除其消极对抗情绪和分化他们。督促东正教委员会抓紧对新墓地的修建工作。3. 对造谣破坏分子,由公安局进行调查,予以适当打击,并派人到墓地了解,搜集情况,防止坏分子的活动。4. 由苏联侨民会和南岗区迁坟办公室组织愿看新墓地的侨民去看新墓地,以缓和其消极对抗情绪。"①

1958年7月3日,对外侨宣传教育工作组给哈尔滨人民委员会的《关于迁移外侨坟墓工作情况的报告》[侨宣字第(58)6号]强调:"6月26日对外侨宣传教育工作组召开了会议,分析了外侨思想动态、外侨坟墓迁移情况,并对几个具体问题进行了研究。一、外侨思想动态和迁坟工作进行情况:在我政府连续进行了许多工作之后,一部分侨民已开始向对待市人委5月6日的迁坟公告提出迁移或深葬的申请。到目前为止由坟主申请深葬的坟约有1500个,由各教会或侨民会清查确定为无主坟并申请深葬的计2000多个,东正教墓地申请迁移的36个,已迁的18个;犹太教会准备

---

① 哈尔滨市档案馆藏,全宗号XD022 目录号001 馆编0060,《市外事处迁移外侨墓地、埋葬问题函》。

把所有坟都迁移，现正筹建新墓地。从国外也有很多坟主来信询问迁坟汇款办法及要求延期等。"

但在外侨中也有些人还存在着消极抵抗情绪，如有的人认为"自己签字同意深葬，就等于自己平掉了，同样有罪"。所以在动员他们提出迁移或深葬的申请时，他们就拖延搪塞，有些人说："我不知道怎么办好，随政府处理好了。"个别积极反对迁坟的分子也还是有的，如苏籍东正教徒高汝哈利在6月25日还持2000余人的签名到外事处请求不迁外侨坟墓或延期一年。外事处已向其说明道理，拒绝了他的请求。为扭转外侨消极拖延的态度，严肃政令，推动工作，6月27日根据东正教教务委员会的申请，将274个神职人员、修女和残老的无主坟就地深葬。此后还继续进行登记，查对坟号，查清一批就清理一批。6月28日在报纸上公布了变更迁坟日期的公告，不少外侨将通告第二条理解为七、八、九三个月停止迁坟，要一律在十月份进行，而停止了迁移或深葬的申请登记。关于变更迁坟日期公告的精神，已由外事处向外侨迁坟委员会做了解释，并将其通告的俄文译文做了校正。

针对此种情况，相关部门提出了几个具体问题的处理意见："1. 坟主在国外，逾期未登记或不迁移也未申请深葬的，将其坟平掉。为使以后坟主要求迁移时，可以查到，并由建设局绘图标出坟的位置，备以后查找。2. 墓地围墙留下，但不按砖墙折价购买，只给教会一定补助；犹太墓地上的房子可留用，予以一定补偿。（市人委已同意）3. 如坟主要求拆卖坟上的铁栅栏，可准，但需坟主自己将坟平掉。坟主不要的或无主坟上的铁栅栏可交外侨迁坟委员会处理，作为建新墓地之用。4. 为了保护墓地上的树木及进行公园规划，建设局应派人驻在墓地。"[①]

1958年7月6日，对外侨宣传教育工作组给哈尔滨人民委员会的《关于迁移外侨坟墓工作情况的报告》［侨宣字第（58）7号］显示："在六月下半月外侨对迁坟问题感到时间紧迫，加之我态度严明，故行动较积极。东正教在哈市坟主提出将1500个左右的坟就地深葬，申请迁移的36个坟，

---

① 哈尔滨市档案馆藏，全宗号XD022 目录号001 馆编0060，《市外事处迁移外侨墓地、埋葬问题函》。

其他天主教、莫洛干教、鞑靼教等墓地的坟主也多提出了或迁或就地深葬的请求，多为就地深葬的。唯犹太坟主申请迁移的较多；最近他们已收到莫斯科犹太主教指示，告诉他们具体迁移办法，现在他们正进行各种准备工作，计划在七月二十日开始迁移，十月末结束。"并且，"自六月二十七日市人委关于迁坟延期的公告公布后，由于外侨对公告个别词句的错误理解，迁坟的行动开始松懈了，如东正教墓地申请登记的几乎是停止了，甚至还有个别要求撤回就地深葬的申请的。我们认为是因为延了期，他们感到时间充裕；另一个方面是存有侥幸心理，他们认为现在延期了，以后还可能延期，甚至有可能不迁。对此我们已及时向外侨做了解释，但仍未能全部扭转外侨的消极情绪。另外还有少数外侨不了解旧墓地今后的用途，对自己家人的坟，是迁或就地深葬，迟疑不决，并有抵触情绪，自己不进行登记，不表示态度，而要政府看着办的消极对抗情绪也还存在"。

针对上述情况，对外侨宣传教育工作组于 7 月 9 日上午召开了会议，结合市人委迁坟公告的精神，确定在七月份抓紧时间，做好以下准备工作，以便在八月份即能迅速地进行迁坟工作："一、登记工作：犹太教、天主教、莫洛干教、鞑靼教等墓地登记工作基本结束，唯东正教墓地仅有 929 个坟主进行了登记，在哈坟主尚有不少未进行登记。现苏联侨民会正在深入到每家进行登记，仍应督促、检查苏联侨民会的登记工作，争取在七月份内登记完了。二、分委工作：在进行登记的同时，就组织力量，把要求迁移的、就地深葬的和业主在国外尚未提出申请的三类墓分清楚，每墓各多少并在坟上作出标志，以便组织人力进行迁移或就地深葬。三、建议市人委督促建设局在七月份内作出旧墓地的规划，并迅速解决迁坟工作中所需经费。"

"为使一、二两项工作做得好，还要继续向侨民讲清旧墓地要改建公园和宣传解释延期的公告，以缓和其抵触情绪，争取他们及早行动；要求在哈侨民与国外坟主通信，告诉他们迁坟的规定，要求他们在七月底以前提出申请；同时继续批判消极对抗情绪。根据会议研究的精神，于七月九日下午由外事处召集外侨迁坟委员会进行了具体布置。"①

---

① 哈尔滨市档案馆藏，全宗号 XD022 目录号 001 馆编 0060，《市外事处迁移外侨墓地、埋葬问题函》。

1958年7月26日，以色列犹太律法博士盖尔曹格致电哈尔滨犹太宗教公会（由英文译成俄文，本文由俄文转译）："用航空信发出迁移哈尔滨的公墓所必需的宗教指示，对于展延全部迁完坟墓的日期，批准了我的请求，请向哈尔滨政府当局转达我的感谢。"并且，"请把犹太律法博士吉斜科夫之尸骨以及亲属在以色列的其他一些尸骨（疑翻译有误，笔者注），也请求当局发给许可，运往以色列。他们的亲属在以色列极希运迁这些尸骨"[1]。

1958年8月29日，迁坟工作会议记录表明，8月17日午前由郭秘书长主持，召集建设局、卫生局、外事处、宗教处、南岗及太平区迁坟办公室有关人员，讨论了迁坟工作。会议对今后迁坟作出如下决议："一、目前迁坟工作，主要是对已登记的坟墓，应继续迁出，无主或自愿就地深葬的，开始平掉。南岗区管内极乐寺、苏侨、犹太、波兰等墓地，结合公园规划建设，以建设局为主，南岗区迁坟办公室留下2名业务熟悉的同志，协助建设局进行迁坟和平坟工作。二、平坟工作，原则上是发动义务劳动以补助劳动之不足，并节省经费。由建设局作出计划，区上负责组织义务劳动，但坟墓设有石材、铁材的建筑物拆除搬运，可以雇佣技术工人，拨给建设局经费5万元，不足时自行解决。三、所拆除的器材有主的愿出售者由建设局作价收买，无主的器材由建设局统一负责整理保管，不得随便外卖或使用。四、凡拆掉的旧棺材或铁皮等器材，不准在市场上出售，由卫生局检查后，有碍卫生的，一律焚毁烧掉，无碍卫生可用者由建设局处理。五、极乐寺内的无主坟墓，就地深葬，由卫生局和建设局负责。六、太平区管内的墓地，深葬平毁，主要以发动义务劳动，市补助经费1万元，不足者自行解决，剩余上缴，坟地器材交太平区人委处理。七、侨民义地周围的砖墙，市可给予补助费7000元，由财政局另行拨款，作为赔偿费用。八、关于迁坟工作的各项经费使用，要严加管理，由各主管区检查。九、各有关单位按市规定的时间，互助协作抓紧进行，提前完成任务。"[2]

---

[1] 政协哈尔滨市南岗委员会编：《南岗文史》，内部资料，1996年，第94页。
[2] 哈尔滨市档案馆藏，全宗号XD022目录号001馆编0060，《市外事处迁移外侨墓地、埋葬问题函》。

在相关档案资料中，笔者仅看到了近几年与迁坟初期发动工作有关的档案，没有查找到关于迁坟工作结束方面的档案及有关报纸。笔者认为，哈尔滨包括犹太人墓地在内的侨民迁坟工作有如下几个特点：第一，预期与现实的冲突较大。本来预期1958年6月末完成迁坟工作，但是实际工作延续了一两年。除了侨民的问题，还与前期准备工作应该有一定的关系，二是与哈尔滨的气候有一定关联。随着迁坟工作的拖延，不能在哈尔滨半年的封冻期迁坟。第二，情感与现实的矛盾较大。毋庸置疑，哈尔滨是一座随着中东铁路的建设而逐渐兴起和发展的城市，但是这个是俄国殖民主义的结果，也是俄国侵略中国的需要。建设者也是侵略者（俄罗斯学者有关哈尔滨的书籍，标题是《哈尔滨——俄国的远东分支》）。

并且，1945年8月15日日本投降和1949年10月1日中华人民共和国成立表明中国已经是一个独立自主的国家。哈尔滨不再是铁路附属地和殖民地。在哈尔滨土地上的苏联人是真正意义上的侨民，与前期居住在哈尔滨的俄国人（苏联人）的身份是有差异的[①]；我们在自己的土地上处理这个问题更加自信。在20世纪50年代末的中国许多城市都发生过这样的事情，不仅仅是哈尔滨。民族与现实的冲突较大。在所有需要迁坟的外侨中，实际迁坟数量和比例最多的是犹太人在哈尔滨的坟墓。这不仅是一个资金问题，更重要的是一个宗教和民族传统延续的问题。"在漫长的历史中，被驱逐、到处流亡的犹太人，更把死后归入犹太人公墓，与民族的命运联系起来，而不只是看作自己的葬身之地。因此，犹太教会堂和公墓成为犹太人最关心的地方。"[②]

三 "犹太人在哈尔滨"墓地迁移研究及其相关思考

从历史研究的角度看，"犹太人在哈尔滨"的墓地迁移涉及民族情感

---

① 关于1932年2月5日日本进入哈尔滨之前的哈尔滨的性质问题，是学界一直讨论的一个复杂问题，至今学界没有梳理明白。实际上，日本进入哈尔滨后，日本与苏联的关系，日本、苏联与中国共产党及中国国民党甚至是东北军阀的关系有待深入研究。目前，我国学者关于铁路附属地的概念界定和相关阐释还不深入；铁路附属地与租借地、租界等的关系分析不明确。甚至关于铁路附属地的英文翻译也存在多样化，railway attached land，colonies along the railway，railway dependent 等。

② 黄陵渝：《犹太教与文化》，中央民族大学出版社1999年版，第141页。

问题，也关涉档案资料、文史资料和电子资源的利用问题。

关于犹太人墓地与民族情感①及中苏关系。犹太墓地不像大使馆、领事馆一样被视为其领土，当时这是在中东铁路附属地，迁移时已是独立自主的中华人民共和国。从犹太文化本身来说，犹太人比较重视自身特点，自哈尔滨建立犹太社区，犹太人就建立了自己的一个完整的社会体系，从教堂到墓地，从公会到学校，从医院到食堂，从慈善到救助等。犹太人墓地与俄侨墓地是相对独立的，即使在一个相近的区域，从南岗东大直街的圣母帡幪教堂后身到现文化公园。两者不存在混乱问题。

原哈尔滨犹太公会主席的儿子西奥多（特迪）·考夫曼指出："为了对公墓的迁移尽自己一份力量，当时依然留在哈尔滨的犹太社区的会员竭尽全力筹集资金；为公墓的动迁给予了必要的财力支持。当时，原公墓的遗迹在经过认真、谨慎的整理后，也随墓地迁往新址；亡者的资料也都被详细地登录在案，这是一项神圣的职责。扎尔曼·阿戈拉诺夫斯基（Zalman Agranovsky）是犹太社区的最后一任秘书，他协同社区其他会员竭力保护墓葬和墓碑。"②

丹·本－卡南指出："在挖开当事人祖父之墓并准备在其上立碑时，死者遗骨竟然了无踪影。""每每在为那里建立的中国坟墓挖建地下陵寝之后，那里原有的犹太墓碑即告消失，应葬其下的骸骨亦荡然无存。""这些现象进一步强化了所谓迁坟时只迁走了墓碑的说法。"③"负责搬迁过程的市环卫主管部门安排工人虽拆除了坟墓，却未发现有可起掘的棺木，因而棺木迁到新墓地之说并不成立"④。他还强调："在哈尔滨市几处档案馆

---

① 关于"书写情感的历史"专题：王晴佳：《当代史学的"情感转折"》，周凤竹整理：《"书写情感的历史"主题讨论集成》，[法] Laurence Fontaine 等：《情感、资本主义和市场》，[英] Andrea Noble 等：《情感和"他者"的塑造》，[西] Fabrizio Titone 等：《身体和空间中的情感》，[芬] Tuomas Tepora 等：《书写情感的历史：理论和方法论》。（《中国历史评论》第十一辑，上海文化出版社 2016 年版。）
② [以] 西奥多（特迪）·考夫曼：《我心中的哈尔滨犹太人》，刘全顺译，黑龙江人民出版社 2007 年版，第 40 页。
③ [以] 丹·本－卡南：《不懈追求安息之地——漫议哈尔滨犹太公墓迁址皇山的过程》，郝志鸿译，《西伯利亚研究》2012 年第 4 期。
④ [以] 丹·本－卡南：《不懈追求安息之地——漫议哈尔滨犹太公墓迁址皇山的过程》，郝志鸿译，《西伯利亚研究》2012 年第 4 期。

发现的新文件披露了墓地的迁坟过程，表明迁坟是在当年市政当局指令和督办下被迫所为，迁坟期间不断得到苏联领事馆的援助和支持，具体经办者是势单力薄的社区代表，他们不过是昔日犹太社区的影子而已。"① 卡南的结论是："由于不同叙述之间互相矛盾之处太多，所以在缺少真实的史料和翔实可靠的报告的情况下，人们只得求助地面和地下的证据。""在皇山犹太墓地已进行过的每次挖坟活动中，均未出现任何尸骨或棺木的踪迹。到目前为止，还没有谁作为目击者站出来提供相反的说法。"墓碑"非常奇特的排列提示，哈尔滨犹太宗教公会根本没有监督，而且，在墓碑运往新墓地的长距离运送途中，公会的人是否参与过任何一次押运，也令人怀疑"。虽然"传统上所有墓碑均应面向耶路撒冷（在中国，墓碑应面西而立），但是皇山墓地中每一排墓碑的朝向都是别的方向——有的朝北，有的朝南，有的朝东，也有介于这些朝向之间者"。他质问："为什么所迁墓碑的数量相对很少？怎样从3100多座坟墓中选择要搬迁的坟墓？有关决定是谁作出和如何作出的？"官方的解释是，"搬迁每块墓碑核收50美元，而且迁坟委员努力与世界各地的坟主家人联系，但应者寥寥。然而，这种解释同样也说明该委员会力量薄弱、工作不力。依当时他们所处的地位、条件和时局，他们没能采取或无法采取任何自主行动。"②

诚如翻译者郝志鸿所言，"文中的某些议论和看法显系有所偏激。"笔者认为，丹·本-卡南的这篇文章鲜有新意，基本利用中国学者的二手或多手资料写成，没有新档案资料的支撑，亦没有细心查找当年的《哈尔滨日报》等媒体资料，但这些都是研究"犹太人在哈尔滨"墓地迁移的重要佐证。因此，他得出的这些貌似惊人的结论是"理所当然"的，然而它们在某种程度上是站不住脚的。实际上，这些档案和报纸就在黑龙江省档案馆和哈尔滨市图书馆。研究哈尔滨历史文化仅靠他自身掌握的外文资料是远远不够的，离开哈尔滨本地的相关馆藏资料，研究者往往容易对一些事件进行推理，推理的结果可能接近历史本身也可能

---

① ［以］丹·本-卡南：《不懈追求安息之地——漫议哈尔滨犹太公墓迁址皇山的过程》，郝志鸿译，《西伯利亚研究》2012年第4期。
② ［以］丹·本-卡南：《不懈追求安息之地——漫议哈尔滨犹太公墓迁址皇山的过程》，郝志鸿译，《西伯利亚研究》2012年第4期。

与历史真相"天壤之别"。

　　笔者可以回答他的相关质问：一、在 1958 年迁坟后，皇山犹太公墓再次动过几个坟墓，卡南没有都参与过。二、当时政府的政策与"犹太人在哈尔滨"的实际能力的关系。在当时，政府是制定了一定的政策，相比犹太人，俄国人大部分都深埋了，这个不能归责于政府。相比哈尔滨，上海、天津的犹太墓地已经不复存在了。这是站在不同立场和不同时代背景下的"强词夺理"。三、关于当时的见证人问题。1958 年迁坟对于哈尔滨这座城市来说应该是一个浩大工程。从 1958 年至今已经 58 年，80 岁左右的见证人还是能找到的。再者，当时还有犹太人在哈尔滨，他们应该了解一些细节。缘何他们不站出来说话？不能用民族感情来"求全责备"。四、关于棺木问题。棺木是会腐烂坏的。部分年代久远的棺木是否在原墓地保存完整，这是其一。从原来墓地搬迁到皇山是否更换了新棺木，这是其二。假如搬迁到皇山时更换了新棺木，再次挖开时，都四五十年了，是否能存在完整的棺木，这是其三。据笔者实地踏访，皇山公墓犹太墓地的一些地上墓碑与地下坟圹是一体的，现有部分地下坟圹裸露出地表。相对体积大和重量大的墓碑与坟圹都被迁移到犹太墓地而言，如果当时犹太人的遗骨在文化公园犹太墓地就存在，那么这些遗骨同时迁移到皇山公墓犹太墓地应该不是问题。① 五、中国人墓地与犹太墓地的关系。犹太墓地迁移到皇山墓地已经近 60 年了。犹太墓地紧邻部分中国墓地，但是基本不会因此而破坏犹太墓地。如果存在这样的事情，就不会有"目前远东地区现存最大、保存最完整的一块犹太墓地"这一说法。

　　据哈尔滨市皇山公墓管理处原主任（1996—2003 年末在职）刘军介绍："1958 年迁坟时，是按照文化公园原墓地的位置序列搬迁到皇山公墓的，并且是用棺木把尸骨运到了皇山公墓。数量是 583 座。西奥多（特迪）·考夫曼掌握的墓地图纸是 1500 余座。但是，皇山犹太墓地没有挖开过坟墓。1966—1976 年，曾经出现过对墓碑上肖像牌的人为损坏，然而这是时代的历史印迹。"② 历史研究"没有激情不行，而'肝火太盛'也

---

①　2018 年 4 月 16 日，笔者踏访皇山公墓犹太墓地。
②　2016 年 6 月 20 日 17 时 20 分电话采访。

不行，需要下慢功夫。研究历史不需要'喧嚣'，而应把它当成一种'修行'，才有可能做出学问来"①。笔者实地调查发现，目前皇山公墓根据相关资料，对犹太墓地中一些现在没有墓碑而能确定墓主的地方进行了标识。②

关于哈尔滨的迁墓与中苏关系的问题。迁移墓地的前提是，"为适应哈尔滨市城市建设的发展及市民健康的需要。1958年3月18日，市人民委员会决定限期迁出哈尔滨市内所有中国人、外国人的墓地"。当时，市内有"16个墓地上的209000个坟墓"③。其中，1958年，"东正教老墓地共有单人坟墓631个。至同年6月5日，东正教新墓地共埋葬东正教徒44226人"④。但是另有一说法，"至1958年，共埋葬教徒2.5万人，其中1万余人为铁路从业人员及家属"⑤。因为20世纪50年代末我国许多城市发生过迁墓事件，这与中苏关系恶化应该是没有关系，不是民族感情使然。从相关数据来看，中国人的迁墓数量远远大于侨民，所以迁墓不是仅针对包括犹太人在内的侨民，而是整体搬迁。1962年，美国学者赫尔曼·迪克就指出，"这种迁墓现象不仅仅是针对犹太人的，哈尔滨市政府要求迁出所在市区范围内的中国人和外国人墓地"⑥。这是一位旁观者在犹太墓地迁移后做出的较早的评述。

"犹太人在上海"墓地的拆迁等也是佐证。上海市档案馆藏有相关档案：《上海市人民委员会同意拆迁两处犹太墓地的意见和转发国务院关于基建用地迁坟期限的批复及国家建设征用土地办法的命令》（1958）、《上海市人民委员会外事处关于拆迁惠民路及黄陂路两处犹太墓地供生产建设等用的报告》（1958）、《上海市榆林区人民委员会关于收回原犹太公墓土

---

① 姜宝才：《历史也需要"警察"》。
② 2018年4月16日，笔者踏访皇山公墓犹太墓地。
③ 哈尔滨市地方志编纂委员会：《哈尔滨市志·17·外事 对外经济贸易 旅游》，黑龙江人民出版社1998年版，第103页。
④ 哈尔滨市地方志编纂委员会：《哈尔滨市志·17·外事 对外经济贸易 旅游》，黑龙江人民出版社1998年版，第103页。
⑤ 哈尔滨市地方志编纂委员会：《哈尔滨市志·34·宗教 方言》，黑龙江人民出版社1998年版，第146页。
⑥ ［美］赫尔曼·迪克：《远东的漂泊者与开拓者——犹太人在中国和日本一个世纪的生活历程》，王志军译，黑龙江大学出版社2017年版，第165页。

地辟建区儿童公园的函》（1959）、《上海市城市建设局不同意上海广播器材厂征用犹太公墓的函》（1958）、《公私合营上海丝织二厂关于犹太公墓拆迁无法进行的函》（1959）、《上海市榆林区人民委员会绿化办公室关于惠民路犹太路公墓土地儿童公园基地的函》（1959）、《上海市城市建设局关于使用惠民路犹太路公墓土地儿童公园事的函》（1959）、《上海市杨浦区建设局关于上海丝织二厂征用犹太公墓征地拆迁费用及善后工作处理的复函》（1959）等。① 这些档案，一是说明其他城市也在开展相关类似活动及目的；二是呈现了迁坟的特殊性和复杂性。

在史志方面，笔者认为，民国时期各种方志的可信度要比新中国成立后续写的各类史志的可信度高（笔者没有做过详细统计，只是在相关研究中的一种体会）。如果一篇论文全部使用新中国成立后的史志，特别是在数据引用方面是值得商榷的。这类材料只能起到引导等方面的作用，要进行深入地研究，必须要有基本的原始数据做支撑。如在"波兰人在哈尔滨"的人口数量方面，1934 年应该是"1344 人"，而薛连举在《哈尔滨人口变迁》中就写为"1334 人"。许多研究者一直在使用薛连举的这个数据，而不去查阅原始的康德二年五月（1935 年 5 月）哈尔滨特别市公署刊行的《康德元年十二月（1934 年 12 月）哈尔滨特别市户口调查结果表》第一卷第一辑。关于墓地的划分标准，"由于外侨坟墓当时并非按国籍划分，而是按宗教划分的，如东正教墓地内虽以信仰东正教的俄罗斯人为主，但也埋有少数的塞尔维亚人；基督教联合墓地内有波兰人，也埋有欧洲其他国家的人。同样犹太墓地中有俄罗斯籍的犹太人，也有波兰籍的犹太人"②。《南岗文史》第三辑的这种说法是不科学的。1926 年的《哈尔滨街市全图》就可以说明这个情况，墓地是按国别划分的。那时犹太人已经没有自己独立的国家了，故称"犹太坟"。

《苏联历史档案选编》（34 卷 36 册）、《俄罗斯解密档案选编：中苏关系（1945—1991）》（12 卷）和《美国对华情报解密档案（1948—1976）》）（共 8 卷）等给研究苏联史、中苏关系史、苏美关系史及中美关系史等提供了大

---

① 2014 年 7 月 3、4 日，笔者手抄于上海市中山东二路 9 号上海市档案馆外滩分馆 5 楼。
② 政协哈尔滨市南岗委员会编：《南岗文史》，内部资料，1996 年，第 85 页。

量的"原始性记录"。沈志华先生指出:"特别是你先把这些材料收集起来,翻译出来,将来即使不懂俄语的人,他看这个也是有用的。"①

哈尔滨市档案馆和黑龙江省档案馆藏有"犹太人在哈尔滨"的相关历史档案。哈尔滨市档案馆的犹太人户籍档案和黑龙江省档案馆的哈尔滨犹太宗教公会的档案,是研究"犹太人在哈尔滨"历史文化的重要资料。"黑龙江省档案馆现存有关于哈尔滨犹太人出生、死亡、结婚等项证明文件 8000 余份,犹太居民登记卡 4000 多张,犹太社会活动家材料近 200 份以及哈尔滨犹太人死亡登记册、影集等历史资料。"② 然而,由于各种原因,这些档案的开放度是受限制的。但是,这些档案并不是完全限制,作为地方性特色馆藏资源,需要一个逐渐开放的过程。研究者是一种期待和等待的状态。2020 年 12 月,社会科学文献出版社出版了郭秋萍主编的《哈尔滨犹太人档案文献汇编》[甲编,全十五册]。

关于"犹太人在哈尔滨(中国)"的档案,亦可以在上海市档案馆、天津市档案馆③和青岛市档案馆④等相关单位找到一些"蛛丝马迹"。此外,据宋安娜介绍,在日本外务省档案馆保存"十三卷中国犹太人档案的微缩胶卷"。⑤ 这些档案资料有助于"犹太人在哈尔滨"研究的深入和拓展。

关于数字化的档案问题。笔者目前正在从事"苏联社会制度项目"(Harvard Project of Soviet Social System,HPSSS)的研究。该项目是哈佛大学俄国研究中心 1950 年 9 月至 1951 年 5 月在德国慕尼黑对苏联难民的采访记录,1951 年 5 月至 1951 年 9 月转移到美国纽约。1952 年至 1953 年进行相关采访资料的整理和初步研究。1954 年秋天,俄国研究中心形成了一个最终报告。关于这些档案,1951 年中期,分成系列 A 和系列 B 的采访资料整合成

---

① 沈志华:《代序:在档案中找寻真实的历史》,《沈志华演讲录》,九州出版社 2016 年版,第 1 页。
② 曲伟编著:《哈尔滨犹太图史》,黑龙江人民出版社 2015 年版,第 510 页。
③ 黄肖昱的《浅析天津犹太社区》和鹿立娜的《试述天津的犹太社团的形成及其在天津的社会生活》等文章,在天津市档案馆查阅了一些关于"犹太人在天津"的档案。两人当时为天津师范大学历史文化学院本科生,参加了 2013 年第九届北京师范大学世界史研究生冬季论坛。
④ 笔者曾经写过一篇论文:《1945—1947 年德籍"犹太人在青岛"的归化问题和产业处理研究——以青岛市档案馆藏档案为考察中心》,潘光主编:《来华犹太难民资料汇编》第四卷《专家视点》,上海交通大学出版社 2017 年版。
⑤ 宋安娜:《神圣的渡口:犹太人在天津》,天津人民出版社 2007 年版,第 280 页。

两套相关的卷宗，第一套37册，第二套24册。对此做了基本的索引后，这些卷宗就被存放在哈佛图书馆（Harvard College Library，HCL）。微缩品由美国空军制作。与此同时，那些主要的档案被编辑和进行微缩处理。按照数十个主题和次主题，对俄国研究中心庞大的档案系统的"哈佛苏联社会制度项目"的数据进行分类。这个档案系统最后增加到100多个档案抽屉，包含手工编码和分类的几万张来自采访的个人信息。直到21世纪初期才电子化。但是，这些档案存在一些使用权限问题，虽然限制不多，这是其一；这些原始的档案最初是使用打字机打印的纸质文本，数字化时期一些原始档案已经不清楚，加上文本的拼读错误，造成了识读的困难，这是其二。

"犹太人在哈尔滨"的墓地迁移，不仅对当时在哈尔滨的犹太人是一件大事，也是哈尔滨城市发展的一件大事。这成为现在中国和以色列关系的精神纽带。通过相关档案的呈现，墓地迁移这件事逐渐明朗化。这个问题的研究涉及民族感情、档案资料、文史资料和电子资源的利用和探讨，是一个综合性的历史研究问题。利用各种资料相互佐证，形成一个对"犹太人在哈尔滨"墓地的"整体性"论证。

第二节　哈尔滨犹太公共图书馆及其藏书章"管窥"

犹太民族是世界上最重视教育的族群之一。终身学习的犹太人离不开的一个重要场所就是图书馆。哈尔滨犹太公共图书馆是以阿·伊·考夫曼为首组建的，场所曾经几次变更。目前学界关于哈尔滨犹太公共图书馆及其图书归宿等问题的研究"凤毛麟角"，通过笔者收藏或所见的哈尔滨犹太公共图书馆图书及其附带的藏书章，笔者企图打开哈尔滨犹太公共图书馆历史的"冰山一角"，推进"犹太人在哈尔滨"和"犹太人在中国"的研究。

一　犹太人的教育观与哈尔滨犹太公共图书馆

作为世界上最古老的民族之一，犹太民族是一个优秀和杰出的族群：

20世纪诺贝尔奖获得者,占五分之一;全美200名最有影响的人,占一半;全球最有钱的企业家,占一半;等等。当然这离不开教育,社会教育、学校教育和家庭教育等多管齐下。就社会教育和学校教育而言,阅读就离不开图书馆。图书馆是犹太社区必不可少的重要组成部分。"犹太人在哈尔滨"的图书馆建设得比较早就说明这个问题。

在《犹太人在哈尔滨——记哈尔滨犹太公共图书馆》一文中,黑龙江省档案馆杜晔、陈冬玲对哈尔滨犹太公共图书馆的发展历程进行了梳理,"1912年,阿·伊·考夫曼在哈尔滨开办了犹太公共图书馆。该图书馆当时属于犹太复国主义组织,书籍数量不多,规模也不大。"1917年,俄国十月革命后,大批犹太人来到哈尔滨。"随着在哈尔滨犹太居民的急剧增多,犹太文艺音乐戏剧协会也开办了图书馆,而后因财政困难于1922年关闭,藏书被放置在犹太新会堂内,1926年,犹太文艺音乐戏剧协会停办。1929年,很多犹太人联名要求使用该图书馆的藏书,经过多次协商和努力,犹太文艺音乐戏剧协会同意将图书有条件地转让给犹太公共图书馆。"1933年12月10日,哈尔滨犹太公共图书馆重新开馆。这是"一座大型的综合图书馆,由阿·伊·考夫曼最初创办的犹太公共图书馆和犹太文艺音乐戏剧协会图书馆合并而成"。该图书馆收藏的图书逾万册,"包括希伯来语、英语、俄语、德语等不同语言版本的书籍,还有古典文学、现代文学及科学论著等,是当时哈尔滨最大的犹太图书馆"。1955年,随着在哈尔滨的犹太人日益减少,图书馆自行关闭。

据了解,1942年4月6日,哈尔滨犹太公共图书馆在犹太民族学校举办了建馆30周年纪念活动。"这时的犹太公共图书馆已成为东亚地区藏书最多的图书馆。位于哈尔滨市道里区马街(现东风街)第52—53号,是一座占地面积128.06平方米的二层楼房。"

在《我心中的哈尔滨犹太人》一书中,原居哈尔滨犹太人、哈尔滨犹太宗教公会会长阿·伊·考夫曼的儿子、以色列—中国友好协会会长西奥多(特迪)·考夫曼介绍:"社区有一个资料丰富的犹太图书馆,它收藏有会员捐赠的珍稀书籍、锡安主义文学和世界文学名著,文学、意第绪语、戏剧和音乐课程都能在图书馆找到。起初,图书馆坐落于新会堂的二楼,在20世纪30年代某一时期,它搬迁到了塔木德—托拉学校的二楼。"

关于哈尔滨犹太公共图书馆的这些记忆，关涉该图书馆的创办情况、地点场所与图书种类等问题。关于创办问题，在《哈尔滨犹太人历史年表》中，李述笑记述，1912 年 2 月，А. И. 考夫曼移居哈尔滨；6 月 10 日，"哈尔滨犹太人移居巴勒斯坦促进协会（简称巴勒斯坦协会，为哈尔滨锡安主义组织之前身）成立，不久前由乌拉尔来哈的 А. И. 考夫曼当选为主席"；11 月，"哈尔滨犹太人移居巴勒斯坦促进协会成立图书馆，馆长 И. 斯特里热夫斯基（该图书馆为锡安主义组织图书馆之前身）"。

笔者认为，哈尔滨犹太公共图书馆创办于哈尔滨犹太老会堂，曾在新会堂（这指的是犹太文艺音乐戏剧协会图书馆），后来是在塔木德－托拉学校。《犹太人在中国》和《犹太人在哈尔滨》两本大型图册中，对这些建筑都有介绍。但是，目前，笔者没有找到这个图书馆的照片。在《他乡亦故乡：俄罗斯人回忆哈尔滨》一书中的《哈尔滨的犹太人》一文里，赵喜罡、郭秋萍写道："1912 年，犹太人在炮队街创办了图书馆，藏书 13000 册。"哈尔滨现存犹太老会堂（亦称总会堂，现通江街，原炮队街。1907 年 5 月 3 日奠基；1909 年 1 月 15 日竣工）和犹太新会堂（现经纬街，原斜纹大街。1921 年 9 月 25 日竣工）两个历史建筑。在《从哈尔滨的犹太民族宗教学校到耶路撒冷的以色列人文科学院》一文中，以色列人文科学院副院长哈依姆·塔德莫尔指出，"在哈尔滨的马街（现东风街）上建造了美丽的校舍。"这所学校就是塔木德（Talmud）－托拉（Torah）学校。1918 年，"哈尔滨犹太人'阿古达斯—以色列'协会在马街（现东风街）一旧房舍内创办了哈尔滨犹太民族宗教学校（1920 年建新校舍，定名'斯基德尔斯基塔木德托拉学校'）"。1920 年 12 月，"由斯基德尔斯基出资在马街修建的犹太民族宗教学校校舍竣工，命名为'斯基德尔斯基塔木德托拉学校'"。需要说明的是，塔木德托拉学校与哈尔滨犹太中学不是一所学校，也不是一座建筑，虽然距离近。1910 年 10 月 17 日，"哈尔滨犹太小学新校舍在炮队街落成开学（现朝鲜族二中址，当时仅一层平房）"；1917 年 10 月 1 日，"哈尔滨犹太中学在炮队街（现通江街朝鲜族二中址）奠基修建"（现恢复为格拉祖诺夫音乐艺术学校）；1918 年 12 月，"哈尔滨犹太中学在炮队街落成"。笔者在梳理相关史料的基础上，逐渐形成了关于哈尔滨犹太公共图书馆的清晰轮廓。

第五章　哈尔滨犹太社区公共事务与社会活动　　**229**

二　哈尔滨犹太公共图书馆与藏书章

据《犹太人在哈尔滨——记哈尔滨犹太公共图书馆》介绍，哈尔滨犹太公共图书馆的开办宗旨是"面向广大犹太人服务，让所有穷人和学生都能有书读。该图书馆在其借阅规则的第一条就明确规定：贫者免费借阅，学生和青年人也有折扣，保证无论贫富都可以利用图书馆进行文化学习。除了周六和节假日，图书馆每天早10点至下午2点、晚5点至7点开馆，外借图书期限为10天，也可再延长10天。图书馆的经费主要来源于哈尔滨犹太公会的拨款、捐款、出售图书目录、阅览收费等，支出主要用于职工工资、办公费、电灯费等"。每一个图书馆在对图书进行管理和加工的时候，藏书章是一个不可或缺的标识。并且，这是每一家图书馆的差异化标识。

笔者收藏的带有哈尔滨犹太公共图书馆藏书章的图书基本是文学书籍，与考夫曼父子的描述是一致的。目前笔者共收藏有三四个藏书章可供参考。

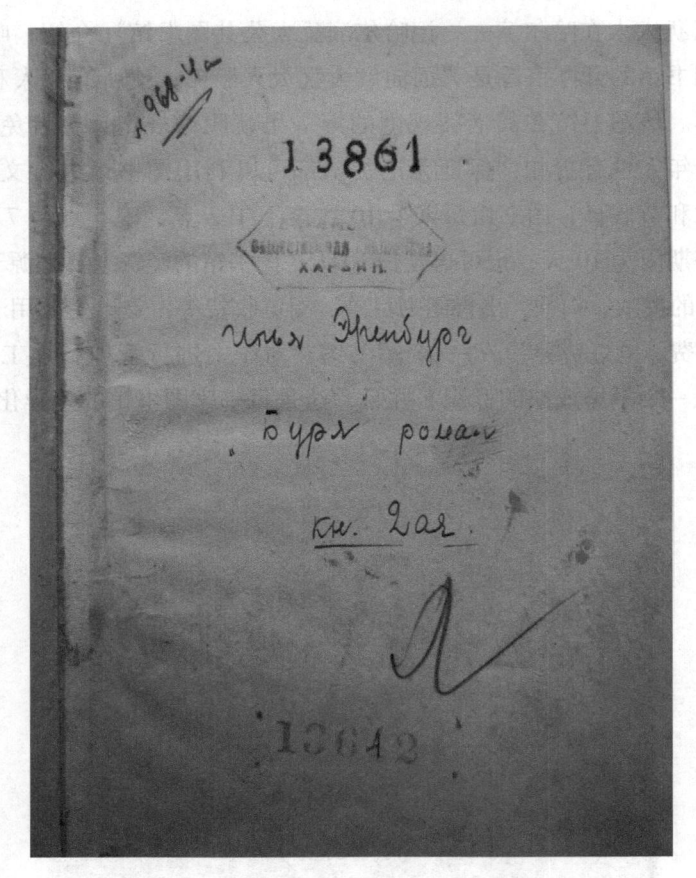

第一本书是俄文文学书籍《钱》，作者是卓丽亚，共 448 页，1953 年出版。该书在不同位置上盖有数个圆形藏书章。该藏书章有三个圆，直径分别为 4.8 厘米、3.8 厘米和 2.8 厘米。最大圆与中间圆之间是俄文的犹太公共图书馆；中间圆与最小圆之间是希伯来文的犹太公共图书馆。最小圆内是一个犹太的大卫星旗。大卫星旗内是哈尔滨的俄文。这个藏书章非常具有代表性，既有犹太民族标识，也有希伯来文和俄文"哈尔滨犹太公共图书馆"。

第二本书是俄文文学书籍下册，书名有待进一步确定，作者为伊利亚·爱伦堡，1948 年出版。该书也有数个不规则的藏书章，其中一个中间是长方形，两头是犹太大卫星旗的一角，总长 4.5 厘米，宽 1.6—1.8 厘米，内部的俄文是哈尔滨犹太公共图书馆。该书是笔者收藏的关于哈尔滨犹太公共图书馆藏书最具特色的一本。这第一是因为，该书的作者伊利亚·爱伦堡是一名世界闻名的苏联犹太作家。据《苏联百科词典》介绍："苏联俄罗斯作家、社会活动家。所著的长篇小说《胡里奥·胡伦尼多》（1922）和《巴黎的衰落》（1941）批判了资本主义世界。还著有描写苏联生活与社会主义建设的《第二天》（1933）和第二次世界大战的《暴风雨》（1946—1947）等长篇小说，此外还有文笔犀利的反法西斯争论集《战争》（1942—1944）、诗集、评论、文学回忆录《人·岁月·生活》（1—6卷，1961—1965）等，苏联最高苏维埃代表（1950—1967），世界和平理事会副主席（1950起）。获苏联国家奖（1942—1948）和列宁国际奖（1952）。"这个说明没有提到爱伦堡的犹太民族身份。第二是因为，这本书的扉页有一个手写的伊利亚·爱伦堡的签名。但是，目前笔者没有弄明白是作者的亲笔签名，还是图书管理员后来写上的，因为这是该书籍的下册，没有书名。第三是因为，该书是一个苏联犹太作家的书籍入藏哈尔滨犹太公共图书馆，供哈尔滨的犹太人使用，意义不言而喻。这本书有一个俄文和希伯来文的"借阅须知"："书籍是人类最好的朋友。阅读的时候不要折页、折角。翻书的时候，手指上不要粘有唾液。丢失或损坏书籍，读者应该照价赔偿。"

  第三本书是俄文书籍《唐吉诃德》，由西班牙语翻译而来，这本关于唐吉诃德的传记1917年在彼得堡一家出版社出版。该书不为笔者所藏，仅仅是过眼而已。该书有两个藏书章：第一个是圆形藏书章。两个圆之间是俄文犹太公共图书馆；小圆内是大卫星旗；大卫星旗内是俄文哈尔滨。第二个是圆形章，两个圆中间是俄文的哈尔滨犹太音乐文学戏剧协会（即前面提到的犹太文艺音乐戏剧协会）。小圆中间是这个协会的标识。藏书章、协会章和出版时间等表明，该书是作为哈尔滨犹太公共图书馆的一个重要组成部分的哈尔滨犹太音乐文学戏剧协会图书馆的藏书。这是该书的特色和价值之处。

  在民间偶尔会出现零星几本哈尔滨犹太公共图书馆的藏书，仅仅是该馆藏书中的沧海一粟！最后，需要探究的问题是哈尔滨犹太公共图书馆所藏书籍的归宿。

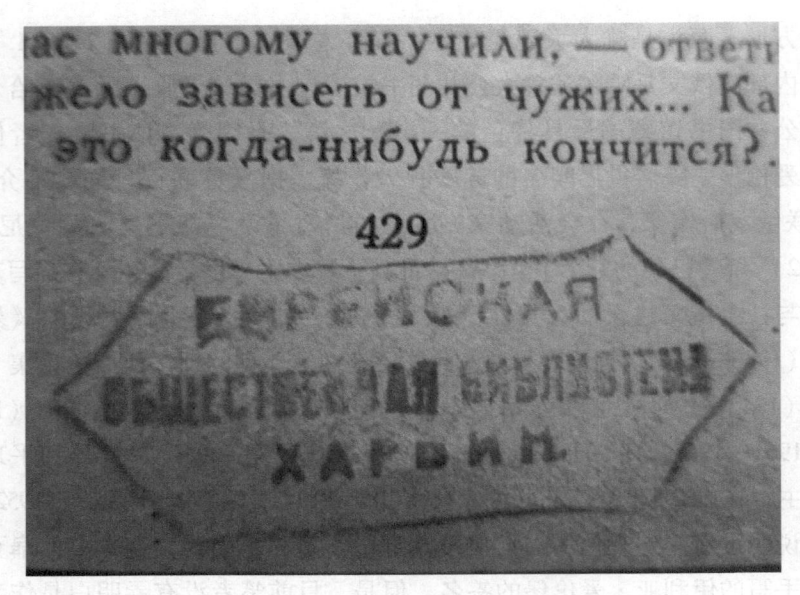

> ас многому научили, — ответи
> жело зависеть от чужих... Ка
> это когда-нибудь кончится?
>
> 429
> ЕВРЕЙСКАЯ
> ОБЩЕСТВЕННАЯ БИБЛИОТЕКА
> ХАРБИН

> די אידישע ביכער געהערען
> צו הרבינער (קהלה הער"א)
>
> БЕРЕГИ КНИГУ
>
> КНИГА ЛУЧШИЙ ДРУГ ЧЕЛОВЕКА.
>
> НЕ ПЕРЕГИБАЙ КНИГУ
>   ВО ВРЕМЯ ЧТЕНИЯ.
>
> НЕ ЗАГИБАЙ УГЛОВ.
>
> НЕ ДЕЛАЙ НАДПИСИ НА КНИГЕ.
>
> НЕ МУСОЛЬ ПАЛЬЦА
>   ПЕРЕЛИСТЫВАЯ КНИГУ.
>
> При утере и порче книги читатель обязан
> уплачивать ея стоимость полностью.

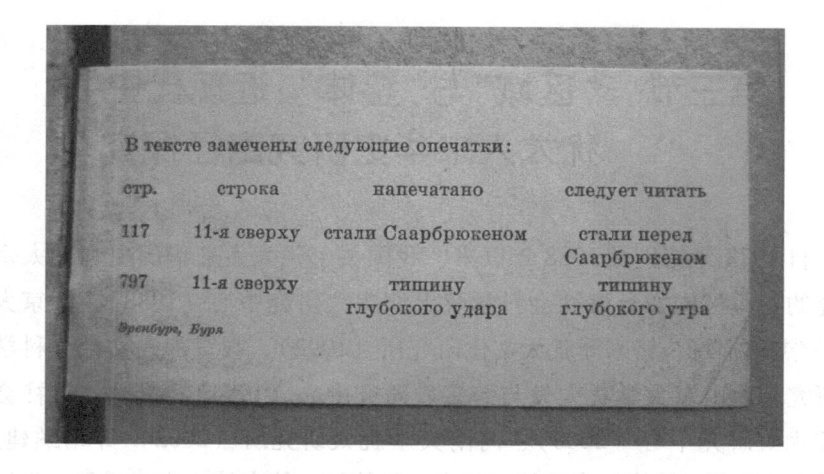

第五章　哈尔滨犹太社区公共事务与社会活动　　233

В тексте замечены следующие опечатки:

стр.	строка	напечатано	следует читать
117	11-я сверху	стали Саарбрюкеном	стали перед Саарбрюкеном
797	11-я сверху	тишину глубокого удара	тишину глубокого утра

Эренбург, Буря.

ДОНЪ-КИХОТЪ ЛАМАНЧСКІЙ

сочиненіе
МИГЕЛЯ ДЕ-СЕРВАНТЕСА СААВЕДРА

ЧАСТЬ ВТОРАЯ

ИЗДАНІЕ Т-ВА А. Ф. МАРКСЪ ПЕТРОГРАДЪ

第三节 "区域"与"整体":近现代史上犹太人来华史研究路径探究

自1978年特别是1988年以来,我国关于犹太人来华历史和犹太宗教研究的专业机构如上海社会科学院上海犹太研究中心(1988)、南京大学黛安/杰尔福特·格来泽犹太文化研究所(1992)、教育部人文社会科学重点研究基地山东大学犹太教与跨宗教研究中心(1994)、黑龙江省社会科学院犹太研究中心(2000)、河南大学犹太研究所(2002)等相继建立,并涌现出徐新、潘光、李述笑、刘爽、张倩红、傅有德、房建昌等一批国内外知名的专家学者。在30多年的研究中,我国学者关于犹太人来华史的"区域史"研究已经获得了比较丰硕的成果,特别是对犹太人在哈尔滨和上海的研究。关于犹太人在开封的研究,我国学者的成果亦颇丰。本书主要探讨近现代史上的犹太人来华史。[①] 然而,由于相关资料的限制和研究思路的

[①] 本书关于犹太人来华史的研究主要介绍我国相关学者的专著等,基本不涉及论文。

关于犹太人在哈尔滨的研究。论文集:曲伟、李述笑主编:《哈尔滨犹太人》,社会科学文献出版社2004年版;[以]西奥多(特迪)·考夫曼、曲伟主编:《哈尔滨犹太人的故乡情》,黑龙江人民出版社2005年版;傅明静主编:《哈尔滨与世界犹太人》,黑龙江人民出版社2007年版;等等。

专著:张铁江:《揭开哈尔滨犹太人历史之谜——哈尔滨犹太人社区考察研究》,黑龙江人民出版社2005年版;刘爽:《哈尔滨犹太侨民史》,方志出版社2007年版;[加]丹·本-卡南:《卡斯普事件:1932—1945年发生在哈尔滨的文化与种族冲突》,尹铁超、孙晗译,黑龙江人民出版社2009年版;韩天艳、程红泽、肖洪:《哈尔滨犹太家族史》,黑龙江人民出版社2011年版;曲伟、李述笑主编:《哈尔滨犹太简明辞书》,社会科学文献出版社2013年版;王志军、李薇:《20世纪上半期哈尔滨犹太人的宗教生活与政治生活》,人民出版社2013年版;曲伟、韩天艳、程红泽:《东方诺亚方舟——犹太人在中国哈尔滨历史文化研究》(上、下),中国社会科学出版社、黑龙江人民出版社2014年版;曲伟编著:《哈尔滨犹太人图史》,黑龙江人民出版社2015年版等。

文学类:阿成:《和上帝一起流浪:犹太人哈尔滨避难记》,重庆出版社2008年版;迟子建:《晚安玫瑰》,人民文学出版社2013年版;刘跃利:《烟囱里飘出的牛奶》,中国青年出版社2012年版;曲春芳:《漂泊者》,《新晚报》2012年8月18日至12月30日连载,共计128期等。

传记类:[德]赫尔穆特·斯特恩:《弦裂:伯林爱乐乐团首席小提琴家斯特恩回忆录》,李士勋译,人民文学出版社2003年版;[以]西奥多(特迪)·考夫曼:《我心中的哈尔滨犹太人》,刘全顺译,黑龙江人民出版社2007年版;[澳]玛拉·穆斯塔芬:《哈尔滨档案》,李尧、郁忠译,中华书局2008年版;[以]欧慕然、唐建文:《从耶路撒冷到北京:一个杰出犹太家庭的中国情缘》,世界知识出版社2012年版。(转下页)

制约等原因，近几年我国学者对犹太人来华史的研究出现一定的"瓶颈"。但是，我国专家学者的"区域史"研究已经为打破"瓶颈"进行"整体"

（接上页）画册类：曲伟、李述笑主编：《犹太人在哈尔滨》，社会科学文献出版社2003年初版、2006年再版；曲伟：《哈尔滨犹太人图史》，黑龙江人民出版社2015年版。

关于犹太人在上海的研究。论文集：潘光、金应忠主编：《以色列·犹太学研究》，上海社会科学院出版社1991年版；潘光、李培栋主编：《犹太人忆上海》，上海市政协文史资料编辑部1995年版；潘光主编：《犹太人在亚洲：比较研究》，上海三联书店2007年版。

专著：张仲礼、陈曾年：《沙逊集团在旧中国》，人民出版社1985年版；潘光、王健：《一个半世纪以来的上海犹太人——犹太民族史上的东方一页》，社会科学文献出版社2002年版；饶立华：《流亡者的精神家园：〈上海犹太纪事报〉研究》，新华出版社2003年版；许步曾：《寻访犹太人：犹太文化精英在上海》，上海社会科学院出版社2007年版；唐亚汀：《上海犹太社区的音乐生活（1850—1950，1998—2005）》，上海音乐学院出版社2007年版；王健：《上海犹太人社会生活史》，上海辞书出版社2008年版；潘光主编：《犹太研究在中国：三十年回顾（1978—2008）》，上海社会科学院出版社2008年版；潘光、汪舒明、盛文沁主编：《纳粹大图书的政治和文化影响》，时事出版社2009年版；潘光、王健：《犹太人与中国：近代以来两个古老文明的交往和友谊》，时事出版社2010年版（此书涉及开封、哈尔滨、香港、天津等地犹太人）；王健：《上海的犹太文化地图》，上海锦绣文章出版社2010年版；潘光、汪舒明：《离散与避难：犹太民族难以忘怀的历史》，时事出版社2013年版；张艳华、王健：《空间·故事·上海犹太人：提篮桥的过去与现在》，译林出版社2011年版；潘光主编：《艰苦岁月的难忘记忆：来华犹太难民回忆录》，时事出版社2015年版等。

传记类：徐铸成：《哈同外传》，上海文化出版社1983年版；《杜月笙正传·哈同外传》，生活·读书·新知三联书店2009年版；阿文：《哈同全传》，中国人事出版社1997年版；沈寂：《上海大班：哈同外传》，学林出版社2002年版；夏伯铭：《上海旧事之跷脚沙逊》，上海远东出版社2008年版；吴林：《犹太女孩在上海》，上海文艺出版社2010年版和2012年版、中国工人出版社2013年版；[德] 乌尔苏拉·克莱谢尔：《上海，远在何方？》，韩瑞祥译，人民文学出版社2013年版；[澳] 山姆·莫辛斯基：《别了，上海》，余孝奇等译，上海三联书店2012年版；薇薇安·珍妮特·卡普兰：《十个绿瓶子》，孔德芳、王雪译，译林出版社2014年版等。

画册类：潘光主编：《犹太人在上海》，上海画报出版社1995年初版、2005年再版；潘光主编：《犹太人在中国》，五洲传播出版社2005年版。

关于犹太人在开封的研究。专著：潘光旦：《中国境内犹太人的若干历史问题——开封的中国犹太人》，北京大学出版社1982年版；江文汉：《中国古代基督教及开封犹太人》，知识出版社1982年版；张绥：《犹太教与中国开封犹太人》，上海三联书店1990年版；[法] 荣振华、[澳] 李渡南等编著：《中国犹太人》，耿昇译，大象出版社2005年版（此书有一部分犹太人在上海的论述）；沙博理编著：《中国古代犹太人：中国学者研究文集点评》，新世界出版社2008年版；李景文、张礼刚、刘百陆、赵光贵编校，张倩红审定：《古代开封犹太人：中文文献辑要与研究》，人民出版社2011年版；Jordan Paper：*The Theology of the Chinese Jews*, 1000—1850, Wilfrid Laurier University, 2012。笔者于2012年夏天在北京师范大学文学院见到这位加拿大维多利亚大学宗教和社会研究中心的教授，并对相关问题与其进行探讨。张倩红等：《犹太史研究新维度——国家形态·历史观念·集体记忆》，人民出版社2015年版。

关于犹太人在天津的研究。专著：宋安娜：《神圣的渡口——犹太人在天津》，天津人民出版社2007年版；宋安娜主编：《犹太人在天津》，五洲传播出版社2004年版。

关于犹太人在中国的大连、青岛、汉口、满洲里、绥芬河、齐齐哈尔等地的相关研究，（转下页）

史研究奠定了坚实的基础。①笔者认为，在犹太人在华"整体史"的范式下，犹太人在华的流动和互动研究、国际关系与犹太人在华的研究、微观史视野下的犹太人在华经济活动研究等路径值得探究。

一 犹太人来华史的历史分期和来源地域研究

在犹太人来华史中，历史分期为首要值得探讨的问题。相对于犹太人在上海的历史分期，犹太人在哈尔滨的时间分期更为复杂，也引起了学者的研讨。来上海的犹太人出现三次高潮："第一次是19世纪四十年代以后数十年里从巴格达、孟买、新加坡、香港等地来沪经商办实业的塞法迪犹太人；第二次是19世纪末叶以后数十年里为逃避反犹恶浪、革命和内战来沪谋生的俄国（阿什肯纳兹）犹太人；第三次是1933—1941年间从纳粹统治下的欧洲亡命来沪的犹太难民。"②对于犹太人在上海的历史分期，研究者给出比较

（接上页）参见中国社会科学院中国边疆史地研究中心房建昌的有关论述。目前，笔者撰写一篇关于犹太人在青岛的文章：《1945—1947年德籍"犹太人在青岛"的归化问题和产业处理研究》（未发表）。沃尔夫岗·卡佛岗：《重庆往事：一个犹太人的晚年回忆（1940—1951）》，董经绚译，陕西人民出版社2014年版；西蒙·维森塔尔：《向日葵》，刘蕴秋译，上海三联书店2009年版。

① 关于我国区域史和整体史的研究可以参阅以下论文：区域史：万灵：《中国区域史研究理论和方法散论》，《南京师大学报》（社会科学版）1992年第3期；唐力行：《论题：区域史研究的理论与实践》，《历史教学问题》2004年第5期；张利民：《区域史研究中的空间范围界定》，《史学月刊》2006年第3期；徐国利：《关于区域史研究中的理论问题——区域史的定义及其区域的界定与选择》，《史学月刊》2007年第3期；李文海：《深化区域史研究的一点思考》，《安徽大学学报》（哲学社会科学版）2007年第3期；陆敏珍：《区域史研究进路及其问题》，《学术界》2007年第5期；唐力行：《从区域史研究走向区域比较研究》，《上海师范大学学报》（哲学社会科学版）2008年第1期；姚永超：《空间结构理论与区域史研究述论》，《史林》2008年第4期；张绪：《关于区域史研究的理论思考》，《社会科学论坛》2009年7月下半月刊；戴一峰：《区域史研究的困惑：方法论与范畴论》，《天津社会科学》2010年第1期等。

整体史：王飞麟：《全球化趋势成因试析——世界整体史观视野下的追索》，《长江论坛》2006年第6期；徐波：《从"整体史"到"全球史"——西方史学史的一条线索》，《四川师范大学学报》（社会科学版）2008年第4期；李席：《"大历史"与"整体史"——黄仁宇学术思想的一个渊源问题》，《学术探索》2008年第6期；李长莉：《社会史研究中的"新整体史"方法——读〈走向田野与社会〉》，《山西大学学报》（哲学社会科学版）2009年第3期；张斌贤、王晨：《整体史观：重构教育史的可能性》，《清华大学教育研究》2010年第1期；贾庆军：《整体史是否可能——自然和历史合一的理论探索》，《粤海风》2011年第5期等。关于整体史与区域史的论述还可参见王笛《走进中国城市内部——从社会的最底层看历史》，清华大学出版社2013年版。

② 潘光、王健：《一个半世纪以来的上海犹太人——犹太民族史上的东方一页》，社会科学文献出版社2002年版，第9页。

明晰的划分和解释，这基本没有争论。

然而，犹太人来哈尔滨的历史分期却有五六种不同的说法。西奥多（特迪）·考夫曼的分期是"早期哈尔滨犹太社区（1898—1914）、鼎盛时期的哈尔滨犹太社区（1914—1931）、日本占领下的哈尔滨（1931—1945）和苏联军队的到来"四个时期。徐新把犹太人在哈尔滨的历史分为形成阶段（19世纪末至1902年）、发展阶段（1903—1918）、鼎盛阶段（1919—1929）、衰落阶段（1930—1949）和尾声阶段（1950—1985）五个阶段。[①] 以重要的历史事件和重要的历史时期作为划分阶段的依据，张铁江将犹太人在哈尔滨的历程划分为沙俄时期（1897—1917）、十月革命后到"九一八"事变（1917—1931）、日伪统治时期（1931—1945）、抗战胜利后至新中国初期（1945—1963）四个时期。[②] 刘爽认为，将犹太人在哈尔滨的历史过程分为两个时期比较合适，"即犹太人在哈尔滨历史活动的发展时期（1896—1931年）和犹太人在哈尔滨历史活动的衰落时期（1931—1966年）"[③]。刘爽确定1931年为犹太人在哈尔滨活动由发展到衰落的分界线的原因是，"1931年'九一八'事变后，日本侵入中国东北，这是东北近现代历史上最为重要的事件之一，是东北历史的一个重要转折点。同时，日本占领东北，对中东铁路以至外侨在哈尔滨的事业和生活也是一个巨大冲击。"[④]

但是，王志军指出："1931年'九一八'或1932年初日本占领哈尔滨等事件，不应该成为划分哈尔滨犹太人兴衰转折的分界点。"然而，他又强调："对于一个生活在哈尔滨的中国人来说，从1918年9月到1945年8月的28年，它的差异性是明显的（如张作霖对东北统治时期和日本人占领时期），但是，以此为标准来衡量犹太人在哈尔滨生活的历史，恐怕就有待商榷。这也是哈尔滨犹太人研究的一个值得讨论的问题。"他认为，"没有其他历史事件能超过十月革命对哈尔滨犹太人的影响，这是'十月革命'对当时俄国数百万犹太人命运的影响和此后哈尔滨犹太人自身的历史进程决定的。"十月革命"应该成为哈尔滨犹太人研究中的历史分界

---

① 参见徐新《哈尔滨历史上的犹太人》，《辽宁师范大学学报》（社会科学版）1995年第1期。
② 张铁江：《哈尔滨：近代东亚犹太人最大的活动中心》，《学习与探索》2000年第6期。
③ 刘爽：《哈尔滨犹太侨民史》，方志出版社2007年版，第41页。
④ 刘爽：《哈尔滨犹太侨民史》，方志出版社2007年版，第43页。

点"。因此,王志军将"犹太人在哈尔滨"的历史分为三个时期:"第一个时期是从 19 世纪末中东铁路建设到 1917 年十月革命,可以视作哈尔滨犹太人社区的'孕育和发展'时期;第二个时期是从 1918 年到 1945 年 8 月日本人投降,这一时期是哈尔滨犹太人的'调整和发展'时期;第三个时期是从 1945 年 8 月苏联军队进入哈尔滨到 1963 年老会堂关闭,这一时期是哈尔滨犹太人的'衰落'时期,尤其是苏军进驻哈尔滨的 8 个半月,对于哈尔滨犹太社区的打击是'毁灭性的'。"①

笔者认为,犹太人在哈尔滨的历史分期应该从以下几个方面考虑:第一,当时中国和俄国(苏俄、苏联②)的实际国情;第二,犹太人与中俄、中日、俄日关系的联系;第三,犹太人与俄国侨民的关系等,最为重要的是第一条。从中国的历史发展脉络来看,犹太人在哈尔滨的历史应该以 1932 年 2 月 5 日(并非 1932 年伪满洲国的建立)日军进入哈尔滨为分界线。这主要是因为犹太人在哈尔滨面对的统治者或管理者发生了变化,此前是俄国而后是日本。王志军的"无论面对沙俄、苏联、中国地方势力,还是日本人的统治,哈尔滨犹太人社区基本上都能够与当政者搞好关系,自身基本都在'发展'中""哈尔滨犹太人社区在不同的政权时期,性质上不应该存在根本的区别"的观点是值得商榷的。③ 笔者认为,犹太人在哈尔滨的历史不应该仅考察犹太人本身,而更应考量犹太人与中俄、中日、俄日关系的联系。因为犹太人要处理的关系对象不同,这是犹太人不能选择的。1945 年 8 月 15 日中国抗日战争胜利及后来苏军进入哈尔滨时,犹太人在哈尔滨的历史应该注意犹太人与俄国侨民的关系问题。笔者认为,在哈尔滨的犹太人与在哈尔滨的苏联侨民面对的处境是相似的。笔者曾在《关于"犹太人在哈尔滨"的历史文化研究》一文中指出:"俄籍犹太人在俄国国内首先被看重的是'民族'身份,也就是说首先关注的是哪

---

① 王志军、李薇:《20 世纪上半期哈尔滨犹太人的宗教生活与政治生活》,人民出版社 2013 年版,第 60—62 页。

② 1917 年俄国十月革命,建立世界上第一个社会主义国家,全称为"俄罗斯苏维埃社会主义共和国",简称"苏俄";1922 年 12 月 30 日,俄罗斯、白俄罗斯、乌克兰和外高加索联邦四个苏维埃社会主义共和国组成"苏维埃社会主义共和国联盟",简称"苏联"。

③ 王志军、李薇:《20 世纪上半期哈尔滨犹太人的宗教生活与政治生活》,人民出版社 2013 年版,第 62 页。

个族,而俄籍犹太人来到中国哈尔滨后首先被看重的是'侨民'身份,也就是说首先被关心的是哪国人,而后才是犹太人的'民族'身份。具体来说,在哈尔滨的俄籍犹太人,首先是个'侨民',然后才是'犹太人'。"① 从 1949 年 10 月 1 日新中国成立到 1963 年哈尔滨犹太总会堂关闭,则是随着中国历史的发展进程犹太人在哈尔滨发展的必然。在这一时期,中国共产党对在华犹太人的政策等问题值得研究。同时,与犹太人来华的研究相比,犹太人离华的研究更为薄弱。

从 1896 年到 1932 年"犹太人在哈尔滨"的历史,在俄国管理下的犹太人历史还可以进行细分,这方面主要涉及俄国当时的实际情况。"中国东方铁路(即中东铁路,笔者注)的修筑、俄国在华势力的扩大、日俄战争、俄国 1905 年和 1917 年两次革命及其引起的内战"等因素,都导致俄国犹太人涌入哈尔滨,及南下天津、青岛和上海等地。② 这一时期的分水岭是 1920 年,因为这一年犹太人在哈尔滨的人数达到峰值约 2 万。③ 这主要是 1918—1920 年的苏俄内战造成的,同时经过几十年的发展,哈尔滨犹太社区已经较为完善和成熟,如建设犹太会堂、设立哈尔滨犹太社区委员会、创办《犹太生活》等,具备一定的接纳条件。因十月革命来哈尔滨的犹太人远远少于因内战来哈尔滨的犹太人,1919 年 1 月 17 日《远东报》载,侨居哈尔滨的犹太人 7500 人,其中 20 岁以上者 4500 人,20 岁以下者 3000 人。④ 而 1913 年犹太人在哈尔滨的人数为 5032 人。⑤ 笔者没有否定十月革命与内战的关系。这段历史不容忽视的条件是,哈尔滨是中东铁路的附属地。1924 年苏联政府与中国国民党政府建立外交关系。中国国民党对在华犹太人的政策以及犹太人在哈尔滨与东北军阀、国民党的

---

① 高龙彬:《关于"犹太人在哈尔滨"的历史文化研究》,《俄罗斯学刊》2012 年第 2 期。
② 潘光、王健:《一个半世纪以来的上海犹太人——犹太民族史上的东方一页》,社会科学文献出版社 2002 年版,第 21 页。
③ 还有 55000 余人说和 25000 人说等。1921—1922 年,55000 余人,薛连举:《哈尔滨人口变迁》,黑龙江人民出版社 1998 年版,第 146 页;1917 年到 1925 年,25000 人,[以] 西奥多(特迪)·考夫曼:《我心中的哈尔滨犹太人》,刘全顺译,黑龙江人民出版社 2007 年版,第 15、17 页。本文采用 2 万说。
④ 《哈尔滨史志》1985 年增刊第 5 期,即《远东报摘编》第九辑,第 67 页。
⑤ 关于犹太人来哈尔滨与俄国国情等情况,可参考曲伟、李述笑主编《哈尔滨犹太简明辞书》,社会科学文献出版社 2013 年版,第 207—209 页"哈尔滨犹太人"词条。

关系等方面值得研究。

　　与历史分期相联系的是俄国犹太人的来源地域问题。目前，关于这个问题没有深入的研究。随着中东铁路的建设，1898年，"犹太人开始在哈尔滨定居，犹太社区及会堂于1903年正式建立。第一批移居哈尔滨的犹太人来自西伯利亚"。1904年，"第二拨犹太人移民浪潮从俄国涌向哈尔滨。俄国南部基什尼奥夫、敖德萨等地肆虐的集体大屠杀迫使犹太人到满洲寻找飞翔的广阔天空"①。王志军指出："哈尔滨犹太人是俄国西伯利亚犹太人的延伸。"② 但是，他没有展开具体分析。笔者认为，随着中东铁路的建设而来的俄国犹太人大多为"西伯利亚犹太人的延伸"，属于俄国亚洲部分；而随着十月革命和内战而来的俄国犹太人大部分是来自乌克兰、白俄罗斯、格鲁吉亚等俄国欧洲部分。③ 之所以强调犹太人来华的亚俄和欧俄的来源地域，主要是可以对不同的犹太群体进行研究和分析——因为犹太人是出于不同原因来到哈尔滨的，有的是来哈尔滨"淘金"，有的是来哈尔滨"逃难"，从而实现犹太人在哈尔滨的"整体"研究。"整体"不是"区域"的简单叠加，而是各个"区域"有机联系的"整体"。刚刚出版的《哈尔滨犹太简明辞书》就为这样的深入研究提供了很好的资料条件。据了解，目前，郭秋萍正在从事哈尔滨市档案馆和黑龙江省档案馆中关于犹太人在哈尔滨的户籍档案的整理工作，这也将有助于对犹太人来源地域的研究。这方面值得研究的是欧俄和亚俄犹太人在俄国和哈尔滨的关系问题。④ 目前，学者没有就犹太人在上海的俄国来源区域进行研究。

　　在《浅析天津犹太社区的兴衰》一文中，黄肖昱提道："19世纪末的俄国掀起了反犹狂潮，为躲避沙皇的迫害，大量俄国犹太人穿越西伯利亚

---

① ［以］西奥多（特迪）·考夫曼：《我心中的哈尔滨犹太人》，刘全顺译，黑龙江人民出版社2007年版，第3、13页。
② 王志军、李薇：《20世纪上半期哈尔滨犹太人的宗教生活与政治生活》，人民出版社2013年版，第42页。
③ 关于此问题，笔者2013年6月16日下午曾求教于黑龙江省社会科学院犹太研究中心李述笑研究员。
④ 2012年6月18日至26日，受北京师范大学历史学院张建华教授的邀请，俄罗斯科学院俄罗斯历史研究所所长尤里·亚历山大罗维奇·彼得罗夫教授举办了"俄罗斯帝国：经济与社会"的系列讲座。笔者曾就俄罗斯学者关于犹太研究的情况求教于彼得罗夫教授。他介绍，犹太研究在俄罗斯不是一个重要领域，也不太受重视。

来到中国东北、内蒙古地区定居。俄国国内的 1905 年革命和 1917 年十月革命再次引发了犹太人的迁移浪潮，一些不承认新生苏维埃政权的白俄人便失去了国籍，其中大部分是犹太人，背乡离井去寻求谋生机会成为他们唯一的选择。这些来到哈尔滨地区的犹太人盖了两座会堂，成立了社团领导机构，参与哈尔滨商会的成立，利用中东铁路的便利网络发展商业贸易。当时就有一部分犹太人选择继续南下到津沪等地发展。"① 其中，"一些不承认新生苏维埃政权的白俄人便失去了国籍，其中大部分是犹太人"的说法是值得商榷的，这个时期来哈尔滨的俄籍犹太人大部分是"白俄"？这也说明不同时期来哈尔滨的俄籍犹太人的政治身份亦须深入研究。况且哈尔滨历史上亦不止两座犹太教堂，只是现存两座犹太教堂。② 他亦谈道："天津犹太社区系俄国阿什肯纳兹犹太人所建，以 1906 年天津犹太公会的成立为发端。犹太人主要在英法租界一带聚集，经过数十年的发展，在生活设施等方面已经超过哈尔滨犹太社区，成为北方第一大犹太社区，并与中国其他犹太社区保持着密切联系。"③ 其中，天津"成为北方第一大犹太社区"也是令人质疑的，什么时候又是什么标准使天津成为"北方第一大犹太社区"？笔者认为，天津和青岛都是哈尔滨犹太社区的组成部分。无论从犹太人在天津的人口数量，还是天津犹太社区在中国及国际上的影响来看，天津没有成为"北方第一大犹太社区"。并且，占犹太人在天津多数的是俄籍犹太人，犹太人在天津的人口变化需要一个清晰的数据支持。

二 来华犹太人的流动性和互动性研究

俄国犹太人来到哈尔滨后，由于受到白俄（身份）等因素的影响，没

---

① 黄肖昱：《浅析天津犹太社区的兴衰》，《时间、空间与距离：世界历史的往复与记忆——北京师范大学第九届研究生世界史冬季论坛论文集》，未刊稿，2013 年 12 月 21 日。

② 关于哈尔滨的犹太教堂，"由于信奉犹太教侨民的众多，故在哈尔滨设有犹太教堂（祈祷所）四座。其最早的犹太教堂称'西那国加教堂'，于 1903 年建在道里炮队街（今通江街），次为于 1908 年建在道里商务街（今上游街）的'加拉伊母宗教公会'，复次为 1916 年建在马家沟小戎街（今南岗光芒街）的'马家沟礼拜堂'，再次为 1920 年建于道里斜纹街（今经纬街）亦称为'西那国加教堂'。"见石方、高凌、刘爽《哈尔滨俄侨史》，黑龙江人民出版社 1998 年版，第 446 页；黑龙江人民出版社 2003 年版，第 448—449 页；黑龙江人民出版社 2011 年版，第 314 页。

③ 黄肖昱：《浅析天津犹太社区的兴衰》，《时间、空间与距离：世界历史的往复与记忆——北京师范大学第九届研究生世界史冬季论坛论文集》，未刊稿，2013 年 12 月 21 日。

有站住脚就继续向关内的天津、青岛和上海等地流动。在流动的过程中，在哈尔滨、青岛、天津和上海等地的犹太人之间亦出现经济或政治上的互动。流动到各地的俄国犹太人在中国的流动性较大。纳粹大屠杀开始后，上海的德国犹太人曾经一度达到3万人，但是在中国的流动性不大。1938年12月，"德奥犹太难民10人来到哈尔滨"；1939年，"德国犹太难民约150人来到哈尔滨，寻求避难"；1942年，"据统计，来到哈尔滨避难的德籍犹太人共31户，其中男39人，女29人，共68人"①。纳粹屠杀犹太人时，曾经有"21名德国犹太难民"来到青岛。②

犹太人在中国流动的"区域"以及流动的原因需要深入考察。"1918年到1922年涌入远东的250000名俄国人中，有半数略多一点在中国落脚，定居于满洲以及诸如上海、天津和青岛等口岸。"部分原因是"俄国人一般觉得在中国更安适"。满洲是"远东最大的白俄集中点：1922年收容白俄155000人"。坐落于中国海岸线中部的上海，"在20年代无疑是远东最大的海港。它把广大的长江流域同海洋连接起来，是八分之一世界人口的贸易中心"。大约有"30000欧洲人，包括19000名白俄人住在两个有治外法权的飞地上：万国租界和法国租界"。这是因为，"在上海的俄国人很喜欢他们已选择的城市，而不喜欢其他亚洲城市。他们甚至庆幸无需同巴黎的房东讨价还价，也免得在巴尔干半岛的农场过乡下生活。此外，上海还给他们谋生的机会。律师和医生开办的业务很成功。企业家们在时髦的南京路一带开设药店、服装店和咖啡馆"③。到20世纪30年代中期，"上海的俄国犹太人已达4000余人，远远超过了塞法迪犹太人，成为上海最大的犹太社区"④。在《关于"犹太人在哈尔滨"的历史文化研究》一文中，笔者曾经分析相关数据后看出一个现象，"在俄侨大量移入哈尔滨的时候，正是俄籍犹太人从哈尔滨大量移出的时期，两者的迁移是'不同步'的"。

---

① 曲伟、李述笑主编：《哈尔滨犹太简明辞书》，社会科学文献出版社2013年版，第430—431页。

② 房建昌：《本世纪三四十年代中国各地犹太人概貌》，《近代史研究》1997年第6期。

③ [美]约翰·斯蒂芬：《满洲黑手党——俄国纳粹黑幕纪实》，刘万钧等译，黑龙江人民出版社1989年版，第57、60、58页。

④ 潘光、王健：《一个半世纪以来的上海犹太人——犹太民族史上的东方一页》，社会科学文献出版社2002年版，第26页。

因此，"迁移过程中，俄籍犹太人与非犹太人的俄侨的关系，还有待于专家学者作进一步深入分析研究"①。

作为一个"无根性"民族，犹太人具有天然的流动性，甚至是一种在世界各"区域"内的"整体"性流动。犹太人作为"整体"，他们之间在各"区域"的"互动"值得研究，特别是犹太人自身的互动、犹太人在中国以及世界性的经济互动、犹太人与所在区域政权的互动和犹太人与中国、日本、苏联、美国、德国等国的互动等。

在犹太人自身的互动方面。在上海的塞法迪犹太人、阿什肯纳兹犹太人以及后来的德国犹太人之间的互动还需深入研究。1932年，上海阿什肯纳兹犹太人宗教公会（Shanghai Ashkenazi Jewish Communal Association，SAJCA，简称上海犹太宗教公会）成立。上海犹太宗教公会"全权代表在沪俄国犹太人处理对外联系及内部事务"。由于"上海塞法迪犹太人大多加入了英国籍，因此他们一般都参加入会条件极为严格的英国总会，并没有建立自己的总会。随着在沪俄国犹太人的增多，他们迫切需要建立一个文化社交活动场所，于是便着手筹建上海犹太总会"。1932年8月成立的上海犹太总会（Shanghai Jewish Club）"也是俄国犹太社区创办的有影响的机构"，创始人、终身理事长为"俄国犹太社区领袖之一布洛赫"②。上海犹太人宗教公会与上海犹太总会之间的关系等有待梳理。

"犹太人在青岛"主要由德籍和俄籍犹太人两部分组成。"最早来到青岛的犹太人是随着上世纪末（19世纪末，笔者注）西方人，特别是德国人的到来而入居的，所以他们多为德籍犹太人，身份主要是商人、银行职员、外交官等。"最初大批来中国的俄籍犹太人是随着中东铁路的建设而涌入的，基本是从俄国远东地区经哈尔滨到青岛。俄籍犹太人"来时大多一贫如洗，后来有些跻身中产阶级，大富者不多"。他们"在入居青岛前多在哈尔滨生活过一段时间，且与哈尔滨保持着经济和亲缘上的联系"。哈尔滨"是中国北方犹太宗教、政治和文化中心，所以青岛的犹太人会一直

---

① 高龙彬：《关于"犹太人在哈尔滨"的历史文化研究》，《俄罗斯学刊》2012年第2期。
② 潘光、王健：《一个半世纪以来的上海犹太人——犹太民族史上的东方一页》，社会科学文献出版社2002年版，第38—39页。

是接受哈尔滨犹太社团领导的"①。青岛与哈尔滨这种互动关系目前没有深入的研究。同时，哈尔滨、上海、天津、青岛等地犹太人之间的互动方式和程度、效果又是怎样的？

关于犹太人在中国以及世界性的经济互动。在较早来天津从事皮毛生意的犹太商人中，"所罗门·比霍夫斯基是位先行者。1909年，他从白俄罗斯经过西伯利亚来到乌兰巴托。他是最早直接从蒙古猎户手中收购皮毛的欧洲人之一。他将皮毛直接卖到欧洲和美国而不经过中间商。后来，他在哈尔滨成立了比霍夫斯基兄弟公司和史克公司，继续经营皮毛生意"②。茶叶贸易是俄商及俄国犹太人在中国的一项重要商业活动。19世纪末至1917年十月革命的20余年里，"俄商通过海路将汉口、福建等地的茶叶运往符拉迪沃斯托克（即海参崴，笔者注）或者大连港，再从那里通过中东铁路运往俄国。据《远东报》记载，1910年由大连运到哈尔滨的茶叶为54000普特。1912—1914年每年经中东铁路出口的茶叶为300万—400万普特。中东铁路局所属的黑龙江航运公司的船只，经常往来于上海、天津一带转运茶叶。俄罗斯学者罗曼诺娃说：'每年输入俄国的茶叶中，有65%是经过中东铁路进口的'"。③ 犹太人斯基德尔斯基家族的实际操控人是长子雅各布。"雅各布的妻子丽萨经过巴黎到美国投资证券，结果遭遇到华尔街股市1929年的黑色风暴，血本无归。"④ 她的孙子是后来赫赫有名的罗伯特·斯基德尔斯基，三卷本《凯恩斯传》和《重新发现凯恩斯》的作者。1939年4月25日出生于哈尔滨的他是著名经济学家、英国上院议员。

笔者认为，罗伯特之所以研究凯恩斯与他的家族实际经济遭遇有密切关系，他是在对其祖母的投资总结历史经验教训。同为在哈尔滨的犹太人葛瓦利斯基同样遭受史上最大的一场席卷全球的金融风暴美国华尔街"地震"的"摧残"，他的胶合板厂因此全面陷入亏损。这说明，犹太人

---

① 房建昌：《本世纪三四十年代中国各地犹太人概貌》，《近代史研究》1997年第6期。
② 宋安娜：《神圣的渡口——犹太人在天津》，天津人民出版社2007年版，第49页。
③ 郭蕴深：《中俄茶叶贸易史》，黑龙江教育出版社1995年版，第178—179页。
④ 阿唐：《斯基德尔斯基家族——哈尔滨的洛克菲勒》，《老哈尔滨·历史档案》，北方文艺出版社2012年版，第4—5页。

在中国的"区域"经济活动与世界的"整体"有密切联系，但是这种联系的深度和广度有待进一步探索，哈尔滨当时的国际性地位也没有充分凸显出来。刚刚出版的《哈尔滨犹太简明辞书》为这类探究提供了许多方法。

关于犹太人与所在区域政权的互动和犹太人与中国、日本、苏联、美国、德国等国的互动。"无论是面对沙俄、苏联、中国地方势力，还是日本人的统治，哈尔滨犹太人社区基本上都能够与当政者搞好关系"，而犹太人在中国与中国政权的"互动"关系还需要深入研究。① 在铁路附属地的哈尔滨的犹太人与中国政权及当时哈尔滨的管理者中东铁路管理局的关系有待厘清。在上海的犹太人研究也存在这个问题。同时，美国夏威夷大学历史学教授约翰·斯蒂芬指出："卷入了中国民族主义、日本帝国主义和苏联共产主义大旋流的俄国流亡者除了顺应政治潮流的巨大势头而活动外，别无选择。他们依次生活在中国军阀、日本军官、苏联政委的势力下，就一一为各种势力效劳，以求生存。"② 笔者认为，卡斯普事件不仅仅是一个反犹主义和俄国法西斯党的问题，其中、日、俄错综复杂的关系还需厘清。从 1932 年 2 月 5 日日军进驻哈尔滨直至 1945 年 8 月 15 日日本投降，日俄在哈尔滨的关系目前我国学界没有深入研究。关于"河豚鱼计划"（The Fugu Plan），研究者须看清日本的手段和本质区别。实际上，日本和德国一样，认准的是犹太人手中的钱，本质上是利用钱进行战争。同时，研究者也须分析在夹缝中的犹太人的心态。1939 年 3 月"哈尔滨犹太人列夫·齐克曼向犬冢大佐提出将 200 名欧洲犹太皮革工人及其家属 600 人移居伪满洲国的设想"③。在许多犹太人居住的上海虹口，"还住有许多日本人，所以也称为小东京"④。"九一八"事变后作为德国同盟国的日本对犹太人的政策及德日之间的关系变化尚待深入研究，其中美国因素亦需

---

① 王志军、李薇：《20 世纪上半期哈尔滨犹太人的宗教生活与政治生活》，人民出版社 2013 年版，第 62 页。
② ［美］约翰·斯蒂芬：《满洲黑手党——俄国纳粹黑幕纪实》，刘万钧等译，黑龙江人民出版社 1989 年版，第 54 页。
③ 曲伟、李述笑主编：《哈尔滨犹太简明辞书》，社会科学文献出版社 2013 年版，第 430 页。
④ ［美］约翰·斯蒂芬：《满洲黑手党——俄国纳粹黑幕纪实》，刘万钧等译，黑龙江人民出版社 1989 年版，第 58 页。

深入分析。

　　互动性还表现在两国文化的交流、影响和渗透方面。潘光的《近代以来中国境内的中犹文化交流》、傅有德的《传统与现代之间：犹太教改革及其对今日中国文化重构的借鉴意义》①、张倩红的《圣经时代犹太教与先秦儒家教育思想之对比》和周国建的《中犹传统家庭观念之比较研究》等文章对过去与当下的相关文化问题进行研究。② 石方在《哈尔滨俄侨史》中专设一章"哈尔滨俄侨文化的影响与作用"，并从"建筑文化""风俗文化"和"新闻出版和文化教育"三个方面进行了论述；汪之成的《上海俄侨史》在这方面也有涉及。③ 亚伯拉罕·奥尔默特（欧慕然）在采访时提问李述笑："你了解到犹太人对这座城市（即哈尔滨，笔者注）作出过什么贡献？"李述笑指出："犹太人对建筑艺术的影响，今天依然清晰可见。在哈尔滨，有些风俗习惯是过去受到犹太人的影响遗留下来的，将哈尔滨与其他城市做个比较，你会发现，哈尔滨人比其他地方的中国人吃面包、喝啤酒来得多。要知道，哈尔滨啤酒最先是由犹太人创办的哈尔滨啤酒厂生产的，而且这是中国最早的啤酒。"④ 以色列前任总理埃胡德·奥尔默特亦曾提道，"我们很幸运，我们在两种文化——中华文化和犹太文化熏陶之下成长。犹太文化教导我们如何选择人生道路，中华文化教导我们如何在人生道路上勇往直前。"⑤ 埃胡德的父亲在自传中曾写到他的一位中国助手老严。他"从老严的谈吐中，也从他的品格中学到许多东西，了解到中国人身上的许多长处"。"老严的身上具有中华民族的所有优良品质。我想，他是非常典型的中国人。我同他交谈过很多次，从中得出一个强烈印象，那就是中国人非常勤劳、知足、崇尚教育、助人为乐，时刻为家庭和朋友着想。中国人不为枪炮所征服，却以他们的勤劳成功'吞没'了其他

---

① 《孔子研究》2005 年第 5 期。
② 参见潘光主编《犹太人在亚洲：比较研究》，上海三联书店 2007 年版，第 196—238 页。
③ 石方、刘爽、高凌：《哈尔滨俄侨史》，黑龙江人民出版社 2011 年版；汪之成：《近代上海俄国侨民生活》，上海辞书出版社 2008 年版。
④ ［以］欧慕然、唐建文：《从耶路撒冷到北京：一个杰出犹太家庭的中国情缘》，世界知识出版社 2012 年版，第 285 页。
⑤ ［以］欧慕然、唐建文：《从耶路撒冷到北京：一个杰出犹太家庭的中国情缘》，世界知识出版社 2012 年版，序二第 9 页。

国家。"① 这仅是中国和犹太文化互动"整体"的冰山一角，其他方面还有待深入研究。

三 来华犹太人过去和当下的历史性联系研究

自 1978 年以来，我国学者对近现代犹太人来华史的研究有一个逐渐深入和扩大的过程。在过去和当下的历史性联系中，我国学者找到了从"区域"到"整体"的学术增长点。上海社会科学院上海犹太研究中心、河南大学犹太研究所、南京大学犹太文化研究所等都以自身的"区域"研究为基础，把研究的范围扩大到纳粹大屠杀、以色列和美国犹太人等"整体"研究，这些研究都是可以与世界接轨的前沿领域。

上海社会科学院上海犹太研究中心获得"国家社科基金重大课题·来华犹太难民研究"，以"上海犹太难民纪念馆"为纽带与以色列和美国等联系。上海犹太研究中心还出版《犹太·以色列研究论丛》和《犹太难民与上海》等系列书籍，打造自己的学术领地和品牌。南京大学犹太文化研究所 2013 年 5 月 20 日举办"纳粹之祸——大屠杀与欧洲浩劫邮政证据展"，在凸显自身犹太文化等方面优势的同时，探索新的研究领域。1988 年徐新设立"中国犹太学研究会"，并在 1993 年编辑出版《犹太百科全书》。他"不局限于某个具体的犹太人社区，而是让我们对犹太学和犹太人民有一个全面的了解"②。河南大学在犹太研究所的基础上又建立了以色列研究中心，在古代开封犹太人研究的基础上，形成犹太学与以色列研究并举的态势。值得一提的是，该所的"丘才廉论文奖"已成功举办十一届，在学界亦成为一个"品牌"。教育部人文社会科学重点研究基地山东大学犹太教与跨宗教研究中心以犹太教研究和译介而著称，并且定期出版《犹太研究》。同时，以上研究单位的网站建设完善。哈尔滨以原犹太新会堂为依托建立了一流的"哈尔滨犹太人纪念馆"，较为全面地展示了犹太人在哈尔滨及中国的历史。"犹太人在哈尔滨"大型图片展览在以色列、

---

① ［以］欧慕然、唐建文：《从耶路撒冷到北京：一个杰出犹太家庭的中国情缘》，世界知识出版社 2012 年版，自序第 15 页。

② ［以］欧慕然、唐建文：《从耶路撒冷到北京：一个杰出犹太家庭的中国情缘》，世界知识出版社 2012 年版，第 286 页。

俄罗斯、美国和澳大利亚等地展出，在原居哈尔滨犹太人中引起强烈反响。但是，黑龙江省社会科学院犹太研究中心没有建设自己的网站及创办相关研究刊物。

笔者认为，凭借犹太人在哈尔滨的历史资源优势，黑龙江省社会科学院犹太研究中心可以在这两方面，特别是网站建设方面更具特色和更具吸引力。哈尔滨皇山犹太墓地是远东最大的犹太墓地。刚刚出版的《哈尔滨犹太简明辞书》附录了《哈尔滨皇山犹太墓地墓葬分布表》，用中英俄三种语言比较详细地介绍墓主人的姓名、位置及死亡时间。如果以网站的形式公布，不仅有利于世界各地犹太人寻亲，也有助于学术研究的深化。原居哈尔滨俄侨尼古拉·扎伊科（戈利亚）在哈尔滨曾组织过"俄罗斯之家"协会，定期开展一些活动。[1]

在过去和当下的历史性联系的学术研究基础上，哈尔滨、上海等地已经开展国家间或地区间合作，在具体的实践中强化历史纽带的作用。2004年和2006年，在哈尔滨召开两次"哈尔滨犹太历史文化研究国际研讨会"；2007年，"哈尔滨与世界犹太人经贸合作国际论坛"在哈尔滨举办。2004年，黑龙江—以色列经贸洽谈会在哈尔滨举行。埃胡德·奥尔默特强调，黑龙江在电子、食品、科技等方面取得了显著成绩，以色列在农业、工业等方面积累了丰富的经验，相信双方在农业创新、灌溉技术、食品加工等领域的合作会取得更加积极的成果。2011年1月16—20日，在哈尔滨举办以"传承友谊、促进合作"为主题的"第二届中国·哈尔滨—以色列合作大会"。在《我们家族的根在哈尔滨》一文中，埃胡德·奥尔默特指出，"以色列农业大部分采用温室大棚，利用大棚产生的温室效应实现农业的高产、高质和高效。建议黑龙江省开辟境外市场，把畜产品、农产品出口到俄罗斯、东北亚和欧洲，像以色列一样成为欧洲的'冬季厨房'和'菜篮子'"。他还谈道，"我接触过黑龙江的许多代表团，他们对科技创新很感兴趣，愿意发展与以色列的农业科技合作"[2]。

笔者认为，在合作方面，黑龙江和以色列双方都存在一些信息不能有

---

[1] 笔者曾多次就相关问题与之探讨。
[2] 曲伟、李述笑主编：《哈尔滨犹太简明辞书》，社会科学文献出版社2013年版，第8页。

效对接的问题。国土资源有限和气候条件迥异环境下的以色列先进农业技术，未必就适合资源丰富和风调雨顺的黑龙江。由于气候原因，温室大棚在黑龙江未必能充分发挥作用。在未来的发展中，其一，相关专家学者应该在这方面发挥学科优势，早日消除双方的误读和误解。其二，就是落实和实施的有效性。2007年，"上海与以色列贸易额为7.34亿美元，同比增长43%，其中上海进口5.04亿美元，同比增长44%。上海从以色列进口的主要商品为：电力机械非金属矿物制品、专业、科学及控制用仪器、金属制品等。上海对以色列出口的主要商品是：陆路车辆、服装、电力机械、钢铁等"。和哈尔滨比，上海具有一定的区位和资源优势。但是，黑龙江和哈尔滨也具有自身的优越条件，应进行深入细致的"区域"考察和反思，实现黑龙江和以色列的"整体"共赢。

以色列前任总理埃胡德·奥尔默特在《中国和以色列：光荣的过去和充满机会的未来》中强调，"国家之间关系的发展仰赖于各种因素，必须建立在共同利益的基础之上，要互惠互利"，并一针见血地指出，"相互尊重对方的遗产、历史和传统是一种强劲的纽带，绝不可将其简单看成是商业和政治的副产品。"[1] 埃胡德的哥哥、以色列驻中国大使馆科技与农业公使亚伯拉罕·奥尔默特（欧慕然）[2] 坦言，"举办讲座、研讨会甚至出版书籍对加强中国和以色列之间的关系固然重要，但更需要解决实际问题"。他亦明确指出，"我在中国推动合作事业，就是希望我所做的事能对中国的现实起到积极的影响和作用"[3]。亚伯拉罕·奥尔默特（欧慕然）以"理解与共赢"为主题，对以色列与中国的经贸关系中以色列方面存在的问题进行了分析。他认为，"对以色列人来说，和中国人做生意，发展和中国的经济贸易关系，要注意文化差异的问题"。亚伯拉罕·奥尔默特（欧慕然）从"不同的生意观念""心态上的差异""中国的国情和适合的战略考虑""在中国市场上讨价还价"以及"耐心和诚意"等方面进行了

---

[1] ［以］欧慕然、唐建文：《从耶路撒冷到北京：一个杰出犹太家庭的中国情缘》，世界知识出版社2012年版，序一第7页。

[2] 2010年的哈洽会上，在哈尔滨香格里拉大酒店，笔者有幸见到欧慕然先生，并向其请教过一些问题。

[3] ［以］欧慕然、唐建文：《从耶路撒冷到北京：一个杰出犹太家庭的中国情缘》，世界知识出版社2012年版，第286页。

鞭辟入里的探究。①

目前，中国学者关于这方面的探讨和研究相对滞后。专家学者应该更多从犹太文化"整体"及中以关系"整体"去考察、反思和总结中以合作"区域"的路径，不能凭"感情"办事，学术层面的研究有待深入。此外，中国、俄罗斯、以色列相互关系中的犹太因素亦是一个需要深入研究的课题。

四　来华犹太人从宏观到微观研究

按照通常的历史研究传统，在对一个历史对象进行研究时，研究者首先要对其进行宏观考察。在比较充分的论证基础上，研究者才对其进行微观研究，因为只有这样才能在"整体"的把握下对"区域"进行系统研究。当然，每一个"区域"也可以作为一个"整体"来研究，但这要看"区域"的代表性和可行性。在犹太人来华史的研究过程中，我国学者也是从"整体"到"区域"的一种研究路径，笔者并不否定先期为"整体"所做的"区域"研究。"区域"和"整体"是相对的。

犹太人在上海的系统宏观研究开始于潘光、王健的《一个半世纪以来的上海犹太人——犹太民族史上的东方一页》，此书从"整体"上考察了上海犹太人的来龙去脉。在宏观研究的基础上，犹太人在上海的微观研究的代表作是饶立华的《流亡者的精神家园：〈上海犹太纪事报〉研究》、唐亚汀的《上海犹太社区的音乐生活（1850—1950，1998—2005）》②和王健的《上海犹太人社会生活史》等。值得注意的是，在这些研究之前，上海犹太研究中心还出版了《犹太民族复兴之路》和《犹太文明》③两本专著。这两本书从犹太"整体"史的角度为此后的研究奠定了一定的学术基础。笔者认为，这是上海社会科学院上海犹太研究中心的第一个学术研究阶段。第二阶段是关于纳粹、犹太难民与中国的研究。2011年，上海社会科学院犹太研究中心获得"国家社科基金重大课题·来华犹太难民研究"

---

① ［以］欧慕然、唐建文《从耶路撒冷到北京：一个杰出犹太家庭的中国情缘》，世界知识出版社2012年版，第262—269页。

② 唐亚汀是上海音乐学院教授。

③ 潘光、余建华、王健：《犹太民族复兴之路》，上海社会科学院出版社1998年版；潘光、陈超南、余建华：《犹太文明》，中国社会科学出版社1999年版。

是一个标志。如同第一阶段一样,第二阶段之前学者也做了充分的"整体"性学术准备:潘光、汪舒明、盛文沁主编的《纳粹大屠杀的政治和文化影响》和潘光、王健的《犹太人与中国:近代以来两个古老文明的交往和友谊》。犹太人在哈尔滨研究的学术准备相对薄弱。

　　犹太人在哈尔滨的系统性宏观研究肇始于刘爽的《哈尔滨犹太人侨民史》。刘爽把犹太人看作侨民的一部分,具有很高的学术价值。这与刘爽一直进行哈尔滨俄侨史研究的"整体"思考密不可分。因此,中国社会科学院于沛研究员指出:"这是一部全面反映哈尔滨犹太侨民历史与文化的学术专著,在一定程度上弥补了以往哈尔滨犹太侨民史研究的不足,在这一研究领域具有积极的开拓意义。"① 2002年4月,"时任黑龙江省省长宋法棠对黑龙江省社会科学院科研人员张铁江提出加强哈尔滨犹太人研究的建议作出批示:'请曲伟同志阅,望社科院对如何整理利用这些遗址遗迹何时(应为"核实",笔者注)了研究提出具体意见。'黑龙江省社会科学院据此设立哈尔滨犹太历史文化研究中心,曲伟院长兼任首任中心主任"②。此前,出版了曲伟、李述笑主编的《哈尔滨犹太人》和张铁江的《揭开哈尔滨犹太人历史之谜——哈尔滨犹太人社区考察研究》。李述笑"在收集、翻译和整理哈尔滨犹太人的文字和图片资料方面,下了很大功夫,出版和发表了一系列颇有分量的研究成果,推动了哈尔滨犹太人历史与文化的研究工作"。张铁江"在哈尔滨犹太人社区、哈尔滨犹太人墓地、哈尔滨犹太人实业经营等方面的研究取得了初步成果"③。在此基础上,犹太人在哈尔滨的微观研究的代表作是以色列丹·本-卡南著,尹铁超和孙晗译的《卡斯普事件:1932—1945年发生在哈尔滨的文化与种族冲突》;韩天艳、程红泽、肖洪的《哈尔滨犹太家族史》;曲伟、李述笑主编的《哈尔滨犹太简明辞书》和王志军、李薇的《20世纪上半期哈尔滨犹太人的宗教生活与政治生活》④,等等。笔者认为,犹太人在哈尔滨的研究与哈

---

① 刘爽:《哈尔滨犹太侨民史》,方志出版社2007年版,序第1页。
② 曲伟、李述笑主编:《哈尔滨犹太简明辞书》,社会科学文献出版社2013年版,第435页。
③ 刘爽:《哈尔滨犹太侨民史》,方志出版社2007年版,第202页。
④ 王志军时为黑龙江大学哲学学院教授、博士生导师。现为上海师范大学哲学与法政学院教授、博士生导师。

尔滨地方文化的研究结合得比较好，如李述笑、石方、刘爽等最初是研究哈尔滨地方史、哈尔滨俄侨史的专家学者。①

　　从以上的研究成果梳理来看，目前犹太人在上海和哈尔滨的研究基本实现了从宏观到微观研究的跨越，并逐渐向微观的社会生活史及宗教和政治生活等主题迈进。笔者认为，经济活动等方面是微观研究的一个重要领域。这一是因为犹太人是以经济活动或经济实力而为人所瞩目的，并以此而著称于世界；二是犹太人的经济活动与国际关系紧密相连。上海塞法迪犹太人哈同、沙逊、嘉道理等和哈尔滨的阿什肯纳兹犹太人斯基德尔斯基、葛瓦利斯基、卡斯普、德里金等，都是犹太人来华史上的重要研究资源。潘光的《1840年以来香港、上海犹商集团的发展和兴衰》和张仲礼的《沙逊集团在上海的活动及在20世纪初上海发展中的作用》等论文对沙逊等犹太商人的活动及作用进行了梳理和论证。②

　　从《哈尔滨犹太简明辞书》可以看出，犹太人在哈尔滨的银行业"叱咤风云"，华俄道声银行、花旗银行、法亚银行、汇丰银行、协和银行、信济银行、犹太国民银行、远东银行、华美银行等都有犹太人的"影子"，犹太人或亲自出马，或潜居幕后。华俄道胜银行"创建时的股本为600万卢布。参加创建的有四家法国银行（霍丁格尔银行、里昂信托银行、巴黎荷兰银行、国家贴现银行）组成的国际银行和一家俄国银行——圣彼得堡国际商业银行。而圣彼得堡国际商业银行是德国犹太资本家开设的德国贴现公司的子公司。华俄道胜银行的董事、第一任总办犹太人A. Iu. 罗思坦（A. Iu. Rothstein）既是彼得堡国际商业银行的代表，又是俄国财政大臣的亲信，也是华俄道胜银行业务上的中心人物，真正的行长和支配者"③。

---

① 李述笑：《哈尔滨历史编年（1763—1949）》，哈尔滨市人民政府地方志办公室出版1986年版；李述笑：《哈尔滨历史编年（1763—1949）》，黑龙江人民出版社2013年版；石方：《黑龙江区域社会文明转型研究（1861—1911）》，黑龙江人民出版社2006年版；石方：《黑龙江区域社会史研究（1912—1931）》，黑龙江人民出版社2009年版；石方：《20世纪一二十年代哈尔滨多元文化研究》，黑龙江人民出版社2012年版；石方、高凌、刘爽：《哈尔滨俄侨史》，黑龙江人民出版社1998年版；石方、刘爽、高凌：《哈尔滨俄侨史》，黑龙江人民出版社2003年版；石方、刘爽、高凌：《哈尔滨俄侨史》，黑龙江人民出版社2011年版；等等。

② 参见潘光主编《犹太人在亚洲：比较研究》，上海三联书店2007年版，第84—99页。

③ 曲伟、李述笑主编：《哈尔滨犹太简明辞书》，社会科学文献出版社2013年版，第190—191页。

从微观研究的条件来看，资料状况和研究环境因素等至关重要。从资料来源看，以色列—中国友好协会会长和以色列原居中国犹太人协会会长西奥多（特迪）·考夫曼在《哈尔滨犹太人历史的重现》一文中指出："十分遗憾的是，上海犹太社区档案没有保存下来。""天津犹太社区的档案被带出中国，开始由伊格鲁德保存，后来送到耶路撒冷犹太人中心档案馆保存。"此外，据宋安娜介绍，在日本外务省档案馆保存着"十三卷中国犹太人档案的微缩胶卷"①。青岛市档案馆也藏有一些"犹太人在青岛"的档案。其中，"保存最完好、最有价值的就是哈尔滨犹太人的历史档案。这些档案目前保存在黑龙江省档案馆，其中囊括了哈尔滨犹太人自 1903 年至 1963 年整整 60 年的历史。从我们在哈尔滨的社会生活经历来看，我们十分熟悉这些档案，它们将有助于总结中国犹太人的历史，特别是哈尔滨犹太人历史，因为哈尔滨过去是犹太民族在此地域政治和商业生活的摇篮。"② 此外，黑龙江省博物馆也馆藏一些"犹太人在哈尔滨"的资料。③

2009 年 3 月 1 日至 31 日，"应以色列—中国友好协会和以色列原居中国犹太人协会的邀请，黑龙江省社会科学院犹太研究中心副研究员韩天艳带队的青年学者代表团访问以色列，成功复制珍贵的哈尔滨犹太人历史档案资料和收集哈尔滨犹太人口述资料。此次出访代表团共复制珍贵的哈尔滨犹太人历史档案资料约 6 万页，约 6000 万字。同时，抢救性地收集一批哈尔滨犹太人口述历史资料，采访原居哈尔滨犹太人及其后裔近 40 人"④。

据了解，目前黑龙江省档案馆可以查阅犹太人的名录。曲伟在《哈尔滨犹太人简明辞书》的《后记》中强调："哈尔滨犹太历史文化研究正处

---

① 宋安娜：《神圣的渡口：犹太人在天津》，天津人民出版社 2007 年版，第 280 页。
② 曲伟、李述笑主编：《哈尔滨犹太人》，社会科学文献出版社 2004 年版，第 259、260 页。
③ 《哈尔滨救济贫困犹太人妇人小组章程》（1921、1922）、《哈尔滨犹太银行章程》、《哈尔滨协助犹太人移居巴勒斯坦协会章程》（1912）、《哈尔滨犹太人殡葬协会章程》（1922）、《哈尔滨犹太公社 1920 年总结》（1920）、《接济犹太社会中学贫困学生协会总结——1915 年 1 月 12 日》、《接济犹太社会中学贫困学生协会总结——1916 年总结》（1916）、《犹太妇人慈善小组 1907 年 12 月 18 日至 1909 年 12 月 10 日总结》（1909）、《犹太妇人慈善会 1917 年度财务总结》（1918）、《犹太妇女和巴勒斯坦》（1922）、《外国人在中国的状况》（1918）、《基督复临安息日会犹太教派》（1923）、《圣地》（1936）、《犹太人在中国》（1909）、《锡安的歌》和期刊《犹太生活》、《西伯利亚—巴勒斯坦》等。（刁绍华、郭思洁、关砚秋、杨显锋、卢晓谦、孙威编：《黑龙江省博物馆馆藏哈尔滨俄文和其他西文书刊编目》，1994 年。）
④ 曲伟、李述笑主编：《哈尔滨犹太简明辞书》，社会科学文献出版社 2013 年版，第 445 页。

于起步阶段,我们的这一研究成果虽然代表了这一研究的最新发现和最新进展,具有基础性和开拓性,但是由于哈尔滨犹太人历史文化研究的大量资料流散世界各地,受资金所限未能进行更多采集,特别是原居哈尔滨犹太人现在健在者为数不多,对其口述历史抢救不够等原因所限,哈尔滨犹太人历史文化还有诸多谜底有待进一步揭开。"① 刘爽亦强调,"客观地说,真正学术意义上的哈尔滨犹太人历史文化研究,目前还十分薄弱。许多研究还处于资料收集和整理的层面,况且我们现在多能见到的历史资料也不过是全部哈尔滨犹太人历史资料的一部分。"②

但是,王志军指出:"众所周知,哈尔滨与上海是犹太人最为集中、最具影响的两个社区。从论文、专著的数量、影响上看,上海犹太人的研究在很多方面是哈尔滨犹太人的研究所不如的,这其中既有历史、客观上的原因,也存在研究者的眼光不够开阔、思想不够深入的问题。"③ 笔者认为,从宏观和微观研究特别是微观研究来看,犹太人在哈尔滨的研究不逊色于甚至优于犹太人在上海的研究,这主要缘于资料问题。④ 同时,笔者亦认可犹太人在哈尔滨的研究首先"存在研究者的眼光不够开阔、思想不够深入的问题",这就是关于研究环境的问题。这主要涉及犹太人来华史的研究路径和范式问题。犹太人在哈尔滨的研究目前基本处于"史"的阶段,而犹太人在上海的研究具备了"论"即理论的优势,如潘光的论文《来华犹太人的国籍与法律问题(1840—1945)》⑤ 等。

其次,是政府的支持问题。笔者认为,两地的政府对犹太人来华史的研究都高度重视。但是,上海比哈尔滨的政策更具持续性、针对性和有效性。其中,汪道涵、宋法棠先生功不可没。再次,研究人员的自身优势。潘光不仅是犹太研究中心主任,还是上海国际问题研究中心主任、上海合作组织研究中心主任等,较好地实现了与国际学术界的接轨、对话与合作。

---

① 曲伟、李述笑主编:《哈尔滨犹太简明辞书》,社会科学文献出版社2013年版,第588页。
② 刘爽:《哈尔滨犹太侨民史》,方志出版社2007年版,第203页。
③ 参见刘爽《哈尔滨犹太侨民史》,方志出版社2007年版,第203页;王志军、李薇《20世纪上半期哈尔滨犹太人的宗教生活与政治生活》,人民出版社2013年版,第80页。
④ 据笔者了解,黑龙江省社会科学院还有许多犹太人的俄文和英文档案资料,特别是俄文档案是犹太人来华史研究的重要资料。
⑤ 潘光:《来华犹太人的国籍与法律问题(1840—1945)》,《社会科学》2006年第2期。

最后，是语言条件。研究者的俄语水平是犹太人在哈尔滨研究的重要条件。实际上，目前两地对犹太人来华史的研究都充分利用了各自的优势。

在相关历史档案受到控制的情况下，犹太人来华史的研究需要多语种和多学科的参与，跨学科和跨地域的研究势在必行。同时，研究范式和研究路径也是需要探究的。"区域"和"整体"是一个相对的概念，这为犹太人来华史的研究提供了一种探究路径。

附录1　"犹太人在上海"档案目录@上海市档案馆档案信息资源总库管理系统@档案信息资源总库·全宗群档案·全宗群

档案编号	题名	终止时间	起始时间	操作
B1-1-1450	上海市人民委员会同意拆迁两处犹太墓地的意见和转发国务院关于基建用地迁坟期限的批复及国家建设征用土地办法的命令	1958	1958	缩微
B1-1-1450-1	上海市人民委员会外事处关于拆迁惠民路及黄陂路两处犹太墓地供生产建设等用的报告		1958	缩微
B1-1-1118	上海教育局有关外侨学校（乐来道修会学校、苏联中学、犹太学校）情况报告及批准乐来道修会女校停办财产处理等函	1952	1950	微缩
B1-1-1118-1	上海市军管会、上海市教育局有关乐来道修会学校、苏联中学、犹太学校情况报告及批准乐来道修会女校停办财产处理等函		1950	微缩
B128-2-553-163	上海犹太医院关于解雇女护士郭吉的格请调解的申请书		1951	全文
B128-2-553-211	上海犹太医院关于结束医院遣散职工问题请迅办理函		1952	全文
B128-2-553-214	上海犹太医院关于送上解雇职工协议书的函		1952	全文
B128-2-553-225	上海犹太医院关于门诊部门徐锦歧等三人在未得上海市卫生局同意结束工作前未能解雇请备案的函		1952	全文
B128-2-553-1031-163	上海犹太医院解雇协议书		1952	全文

续表

档案编号	题名	终止时间	起始时间	操作
B128-2-553-1265-113	上海犹太宗教公会关于工人俞载康偷窃公物要求协助处理解雇的函		1955	全文
B128-2-553-1265-116	上海犹太宗教公会解雇协议书		1955	全文
B128-2-553-1265-123	上海犹太总会歇业解雇协议书			全文
B128-1-1292-33	上海犹太宗教公会关于教堂已售、上海市人民政府房屋管理处拟解雇管理教堂协商未成请予协助解决的函		1956	全文
B128-1-1292-35	上海犹太宗教公会关于报送职工王能学解雇协议书的函		1956	全文
B134-1-505-84	上海市榆林区人民委员会关于收回原犹太公墓土地辟建区儿童公园的函		1959	全文
B134-1-505-85	上海市城市建设局关于惠民路原犹太墓地辟作儿童公园问题的复函		1959	全文
B134-6-362-164	公私合营上海丝织二厂关于处理前因扩建征用犹太公墓的拆迁费用的函		1960	全文
B170-1-711-14	上海市对外贸易部关于对上海犹太联合会非法逃套外汇的意见		1960	全文
B170-1-711-17	对外贸易部关于上海犹太联合会逃套外汇案件处理意见报请鉴核的报告		1960	全文
B170-1-711-19	上海市对外贸易局关于对上海犹太联合会非法逃套外汇案件处理意见请鉴核的报告		1960	全文
B242-1-346-104	上海犹太医院填报华东区上海省（市）公（私）医院诊所调查表		1951	全文
B242-1-351-85	上海犹太医院填报上海市接受外国津贴及外贸经营之文化教育救济机关及宗教团体登记总表		1951	全文
B257-1-494-7	上海市城市建设局不同意上海广播器材厂征用犹太公墓的函		1958	全文
B257-1-1416-1	公私合营上海丝织二厂关于犹太公墓拆迁无法进行的函		1959	全文

续表

档案编号	题名	终止时间	起始时间	操作
B257-1-1525-32	上海市榆林区人民委员会绿化办公室关于惠民路犹太路公墓土地儿童公园基地的函		1959	全文
B257-1-1525-35	上海市城市建设局关于使用惠民路犹太路公墓土地儿童公园事的函		1959	全文
B257-1-2007-88	上海市杨浦区建设局关于上海丝织二厂征用犹太公墓征地拆迁费用及善后工作处理的复函		1956(9?)	全文
B9-2-44-1	上海市文化局关于外侨亚伯拉罕（犹太人）无条件捐献文物103件的请示报告		1956	全文
B9-2-44-6	上海市人民委员会关于外侨亚伯拉罕（犹太人）捐献文物问题的批复		1956	全文
D2-0-498-263	反犹太运动的激进/《生活》第8卷第1—25期		1933	全文
D2-0-498-302	廖案的印象：犹太运动与排犹运动/《生活》第8卷第1—25期		1933	全文
D2-0-999-8	犹太人在美国/《时与文》第3卷第14期		1948	全文
D2-0-1412-105	犹太新文学一斑/《民铎杂志》第4卷第5号		1923	全文
D2-0-1835-233	德国犹太人的出版事业-伯林通讯/《月报》第1卷第5期		1937	全文
D2-0-1836-91	世界的一月；暹罗的民族主义；印度的民族运动；外交家与血液型；法德的微亲外交；美国的犹太人；罗马尼亚的匈牙利人；国联南逊难民救济处的结束；波兰的犹太人；吉卜赛族国王加冕礼/《月报》第1卷第7期		1937	全文
D2-0-2386-2	犹太族征服狮子：为自由发言/《世界军情画报》第2期		1936	全文
D2-0-2414-3	图片（失去了家的德国犹太人）/《大美画报》第2卷第10期		1939	全文
D2-0-2773-25	萧伯纳骂犹太人/《文艺月刊》第3卷第8期		1933	全文

续表

档案编号	题名	终止时间	起始时间	操作
D2-0-3069-3	犹太人自治区印象记（伯力通讯）/《东方》杂志第32卷第15号		1935	全文
Q1-6-376	关于查报德夭侨民人数统计与第三方面均司令部的来往文书（附南京市德夭及犹太籍侨民送沪返国名册一份）	1946	1945	缩微
Q1-12-1108	上海市政府有关姚华呈称住宅被犹太难民占住请令饬迁让案			缩微
Q1-12-1195	上海市政府有关了方修呈为辽阳路153号被犹太人居住纠纷一案			缩微
Q1-12-1538	上海市政府有关犹太教会文件			缩微
Q1-17-265	犹太商人唆使军人行凶文件			缩微
Q1-17-1206	上海市政府关于处理意大利犹太无国籍侨民战事损失，人口伤亡调查问题的公函及与行政院赔偿委员会的来往文书（附欧洲难民财产损失、人口伤亡、意大利侨民财产损失汇总统计表各一种）			缩微
Q109-1-1754-2	上海市参议会为舟山路一带晚间12时以后有俄籍、犹太籍等娼妓集中请予取缔事给上海市政府公函		1947	全文
Q127-8-133	淞沪警备司令部副官关于上海犹太教会主教阿许根那齐函请饬迁华德路772号、123号房屋案	1948	1948	全文
Q127-8-247	淞沪警备司令部外事处为电请转知治安机关保护犹太学者	1945	1945	全文
Q127-8-2084	淞沪警备司令部外事处关于对日军特种侨民、白俄、犹太人管理办法及警备部第二次外事座谈会议记录等	1945	1945	全文
Q127-8-296	淞沪警备司令部关于法律学生名单			全文
Q131-1-219	奥国犹太人依圣华德关于房屋续租事项给上海市警察局的呈文		1945	缩微
Q131-4-449	上海市警察局行政处关于保护犹太正教会案等	1945	1945	缩微

续表

档案编号	题名	终止时间	起始时间	操作
Q131-4-529	上海市警察局行政处关于犹太人马勒报告被宪兵搜查案		1946	缩微
Q131-4-1835	上海市警察局行政处关于各分局为流浪白俄及犹太调查表及公函	1947	1947	缩微
Q131-4-2239	上海市警察局关于犹太人赖波根特呈请救济案	1946	1946	缩微
Q131-4-3020	上海警察局行政处关于协丰银号孙金荣戴正国犹太人梅司基道亨银行黑市美钞案	1949	1949	微缩
Q131-4-3074	上海市警察局青浦分局为调查犹太人雷苏私用美钞案	1949	1949	缩微
Q131-4-3542	上海市警察局关于犹太人特门收买敌资		1945	缩微
Q131-5-139	上海市警察局查封犹太难民所汽车事与市政府来往文件	1946	1945	全文
Q131-5-865	上海市警察局调查犹太人OTTOHEHRCHER奥士好开加尔暴死案	1947	1947	全文
Q131-5-2749	上海市警察局刑事处关于处理犹太人汉白格行窃吉普东案之报告经查实解地检处办理	1947	1947	全文
Q131-5-4151	上海市警察局刑事处关于犹太难民所报告失窃救济物案		1949	全文
Q131-5-4551	上海市警察局刑事处调查犹太人达基诈欺榻车一辆及被诈人洛温塔呈请发还扣押之执照案	1946	1946	全文
Q131-5-4972	上海市警察局刑事处关于捕获德籍犹太人克其门冒充中国航空公司飞行员在外诈骗案	1948	1948	全文
Q131-5-4995	上海市警察局刑事处关于处理市民沈月英控告惠黎公司主持人（俄籍犹太人）恐吓诈财	1948	1948	全文
Q131-5-8742	上海市警察局调查犹太人阿纳控诉九乡凡奈尔蒙债务案	1949	1949	全文
Q131-5-9511	刑事处关于市府关于沪市犹太人西给托辣斯集中营资金大量抢购日人物资给警察局之训令	1947	1945	全文

续表

档案编号	题名	终止时间	起始时间	操作
Q131-5-10002	上海市警察局关于调查犹太人好开斯加尔暴死一案		1947	全文
Q149-2—55	上海市警察局提篮桥分局关于上海白俄犹太侨民正式假名苏时王郑车线之组织等	1947	1945	全文
Q150-4—24	上海警察局榆林路分局关于犹太人强占民房案件		1947	全文
Q155-2-9	上海市警察局新泾分局关于警察总局抄发有关苏、波、捷、韩国、罗马尼亚、日、法、伊宁犹太人等共产党领导人之行动及活动情报	1948	1945	全文
Q185-3-14269	上海地方法院关于新华信托储蓄银行诉犹太商会迁让案		1947	全文
Q186-2-50535	上海地方法院检查处关于犹太人犹利爱夫排毒身亡案		1946	全文
Q190-1-13778	上海律师公会关于德籍犹太人在沪擅组"公断法庭"侵害我国主权请迅依法取缔的报告函			全文
Q197-1-149	永安纺织股份有限公司关于永安与申新大同业联合报资收购犹太总会为同业公会的所有文件	1949	1947	全文
Q201-795	上海市商会关于犹太商人推销商品查询进出口情况及请介绍进出口商等来往文书（外文）	1948	1947	全文
Q270-1-136	浙江第一商业银行与美商电力、电话、欧中、法商拜耳与犹太俱乐部和其他外商人关于存款、贴、现存款收付等问题的来往文书（英文）（上海分行—总行）	1947	1941	全文
Q284-1-72	中国垦业银行关于旧"法租界马勒斯加路"房屋租赁及撤离犹太籍居民至指地点等事项与各租户及日寇"上海先国籍难民事务局"等来往文书。注：先应为无	1945	1939	全文
Q400-1-3914	上海市卫生局关于犹太侨民呈请设置私人公墓	1948	1946	全文

续表

档案编号	题名	终止时间	起始时间	操作
Q434-2-148-14	上海货物税局就调查犹太人所办毛线厂漏税一事与财政部的来往文件		1947	全文
Q5-5-491	上海市公用局处理犹太德侨车辆事项案	1946	1945	全文
Q580-192-1	上海犹太医院关于医院登记的申请书及其治单、职工名册、病床数、医药器械设备表、平面图等材料	1952	1950	禁阅
Q6-4-581	上海市社会局关于犹太难民办事处配粉纠纷	1946	1946	缩微
Q6-5-453-51	上海市社会局奉社会部令关于德籍犹太人巴本（BARBA-N）呈请组织上海市中欧律师会不予批准事致上海市律师公会函		1946	全文
Q6-8-3692	上海市社会局关于犹太商西服业工资纠纷的文件		1946	全文
Q6-10-287	上海市社会局关于犹太教伊斯兰会注册登记等文件		1946	全文
Q6-10-288	上海市社会局关于上海犹太教会注册登记等文件	1946	1946	全文
Q6-10-289	上海市社会局关于犹太教注册登记等文件		1946	全文
Q6-12-114	上海市社会局关于犹太周刊、犹太呼声申请登记文件	1949	1945	全文
Q6-12-114-12	上海市社会局关于调查《犹太周刊》事与上海市政府之来往文书		1948	全文
Q6-12-114-50	上海市社会局关于审批《回轮报》、《犹太呼声》、《新时日报》申请登记和调查以上报刊实情同该诸报刊、上海市政府和上海市警察局的来往文书		1945	全文
Q6-12-114-74	《犹太呼声》周刊申请登记书		1946	全文
Q6-12-114-77	《犹太呼声》三月刊（德文）登记申请书		1946	全文
Q6-12-123-24	上海市社会局关于不准《新时日报》登记发行事同上海市政府和德籍犹太人亨斯根脱的来往文件		1946	全文

续表

档案编号	题名	终止时间	起始时间	操作
Q6-12-139	上海市社会局关于沪闻通讯社、沪剧周刊、沪声通讯社、远东商业电讯社、远东商业月刊、远东犹太呼声、远东新闻社、远东通讯社、远东观察者、远东工程杂志社、远风月刊社、福幼报申请登记文件	1949	1945	全文
Q6-12-139-44	《远东犹太呼声报》申请登记书		1945	全文
Q6-12-203-13	Philip Kahn（费立浦恩）为登记远东犹太呼声报事致上海市社会局函		1945	全文
Q6-13-695	上海市社会局关于犹太俱乐部设立登记文件	1949	1945	全文
Q6-15-417	上海市关于贾福缝等为请限制犹太人活动的呈文	1945	1945	全文
Q6-15-433	外交部关于保护犹太教学者事致上海市社会局的函电	1945	1945	全文
R1-4-174	日伪上海特别市政府关于犹太丧失德国国籍的文件			全文
R1-6-33	日伪上海特别市政府关于沪西警察局呈请市长收回本局四科所发限定侨居沪西犹太人迁移的劝告书的文件			全文
R1-16-1079	日伪上海特别市政府关于上海犹太宗教公署的文件			全文
R15-17-24	上海特别市社会福利局关于虹口犹太难民区开设公典的文件		1945	全文
R22-2-87	日伪上海特别市第一公墓与火葬场：犹太公墓	1943	1943	全文
R22-2-87-1	上海特别市第一公署关于犹太公墓文件		1943	全文
R36-1-108	上海特别市警察局特高处长致局长有关犹太总会及其他各种会议的报告		1944	全文
R36-1-109	上海特别市警察局特高处犹太总会活动的报告		1942	全文
R36-12-20	上海特别市警察局有关上海护畜会、犹太人等案卷及金融市场调查	1945	1942	全文

续表

档案编号	题名	终止时间	起始时间	操作
R41-2-8909	日伪江苏上海市第二特区地方法院关于复兴营造厂法代毛宗后诉犹太教堂法代爱伦辉贤窃盗侵占案		1942	全文
U1-3-238	上海公共租界工部局总办处关于上海犹太学校补助费汉壁礼西童公学论文比赛授权签证土地转让选举工部局董事资格与选举人资格等的文件	1932	1915	全文
U1-4-158-187	受补助的西人学校费用表，涉及第一俄侨公学、日侨公学、德国学堂、罗勒托学校、上海犹太学校、圣芳济学堂等学校		1936	全文
U1-4-252	上海公共租界工部局关于上海犹太医院的补助费	1939	1938	全文
U1-4-275	上海公共租界工部局关于犹太难民医院和犹太难民产科医院（意译）申领补助费的文件		1942	全文
U1-4-276	上海公共租界工部局关于犹太难民医院和犹太产科医院（意译）申领补助费的文件		1942	全文
U1-4-277	上海公共租界工部局关于犹太难民救济委员会（意译）申领补助费的文件		1942	全文
U1-1-286-2	工部局总办有关犹太难民 Hans Diestel 所欠虹桥路136号特别市政税与德国总领事馆的来往信件		1942	全文
U1-4-624-33	上海工部局卫生处处长有关将精神病人 Miss Charlotte Weiss（犹太难民）的一半住院费用划入工部局支出账目与总办另一半由上海欧洲难民救济委员会承担与总办等的来往信件		1939	缩微
U1-4-624-111	上海工部局卫生处处长有关将精神病人 Miss Hilha Levy（西班牙人）的住院费用划入工部局总支出账目与总办、犹太妇女慈善组织等的来往信件		1938	缩微
U1-4-624-217	上海工部局卫生处处长有关将精神病人 Moses Nathan（Iroquian 籍犹太人）的住院费用划入工部局总支出账目与总办等的来往信件		1939	缩微

续表

档案编号	题名	终止时间	起始时间	操作
U1－4－679	上海公共租界工部局总办处关于专供犹太人食用的屠宰（屠宰物）	1935	1934	缩微
U1－4－710	上海公共租界工部局总办处关于犹太公墓事	1943	1934	缩微
U1－4－803	上海公共租界工部局总办处关于犹太难民治疗设备事	1942	1939	缩微
U1－4－2356	上海公共租界工部局总办处有关犹太难民迁入定居点事与工部局相关部门来往函		1943	缩微
U1－4－3786	上海公共租界工部局总办处关于犹太人组织机构申请备案事	1940	1939	缩微
U1－14－3361	上海公共租界工部局工务处有关安置犹太难民、建造隔离医院等文件	1941	1939	缩微
U1－14－6927	上海工部局工务处关于犹太侨民公墓地产文件	1943	1940	缩微
U1－16－1023	上海公共租界工部局卫生处关于欧洲犹太人难民卫生条件及日本当局管理情况等综合文件	1944	1939	缩微
U1－16－1024	上海公共租界工部局卫生处关于犹太难民医院设备事宜的文件	1943	1939	缩微
U1－16－1025	上海公共租界工部局卫生处关于犹太人难民病人住院事项的文件	1942	1939	缩微
U1－16－1026	上海公共租界工部局卫生处关于犹太难民供配疫苗等事宜的文件	1943	1939	缩微
U1－16－1039－131	发表于工部局公报的有关欧洲犹太难民进入租界的条件的情况		1939	缩微
U1－16－2828	上海公共租界工部局卫生处关于犹太难民联合医务委员会文件		1939	缩微
U1－16－2829	上海公共租界工部局卫生处关于犹太难民特别委员会的组成及工作情况文件		1939	缩微
U125－0－19－579	新约全书：犹太书			全文
U133－0－30	中国犹太人——有关开封犹太人情况汇编			全文
U133－0－30－26	中国犹太人——有关开封犹太人情况汇编 Ⅰ Historical Outline			全文

续表

档案编号	题名	终止时间	起始时间	操作
U133-0-30-48	中国犹太人——有关开封犹太人情况汇编 Ⅱ Matteo Ribi the Jews of K'ai-feng			全文
U133-0-30-56	中国犹太人——有关开封犹太人情况汇编 Ⅲ the Letters Pere Gozani			全文
U133-0-30-66	中国犹太人——有关开封犹太人情况汇编 Ⅳ the Memoir of Gozani			全文
U133-0-30-88	中国犹太人——有关开封犹太人情况汇编 Ⅴ the Orphan Colony of Jew			全文
U133-0-30-144	中国犹太人——有关开封犹太人情况汇编 Ⅵ Journal of the Chinese Delegates			全文
U133-0-30-153	中国犹太人——有关开封犹太人情况汇编 Ⅶ Form Persia to China			
U133-0-30-167	中国犹太人——有关开封犹太人情况汇编 Ⅷ Through the Eyes of an American Jew			全文
U133-0-30-182	中国犹太人——有关开封犹太人情况汇编 Ⅸ Cullings from Various Sources、Bibliography Index			全文
U38-1-163	上海法租界公董局关于上海犹太人救济所的文件	1943	1931	禁阅
U38-1-176	上海法租界公董局关于上海犹太人医院的文件	1943	1934	禁阅
U38-1-221	上海法租界公董局关于犹太教堂的文件	1943	1936	禁阅
U38-1-538	上海法租界公董局警务处关于法租界捕房因德文上海晨报与另一犹太人所办报纸有争执不准其在租界发行事	1941	1941	禁阅
U38-2-798	上海法租界公董局警务处关于诚孚信托公司、纺织工厂职员养成所、儿童公园、光震聋哑学校、审美机绣缝纫艺术学校、犹太宗教学校、外语学校、拉都外语补习学校等情况	1942	1942	禁阅
U38-2-1486	上海法租界公董局警务处关于犹太教、天主教、基督教等宗教活动剪报	1943	1942	禁阅

续表

档案编号	题名	终止时间	起始时间	操作
U38-2-1562	上海法租界公董局警务处关于法国维希政府对犹太人政策的剪报	1943	1941	禁阅
U38-5-376	上海法租界公董局卫生处关于犹太协会申请在法租界设立回教公墓事	1937	1937	禁阅
U38-5-1047	上海法租界公董局卫生处关于上海犹太人医院申请补助费及增加煤气用量等事项	1943	1943	禁阅
U38-5-1087	上海法租界公董局卫生处关于上海犹太难民救济协会及上海西侨联合会医院	1942	1939	禁阅
Y3-1-171-180	中华基督教会闸北堂六十周年纪念特刊：犹太民族的复兴			全文

附录2　"犹太人在青岛"档案目录@青岛市档案馆

档案编号	题名	文件时间	分类	责任者	操作
A0046-001-00059	关于犹太、奥国罪犯指纹卡片	1928年6月	内政	青岛市警察局	缩微
A0043-001-00114	奉行政院令关于接管德籍犹太人产业发还办法的训令	1947年5月	内政	山东高等法院第二分院	缩微
A0017-003-00314	犹太人好斯满经营万国酒店无照容留俄妓营业案	1928年5月13日	内政	胶澳商埠警察厅	缩微
A0018-002-00007	关于执行犹太人管制办法的指令	1938年12月26日	内政	青岛市治安维持会警察部	缩微
B0024-001-00819	关于德籍犹太人产业处理案的训令	1947年4月12日	其他	行政院	缩微
B0024-001-00680	关于犹太人在中国境内待遇及德侨处理办法的代电	1946年1月18日	其他	北平行营	缩微
B0024-001-00651	关于本市犹太籍俄侨史奈德尔曼声请归化函请内政部核办见复的公函	1946年7月1日	其他	青岛市政府	缩微
B0024-001-00680	关于抄发德侨办法及犹太人居留中国应以无国籍人民待遇看待等由的代电	1945年12月27日	其他	中国陆军司令部	缩微

续表

档案编号	题名	文件时间	分类	责任者	操作
B0024-001-00651	关于为犹太籍俄人石德满愿入我国国籍情形应填缴书类款项的呈文	1946年6月5日	其他	青岛市警察局	缩微
B0024-001-00650	关于愿归化人杜兴呈请证明确系犹太人后裔电请查办的代电	1946年6月6日	其他	青岛警备司令部	缩微
B0024-001-0064	关于德犹太无国籍轴流恩娥耳夫白耳格等呈请归化对警察局详查具报的训令	1946年6月3日	其他	青岛市政府	缩微
B0021-002-00185	关于具有不同国籍之犹太人申请组织团体的代电	1948年11月	社会	青岛市社会局	缩微
B0024-001-00649	德犹太无国籍轴流恩娥耳夫白耳格发国籍申请书的呈文	1946年4月30日	内政	轴流恩娥耳夫白耳格	缩微
B0030-002-01031	青岛犹太公会增租墓地的通知，公函	1936年3月26日	内政	青岛市政府财政局	缩微
B0032-001-00072	转发行政院关于所接管的德籍犹太产业发还事宜的训令	1947年4月15日	经济总类	青岛市政府	缩微

附录3　"犹太人在天津"档案目录@天津市档案馆

档号	题名	日期	责任者	操作
401206800-J0025-2-000747-043	关于犹太公会可否转通知字条	1947-06-30	天津市社会局	电子版
401206800-J0025-3-005287-013	为借犹太公会举行彩排事给新风国剧社的指令	1948-06-14	天津市政府社会局局长胡梦华	电子版
401206800-J0116-1-000566-016	为核发犹太医院等输入证明书事致本局的呈	1947-05-04	天津市政府卫生局王志熹	电子版
401206800-J0116-1-000566-013	为发给犹太医院等注射器注射针证明书事致天津海关的函	1947-07-19	天津市政府卫生局局长	电子版
401206800-J0116-1-000566-017	为发给犹太医院等注射针注射器输入证明书事致市卫生局的呈	1947-05-12	天津苏联公民协会医院	电子版

续表

档号	题名	日期	责任者	操作
401206800-J0116-1-000560-019	尉（应为：为）天津犹太医院立案事与中国善后救济总署冀热平津分署的来往函	1947-03-26	天津市政府卫生局	电子版
401206800-J0116-1-000566-014	为发给注射器注射针输入证明书事致苏联公民协会犹太医院的通知	1947-07-19	天津市政府卫生局局长	电子版
401206800-J0116-1-000566-015	为发给犹太医院等注射器注射针证明书事给天津卫生局的指令（附原呈）	1947-07-09	国民政府卫生部部长	电子版
401206800-J0116-1-000660-073	为贵院未准立案免征所得税于法不合不能办理事与犹太医院来往函	1947-10-23	天津市政府卫生局	电子版
401206800-J0116-1-000660-102	各省市公私立医疗机构及教会医疗设施概况表：清源医院、天和医院、犹太医院、骨科医院、结核防治院、警察医院、恩光医院、乐仁医院、华北医院、广济医院、同恩医院	1948-12-29	天津市政府卫生局	电子版
401206800-J0110-1-001195-081	为已核转申购面粉清册事致犹太学校代电（附犹太学校呈）（文件级）	1948-05-21	天津市政府教育局	公开
401206800-J0110-3-000976-020	为协助执行对犹太公会停资事致本市警察局函（文件级）	1948-02-09	天津市政府教育局	公开
401206800-J0110-3-000976-019	为犹太公会违反审查戏曲规定应予停演事致本局郝局长签呈（文件级）	1948-02-03	天津市政府教育局 王季龙	公开
401206800-J0110-3-000771-009	为出演俄文剧本狼与羊准予备案事给天津犹太公会的批（附呈）（文件级）	1948-02-21	天津市政府教育局	公开
401206800-J0110-3-000586-006	为担任犹太医院水费事给天津市立中学指令（附该校呈）（文件级）	1948-07-15	天津市教育局	公开
401206800-J0110-1-01197-006	为犹太小学是否与私立小学享有相同待遇事与教育局往来函（文件级）	1948-06-14	河北田粮处天津区储运处	公开

第 六 章
哈尔滨与马克思主义在中国传播的三条路径

马克思主义传入中国有日本、法国和俄国三条基本路径。俄国渠道与中东铁路关系密切。作为中东铁路的枢纽，哈尔滨是马克思列宁主义传入中国的重要驿站。20世纪初，哈尔滨爆发工人运动并且发动了中国最早的纪念五一国际劳动节的游行。十月革命的斗争亦在哈尔滨同样展开。十月革命后，中国共产党早期领导人通过"红色之路"到苏俄学习，这关系到中国共产党的建立。马克思学说在中国的早期介绍，与十月革命后马克思主义在中国的传播有着根本的区别。哈尔滨是马克思列宁主义在中国实现理论与实践相结合的首个场域。在这个意义上，作为中东铁路附属地的哈尔滨是马克思列宁主义最早传入中国的地方之一。

南开学校（简称"南开"，本书指南开中学与南开大学）是一所具有悠久红色记忆和深厚革命传统的学校。李大钊、周恩来、马骏、邓洁民等人在"南开"播下了革命的火种，点燃了革命的激情，参加五四运动，创办"觉悟社"等。"南开"孕育了天津与哈尔滨的红色基因。东华学校的创建与发展是"南开"红色基因在哈尔滨的成长和实践。中共哈尔滨党组的建立、"红色之路"等是天津与哈尔滨红色纽带强化的硕果。

1925年冬，楚图南在马克思主义先驱李大钊的指示下，到哈尔滨以教师的公开身份，宣传马克思主义和俄国十月革命。他参与了中共哈尔滨党组织的创建，帮助时任哈尔滨党组织重要领导任国桢，转递鲁迅给任国桢的信件。他还参与了护送（中共六大代表）到莫斯科召开中共六大的活动，同时，及时地向从苏联归来的周恩来等人报告了上海的革命情况。在哈六中，楚图南帮助和指导学生创办"灿星社"，宣传革命思想，鼓舞革命斗志。1934年，不幸入狱后，通过撰写文章和翻译尼采名著等特殊方式继续革命。侯外庐是马克思主义在中国传播与实践的一个代表人物。哈尔滨法政大学是马克思主义在中国传播和实践相结合的一个历史场域。新政协筹备会议是侯外庐在组织问题上的一个重大转折。

十月革命后的苏俄成为世界的焦点。东西方知识分子纷纷到苏俄访问。由于各自背景等不同，他们对苏俄的所见所闻、所思所想也不尽相同，但是比较完整地描绘了当时苏俄的社会状况。中国共产党第六次全国代表大会是中国共产党在国外举行的唯一一次全国代表大会。中国共产党在哈尔滨设立秘密接待站，护送李立三、周恩来等党的早期领导人在哈尔滨中转从满洲里或绥芬河出境，顺利到达莫斯科参加中共六大；代表们回来时，又护送他们安全入关。这让哈尔滨在中国共产党党史上写下了重要的一页，这道"红色印记"也是哈尔滨的一笔宝贵精神遗产。

第一节　哈尔滨与马克思主义在中国的早期传播和实践

马克思列宁主义在哈尔滨的早期传播，学术界已经进行了比较全面的描述性的宏观研究。① 然而，这些成果基本没有展开具体的微观研究，亦

---

① 关于马克思列宁主义在哈尔滨的传播这个问题，主要是与马克思主义在中国、东北和黑龙江的早期传播研究相联系。相关研究亦是在近十年内进行系统探讨，并且主要集中在哈尔滨的黑龙江大学、哈尔滨工业大学和东北林业大学等高校，以郭渊、黄进华和胡庆祝等学者为代表。郭渊：《19世纪末—20世纪初布尔什维克与马克思主义在哈尔滨的传播》，《北方文物》2007年第4期；《旅俄华工接受和传播马列主义过程的历史考察》，《西伯利亚研究》2007年第5期；《20世纪初马克思主义在哈尔滨的传播》，《黑龙江社会科学》2007年第5期；《从大众传媒看马克思主义在东北的早期传播》，《文化学刊》2008年第4期；《清末民初哈尔滨进步报业述评》，《兰台世界》2008年第11期；《清末民初东北进步报刊的境遇及其历史作用》，《学术交流》2008年第11期；郭渊：《马克思主义在中国东北的传播与实践：1898—1940年》，黑龙江人民出版社2014年版。郭渊时为黑龙江大学历史文化旅游学院副教授，历史学博士，从事中国边疆史地研究。2008年冬天，他从黑龙江大学哲学博士后科研流动站博士后出站。
黄进华：《中东铁路、十月革命与哈尔滨工业大学的诞生》，《哈尔滨工业大学学报》（社会科学版）2010年第1期；《中东铁路与马克思主义在黑龙江的传播》，《学术交流》2010年（转下页）

基本没有涉及外文特别是俄文资料和档案。①并且，也很少使用和涉及地方其他报纸如《远东报》②《国际协报》《滨江时报》《盛京时报》《申报》等。在某种意义上，这源于相关档案的开放程度等问题。③此外，因受到

（接上页）第 9 期；《20 世纪初在哈尔滨传播马克思主义的电子媒介探析》，《北方文物》2011 年第 1 期；黄进华：《马克思主义在中国东北的传播 1900—1931：基于历史学和传播学的视角》，中国社会科学出版社 2012 年版。黄进华时为哈尔滨工业大学人文与社会科学学院讲师、硕士生导师，历史学博士，中国社会科学院马克思主义理论博士后，2009 年冬进站。

具体项目如下：1. "马克思主义在东北的传播——以大连、沈阳、长春和吉林市为中心的研究"项目，中国博士后科学基金第 48 批面上资助项目（20100480397），3 万元，独立，2010—2013 年；2. "马克思主义在中国东北传播的历史经验和现实启示——以哈尔滨和延边地区为例的研究"，教育部人文社会科学研究青年基金项目（11YJCZH067），7 万元，主持人，2011—2014 年；3. "场域视野下马克思主义在东北的传播（1901—1948）"，哈尔滨工业大学人文学院"985""211"学科建设项目，3 万元，独立，2009—2013 年；4. "马克思主义在中国东北的传播：1900—1931"，中央高校基本科研业务费专项资金资助项目，3 万元，独立，2012 年；5. "中东铁路与马克思主义在东北的传播"，哈尔滨工业大学优秀青年教师支持计划（HITNJS2008.38），3 万元，主持人，2008—2010 年。

胡庆祝：《20 世纪初马克思主义在哈尔滨的传播探析》，《兰台世界》2015 年第 1 期；胡庆祝：《哈尔滨在马克思主义传播过程中的作用探析》，《兰台世界》2015 年 2 月上旬。胡庆祝时为东北林业大学马克思主义学院副教授，2014 年 9 月至今清华大学马克思主义学院在读博士研究生。本文系中央高校基本科研业务费专项资金项目"20 世纪初马克思主义在哈尔滨的传播研究"（项目编号：DL13BC02）阶段性成果；东北林业大学教育教学研究课题："中国近现代史纲要"课"五创"教学法研究（项目编号：DGY2012—42）阶段性成果。

其他相关文章和著作：《一九一七年中国人民得到的有关十月社会主义革命的消息》，《历史研究》1954 年第 4 期；李述笑："五四"时期哈尔滨人民的革命斗争》，《学习与探索》1979 年第 2 期；李兴耕：《列宁的电报和 1917 年哈尔滨工兵代表苏维埃的夺权事件》，《当代世界与社会主义》1995 年第 3 期；《俄国十月革命的消息是怎样传到中国的?》，《马克思主义与现实》1997 年第 5 期；冯力强、冯冠豪：《红色记忆：中东铁路上的中国梦》，北方文艺出版社 2015 年版；等等。

① 俄文资料：《工人党是什么?》（1917）、《社会民主党是什么人？他们想要干什么?》（1917）、《社会革命党哈尔滨组织的纲领》（1917）、《俄国社会民主工党（孟什维克）参加制宪会议竞选纲领》、《社会革命党参加制宪会议的竞选纲领》、《谢苗诺夫满洲特种部队的活动》（1919）、《谁通知俄国?》（1922）、《红色十月》（1924）等，以上来自刁绍华等编《黑龙江省博物馆馆藏哈尔滨俄文和其他西文书刊编目》（1994）；《远东十月革命与内战：事件编年史：1917—1922 年》，远东国家出版社 1933 年版，来自黑龙江省图书馆。

② 《远东报》的缩微版在哈尔滨市图书馆和黑龙江省图书馆都有收藏。1983 年和 1984 年，哈尔滨市人民政府地方志编纂办公室编辑过十二辑的《〈远东报〉摘编》；2015 年，东北林业大学出版社出版了以哈尔滨市图书馆电子版《远东报》为底稿的 14 卷本《远东报》，时间为"1910—1911 年和 1916—1921 年"。

③ 笔者到黑龙江省档案馆和哈尔滨市档案馆查阅相关档案，被告知查阅这些档案受限制。笔者是通过一些档案馆和研究所出版的档案集集查找到了相关资料，如黑龙江省档案馆出版的《中东铁路》，内部资料，1987 年；"中央研究院"近代史研究所编《中俄关系史料：中东铁路（一）、1917—1919》，"中央研究院"近代史研究所 1960 年版；等等。

其他资料的限制，相关研究者难于进行深入的探究。随着近几年一些资料的发现和出版，对于哈尔滨俄国工人运动、俄国工人与中国工人的关系、两国工人由自发到自觉的转变、十月革命时哈尔滨工兵代表苏维埃与霍尔瓦特的斗争、中国北洋政权与霍尔瓦特的关系及十月革命后红色之路与马克思列宁主义在中国早期传播的关系等问题，可以进行比较微观化的研究。

一 自发与自觉：十月革命前中东铁路的建设与 20 世纪初哈尔滨的工人运动

哈尔滨是一个随着中东铁路的建设而逐渐形成的近代城市，"曾一度被视为在华俄侨的'首都'"①。哈尔滨的城市特质是中东铁路附属地。"《关于东清铁路的建设和经营契约》②中有以下规定：第六条中称，凡该公司建造、经理、防护铁路所必需之地，又于铁路附近开采沙地、石块、石灰等项所需土地，若系官地，由中国政府给予，不纳低价，自行筹款付给。凡该公司占用之地段，一概不纳地税，由该公司一手经理。准其建造各种房屋工程，并设立电线，自行经理，专为铁路之用。除开出矿苗处所另议办法外，凡该公司之进项，如转运、搭客、货物所得票价，并电报进款等项，俱免纳一切税厘。"正是这一问题条款，"成为出现以铁路附属地（Railway Zone）为名的租借地的根源"。然而，"东清铁路公司的特异之处，是俄国对铁路附属地可以行使行政权"。铁路附属地是"限制在最小范围内、为铺设和运营铁路所需要的土地，可是俄国方面扩大解释了这一条款，开始购买以铁路车站为中心的广阔的土地。而且，最广义地解释和实施附属地的行政权（包括一般行政、驻军、警察、司法、课税、水上警察等行政权）"，从而，"贯穿满洲全土的 T 字形东清铁路附属地事实上成为了俄国的租借地"③。

《滨江尘嚣录》的作者辽左散人对此评价鞭辟入里："查此条款，吾人

---

① 石方、刘爽、高凌：《哈尔滨俄侨史》，黑龙江人民出版社 2003 年版，第 26 页。
② 即《关于东清铁路建设及经营合同》，亦称《中国政府与华俄道胜银行入股合同》。
③ [日] 越泽明：《哈尔滨的城市规划（1989—1945）》，李述笑校，王希亮译，哈尔滨出版社 2014 年版，第 3—4 页。

果细细玩其味，可见当时俄人之奸狡，清廷命吏之敷衍昏愚也。夫所谓必需之地，其标准何在？恐任何人亦难确定。况开采沙土石块石灰等项，究竟其量何干？条文中均无因定之限制。东省铁路，延长数千里。年复一年，沙土石块，几时必需，乌有止期。设俄人永远之藉口，取用砂石灰土，路线五里以内无之，则可延至十里；十里无之，可展至二十里、三十里，以至若干里。"以致，"俄人扩地之野心，绝无止息之时。是等条款，滑稽殊甚。凡有心人味之，当椎心痛恨而唏嘘不置者也。"① 笔者认为，铁路附属地与租界、租借地等既有相同之处，也存在差异。这个问题的根本所在是，我国丧失了除领土主权之外的行政权，关于哈尔滨行政权的斗争是一个复杂的问题。② 这是20世纪初哈尔滨中俄工人运动的"语境"。

在作为中东铁路附属地的哈尔滨，20世纪初期的工人运动首先是在俄国工人间肇始的，然后发展到俄国工人与中国工人的联合，最后是中国工人独立开展的运动。这涉及修筑中东铁路的工人和中东铁路总工厂的工人两部分。1905年，哈尔滨爆发了城市历史上最早的大罢工；1906年，哈尔滨工人发动争取八小时工作制的罢工；1907年，中俄工人举行了中国最早的庆祝五一国际劳动节的集会和游行；1917年，中俄工人支持俄国资产阶级二月革命等。

哈尔滨近代工业的兴起和产业工人的形成，"是伴随着中东铁路的修建开始的。1896年6月，沙俄迫使清政府签订了《中俄密约》，攫取了在中国东北地区以哈尔滨为中心修筑中东铁路的特权。同时，在松花江哈尔滨段的南岸修建了中东铁路附属工厂——中东铁路哈尔滨总工厂。哈尔滨总工厂除俄国工人外，有中国工人1600多人。到十九世纪（末）二十年代初，中东铁路工人达到2.5万多人，中国工人有1.7万多人，是东北北部一支集中的产业工人队伍"③。1900年6月，"中东铁路由直隶、山东等地招募中国筑路工人已达17万之多。中国工人'日亟劳瘁，不得衣食，难以生存'"④。

---

① 辽左散人：《滨江尘嚣录》，张颐青、杨镰整理，中国青年出版社2012年版，第8—9页。
② 参见马蔚云《从中俄密约到中苏同盟：中东铁路六十年》，社会科学文献出版社2016年版，第88—104页。
③ 宋国强主编：《中国共产党哈尔滨简史》，中共党史出版社2010年版，第1页。
④ 李述笑：《哈尔滨历史编年（1763—1949）》，黑龙江人民出版社2013年版，第20页。

1900年12月24日,"列宁在《火星报》上发表《中国的战争》一文,痛斥沙俄的侵华暴行"①。1903年,"中东铁路临时总工厂修建新厂房(1907年落成,正式定名为'中东铁路哈尔滨机械总工厂'),全厂占地面积843000平方米,设有翻砂、铁工、机器、客车、货车、车轮、水箱、铆工、制材和电灯11个分厂,员工达2000余名"②。

马克思主义在哈尔滨的传播,"最先始于中东铁路工人。早在1905年,就有俄国布尔什维克党员在哈尔滨俄国工人和中国工人中进行马克思主义宣传"③。并且,"在哈尔滨的俄国工人建立了俄国社会民主工党工人团的布尔什维克组织"④。1905年11月11日,"以铁路总工厂为中心的中东铁路工人,为反对沙俄残酷统治举行了罢工,这是哈尔滨历史上最早的工人大罢工"⑤。这次大罢工持续了一个多月。1905年11月,"俄国社会民主工党哈尔滨工人布尔什维克组织在哈尔滨成立,领导人 Б. 3(化名 И. 西林)。铁路机械总厂是该党活动的重要阵地"。1905年11月,"哈尔滨俄国工人、职员召开大会,成立了由65人组成的'特别罢工委员会',决定参加全俄铁路大罢工"。其中,中东铁路管理局大楼被烧数次。1905年11月27日,"俄国资产阶级民主革命在哈尔滨和中东铁路沿线引起强烈反响,中东铁路管理大楼第一次被烧"。1905年12月8日,"中东铁路'特别罢工委员会'通电全线,宣布实行全路大罢工(罢工持续5年)"。1905年12月11日,"那达洛夫再次下令,严禁街头集会,并公布'禁止户外集会规则'"⑥,中东铁路管理局大楼第二次被烧。12月25日,中东铁路管理局大楼第三次被烧。

1906年1月29日,"铁路总工厂工人争取八小时工作制。工厂暂时关闭,解雇罢工工人200余名"⑦。1906年11月,"俄国社会民主工党哈尔滨

---

① 李述笑:《哈尔滨历史编年(1763—1949)》,黑龙江人民出版社2013年版,第24页。
② 李述笑:《哈尔滨历史编年(1763—1949)》,黑龙江人民出版社2013年版,第42页。
③ 中共黑龙江省委党史研究室:《中共黑龙江历史·第一卷(1921—1949)》(上册),中共党史出版社2013年版,第35页。
④ 宋国强、梁玉柱、李忠义:《党史纪实文学丛书〈红色之路〉》之《传播》,中央党史出版社2013年版,前言第1页。
⑤ 《哈尔滨通鉴》编纂委员会编:《哈尔滨通鉴》,黑龙江教育出版社2015年版,第116页。
⑥ 李述笑:《哈尔滨历史编年(1763—1949)》,黑龙江人民出版社2013年版,第52页。
⑦ 李述笑:《哈尔滨历史编年(1763—1949)》,黑龙江人民出版社2013年版,第54页。

组织召开代表会议。会议指出：不仅扩大在俄国工人中间的革命工作，而且要扩大中国工人中间的革命工作"①。1907 年 1 月 22 日，"哈尔滨铁路总工厂工人为纪念 1905 年'流血的星期日'，举行罢工。中国工人积极地参加了罢工"②。1907 年春，"哈尔滨俄国印刷工人罢工。中国工人支援了俄国工人的斗争"③。

"哈尔滨是中国工人阶级第一次庆祝'五一'国际劳动节的城市。"自 1907 年起，哈尔滨工人曾经数次发动庆祝'五一'国际劳动节的集会和游行活动。1907 年 5 月 14 日，"俄历五月一日，哈尔滨商店、饭店闭店，工厂停工。俄国社会民主工党组织哈尔滨及中东铁路沿线 5000 多名中俄工人在中国船夫摆渡的帮助下过江，在哈尔滨松花江十字岛集会，庆祝'五一'国际劳动节。阿勃拉莫夫在集会上号召举行武装起义，推翻沙皇政权"。并且，"哈尔滨庆祝五一国际劳动节大会致电俄国杜马中的社会民主工党团：'值此五一国际劳动节之际，我们集会庆祝无产阶级的节日，热烈拥护国家杜马中的社会民主工党的代表，愿与你们在为工人的事业中团结一致。坚决的战斗吧！我们永远与你们在一起'"。晚上，"中俄工人又在道里市立公园剧场集会，庆祝'五一'国际劳动节。俄警察局派警鸣枪弹压"④。这是"中国工人阶级最早举行纪念'五一'国际劳动节的活动"⑤。中东铁路工人"纪念'五一'国际劳动节的壮举，是中国工人阶级崛起的象征，是中国工人运动的一个重要篇章"⑥。然而，在《为莫斯科〈工人日报〉写的几句话》中，张太雷指出，"俄国的十月革命唤醒了中国工人的觉悟，中国工人从一九二一年起就庆祝五一节，举行规模宏大的游行和集会"⑦。具体而言，中国工人阶级第一次纪念"五一"是在 1921 年，"平汉铁路长辛店工人举行了有一千多人参加的示威游行，领导者是中国共产党人邓中夏同志"。这里需要说明的是，1907 年哈尔滨的工人庆祝五

---

① 李述笑：《哈尔滨历史编年（1763—1949）》，黑龙江人民出版社 2013 年版，第 58 页。
② 李述笑：《哈尔滨历史编年（1763—1949）》，黑龙江人民出版社 2013 年版，第 61 页。
③ 李述笑：《哈尔滨历史编年（1763—1949）》，黑龙江人民出版社 2013 年版，第 69 页。
④ 李述笑：《哈尔滨历史编年（1763—1949）》，黑龙江人民出版社 2013 年版，第 64 页。
⑤ 宋国强主编：《中国共产党哈尔滨简史》，中共党史出版社 2010 年版，第 2 页。
⑥ 冯力强、冯冠豪：《红色记忆：中东铁路上的中国梦》，北方文艺出版社 2015 年版，第 41 页。
⑦ 张太雷：《张太雷文集》，人民出版社 1981 年版，第 48 页。

一国际劳动节只是受到马克思主义的影响,当时中国共产党尚未建立;1921年的庆祝"五一"节游行是由中国共产党人领导的。① 张太雷的这个说法是有待商榷的,因为当时哈尔滨的庆祝"五一"活动是有《盛京时报》等报道的。

据哈尔滨《纪劳动会演说事》记录:"阳历五月初一日,为劳动者纪念大会,无论为商界工界,上中下等社会,凡以劳动力得衣食住者,均于是日示威运动。俄历五月一日,哈尔宾埠俄国劳动者亦拟举行此会,然因俄长官不准,故未放在铁路租界举行,而至松花江北岸聚会,共集三千余人。由午后一点钟至六点钟。演说者皆社会民权及社会革命两党。演说毕会散,颇为安谧。此后并拟在沿江公园内之戏院仍聚会,经某演说员阻止,恐与警察冲突也。晚间纪念会并未再次举行。乃晚九点钟,俄警察长带同俄边防队到花园,预备弹压,兵队甫进园,不知何人匿于鼓手楼后,向空中开放手枪(皆以此为侦探),警察长令兵丁一并向空中开枪,于是戏园观戏者大惊,适总领事刘巴在此,大众当向要求转嘱,警察长将兵丁带出,刘领事立刻转饬警察长将兵丁带回。至鼓手楼后之放枪者,亦不知何往,并无致伤一人,闻现已派裁判处某顾问官查办一切云。"② 《盛京时报》的这个记载与其他资料的介绍存在一定的差异。在《俄国人在哈尔滨纪念"五一"节的考证》中,李忠义指出,"1907年哈尔滨举行纪念'五一'节活动的,纯粹是在哈尔滨的俄国各界人士,没有中国人参加"。所以,1907年"不能算作是哈尔滨工人第一次纪念'五一'节,但这次集会对第二年哈尔滨中俄工人联合纪念'五一'节集会乃至对哈尔滨日后的工人运动产生了很大影响"③。笔者认为,《盛京时报》这个报道虽然没有报道中俄两国工人联合活动,但是,这说明5月1日是中国工人开展纪念"五一"节活动的日子。这样,哈尔滨中国工人独立纪念"五一"节要更早;5月14日即俄历五月一日是俄国工人举办的纪念"五一"节集会。但

---

① 《时事手册》半月刊12《普及抗美援朝运动专号》,《解放日报》随报附送,人民出版社出版,1951年4月5日北京出版、1951年4月10日上海重印一版,第49页。
② 《盛京时报》1907年5月22日(光绪三十三年四月十一日),第5版。
③ 中国哈尔滨市委党史研究室、哈尔滨市党史研究室、哈尔滨市延安精神研究会编:《哈尔滨党史研究》(第二十二辑),内部资料,第272—274页。

是，实际上哈尔滨中俄工人不可能没有相互参与，但可能存在谁为主的问题，虽然这仅是一种推理。

1908年3月，"俄国社会革命党在哈出版秘密刊物《革命思想》"。4月22日，"俄国社会民主党哈尔滨组织委员会创办《满洲工人》报"①。1908年5月14日，"哈尔滨中俄铁路工人在松花江对岸集会，第二次纪念'五一'国际劳动节。参加者万余人"②。1910年12月，"帝俄在哈搜捕俄国社会民主党、社会革命党人。俄国社会民主党、社会革命党党员57人在哈被捕，7人被判苦役，21人被流放"。俄国社会民主党党员"哈尔滨商务学堂应届毕业生 Л. М. 加拉罕被捕，获释后回国读大学（后成为苏俄政府外交委员、驻华大使）"③。

俄国二月革命是十月革命的序曲，哈尔滨的中国工人支持二月革命。1917年3月16日，"俄国二月资产阶级革命波及哈尔滨和中东铁路沿线，哈尔滨铁路机械总工厂工人举行集会，并进行示威游行"。3月17日，"哈尔滨俄国工人代表苏维埃成立，社会民主党人科兹洛夫斯基、明斯基、斯特列尔科夫，社会革命党人沃伊弗维奇、列文斯基、阿列克山得罗夫，人民社会党人多勃罗夫斯基，立宪党人费阿尔科夫斯基等当选为代表，费阿尔科夫斯基当选为主席"④。据《北满概观》一书介绍："俄国革命之报达于哈尔滨，为一九一七年三月十四日。其后自哈尔滨至沿线各地，为继续而来之革命消息所刺激"；俄国革命"在哈尔滨公表为三月十六日，各种团体在市上示威运动，到处开会。哈尔滨市会，以乌曼斯基参事会长为中心，讨论结果，仿俄国各地之例，决设哈尔滨执行委员会，十九日选出委员十二名，以律师亚历山大路夫为会长，组织委员会。"⑤ 在这种革命形势的影响下，"总工厂的中国工人在欢呼俄国二月革命的日子里，也特别活跃。当他们听到沙皇被推翻的消息后，马上向同自己劳动和作战的俄国工人表示祝贺，并同俄国工人一起游行，参加总工厂俄国工人举行的庆祝大

---

① 李述笑：《哈尔滨历史编年（1763—1949）》，黑龙江人民出版社2013年版，第73页。
② 李述笑：《哈尔滨历史编年（1763—1949）》，黑龙江人民出版社2013年版，第74页。
③ 李述笑：《哈尔滨历史编年（1763—1949）》，黑龙江人民出版社2013年版，第93页。
④ 李述笑：《哈尔滨历史编年（1763—1949）》，黑龙江人民出版社2013年版，第133页。
⑤ 哈尔滨满铁事务所编：《北满概观》，汤尔和译，商务印书局1937年版，第17—18页。

会。他们把沙皇看成中俄两国工人的共同敌人,把俄国人民的胜利,看成是自己的胜利"①。

4月,"哈尔滨俄国工兵代表苏维埃创办《劳动之声》报(12月26日停刊)。该报号召工农团结起来,推翻资产阶级统治,宣传'工党万岁''民主大同'"。4月12日,"三十六棚中国工人捐款,援助俄国资产阶级民主革命"。5月14日,"中东铁路哈尔滨总工厂中、俄工人联合货栈、商场、作坊工人举行罢工,高举红旗,抬着'工党万岁''民主大同'等标语,在秦家岗教堂广场集会,游行示威,纪念'五一'国际劳动节"②。

在与俄国工人并肩战斗的过程中,中国工人也提出了自己的要求并付诸行动。1917年6月,"在哈各派俄国人相继组织'工兵苏维埃''将校委员会''铁路职工委员会''哈尔滨革命委员会''军事委员会''远东拥护祖国和宪法会议委员会'等,斗争十分激烈"。7月21日,"哈尔滨俄国工兵苏维埃召开大会。留金在会上强调:'只有将全部权力交给工兵苏维埃,才能战胜反革命。'大会决议,派代表去彼得堡,要求罢免 Д. Л. 霍尔瓦特局长职务,不承认执行委员会是革命组织,即日起一切革命工作应归工兵苏维埃领导。孟什维克和社会革命党人反对通过决议"。7月27日,"哈尔滨三十六棚、地包、八站、香坊、铁路印刷厂3000余名中国工人为增加工资,实行罢工(罢工在全线展开,持续一个月之久)"③。1917年9月14日,"中东铁路公司与铁路委员团发布通告,即日起为华工增加工资,华工与俄国工人实行同工同酬(以前华人工匠仅为俄工匠工资的八分之五)。自7月27日开始的华工罢工取得胜利"④。

哈尔滨的工人运动与俄国革命关系紧密,哈尔滨的工人运动是俄国相关事件的"缩影"。从1905年到1917年,哈尔滨中国工人运动实现了从自发到自觉的过渡和质变。自发运动是一种"哪里有压迫哪里就有

---

① 哈尔滨车辆工厂、哈尔滨师范学院历史系编写组:《三十六棚——哈尔滨车辆工厂史》,黑龙江人民出版社1980年版,第51—52页。
② 李述笑:《哈尔滨历史编年(1763—1949)》,黑龙江人民出版社2013年版,第135页。
③ 李述笑:《哈尔滨历史编年(1763—1949)》,黑龙江人民出版社2013年版,第137页。
④ 李述笑:《哈尔滨历史编年(1763—1949)》,黑龙江人民出版社2013年版,第139页。

反抗"的状态,自觉运动是有了理论的指导和组织的领导的形态。"哈尔滨的工人运动有别于其他地区,它从一开始就有革命的理论指导和先进政党领导,因为哈尔滨这座新兴的城市,是中国最早广泛接触和传播马克思主义、接触布尔什维克政党的城市","没有之一"。① 十月革命前,马克思主义仅仅是理论,没有成功实践;列宁主义是马克思主义在世界上的第一次成功实践。在这个意义上,哈尔滨是马克思列宁主义最早传入中国的地方。哈尔滨是马克思主义在中国实现理论与实践相结合的首个场域。

二 传播与引领:俄国十月革命与哈尔滨及其影响

哈尔滨是俄国十月革命的"第二战场"。十月革命在俄国爆发并发展到哈尔滨时,十月革命前原有的哈尔滨工人运动得以延续,并且十月革命后的"红俄"和"白俄"之间的斗争在哈尔滨得到延展。红、白俄之间的斗争,涉及俄国苏维埃政权、俄国旧势力的代理人霍尔瓦特、哈尔滨工兵代表苏维埃及中国北洋政府之间的博弈。十月革命前后一年,哈尔滨的人口状况是,1916 年,哈尔滨市总人口是 89751 人,中国人45481 人和外国人 44270 人;1918 年,总人口 157379 人,中国人 94000人和外国人 63379 人。其中,1916 年俄国人 34115 人,1918 年 60200人。② 俄国学者在《俄国的哈尔滨》一书中提到:"1920 年代,有 20 万俄国人来到哈尔滨。"③

"1917 年俄国经过'二月革命'、'十月革命'后,终于建立了工农苏维埃政权。为了巩固这个政权,以列宁为代表的布尔什维克党人提出了'用赤卫队进攻资本'和'剥夺剥夺者'的口号,使大批旧俄贵族、工商业主、文武官员和知识分子以及妄图推翻新政权的白匪军队战败后都仓惶地逃离俄国。中东铁路哈尔滨附属地作为沙俄政府的海外殖民地,自然也就成了吸纳这批难民的地方"④。6 月 22 日,"以哈尔滨中东铁路总工厂俄

---

① 《哈尔滨党史纪念馆》,内部资料,2015 年,第 9、3 页。
② 薛连举:《哈尔滨人口变迁》,黑龙江人民出版社 1998 年版,第 65、137 页。
③ Русский харбин, издательство московского университета черо, 1998, с. 14.
④ 石方、刘爽、高凌:《哈尔滨俄侨史》,黑龙江人民出版社 2003 年版,第 62 页。

国工人为主成立了工兵代表苏维埃。7月,在哈尔滨成立了俄国社会民主工党"①。1917年11月7日,"俄国十月革命爆发,无产阶级夺取政权。十月革命获得胜利的消息几乎没有隔夜就传到了黑龙江。哈尔滨和中东铁路工人、革命士兵为之热烈欢呼和庆祝"②。十月革命期间,"在哈尔滨的俄国工人革命士兵还建立了工兵苏维埃,对盘踞在哈尔滨和中东铁路沿线的沙俄残余分子进行了斗争。哈尔滨的中国工人发扬了国际主义精神,为切断支援西伯利亚白匪军的运输线,曾举行多次中东铁路全路大罢工,沉重地打击了沙俄残余势力和外国干涉者,有力地支援了俄国十月革命"③。

据相关档案记载,1917年俄国"政变之剧烈"使"俄国避乱之人,蜂拥而来,生活益窘,穷无所告,乃出于罢工"。哈尔滨"本埠历史,尝以本年之政体变更,最饶兴趣,时维三月,俄国帝制推翻,一纸电传,万众欢跃,休业庆祝,结队游行,集议善后,革命赤帜,触目皆是,约数日,则有所谓政务董事会成立,乃由本地各机关代表组织而成,同时又有一个兵士与工人组合之会,此二机关实掌本埠权柄,临于其上者为中东铁路总办霍尔瓦特将军,临时政府加任为政务司,初兵工代表之过激分子,屡欲嗣隙生事,大局已成险象,及七月过激派在俄京彼得格勒得劳,消息传来,气焰益涨,两机关逐形决裂,迨十月间,二次革命事起,大事日趋险恶,自是之后,政局紊乱,不可思议,兵工会欲独揽大权,惟势力尚薄,不克济事,然放恣益甚,有稍持异议者,动以拘捕相吓,幸而若辈劳力未厚,或中心自馁,威吓种种,未尝实行,其同侪至有恶其软弱无能而相率脱离者,惟此自命得势之党,屡欲倡乱,且放言无忌,故祸机四伏,有触即发,事变之亟,一至于斯,于是中国政府,乃命旅长陶祥贵,率兵入境,以保人民生命财产,平民之表同情于过激党者,惟少数无意识之徒,观于十一月间国会选举,该党所举之候补人,竟归失败,于此足以证

---

① 李述笑:《哈尔滨历史编年(1763—1949)》,黑龙江人民出版社2013年版,第42页。
② 中共黑龙江省委党史研究室著:《中共黑龙江历史·第一卷(1921—1949)》(上册),中共党史出版社2013年版,第35页。
③ 王华放:《哈尔滨——红色之路的枢纽(代序)》,载中共哈尔滨市委党史研究室张福山、周淑珍《哈尔滨与红色之路》,黑龙江人民出版社2001年版,第3页。

其大失民望焉,是时居民,深恐两国之兵,不免冲突,谣言甚盛,卒于十二月二十六日,而冲突乃见诸事实,是日华兵复过激党之兵管,劝令降服,彼此枪击,互有伤亡,中有俄学生二人,竟遭无妄,而过激派某部分之首领,亦当场击毙,于是谈判始开,卒愿降服,过激党之兵,缴出枪械,数日之后,由火车运于齐都及伊尔库茨克二地"①。"过激党"即哈尔滨工兵代表苏维埃。这个档案也暗示了某种利益或者倾向。

关于十月革命在哈尔滨的具体发展情况是,"哈埠俄人原分新旧两党,地面大权全操之于旧党之手,该党以中东铁路霍总办为首领,新党中人均不服,拟趁俄京扰乱之际,将大权收归新党,然霍总办素孚众望,新党之计划难望美满效果,将有武力解决之消息"②。11月7日,在哈尔滨俄国工兵苏维埃会议上,布尔什维克党人与孟什维克、社会革命党人在权力归苏维埃还是相信临时政府的问题上发生激烈争论。最终布尔什维克以50：82票不敌孟什维克、社会革命党人,宣布退出会场,以示对妥协派的抗议。据《远东报》报道:"近日俄京电传社会多数党鼓吹反对政府谋夺政权,未必能达其目的,盖该党向与人民背道而驰,虽提倡反对政府,亦难得人民之同意也。况临时政府大权在握,以平定意外之变动,故该党终不能成功也"③。据《北满概观》一书记载:"十一月七日,劳兵会开会,组织临时革命委员会。以执委会为始,从各团体选出委员。于是自执委以及其他稳健派均为过激派所压倒。"④ 11月10日,"俄国布尔什维克领导下的铁路总工厂工人和俄国士兵集会,庆祝俄国十月革命胜利。集会通过了援助彼得堡布尔什维克的斗争等四项决议"。同时,"俄国布尔什维克领导下的哈尔滨城防委员会成立,哈尔滨工兵苏维埃副主席 Ф. А. 扬切诺克、书记 Г. М. 斯卡其克夫、布尔什维克党委会主席 М. Н. 留金、书记 Б. А. 斯拉文4人为委员"。11月11日,"俄国布尔什维克在哈尔滨组织2000名士兵和工人参加大规模示威活动,支持苏维埃政权"。11月12日,"俄国社会

---

① 《中华民国六年哈尔滨口华洋贸易情形论略》,载中国第二历史档案馆、中国海关总署办公厅编《中国旧海关史料(1859—1948)》第76卷,京华出版社2001年版,第107—109页。
② 《盛京时报》1917年11月18日第4版。
③ 《远东报》第九卷1917年11月9日。
④ 哈尔滨满铁事务所编:《北满概观》,汤尔和译,商务印书局1937年版,第18页。

民主工党（布）哈尔滨委员会发表《告满洲全体公民书》①，号召俄国公民支持彼得格勒工兵代表苏维埃。"② 11月20日，"哈尔滨铁路总工厂工人和革命士兵召开大会，成立由15人组成的地区委员会，通过了承认苏维埃政权的决议。"③

12月4日，"苏俄工农政府苏维埃主席列宁打电报给哈尔滨工兵苏维埃和满洲采购管理局，指示'夺取政权在自己手中，并在满洲里、绥芬河和哈巴罗夫斯克海关设置委员'，'准许采购管理局对食品输出实行专营'。"④ 列宁政府颁发命令"逮捕东省铁路长官霍尔瓦特将军，于是哈尔滨温和派和过激派大起冲突"⑤。12月12日，"哈尔滨俄国工兵苏维埃解散在哈的所有反革命组织，宣布在中东铁路附属地自己是惟一合法的政权代表。对此，社会革命党人和孟什维克宣布退出苏维埃，以示抗议"。哈尔滨工兵代表苏维埃是"国权正式代表，所有彼国公共机关，均受该会监督"⑥。12月13日，"俄国苏维埃外交委员会复电哈尔滨工兵苏维埃主席留金，命令撤销 Д. Л. 霍尔瓦特铁路局局长职务，撤销特拉乌绍利特总领事职务，以苏维埃委员取而代之。"⑦ 12月14日，"哈尔滨俄工兵苏维埃军事革命委员会发布第一号命令，撤销 Д. Л. 霍尔瓦特及其助手在铁路管理局的职务，任命布尔什维克党员工人鲍里斯·斯拉文为'主持中东铁路管理局政治与外交事宜委员'"⑧。据《陶镇使亦将赴哈》报道，第三混成旅旅长陶祥贵镇守使"已于午前由吉来长，闻系哈埠需兵太多，已将部下

---

① 全文是"俄国社会民主工党（布）哈尔滨党组织宣布，本党组织为保持城市平静已采取了一切措施。俄国社会民主工党（布）夺取政权不是为了向和平居民施行某种暴力行为，我们是要求并竭尽努力建立由人民自己，而不是一小撮沽名钓誉者和冒险家掌握国家命运的政权，我们再次号召公民保持完全平静，并支持在同资本家和地主的临时政府进行革命斗争的彼得格勒工兵代表苏维埃和工兵代表全俄代表大会。"[《中苏国家关系史资料汇编（1917—1924）》，中国社会科学出版社1993年版，第333—334页.]
② 李述笑：《哈尔滨历史编年（1763—1949）》，黑龙江人民出版社2013年版，第142页。
③ 李述笑：《哈尔滨历史编年（1763—1949）》，黑龙江人民出版社2013年版，第143页。
④ 李述笑：《哈尔滨历史编年（1763—1949）》，黑龙江人民出版社2013年版，第143—144页。
⑤ 《盛京时报》1917年12月7日。
⑥ 《收吉林督军（孟恩远）、省长（郭宗熙）电》（民国六年十二月十四日），"中央研究院"近代史研究所编：《中俄关系史料：中东铁路（一），1917—1919》，"中央研究院"近代史研究所1960年版，第8页。
⑦ 李述笑：《哈尔滨历史编年（1763—1949）》，黑龙江人民出版社2013年版，第144页。
⑧ 李述笑：《哈尔滨历史编年（1763—1949）》，黑龙江人民出版社2013年版，第144页。

统属各团签拨发，是日该镇使亦将赴哈，以便指挥保卫"①。

12月16日，"哈尔滨工兵苏维埃军事委员会发表告公民书：'自本日起，哈尔滨工兵代表苏维埃即为国家政权正式代表，所有国家及公共机关均受本委员会管辖，凡本委员会发布的政见即为正式命令'"。哈尔滨工兵代表苏维埃"接管东清铁路及哈埠并所有俄国公立机关，总领事署亦在其内"②。12月17日，"哈尔滨俄工兵苏维埃发布布告，派普拉诺夫为驻哈领事，原帝俄驻哈副领事波波夫逃入吉林交涉局。"据《远东报》记载，即日"吉林陆军第三陶旅长奉孟督军之命来哈常川驻扎"，"此次共带来军队计：步砲及机关枪队混合四营"③。12月18日，"何宗莲、张宗昌、陶祥贵、张南钧等到中东铁路管理局与Д. Л. 霍尔瓦特等协商遣散在哈布尔什维克领导的军队事宜"。并且，"铁路联合会仍承认霍中将为铁路总办，自然不能卸责，其余办事权不能让出"④。

据《过激派发布命令》记载，哈尔滨陆军革命委员会（即过激派）于19日发布命令："（一）革命委员会将中东路总办霍尔瓦特并拉齐诺夫及卡杂耶维齐两技师免职；（二）劳动会副会长斯拉温任命为中东铁道厅外交及政部长；（三）中东铁路总办及两技师之继任者附托铁道从业员同盟会选定；（四）任命布杂诺夫为哈尔滨总领事；（五）哈尔滨日报之记载，有害于俄国在极东之利益，并有鼓吹反革命之举动，应将编辑改委利由侵及知里伯鲁古二氏；（六）中东路迄总办及技师未选定间，暂委路次其大尉、乌儿必诺夫少尉、补夫里散夫沃夫三人，补佐斯拉温鞅，掌铁道厅事务；（七）以上之任免登诸新闻，俾众周知。"是日，吉军第三旅长及道尹对哈埠市民及中东铁路沿线居民宣布命令，"以华军保护内外之生命财产及维持秩序，同时以埠头区域为中心迄车站，全市一律分布华兵，严重警备，各商店悉闭户，以防万一，观现势毫无主义之过激派军队，见此优势之华军，或不敢妄动，其结局，过激派之势力成将失败"。其中，"俄领事

---

① 《盛京时报》1917年12月15日第4版。
② 《发吉林督军（孟恩远）、省长（郭宗熙）、滨江道尹（施绍常）、长春道尹（陶彬）电》（民国六年十二月十六日），"中央研究院"近代史研究所编：《中俄关系史料：中东铁路（一），1917—1919》，"中央研究院"近代史研究所1960年版，第10页。
③ 《远东报》1917年11月18日第9版。
④ 《远东报》1917年11月19日。

惧过激派之暴动，移至中国道尹公署，领事馆派华兵六十九名严重护卫，以故过激派犹未能抱其乐观，哈市空气依然险恶。"①

12月20日，"中国政府外交总长陆征祥照会俄公使，中国决定'以势力赞助Д. Л. 霍尔瓦特，维持北满秩序'"。12月22日，"哈尔滨市街华兵之步哨颇形，增加警戒极严"，"俨同宣布戒严"②。并且，"江省鲍督军以哈埠起有风潮，已调遣步砲十营驻扎江北，以备防守③。12月23日，"中东铁路警备司令陶祥贵、滨江道尹兼吉林铁路交涉局总办施昭常发布声明，中国军队驻哈尔滨"④。12月26日，"中国警备司令部分派军队到南岗西八杂市和西大桥，解除由布尔什维克领导的俄军559队和618队武装。西大桥一带发生冲突，双方均有伤亡"⑤。

据《远东报》记载："华兵自调入租界以来，俄国多数党深知劳力不敌，极为恐慌，该党首领留勤始终不稍退让，并鼓励俄军与华兵相抗，闻上周六日留勤运动俄军作示威运动，幸俄军坚不认可，故未能成事。至星期一日，令附和多数党两民团解除军械遣送回国。次日俄军一并认可，无如留勤又在期间开会，劝诱各军不交军械，于是星期三早，华兵分赴江沿秦家岗兵营，要求俄军交械，否则将用武力，该党兵队见事不佳，首先开枪，因之混战二十分钟，俄军悬挂白旗，并抬出子弹枪械，始底于无事。是日午后，道尹、总司令齐至铁路公司交涉。闻霍总办以俄军先开枪向总司理、道尹等道歉，各国领事亦极满意。并闻中政府曾向铁路公司总办声明，中政府绝无野心，此次派兵纯以卫护地方治安为主，华俄两方面死伤士兵不过一二十人，平民学生死于无辜者亦仅署名，现在俄军交出之枪砲，一律运往华界，拟不日遣送多数党军队出境，从此哈埠安宁不至有危险也。"⑥《总司令之布告》显示，"中东铁路警备总司令陶为布告事照得本司令督率军队驻扎哈埠，保护中外人民。近因广义派设立机关，扰乱秩序，经论令让派队前往，将各该营枪支子弹点收讫，所有改派军队亦已遣

---

① 《盛京时报》1917年12月22日第4版。
② 《盛京时报》1917年12月26日第4版。
③ 《远东报》1917年12月23日第9版。
④ 李述笑：《哈尔滨历史编年（1763—1949）》，黑龙江人民出版社2013年版，第145页。
⑤ 李述笑：《哈尔滨历史编年（1763—1949）》，黑龙江人民出版社2013年版，第146页。
⑥ 《远东报》1917年12月28日第9版。

令回国,现在秩序回复,地方静谧,一切善后保安事宜均由本总司令分饬办理,次第施行。"① 这反映了俄国旧势力代理人霍尔瓦特、哈尔滨工兵代表苏维埃与中国北洋政府的复杂关系。

对此我国有的学者认为,第一,"哈尔滨和中东铁路路区是中国神圣不可侵犯的领土的一部分,苏俄无权在中国境内组织武装进行夺权"。十月革命后,"苏俄政府在哈尔滨和中东铁路路区内建立武装组织并进行夺权,同样也是侵犯了中国的主权,违背了领土主权不可侵犯的国际法基本准则"。第二,"俄国无产阶级无权把苏维埃政权简单地照搬到属于中国领土的中东铁路路区,并宣布苏维埃是'国家政权的正式代表'"。这里所说的"国家政权"显然是说的俄国国家政权,而不是中国的国家政权。因此,"1917 年 12 月 4 日由列宁签署的苏俄政府的电报命令哈尔滨工兵代表苏维埃在中东铁路路区进行夺权,显然是不正确的,是对中国主权的侵犯"。第三,"北京政府在 1917 年 12 月采取的收复中东铁路路权的行动则是正义的,是维护中国主权和民族利益的正当行动"。北京政府派兵进驻中东铁路,驱散哈尔滨工兵代表苏维埃的行动,是"为了借此机会收回中东铁路的路权"②。

笔者认为,首先哈尔滨是中东铁路附属地,"沙皇政府攫取了在中东铁路路区内设警、驻军、司法等权利",这表明侵犯的不仅是中国领土主权。"路区"掩盖了"铁路附属地"的实质,在中东铁路附属地内我国仅保留了"形同虚设"的领土主权。然而,作为中东铁路附属地的一部分,哈尔滨丧失了行政权、司法权与警察权等重要主权,"中国军警不能进入路界"③,哈尔滨俨然成了俄国的一块"飞地"。这是因为"中东铁路界内治理权,一误于合同条文解释不明,再误于议事大纲未能实践。而公司先于庚子拳乱之倾,自由占地,设警置防,权势伸张,匪伊朝夕。嗣经续订购地合同,量予限制,则已狂澜莫挽,覆水难收,又为权不我属之主因"④。

---

① 《远东报》1917 年 12 月 30 日第 3 版。
② 李兴耕:《列宁的电报和 1917 年哈尔滨工兵代表苏维埃的夺权事件》,《当代世界与社会主义》1995 年第 3 期;李兴耕等:《风雨浮萍:俄国侨民在中国(1917—1945)》,中央编译出版社 1997 年版,第 29—31 页。
③ 黑龙江省档案馆编:《中东铁路》(二),内部发行,1987 年,第 229 页。
④ 《李鸿谟为铁路界内治理权事禀》(民国六年四月二十一日),黑龙江省档案馆编:《中东铁路》(二),内部发行,1987 年,第 231 页。

其次，哈尔滨是俄国旧势力在中国的一个重要"据点"，中东铁路管理局局长霍尔瓦特是俄国旧势力在中国的代理人。十月革命在哈尔滨的表现就是，哈尔滨工兵代表苏维埃向俄国旧势力即霍尔瓦特及其控制的中东铁路管理局夺权，获得城市管理权。后来列宁亦表示"放弃沙皇政府在华攫取的一切特权"。这两点实际暗含同一观点，十月革命前沙俄政权与十月革命后苏俄政权都是对哈尔滨及中东铁路附属地的主权侵犯，但是后者是苏维埃政权。

最后，北京政府实际上是与霍尔瓦特合作或者协作，而不是支持哈尔滨工兵代表苏维埃。北京政府收回路权是正当的，然而采取的方式或者方法是有所企图的或者有预谋的，对俄国革命的发展没有预见性，持一种观望态度。"现在俄国党派水火，争揽权位，霍总办为新党所反对，实权尽失，但拥空名。默料将来关于路界交涉问题，缘彼中职权不明"①。中国地方政权及官员与中东铁路管理局及霍尔瓦特的"媾和"，"绍常往晤霍中将，告以我国路权所在，只有认定合同办事，其他无论何人或何机关，未经政府承认者，尚有干涉路事，一概视为无效。霍无实权，但言铁路一方面拟集一大会，以抗彼党，拟将彼党渐渐驱之出境。"② 这使北京政府丧失了收回路权和主权的时机。这也说明"国际关系的实质是国家利益"。这亦造成了后来我国收回中东铁路附属地及哈尔滨主权的"复杂化"。一个不容忽视的条件是，当时我国没有无产阶级政党和政权，中国共产党还没有成立。即使中国共产党成立后，但是没有建立政权，在中东铁路问题上，苏联是与国民政府签订条约，实施"中苏共管"。

当时有的中国地方官员也看到了一些问题的关键，如中东铁路督办的缺位。"由政府速派督办，尅日赴哈，以资应付。其利有二：一、俄、德媾和未公布前，协约国对俄方针犹未确定，我若收回路权，尚嫌过早。督办统辖全局，则路权无异收回一也。二、该广义派奉令接管，势将一切不

---

① 《收特派吉林交涉员（吴宗濂）节略》（民国六年十月二十二日，疑有误应在十月十七日以前），"中央研究院"近代史研究所编：《中俄关系史料：中东铁路（一），1917—1919》，"中央研究院"近代史研究所1960年版，第1页。

② 《收滨江施（绍常）道尹函》（民国六年十二月二十日），"中央研究院"近代史研究所编：《中俄关系史料：中东铁路（一），1917—1919》，"中央研究院"近代史研究所1960年版，第15页。

顾，我据合同派一督办，名正言顺，足以夺该局之气二也"①。但是，"查中东路约，事出中俄合办，中国应派督办一员总揽路权，用人行政统由督办主持。历来放弃，未审始于何时？兹欲挽回特权，救纷止沸，非履行合同，由中国特派督办不可"。并且，"派大宗军队前往弹压，并向彼派宣言，不按合同办理不能承认"②。事实是"东省铁路督办一缺，在许文肃故后，迄未接派"，许文肃即中东铁路第一任督办许景澄。③ 1900年7月28日，因极力反对清政府利用义和团力量，许景澄派出官兵攻打外国使馆并对外宣战，因而惹怒慈禧太后被处死。但这时再设立督办"为时已晚"且"积重难返"，霍尔瓦特已经在哈尔滨"统治"十余年。并且，北京政府1918年参加了对苏俄的武装干涉，"力图阻止俄国十月革命和布尔什维克的影响在中国的传播"④。

1918年，哈尔滨延续了十月革命引发的斗争，白俄与哈尔滨苏维埃政权的斗争、中国争取城市主权的斗争与中俄工人运动。1918年1月5日，"Д. Л. 霍尔瓦特以'护路'为借口，令萨摩依洛夫招募蒙兵3000余人，企图恢复其势力"。哈尔滨铁路机械厂"爆发了以中国工人为主体的大规模的罢工运动。工人们以要求增加工资为由，展开了斗争（1月23日复工）"⑤。据《远东报》⑥ 报道的《三十六棚罢工风潮》介绍，"三十六棚华

---

① 《收吉林督军（孟恩远）、省长（郭宗熙）电》（民国六年十二月十八日，十七日发），"中央研究院"近代史研究所编：《中俄关系史料：中东铁路（一），1917—1919》，"中央研究院"近代史研究所1960年版，第12页。
② 《孟恩远为推荐郭宗熙人中东路督办事电》（民国六年十二月十七日）、《孟恩远 张作霖 鲍贵卿合词推荐郭宗熙人督办电》（民国六年十二月二十日），黑龙江省档案馆编：《中东铁路》（二），内部发行，1987年，第246—247页。
③ 黑龙江省档案馆编：《中东铁路》（二），内部发行，1987年，第248页。
④ 李兴耕等：《风雨浮萍：俄国侨民在中国（1917—1945）》，中央编译出版社1997年版，第31页。
⑤ 李述笑：《哈尔滨历史编年（1763—1949）》，黑龙江人民出版社2013年版，第148页。
⑥ Rudolph Ng, *The yuandongbao* 遠東報: *A Chinese or Russian Newspaper*? Dan Ben-Canaan, Frank Grüner, Ines Prodöhl, *Entangled Histories*: *The Transcultural past of Northeast China*, Springer, 2014, pp. 117–118. 这篇文章的结论是，《远东报》是"中国报业史上独特的。它从来不是纯正的俄国报纸或者单独的中国报纸，因为他代表了双方。在俄国和中国观点上，在15年里没有出现一边倒的现象"。同时，《远东报》"从来不是圣彼得堡的单方喉舌，也没有忽视中国的民族利益。简而言之，它既不是单一的中国报纸也不是外国报纸"。笔者认为，这位作者首先没有分清俄文版和中文版的《远东报》，其次没有清楚不同时期的《远东报》。《远东报》是中东铁路管理局的机关报，服务的对象是明确的。

工自昨日起罢工，因铁路公司困难万分，本埠商业、粮价亦受极大影响，铁路火车之不足已觉束手无策，更有华人罢工风潮，铁路公司尤觉危险万状。现在停止修理火车，铁路公司不得已停装粮石货品。本埠之粮商亦受一大打击，然而华工此举未必不有害于哈埠商务，也闻铁路公司极愿设法通融，华工亦不可固执己见，如与公司议商，自有效果。"① 另据《华工罢工风潮》详呈，"本埠三十里棚华工罢工已有数日，要求除加薪及工党加津贴外再加增原得之薪水，因之铁路公司无以应付，现在运货之减少不及往日万一。粮石出口者更无希望，而华工更继之以罢工，哈埠之前途不堪过问矣。汽车厂不发汽机，装运货品亦因之停止。虽云罢工有复元之日，而商务上之损失，万难回复，岂工人一方面必欲铁路停止转发给工人之薪津乎。若商家商务萧条，各执掌人一味要求加薪，亦断无是理。本报以为，长此罢工，各工人亦无利可言，况俄国工人纷纷代替华人作工，并发出汽车数辆，且近日内因罢工风潮，本埠积压火车七十辆，一律拨至八站卸货，改装粮石。如此罢工之华人未必有能要挟之能力，徒以数人之鼓惑，多人皆受其累。"② 据《罢工风潮平静》显示，"本埠三十六棚华工匠人罢工之事，刻已圆满解决"③。

3月，"俄国西伯利亚白匪自治临时政府，从托木斯克逃迁哈尔滨，寻求列强志愿（后迁往符拉迪沃斯托克）"④。3月5日，"Д. Л. 霍尔瓦特拟借远东反革命势力组织白匪政府，招募华兵3000余名，被警备司令部遣散。Д. Л. 霍尔瓦特匆匆进京与俄国驻华公使密谋办法"⑤。4月24日，"在哈白俄组织'远东护国卫法团'（即'远东拥护祖国和宪法会议委员会'）得到驻哈领事团的支持，公布该团'政策'，共分5条，其中包括'组织一部分强有力之军队'，'竭力协助组织西伯利亚及远东特别政府'等"⑥。关于哈尔滨的白俄和白匪军问题，首先霍尔瓦特是俄国旧势力在哈尔滨的代理人，白俄和白匪军基本上是十月革命后内战时期来到哈尔滨

---

① 《远东报》1918年1月6日第9版。
② 《远东报》1918年1月13日第9版。
③ 《远东报》1918年1月23日第9版。
④ 李述笑：《哈尔滨历史编年（1763—1949）》，黑龙江人民出版社2013年版，第152页。
⑤ 李述笑：《哈尔滨历史编年（1763—1949）》，黑龙江人民出版社2013年版，第150页。
⑥ 李述笑：《哈尔滨历史编年（1763—1949）》，黑龙江人民出版社2013年版，第153页。

的。"1917年十月革命后,很多俄国童子军和白匪军,离开俄国来到中国",奥列格·伊万诺维奇·班鸠诺夫就在"中东铁路各大站组建童子军",也参与童子军活动。①

5月1日,"哈尔滨中、俄工人分别组织纪念'五一'国际劳动节游行示威。游行的中国工人举着红旗和标语牌,部分中国士兵参加了游行。中、俄两支游行队伍在尼古拉教堂广场会合集会。俄国工人、布尔什维克党员丘马克和伊留申在会上演讲"②。6月16日,"'远东拥护祖国和宪法委员会'('卫国护法团')、'民国自由党远东会议'等白俄团体在南岗尼古拉教堂广场为协约国军举行祈祷大会"。6月18日,"'远东拥护祖国和宪法委员会'、'西伯利亚自治会'、俄国国民会议旅哈议员、俄下议员等帝俄残余及临时政府代表在哈尔滨商务学堂集会,呼吁协约国出兵干涉新生的苏维埃"。6月20日,"在哈帝俄残余势力代表、资产阶级临时政府官员以及孟什维克在劳动俱乐部第二次集会,通过七条所谓'决议',吁请协约国出兵干涉苏维埃"③。

9月2日,"哈尔滨联合罢工委员会宣布举行罢工,阻止协约国运兵干涉苏维埃,援助后贝加尔苏俄工人。哈尔滨铁路总工厂首先罢工"。三十里棚中俄工人开始罢工后,"在三日造成就迅速地扩展到中东铁路全线。火车司机、车站职工、车长、电报员、电话员、机车库全体工人、线路处市区工人、八区货栈工人、哈尔滨运转处下级职工、材料厂煤厂工人、铁路印刷厂工人等都加入了罢工。当天,八列客车、三十二列货车全部停运。铁路机关报《满洲通讯报》也因之停刊"④。9月3日,"哈尔滨铁路机务段、香坊铁路印刷厂、哈尔滨车站、香坊车站、电信电话局、材料厂、八区粮库、铁路运行系统等工人纷纷罢工"⑤。9月5日,"中东铁路检路和信号工人、铁路医院医务人员、发电厂工人罢工。铁路运输完全陷于瘫痪"。9月6日,"哈尔滨铁路总工厂等处罢工工人召开大会,提出恢

---

① Русский харбин, издательство московского университета черо, 1998, с. 230.
② 李述笑:《哈尔滨历史编年(1763—1949)》,黑龙江人民出版社2013年版,第154页。
③ 李述笑:《哈尔滨历史编年(1763—1949)》,黑龙江人民出版社2013年版,第156页。
④ 哈尔滨车辆工厂、哈尔滨师范学院历史系编写组:《三十六棚——哈尔滨车辆工厂史》,黑龙江人民出版社1980年版,第65页。
⑤ 李述笑:《哈尔滨历史编年(1763—1949)》,黑龙江人民出版社2013年版,第161页。

复民族自由，不得强迫工人为谢米诺夫修理装甲车等5条政治要求，并决议继续罢工"①。9月12日，"为期10天的中东铁路工人大罢工取得了基本胜利；铁路当局损失150万卢布之多，严重地打击了协约国干涉军，延缓了运兵计划，有力地支援了苏俄红军"②。1918年10月，"在俄国十月革命的影响下，中东铁路哈尔滨总工厂建立了第一个工会组织——三十六棚维持会，与俄国职工联合会一起领导工人运动"③。

俄国十月革命与哈尔滨的关系方面需要说明的是，十月革命是中国逐渐收回主权的滥觞。据《要求放逐过激派说》记载，"中国政府曾向霍尔瓦特将军要求将过激派之巢窟，俄兵第六百十八大队及五百五十九大队全行祛出北满，并将中东路完全夺归中国"。另据《准备收回中东线》记载，"中国为镇压过激派出兵哈埠，今闻又拟出兵于中东路沿线，以充守备"，"乘此机收回中东线以恢复以国权。"④《中东路政之督办》表明，"自哈尔滨及中东路附近警权收回以后，国内舆论即主张撤回路权，在土地名义上及条约权力上均为当然之事，且不收回路权，日后关于警备政策，亦难贯彻终始。"⑤ 俄国十月革命后，"中国东省当局递次收回了被中东铁路攫取的司法、军警、邮政和地亩等利权。1921年年初，奉大总统令成立东省特别区，设东省特别区市政管理局。1923年又成立东省特别区行政长官公署，收回了铁路沿线的行政权。然而，哈尔滨市公议会并未能根本改革，市政权仍操诸俄人之手。"⑥ 据《北满与东省铁路》所说，"东省向无特别区，有之则自民国九年九月，凡东省铁路沿线一带之地，划归管辖"⑦。据《滨江尘嚣录》一书记载，"特别区者，东省特别区也"。哈尔滨"虽为斯地之总名称，但其行政区域，则可分为特别区，与滨江县两部。以哈埠全面积论，滨江县治域，不过占其七分之一耳；其他七分之

---

① 李述笑：《哈尔滨历史编年（1763—1949）》，黑龙江人民出版社2013年版，第162页。
② 李述笑：《哈尔滨历史编年（1763—1949）》，黑龙江人民出版社2013年版，第163页。
③ 宋国强主编：《中国共产党哈尔滨简史》，中共党史出版社2010年版，第2页。
④ 《盛京时报》1917年12月26日第4版。
⑤ 《盛京时报》1917年12月30日第4版。
⑥ 李述笑：《俄国人在哈尔滨实施"自治"》，未刊稿，网络版。
⑦ 东省铁路经济调查局编：《北满与东省铁路》，哈尔滨中国印刷局1927年版，第20页。

六,均为特别区境域"①。

三 奠基与创建:十月革命后"红色之路"、哈尔滨与马克思列宁主义在中国的早期传播

关于马克思主义传入中国的路径,学界基本有三种说法。"到了19世纪末20世纪初,这个理论开始从欧洲向世界各地传播,开始从理论走向实践。大概就在20世纪初,这个理论也传到了古老的华夏大地,而且它的理论力量就体现在,它是多渠道传入的。从今天回头来看,大概至少有三个渠道。最早的我们称作日本渠道,20世纪初,一大批留日的中国知识分子陆续开始把马克思、恩格斯的名字,他们的一些思想片段,包括《共产党宣言》翻译的一些片段传入中国。同时大概在五四前后我们有一批留法的学生、知识分子,其中大家也都知道,非常有名的,如周恩来、邓小平、蔡和森、朱德等,这就形成了马克思主义传入中国的第二个渠道。接着就是十月革命一声炮响给我们送来马克思列宁主义,俄国渠道,我们一般称作苏维埃俄国,这个渠道也同样重要,不仅传来了理论,而且开始给我们党培养了很多人才。"②毛泽东主席的"十月革命一声炮响,给我们送来了马克思列宁主义"③,具有深刻内涵和指导意义。这不是独立的马克思主义也不是独立的列宁主义,列宁主义是马克思主义俄国化的产物。这意味着以马克思主义为指导,学习和实践马克思主义与各国具体国情相结合。

关于俄国渠道,由于"中东铁路的枢纽在哈尔滨,这样就形成了一条通往苏联和共产国际的'红色之路'④(亦称红色丝绸之路)。这条'红色之路'不仅拓宽了马克思列宁主义的传播渠道,也推动了中国共产党

---

① 辽左散人著,张颐青、杨镰整理:《滨江尘嚣录》,中国青年出版社2012年版,第8页。
② 《马克思主义是怎样传入中国的?》,人民网,2011年8月16日。
③ 毛泽东:《毛泽东选集》第4卷,人民出版社1991年版,第1471页。
④ 红色之路是指,由上海承海轮到大连,然后乘火车经沈阳、长春抵哈尔滨。再有一条是从北京乘火车经天津、沈阳、长春抵哈尔滨。哈尔滨作为中转站,乘中东铁路火车北至满洲里出境,赴赤塔上西伯利亚铁路,或乘中东铁路火车东至绥芬河出境,赴海参崴。关于部分中国人在海参崴的革命活动和红色记忆参见《杰出的中国革命者——苏联时期符拉迪沃斯托克的客人》,载[俄]聂丽·米兹、德米特里·安洽《中国人在海参崴:符拉迪沃斯托克的历史篇章(1870—1938年)》,胡昊、刘俊燕、董国平译,社会科学文献出版社2016年版。

的建立和发展"。十月革命后,"中国一些初具共产主义思想的知识分子,为学习俄国革命经验,探索中国未来,纷纷来到哈尔滨,经中东铁路赴苏联学习经验,哈尔滨成为马列主义在中国传播的第一站"①。哈尔滨既是俄苏到中国的一个节点,也是中国到俄苏的一座驿站,"走出去、引进来",呈现一种双向互动的格局。同时,哈尔滨也是马克思列宁主义在中国实践的场所。需要说明的是,这条渠道持续时间最长,直到中国革命的胜利和中华人民共和国的成立,甚至持续到20世纪50年代苏联援华。1950年2月27日,毛泽东主席在访问苏联归国途中曾视察哈尔滨。②50年代后期,56个苏联援华项目中有13个落地哈尔滨,大批苏联专家来到哈尔滨。

由于中东铁路的建成,红色之路"与俄国西伯利亚铁路相通,成为连接欧洲的重要交通要道。这条道路与古代丝绸之路其主要的区别就是加上了'红色'二字。这是因为这条道路与中国共产党的建立和中国革命有着千丝万缕的联系。红色之路虽然比丝绸之路形成晚,但所起到的作用却是很重要的。如果说,有了丝绸之路,中国人民同亚、欧、非各国人民建立了历史悠久的友谊的话;那么通过这条红色之路,扩宽了马列主义的传播渠道,加快了中国共产党的建立,迎来最早的社会主义的曙光"。并且,"在列宁领导下,共产国际于1919年3月成立。共产国际十分关心中国人民的反帝反封建的革命斗争,为同中国的革命力量建立联系,经常派人到中国帮助建党和宣传马列主义。当时来中国的路线,主要是通过中东铁路经过哈尔滨去关内,与此同时,中国的一些初步具有共产主义思想的知识分子,为了学习俄国革命经验,不断从四面八方来到哈尔滨,然后通过中东铁路奔赴苏俄。这样,自然地形成了一条通往苏俄和共产国际的红色之路。作为中东铁路重要枢纽的哈尔滨,成为这条红色之路的必经之地。实际上这条红色之路早在十月革命前就已经形成,但真正发挥作用还是在十月革命以后"③。这

---

① 《哈尔滨通鉴》编纂委员会编:《哈尔滨通鉴》,黑龙江教育出版社2015年版,第192页。
② 参见李延平主编《毛泽东主席视察黑龙江并题词六十周年纪念文集》,革命领袖视察黑龙江纪念馆内部资料,2010年。
③ 王华放:《哈尔滨——红色之路的枢纽(代序)》,载中共哈尔滨市委党史研究室张福山、周淑珍《哈尔滨与红色之路》,黑龙江人民出版社2001年版,第1—2页。

说明,"马克思学说在中国的早期介绍,与十月革命后马克思主义在中国的传播有着根本的区别"①。在这个意义上,哈尔滨是中国最早传播和实践马克思列宁主义的地方。但是,也不能因此而弱化或忽视十月革命前马克思列宁主义在哈尔滨的传播和实践及其作用。

十月革命后,"一些苏俄革命者或者应邀,或者奉派,陆续来到中国宣传马克思列宁主义,帮助中国革命者建立中国共产党组织,甚至进行国民革命。其中比较著名的有:维经斯基、加拉罕、越飞、布尔特曼、马林、鲍罗廷"。同时,"中国的革命者沿着红色之路,来往于苏俄和中国,或学习,或考察,向俄国寻求中国的理论和方法。"②

俄国青年革命者布尔特曼"1917年在哈尔滨从事反对沙俄统治者的斗争,参与组建了哈尔滨俄国青年学生联盟,发动在哈尔滨的青年学生反对沙俄统治者的罢课斗争"。李大钊称赞他是"杰出的马克思主义者"。1920年,维经斯基被共产国际委派为驻中国代表,通过中东铁路,由满洲里入境,经哈尔滨到北京,其使命是同中国的革命组织建立联系,"协助创建中国共产党"③。1923年,曾经担任苏俄政府副外交委员的加拉罕,途经哈尔滨到上海,"哈尔滨人民忘不了他的两次对华宣言",明确表示"放弃沙皇政府在华攫取的一切特权",等等。④

1919年3月,"共产国际成立后,更有大批俄共(布)党员干部被派到中东铁路工作。哈尔滨和中东铁路的布尔什维克组织在俄共(布)远东局海参崴(符拉迪沃斯托克)分局的领导下,大力开展马克思主义的宣传活动"⑤。海参崴亦是宣传俄国十月革命和马克思列宁主义的一个重要"驿站"。1917年,"俄国十月革命胜利的消息传到中国,苏兆征随船到海参崴等地,目睹了革命后的苏联,深受鼓舞,开始阅读有关新文化的书刊和学

---

① 黄修荣、黄黎:《中国共产党创建史》,中国青年出版社2015年版,第72页。
② 张翔、常好礼主编:《黑龙江省红色历史文化资源研究》,黑龙江人民出版社2012年版,第19页。
③ 李兴耕等:《风雨浮萍:俄国侨民在中国(1917—1945)》,中央编译出版社1997年版,第430页。
④ 张翔、常好礼主编:《黑龙江省红色历史文化资源研究》,黑龙江人民出版社2012年版,第19—20页。
⑤ 中共黑龙江省委党史研究室:《中共黑龙江历史·第一卷(1921—1949)》(上册),中共党史出版社2013年版,第36页。

习马克思主义的理论"①。1920年10月16日晚,张太雷"在天津与将赴苏俄访问的北京《晨报》记者、原江苏省立第五中学同学瞿秋白亲切长谈"②。1921年春,张太雷"赴伊尔库斯克,三月到达,在共产国际远东书记处任中国科书记"。7月12日,"在共产国际第三次代表大会上发表演说,介绍了中国革命的情况,呼吁共产国际和西欧各国党对远东革命运动给予更多的注意和支援"③。在《共产国际第三次代表大会上的演说》中,张太雷强调,"自从俄国无产阶级革命以来,中国的工人也开始觉醒"④。

1920年,瞿秋白远赴莫斯科,途中在哈尔滨滞留50余天。这也给他一个全面了解哈尔滨的机会,"在哈尔滨一个半月,先得共产党的空气"。在《饿乡纪程》里,瞿秋白写道,"十一月七日是彼得堡发生世界上第一次无产阶级革命的日子(俄国向用希腊历,比西历迟十三天,十一月七日乃俄历十月二十五日,所以谓之'十月革命')。我当时还在行止未定,得一俄国友人的介绍去参观他们的庆祝会。会场是哈尔滨工党联合会预备开劳工大学的新房子,那天居然得中国警察厅的许可,召集大会。会场里人拥挤的不得了,走不进去。我们就同会长商量,到演说坛上坐下。看坛下挤满了的人,宣布开会时大家都高呼'万岁',轰然起立唱《国际歌》(international),声调雄壮得很——这是我第一次听见《国际歌》,到俄国之后差不多随处随时可听见,苏维埃俄国就以这歌为国歌"⑤。据《远东报》的《俄工又开会议》报道,"本月七日上午十点,铁路俄工在三十六棚大白楼开全体会议,到会者数百人,第一分所所长带同警士及翻译前往监视至午后会散,该所长始行收队归去。会中所议容访明再志"⑥。1920年11月16日《远东报》宣称,"中东铁路界内多数党近日运动甚力,除利用报纸鼓吹外,并到处演说多数主义"⑦。

李大钊是"中国传播马克思主义第一人,在早期马克思主义传播运动

---

① 苏兆征:《苏兆征文集》,人民出版社2013年版,第177页。
② 张太雷:《张太雷文集》,人民出版社1981年版,第328页。
③ 张太雷:《张太雷文集》,人民出版社1981年版,第329页。
④ 张太雷:《张太雷文集》,人民出版社1981年版,第2页。
⑤ 瞿秋白:《饿乡纪程·赤都心史·乱弹·多余的话》,岳麓书社2000年版,第43—44页。
⑥ 《远东报》1920年11月9日第9版。
⑦ 《远东报》1920年11月16日第9版。

中起着主导作用。1918年7月至11月,他先后发表《法俄革命之比较观》《庶民的胜利》和《布尔什维主义的胜利》等文章,以深邃的历史眼光,宣扬十月革命的价值和意义"①。根据四卷本的《李大钊全集》,笔者查找到李大钊与俄国革命相关的文章:第二卷中包括《俄国革命之远因近因》(1917年3月19—21日)、《俄国共和政府之成立及其政纲》(1917年3月27日)、《俄国大革命之影响》(1917年3月29日);第三卷含有《法俄革命之比较观》(1918年7月1日)、《俄国革命与文学家》(1918年7月1日)、《俄国某诗人对于青年之训语》(1918年7月1日)、《俄罗斯文学与革命》(1918年)、《庶民的胜利》(1918年10月15日)、《布尔什维克的胜利》(1918年10月15日)、《俄罗斯革命之过去、现在及将来》(1921年3月21日)、《俄罗斯革命的过去及现在》(1921年7月1日);第四卷涉及《十月革命与中国人民》(1922年11月7日)、《在苏俄十月革命纪念会上的讲演》(1922年11月7日)、《列宁不死》(1924年3月30日)、《苏俄民众对中国革命的同情》(1924年11月10日)、《在列宁逝世二周年纪念大会上的演说》(1926年1月21日)。

在《十月革命与中国人民》一文中,李大钊指出,"这个在历史上有着重大意义的十月革命,不只是劳动民众应该纪念的,凡是像中国这样的被压迫的民族国家的全体人民,都应该深刻的觉悟他们自己的责任。"在《在苏俄十月革命纪念会上的讲演》中,他总结,"苏俄革命的历史,及对于世界的影响,有四种好处:一、无产阶级专政;二、剥夺压迫阶级;三、红军;四、恐怖主义。"② 在《庶民的胜利》里,李大钊赞誉,"一九一七年的俄国革命,是二十世纪中世界革命的先声"。在《布尔什维克的胜利》内,他强调,"布尔什维克(Bolshevism)这个词,虽为俄人所创造,但是它的精神,可是廿世纪全世界人类人人心中共同觉悟的精神。所以,布尔什维克的胜利,就是廿世纪世界人人心中共同觉悟的新精神的胜利!"③ 1924年5月,李大钊率中国代表团赴莫斯科参加共产国际第五次代

---

① 黄一兵:《中国共产党指导思想发展史》(第一卷),广东教育出版社2012年版,第4—5页。
② 李大钊:《李大钊全集》(第四卷),朱文通整理,河北教育出版社1999年版,第125—127页。
③ 李大钊:《李大钊全集》(第四卷),朱文通整理,河北教育出版社1999年版,第102、110页。

表大会,去时途经哈尔滨,并住在道外的"宏昌茂"杂货店。其间,白天考察工人运动,晚上与人交谈,了解哈尔滨革命情况和宣传革命思想。回国经过哈尔滨时,介绍了十月革命和苏联人民经济建设情况,并"断言中国革命非走俄国人的路不可"。

随着马克思列宁主义在哈尔滨的传播,1918年具有革命色彩的"东华学校"建立。邓洁民与周恩来、李大钊和张西曼等是同学、老乡和挚友。邓洁民与周恩来的关系密切。周恩来多次来哈尔滨开展革命活动或者途经哈尔滨,都住在邓洁民家或者东华学校。首先东华学校逐渐成长为向学生传播马克思列宁主义的场所。其次是1923年哈尔滨党组织的建立。这是"东北地区最早建立的党组织,标志着哈尔滨及东北地区的斗争进入了由无产阶级先进政党领导的新阶段"①。最后是1928年中共六大在莫斯科召开,在哈尔滨成立"秘密接待站",成功协助中国共产党相关领导人顺利出境到达莫斯科。② 在哈尔滨红色遗迹金剑啸烈士曾经创办的"天马广告社",中共哈尔滨党史纪念馆已对这些红色记忆进行了展览。

哈尔滨是一个随着中东铁路的建设和开通而逐渐形成的近代新兴城市。作为中东铁路附属地的哈尔滨,是马克思主义在中国早期传播的俄国渠道的一个"中转站"。十月革命前,哈尔滨的中俄工人接受马克思主义学说,开展反对俄国及其代理人的反动统治;十月革命爆发时,哈尔滨是俄国十月革命在国外的"再现",也成为马克思列宁主义传到中国内地的"中转站";十月革命后,哈尔滨成为苏俄革命者到中国传播马克思列宁主义和指导中国革命与中国革命者到苏俄学习经验的"中转站"。因此,哈尔滨是马克思列宁主义在中国最早传播和实践的地方。

第二节 红色印记:哈尔滨与中国共产党第六次全国代表大会

2013年3月24日,中共中央总书记、国家主席习近平在莫斯科出席

---

① 宋国强主编:《中国共产党哈尔滨简史》,中共党史出版社2010年版,第5页。
② 参见高龙彬《红色印记:哈尔滨与中共"六大"》,《黑龙江社会科学》2014年第1期。

中国共产党第六次全国代表大会纪念馆建馆启动仪式。随之，中共六大的相关历史也再次进入人们的视野。同时，作为中共六大的重要中转站，哈尔滨的这段"红色印记"亦重新得到重视。

1928年6月18日至7月11日，中国共产党第六次全国代表大会在苏联首都莫斯科市郊的兹维尼果罗德镇的塞列布诺耶别墅举行。这座"银色别墅""离主要交通线相当远，位于一个偏僻的乡村"①。这次会议是在大革命失败到土地革命战争兴起的历史转折关头，中国共产党召开的一次具有重大历史意义的会议，也是在国外举行的唯一一次全国代表大会。为了保证参加中共六大的代表们的安全，中共中央委托中共哈尔滨县委在哈尔滨设立了秘密接待站。在接待站地下工作者机智勇敢的保护下，周恩来等40余名共产党人从满洲里过境顺利到达莫斯科，保证了中共六大的顺利展开。10月，在苏联开完共产国际第六次代表大会的周恩来、罗章龙、王德三等人，从绥芬河入境后，在哈尔滨又得到秘密接待站地下工作者的保护下顺利入关。哈尔滨这座较早接受马克思列宁主义熏陶的城市，在中国共产党历史上留下了一道宝贵的"红色印记"。

一 选址莫斯科和红色之路

中共六大选择在莫斯科召开，是出于对国内革命条件和国际形势的考虑，为了有一个比较安全的开会环境，也为了能够直接得到共产国际的帮助。1927年大革命失败后，中国共产党走上了独立领导中国革命的道路。在关于中国社会性质以及革命性质、对象、动力、前途等关系革命成败的重大问题上，迫切需要召开一次党的全国代表大会加以认真解决。"总结一下大革命失败以来的经验教训，研究并部署今后的工作。"② 但是，国内当时正处于极为严重的白色恐怖中，中共很难找到一个安全的开会地点，"当时中国革命处于低潮时期，白色恐怖笼罩全国，在国内召开党的代表大会，若稍有闪失，就有被敌人彻底破坏的危险。由于蒋介石发动几次政变，中国共产党遭遇到了巨大的打击。数千名中共党员在政变之后的镇压

---

① 张国焘：《我的回忆》（第二卷），东方出版社1991年版，第372页。
② 金冲及：《周恩来传》（第一卷），中央文献出版社1998年版，第203页。

中被杀害和送入监狱。在国民党控制的区域无法进行正常和合法的工作。因此,在中国举行党的代表大会带有危险性。党代表有可能被逮捕,而党也会因此损失部分领导干部。同时,从当时的国际条件来看,在1928年春夏期间国际上将有几个重要会议,诸如共产国际第六次代表大会、少年国际第五次代表大会、赤色职工国际第四次代表大会等预定在莫斯科举行"①。

1927年8月,八七会议上通过的《党的组织问题决议案》规定,"中央临时政治局应在六个月内准备召集第六次全国代表大会"②。11月,政治局扩大会议通过的《关于第六次全党代表大会之决议》指出,"第六次全党代表大会决定于一九二八年三月初至三月半之间召集"③。1928年1月18日,中央临时政治局第八次会议决定,1928年3月底召开中共六大。到3月底,中国共产党最后决定在莫斯科举行六大。中共中央于1928年2月13日向共产国际提出建议:中共六大于1928年6月在莫斯科举行。会后,一部分代表留下直接参加共产国际第六次代表大会。共产国际考虑到中国的实际情况,也考虑到便于中国共产党参加即将在莫斯科召开的一系列国际共产主义运动的会议,便同意1928年春夏之交在莫斯科召开中共六大。共产国际要求瞿秋白、罗亦农、任弼时、周恩来、黄平立即去莫斯科;并要求陈独秀、彭述之、张国焘、蔡和森参加六大。中共中央政治局常委决定,瞿秋白、周恩来出国负责筹备召开党的六大。

当时,从中国可以通过陆路和水路到苏联。水路有两条路线,一是从上海乘船,路过香港、新加坡、苏伊士运河、赛得港到达欧洲,然后转乘火车去苏联。二是从上海乘船,经日本的长崎后抵达符拉迪沃斯托克(海参崴)。从陆路来说,一是走蒙古沙漠,经过库伦前往苏联;二是从延安出发,经过甘肃、新疆去苏联。但是,这些路线都不如走中东铁路这条路线安全。中东铁路的两端满洲里和绥芬河都可以直接连通苏联,并且与苏

---

① 沙健孙:《中国共产党通史》(第三卷),湖南教育出版社2000年版,第75页。
② 《中共中央文件选集》(第三册),中共中央党校出版社1983年版,第230页。
③ 《中共中央文件选集》(第三册),中共中央党校出版社1983年版,第388页。

联的西伯利亚铁路相通。① 因此,中共代表们可以安全地在这两处出境并顺利乘坐途经西伯利亚铁路的列车到达莫斯科参加会议。这条路线一般是从上海乘船,经青岛,到大连(或在北京乘火车,经天津),然后乘火车到达哈尔滨,在中东铁路的"丁"字结点哈尔滨转乘火车去满洲里或绥芬河。在满洲里出境到赤塔,在绥芬河出境到符拉迪沃斯托克(海参崴)。我们把这条与中国共产党和中国革命密切相连的道路称为"红色之路"。

此外,当时整个东北的形势和哈尔滨的氛围也有利于中共六大代表顺利安全到达莫斯科。参加中共六大的邓颖超在发表于1985年8月14日《人民日报》上的一篇回忆性文章《一次遇险与脱险的经过》中提到,"当时的形势,蒋介石占领南京以后,继续经山东夺取东北,咄咄逼进,使在华北、东北一带奉系军阀和日军认为共产党失败了,主要对付国民党,对我们有所放松,这对我们来讲是有利的"②。同时,哈尔滨是西方文化传入中国的陆路窗口,也是中国传统文化传播到西方的重要驿站。马列主义最早是经哈尔滨传入中国的。东北地区早期产业工人的出现、无产阶级队伍的形成始于中东铁路的建设。早在1905年哈尔滨就已有了俄国社会民主党和社会革命党,1907年哈尔滨中俄工人就隆重地纪念了五一国际劳动节。这比传统的说法1920年在上海最早纪念五一国际劳动节早了13年!也就是说,早在1917年俄国十月革命一声炮响之前马列主义在哈尔滨已经得到传播。而且,俄国十月革命直接影响了哈尔滨。1917年,列宁就曾致电哈尔滨工兵苏维埃,命其夺权。哈尔滨工兵苏维埃以其言论和行动影响了当时的哈尔滨人民。1920年瞿秋白游历哈尔滨时,在这里"第一次听到国际歌","先得共产党的空气"。陈独秀、李大钊、张国焘、周恩来等一批党的早期领导人也曾在哈尔滨领略到革命的氛围。③ 由于地理位置重要,国际联系广泛,我们党和共产国际在这条路线上曾设有交通站和情

---

① 中共哈尔滨市党委研究室、张福山、周淑珍:《哈尔滨与红色之路》,黑龙江人民出版社2001年版,第1—2页。张福山还写有其他一些关于中共六大的文章,《护送中共"六大"代表的哈尔滨接待站》,《党史文汇》1994年第10期;《周恩来赴苏参加中共"六大"途中遇险》,《学理论》2008年第12期等。

② 邓颖超:《一次遇险与脱险的经过》,《人民日报》1985年8月14日第4版。

③ 李述笑:《论哈尔滨历史文化的共生性和多元化》,《黑龙江省首届社会科学学术年会(历史文化·特色龙江学术专场)》2008年10月11日。

报站,当时党内还有在黑龙江省建立革命根据地的设想。① 据统计,1928年6月28日至7月25日,仅1个月时间,哈尔滨海关就扣留了中东铁路传来的红色"书籍8种,报纸57种,杂志27种,合计3157件"②。

为了安全地到达莫斯科开会,中共中央认为通过已经形成的中东铁路这条"红色之路"是可行的。于是决定,六大代表去莫斯科的路线,除一小部分由上海乘轮船经海参崴外,其余大部分由上海经大连到哈尔滨,然后由哈尔滨护送到满洲里或者绥芬河出境再到莫斯科。

二 设立秘密接待站和成功护送代表

为了保证中共六大代表的安全,使会议准时在莫斯科召开,中共中央决定在哈尔滨设立秘密接待站,并与中共哈尔滨县委协商做好安排。中共哈尔滨县委经研究决定,指派中共哈尔滨县委、共青团委书记李纪渊③负责接待站的工作。此外,参加接待的工作人员还有阮节庵、阮节庵的夫人沈光慈、小白。秘密接待站设在哈尔滨道里区外国四道街(今红专街)14号,这是阮节庵、沈光慈夫妇的住处,曾为党的秘密机关。此外,党中央还派出当时在中共中央妇委工作的瞿秋白的夫人杨之华带女儿独伊到哈尔滨协助哈尔滨县委完成护送六大代表工作。现在,哈尔滨市道里区红专街上的哈尔滨画院,就是1928年春哈尔滨设立的护送中共六大代表的秘密接待站旧址。墙上有一块白色大理石标识牌,上面写着:"1928年,中共哈尔滨县委在此处接待并护送瞿秋白、张国焘、罗章龙、周恩来、夏曦等40多位代表赴苏联参加中共'六大'。"

出席中共六大的代表,大部分于1928年4月下旬到5月上中旬启程。他们在上海集合后,由中共中央安排乘船前往大连或者海参崴。因为当时

---

① 贲驰:《再谈吴玉如兼记周恩来同志在哈尔滨》,《哈尔滨研究》1985年第4期。
② 中共哈尔滨市委党史研究室编:《中共哈尔滨党史大事本末》,黑龙江人民出版社1993年版,第6页。
③ 李纪渊,又名李纪元、李源、李明川等。1907年旧历六月初四生于辽宁省新民县兴隆乡前五十家子村。1925年秋,在北京汇文中学加入中国共产主义青年团。同年底,他被派到上海大学学习。1926年加入中国共产党。1927年被派到东北,先在大连任共青团地委书记。7月来哈尔滨,先担任共青团北满地委书记、市委书记、县委书记。1931年被派到马占山抗日部队工作。1932年,李纪渊在一次战斗中牺牲。

大连已被日本人占领,所以去大连的代表多数乘日本轮船,而去海参崴的多数代表乘俄国轮船。他们经中长路到哈尔滨,在一个指定的招待所住下来。和他们联系的苏联同志给了他们一张美钞,让他们记住上面的号码,这张美钞实际上是一张苏联境内的"通行证"。苏联同志还告诉了过边界的联络暗号。黄平①在《往事回忆》中说:"1928年5月间,中央通知我去莫斯科参加六大。我奉中央之命带着三个香港海员同志一起去。我们是乘日本船到大连。""我们从大连乘火车到哈尔滨,在哈尔滨接上了联系,并得知在满洲里怎样过境的办法。"②

在去莫斯科的途中,周恩来与邓颖超在大连遇上了日本警察的盘问与特务的跟踪,处境一度十分危险。57年后的1985年,邓颖超回忆,"我们从上海出发到达哈尔滨,一路上的险境,由于恩来同志的机智、镇定、沉着,泰然无事的对付敌人的盘问,终于脱险了。可是,我们在哈尔滨接头的证件已毁掉,无法同有关的人取得联系。幸运的是'六大'代表分批出发,在我们后面还有一批,其中有李立三同志,因此,我每天到火车站等候李立三同志,一连数日都没有接到,真是有点着急,但还是继续去车站,最后还是等到了,经过同他的联系,再同哈尔滨外国朋友联系上了。这样,我们才离开哈尔滨去莫斯科参加党的六次大会"③。从现在的资料看,经过符拉迪沃斯托克(海参崴)或绥芬河参加中共六大的代表并不多。参加六大的王明于1927年7月初跟着米夫动身到上海,乘船到海参崴,再改乘火车,于8月初到莫斯科。④

中共六大代表唐韵超曾经回忆:1928年5月,我们从沈阳乘火车到哈

---

① 黄平(1901—1981),湖北汉口人。又名有恒,俄名ВОРОВСКИЙ。1911年后入上海青年会中学、沪江大学附属中学读书。1920年在苏俄远东通讯社做翻译。1923年去苏联,入莫斯科东方大学学习。在共产国际第五次代表大会期间,担任过李大钊的英文翻译。1924年5月加入中国共产党。1925年6月任省港罢工委员会顾问。1926年任全国总工会执行委员。当选为第三、四次全国劳动大会执行委员。广州起义失败后到上海,参加全国总工会工作。1928年夏赴莫斯科参加共产国际第六次代表大会。后入列宁学院学习。1930年9月任中共六届三中全会候补中央委员,中共驻共产国际代表。1931年8月回国,在上海负责中央交通工作。1932年夏任中华全国总工会中共党团书记。1981年7月于上海去世。著有《往事回忆》。

② 黄修荣、黄黎:《中共六大代表莫斯科赴会的艰险之旅》,《传承》2008年第3期。

③ 邓颖超:《一次遇险与脱险的经过》,《人民日报》1985年8月14日第4版。

④ 周国全、郭德宏、李明三:《王明评传》,安徽人民出版社1989年版,第28页;可参见李蓉《中共六大代表与海参崴、绥芬河》,《中共党史资料》2008年第3期。

尔滨。临走时，满洲省委交给我一个火柴盒，里面装有 21 根火柴，让我下车后到哈尔滨道里区俄国大街一个马车店接头。下车后，我们找了一家旅馆住下。我揣着接头的火柴盒找到了马车店，与先期到达那里的张国焘、罗章龙、夏曦等人接上了头。张国焘对我说：因南方代表语言容易暴露，满洲省委代表还有一项任务，就是把你们分到各组，护送南方代表过境。记得第一次护送的是广东代表团。我到车站买了去满洲里的火车票，带着他们乘上火车。一路上他们几人尽量不说话，一切由我出面。

从哈尔滨到满洲里火车要开一天一夜。上车前，接待站发给每个代表一个过境的号码牌，下车后，我们根据手中的号码，找到带号头的马车。马车前面挂着车灯，如果代表手中的号码牌和车灯上的号码对上，就把手中的号码牌交给苏联马车夫，不必说话，点点头即可上车。送走广东代表，我在满洲里住了一夜，第二天又返回哈尔滨。就这样，我先后护送云南、贵州和江西的代表过了境。大约是 5 月下旬，我护送张国焘、罗章龙、张昆弟等中央代表出发时，张国焘告诉我，这次就不返回去了，一起过境。车到满洲里后，马车夫把我们送到远处山上的一间房子里，晚上我们乘火车到了赤塔。① 据《李立三之谜——一个忠诚革命者的曲折人生》一书②介绍，"5 月初，李立三率领中共六大的广东代表团（19 人，是各省代表人数最多的，江苏 12 人居其次）由香港出发，经由上海、大连、长春抵达哈尔滨时，周恩来、邓颖超早已在哈尔滨等待"。

关于接头的方式还有另一种说法。从 4 月初开始，中共六大代表陆续来到哈尔滨。他们到哈后便按照接头地址和暗号与小白或李纪渊会面。接头地点设在道里中央大街的一处卖估衣的商店里，小白以店员身份掩护，

---

① 参见唐韵超口述，刘影整理《中共六大代表话当年》，《百年潮》2001 年第 6 期。唐韵超即唐宏经，关于此次经历还有相关文章，《党的六大代表途经满洲里去苏联》，《满洲里文史资料》第 4 辑；徐占信《护送中共六大代表经满洲里去苏联——访中共"六大"代表、百岁老人唐宏经》，《内蒙古宣传》2003 年第 8 期；靳冬《大德长寿——访原中共六大代表唐韵超老人》，《长寿》2002 年第 8 期；单文俊《104 岁的中共六大代表唐韵超》，《近日科苑》2004 年第 7 期；中共辽宁省委党史研究室、辽宁省中共党史人物研究室编《辽宁党史人物传》第十一辑，辽宁人民出版社 2006 年版；唐宏经、靳冬、雷鸣《追今抚昔话党恩——访中共"六大"代表、百岁老人唐韵超》，《中华魂》2002 年第 7 期。

② 李思慎、刘之昆：《李立三之谜——一个忠诚革命者的曲折人生》，人民出版社 2005 年版，第 158—159 页。

随时会见来哈接关系的代表。暗号是"以一盒火柴,抽出几根一齐折断"①。据参加过中共六大并在哈尔滨接待过中共六大代表的龚饮冰介绍,"1928年,我和蔡畅大姐、郭某某,还有一位同志,我们四人作为'六大'代表,由上海出发,经大连到哈尔滨去莫斯科"。当时,"没有国际交通站,由哈尔滨地下党负责接待'六大'代表的任务。接待站设在哈尔滨道里中央大街的一个卖估衣的商店里,它与哈尔滨地下党不发生直接联系"。到哈尔滨后,我们"找到这家估衣店,进屋后拿出一盒火柴,抽出几根,一齐折断。对方见到暗号符合就接上联系"②。

为了避免敌人的注意和检查,代表们住的地方也不固定,有时在道里,有时在道外,有时住旅馆,有时住同志家。来的代表是男同志,杨之华就以"夫妻"名义组成"家庭"掩护。来的代表是女的,就由哈尔滨县委安排男同志,组成临时"家庭"住下。杨之华回忆,当时,女儿只有6岁,但很懂事,杨之华教她,如果有人问这人是谁,就说是"爸爸"。小独伊很乖,口口声声叫一起住的男代表"爸爸"。当完成任务后,小独伊曾奇怪地问:妈妈,我怎么这么多爸爸?③ 为了接待中共六大代表们回国后奔赴内地,中共六大后,中央又派龚饮冰④等在哈尔滨设立交通站。据龚饮冰在《回忆接待六大代表》中介绍,周恩来等代表"路经哈尔滨时,决定暂住几天,进行休整和烘干文件"。当时,周恩来住在天津南开同学吴玉如⑤家里。据吴玉如回忆,周恩来曾两度住在他家里,第一次留宿交

---

① 哈尔滨城市规划局:《中国历史文化名城丛书(哈尔滨卷)》,中国文史出版社2005年版,第122页。
② 中共哈尔滨市党委研究室,张福山、周淑珍:《哈尔滨与红色之路》,黑龙江人民出版社2001年版,第281—282页。
③ 杨之华:《在哈尔滨护送六大代表的回忆》,转引自中共哈尔滨市党委研究室,张福山、周淑珍《哈尔滨与红色之路》,黑龙江人民出版社2001年版,第273页。
④ 龚饮冰,湖南长沙人。1923年加入中国共产党。国共合作时期,与谢觉哉同办《湖南民报》。1928年,赴莫斯科参加中共六大。1943年,受中共中央委托投资建业银行。新中国成立后,曾任中共山东省委常委、宣传部部长、秘书长,中国银行总经理等职。1976年6月在北京逝世。
⑤ 吴玉如(1898—1982),当代著名学者、书法大师。名璟,字玉如,后以字行。1898年生于南京。原籍安徽泾县茂林村,故早年号茂林居士,晚年自署迂叟。曾在天津南开中学就读,与周恩来同班,因娴熟古文,受校长张伯苓赏识。后入北京大学预科,又转入朝阳大学,因丁先祖忧而辍学。1916年,曾远赴吉林、哈尔滨一带谋生。1921年以后历任黑龙江交涉局秘书、中东铁路局监事会秘书等职。黑龙江交涉局总办马忠骏的东床快婿。

涉局的后院里;还有一次,"恩来是临时住在我家,当时好像秋天"①。那时,周恩来的弟弟在哈尔滨经商,与吴玉如来往较多。吴玉如说:"他靠着我。"吴玉如也见过邓颖超。吴玉如与周恩来的友情终生保持着。② 罗章龙被安排住在第三中学图画教师韩乐然的宿舍里。王德三是云南人,与楚图南是同乡,便投奔楚图南。③ 几天后,他们离开哈尔滨去上海。关于王德三住在楚图南家里,楚图南回忆,"到一九二八年秋,党的六大在莫斯科开会,代表们来去都经过哈尔滨,由组织介绍,分别住在同志们的家里。代表们回来时,通过绥芬河昼伏夜行,到哈尔滨后,住在我家的是王德三。住别家的还有总理和罗章龙等人。他们昼伏夜行,路上又逢大雨,衣服都淋湿了,文件都是捆在裤带里,也都湿了。"据《辽宁党史人物传》记载,"1928年,中共六大在莫斯科召开,闭幕后有许多代表路过哈尔滨,其中六大代表王得山(当时任云南省委书记)④、罗章龙(当时在全国总工会工作)等到哈尔滨后,曾在韩乐然的住处向教员支部传达中共六大精神"⑤。

　　在哈尔滨的几天里,代表们让楚图南汇报国内,特别是上海文化界和

---

① 贲驰:《再谈吴玉如兼记周恩来同志在哈尔滨》,《哈尔滨研究》1985年第4期。
② 李随安:《马忠骏及哈尔滨遁园》,黑龙江人民出版社2000年版,第111页。
③ 楚图南(1899—1994),笔名介青、高素、高寒等,云南省文山县人。1919年11月至1923年7月,在北京高等师范学校(北京师范大学的前身)史地系读书。学习期间,在中国马克思主义先驱李大钊和革命先烈蔡和森的帮助和指导下,楚图南开始从事革命活动。1923年7月,毕业后,回老家昆明一中等学校教学,同时继续开展革命活动。1925年12月,接到中央北方局通知,他到东北开展革命工作的任务。1927年1月,到达哈尔滨。他先后在哈尔滨第六中学、第三中学、长春第二师范等学校任教,并以此为掩护开展革命活动,在青年学生和知识分子中宣传马克思主义和俄国十月革命。1930年,被捕入狱。1934年出狱后,他继续到上海、昆明等从事革命活动,为革命事业鞠躬尽瘁。新中国成立后,曾经担任过中国人民对外文化协会会长、全国人大常委会副委员长等职务,为新中国的对外文化交流事业做出杰出贡献。
④ 王得山即王德三(1898—1930),原名王懋廷,又名王正麟。云南祥云人。1921年考入北京大学,参加学生爱国运动,加入北大马思学说研究会。1922年经邓中夏介绍加入中国共产党。1923年夏到陕西华县咸林中学任教。1925年2月领导创建青年团绥德特别支部,任书记,随后建立中共绥德支部,成为陕北地区最早的党、团组织。1927年2月被派回昆明,主持成立中共云南省临时工作委员会,任书记。1928年夏赴苏联莫斯科,6、7月出席中国共产党第六次全国代表大会,曾被选入大会组织、宣传、军事等委员会并在大会上发言。同年秋回国返回昆明,主持召开中共云南省党员大会,传达六大精神,正式成立中共云南省委,被选为省委书记。1930年11月19日因叛徒出卖被捕,12月31日于昆明英勇就义。
⑤ 中共辽宁省委党史研究室、辽宁省中共党史人物研究室编:《辽宁党史人物传》(第十一辑),《唐宏经》,辽宁人民出版社2006年版。

文艺界的情况。楚图南把所知道的鲁迅来信的内容说了一遍。在鲁迅经由楚图南转给任国桢的信件中，楚图南称，"信的内容都不记得了，只有二八年春天有一封信印象特别深。这封信是毛边纸写的，很长"。关于这封信的大致内容，楚图南指出，"内容大致可分三个大段。第一段，鲁迅说，我现在在上海有些人对我围攻，满纸用一些颇不易懂的、革命的新名词吓唬人。……第二段，他说，因为他们的围攻，我想找些马列主义关于文艺理论看看，从理论上加深我的认识，也好应付对我围攻的人，并更比较有把握地进行战斗。第三，他说，因为任是学俄文的，又译过《苏俄的文艺论战》一书，也知道任现在干的实际斗争工作，因此，希望任介绍些书，有些是把书名告诉我就可以了，我可以有办法买到"①。楚图南指出，"后来总理他们夜里碰头时也知道了这情况，据说总理的意见是，如果真像鲁迅信里所讲的情况的话，这是不对的，应该争取他。他对社会不满，找不到正确的出路。要把他争取过来为革命斗争服务。因为王德三住在我那里，所以这事我知道的较详细"②。

三 重要的历史意义和宝贵的精神遗产

关于中共六大的历史意义，1944 年毛泽东在《学习与时局》和周恩来在《关于党的"六大"研究》以及后来在中共六届七中全会上通过的《关于若干历史问题的决议》中都做出了肯定的评价，尽管有许多不足之处。周恩来指出，"我参加了'六大'的工作，是当时的主要负责人之一，按理应当比别人认识的更清楚些。" "当时之所以搞不清中国革命是民主革命，是因为：第一，对什么叫革命性质，革命性质是以什么来决定的搞不清；第二，中国共产党历史上没有从理论方面搞清这个问题；第三，国际上托派的影响以及同托派调和的观点的影响。这些问题都需要'六大'解决，'六大'正确地解决了这些问题。"③ 中共六大不仅在中国共产党党史

---

① 高龙彬：《楚图南与哈尔滨》，《黑龙江史志》2008 年第 20、22 期。
② 楚图南：《关于一九二八年鲁迅写信给任国桢的一些情况》，《鲁迅研究资料》1980 年第 5 期，人民文学出版社 1980 年版，第 170—171 页。
③ 周恩来：《关于党的"六大"研究》，《周恩来选集》上卷，人民出版社 1980 年版，第 157、160 页。

上写下了重要的一页，也给黑龙江留下了宝贵的精神遗产。这条红色之路对当今黑龙江挖掘历史遗产，打造文化大省，突出红色旅游大有裨益。

2006年8月19日至21日，在全国100个红色旅游经典景区之一的满洲里市召开了"共产国际、联共（布）与中国革命第十次学术研讨会暨共产国际与中共六大研讨会"。此次研讨会的主题是探讨1927年至1937年（即土地革命时期）共产国际、联共（布）与中国革命的关系，特别是围绕共产国际与中共六大的关系及中共满洲里国际交通线的建立、发展及护送中共六大代表赴莫斯科参加会议等内容进行研讨。有40余位来自中共党史学会、中共中央党史研究室、国内各省市及来自俄罗斯莫斯科、赤塔的中外党史专家、学者与会，并就一批具有较高学术价值的论文进行交流。研讨会对于深入挖掘满洲里市红色旅游历史文化底蕴，丰富红色旅游内容，促进红色旅游迅速发展，起到积极的推动作用。

2008年7月3日至4日，由中共中央党史研究室第一研究部、中共黑龙江省委党史研究室联合主办，中共牡丹江市委党史研究室、中共绥芬河市委员会、绥芬河市人民政府共同承办，在绥芬河召开了"纪念中共六大召开80周年学术研讨会"。六大闭幕期间，周恩来、罗章龙等代表一行30多人分头经海参崴、格罗捷阔沃，通过绥芬河交通站入境回国。省委常委、宣传部部长指出，黑龙江省作为许多六大代表的红色通道，有着光荣的革命传统，是有中共党员活动和建立党组织较早的省份。对这一重要的"共产国际红色通道"开展研讨，对于黑龙江省历史文化资源，特别是红色历史文化资源的挖掘、保护与利用工作有着直接的指导意义。时任黑龙江省委常委、宣传部部长强调，红色历史文化资源的保护与开发利用对我省来说，具有双重意义，即对加强革命传统教育和爱国主义教育，大力弘扬民族精神，毫不动摇地高举中国特色社会主义伟大旗帜，坚持走中国特色社会主义道路具有十分重要的意义。同时也是我省全面实施文化立省战略，充分发挥黑龙江省历史文化资源优势，大力推进体现先进文化要求、具有黑龙江地方特色的文化建设工程，促进我省经济社会又好又快发展的现实需要。

在满洲里和绥芬河召开的关于中共六大的研讨会，涉及红色之路上的两个重要出境地点，这两个红色经典旅游区至关重要。但是，我们不能忽视红色之路上的重要枢纽哈尔滨的历史地位,中共六大的代表们是在哈尔滨秘密接待站的护送下中转去满洲里和绥芬河的。应该把哈尔滨与满洲里、绥芬河这三个地方有机结合起来,共同打造黑龙江的红色之路旅游资源,凸显黑龙江在中共党史和中国革命史上的重要地位,让更多的人了解黑龙江的光辉历程。近几年,黑龙江省正着手从四个方面加强对红色历史文化资源的开发利用。一是充分挖掘红色历史文化资源,不断丰富黑龙江文化内涵。除"共产国际红色通道"外,特别要强调的是闻名中外的东北抗联。二是加强红色历史文化研究,努力推出学术创新成果。三是依托红色历史文化资源,创作艺术精品。四要实施红色旅游开发战略,打造特色文化旅游品牌,把富有鲜明地方特色的红色历史文化融入各地的自然景观和人文景观中,提升文化旅游的层次,丰富文化旅游的形式,扩大文化旅游的规模。①

---

① 《纪念中共六大80周年学术研讨会召开》,《黑龙江日报》2008年7月4日第1版。

参考文献

［匈牙利］阿格妮丝·赫勒：《日常生活》，衣俊卿译，重庆出版社2010年版。

［俄］B.B.戈利岑：《中东铁路护路队参加一九〇〇年满洲事件纪略》，李述笑、田宜耕译，商务印书馆1984年版。

［美］鲍德威：《中国的城市变迁：1890—1949年山东济南的政治与发展》，张汉、金桥、孙淑霞译，北京大学出版社2010年版。

鲍宗豪等：《城市的素质、风骨与灵魂：城市文化圈与文化精神研究》，上海人民出版社2007年版。

［英］彼得·伯克：《图像证史》，杨豫译，北京大学出版社2008年版。

《波兰人在远东》，中国人民政治协商会议黑龙江省委员会、黑龙江省求真经济研究基金会，2015年。

［俄］博比内依：《告别哈尔滨的俄罗斯人》，1993年鄂木斯克俄文版。

长春市地方史志编纂委员会：《长春市志资料选编》第七辑《长春报业史料》，《长春史志》编辑部，内部资料，1989年。

［日］长谷川编：《哈尔滨经济概观》，王绍灿、王金石译，哈尔滨市人民政府地方志编纂办公室内部资料，1990年。

陈雳：《楔入与涵化：德租时期青岛城市建筑》，东南大学出版社2010年版。

陈平原：《北京记忆与记忆北京》，生活·读书·新知三联书店2008年版。

陈平原、王德威、关爱和编：《开封：都市想象与文化记忆》，北京大学出版社2013年版。

陈平原、王德威编：《北京：都市想象与文化记忆》，北京大学出版社2005年版。

陈绍楠主编：《哈尔滨经济资料文集1》（机构·商会·贸易），哈尔滨市档案馆，1990年。

陈绍楠主编：《哈尔滨经济资料文集2》（商业·物价·度量衡），哈尔滨市档案馆，1991年。

陈绍楠主编：《哈尔滨经济资料文集3》（工业·交通·邮电），哈尔滨市档案馆，1991年。

陈绍楠主编：《哈尔滨经济资料文集4》（金融·财政），哈尔滨市档案馆，1991年。

陈蕴茜：《空间维度下的中国城市史研究》，《学术月刊》2009年第10期。

程维荣：《旅大租借地》，上海社会科学院出版社2012年版。

大连市图书馆社会科学参考部：《旧满洲东北地方文献联合目录2—外文（日、英、俄）》，1930年。

［英］大卫·哈维：《巴黎城记：现代性之都的诞生》，黄煜文译，广西师范大学出版社2010年版。

东北地方文献联合目录编辑组：《东北地方文献联合目录·第一辑报刊部分》（1981年），《东北地方文献联合目录·第二辑外文（日西俄）图书部分，上下册》（1983年），《东北地方文献联合目录·第三辑 东北抗日联军及东北抗日武装斗争史料索引》（1983年）。

高滨健：《哈尔滨城市与区域发展》，黑龙江人民出版社2016年版。

葛涛：《唱片与近代上海社会生活》，上海辞书出版社2009年版。

葛涛、石冬旭：《具象的历史：照相与清末民初上海社会生活》，上海辞书出版社2011年版。

《哈尔滨傅家甸防疫摄影》，商务印书馆1911年版。

《哈尔滨汉医学研究会月刊》。

哈尔滨市地方史研究所编：《地方史资料》，第一辑《哈尔滨考》（关成和），第二辑《哈尔滨历史编年（1896—1926）》（李述笑），第三辑《远东资料——〈远东报〉摘编（1916—1921）》（上）（曲友谊、安崎），第四辑《远东资料——〈远东报〉摘编（1916—1921）》（下）（曲友谊、安崎），1980年。

哈尔滨市方志馆编：《1929—1932年中东铁路年报》，黑龙江科学技术出版社2015年版。

哈尔滨市方志馆编：《东北地方日、俄文文献目录》（上、中、下），东北林业大学出版社2014年版。
哈尔滨市方志馆编：《哈尔滨特别市市势年鉴》（上、中、下），东北林业大学出版社2014年版。
哈尔滨市方志馆编：《远东报》（14卷），东北林业大学出版社2015年版。
哈尔滨市公安局史志办公室：《旧警史料（1898—1946.4）》，1992年。
哈尔滨市人民政府地方志编纂办公室编辑：《哈尔滨历史资料联合目录（1787—1988）》，1986年。
哈尔滨市图书馆：《馆藏地方文献书目（1902—1990）》，1991年。
哈尔滨市图书馆：《馆藏建国前中文地方报纸篇目索引》（上）（1919—1929），1992年。
哈尔滨市图书馆：《馆藏建国前中文地方报纸篇目索引》（下）（1930—1949），1993年。
哈尔滨市卫生防疫站编：《哈尔滨市1984年疫情资料汇编》，1984年。
哈尔滨市卫生防疫站编：《哈尔滨市疫情资料汇编（1949—1962）》，1963年。
哈尔滨市政协文化文史和学习委员会编：《老字号·招牌：哈尔滨的故事》，黑龙江人民出版社2019年版。
《哈尔滨特别市市势年鉴（1934—1940）》，东北林业大学出版社2014年版。
何一民主编：《近代中国城市发展与社会变迁（1840—1949年）》，科学出版社2004年版。
黑龙江省档案馆编：《黑龙江报刊》，内部资料，1985年。
黑龙江省档案馆编：《黑龙江设治》（上）（下），内部资料，1985年。
黑龙江省档案馆编：《黑龙江沿革史讲稿》，内部资料，1981年。
黑龙江省档案馆编：《中东铁路》（一）（二）（三），内部资料，1987年。
侯艳兴：《上海女性自杀问题研究（1927—1937）》，上海辞书出版社2008年版。
惠风、路春：《马道台与遁园》，北方文艺出版社2015年版。
吉林省档案馆编：《清代吉林档案史料选编（上谕奏折）》，1981年。
吉林省中心图书馆委员会编：《吉林省地方资料联合目录》，1959年。
纪凤辉：《哈尔滨寻根》，哈尔滨出版社1996年版。

《纪念哈尔滨解放 70 周年〈诗林〉专刊·迎光复 庆解放》。

江文君：《近代上海职员生活史》，上海辞书出版社 2011 年版。

蒋三军编著：《1896—1946 年哈尔滨俄侨词汇汇编》，东北林业大学出版社 2014 年版。

《今天我们该如何进行城市史研究》，《文汇学人》2016 年 11 月 18 日。

金大陆：《非常与正常：上海"文革"时期的社会》（上下册），上海辞书出版社 2011 年版。

［英］雷蒙·威廉斯：《城市与乡村》，韩子满、刘戈、徐珊珊译，商务印书馆 2013 年版。

李文杰：《中国近代外交官群体的形成（1861—1911）》，生活·读书·新知三联书店 2017 年版。

李孝悌编：《中国的城市生活》，北京大学出版社 2013 年版。

《列强在中国的租界》，中国文史出版社 1992 年版。

刘国平：《历史·地域·现代化——以吉林文化为中心》，吉林文史出版社 2004 年版。

刘金祥：《城市文明与精神气质》，《书屋》2012 年第 10 期。

刘延年：《哈尔滨记忆》，黑龙江教育出版社 2016 年版。

［美］刘易斯·芒福德：《城市发展史——起源、演变和前景》，宋俊岭、倪文彦译，中国建筑工业出版社 2005 年版。

卢汉超：《美国的中国城市史研究》，《清华大学学报》（哲学社会科学版）2008 年第 1 期。

吕勇：《城市史研究述评：意义与方法》，《四川大学学报》（哲学社会科学版）2004 年第 1 期。

栾继生、李秀莲主编：《黑龙江流域文明论丛》，黑龙江人民出版社 2014 年版。

罗威廉：《汉口：一个中国城市的冲突和社区，1796—1895》，鲁西奇、罗杜芳译，中国人民大学出版社 2008 年版。

马军：《舞厅·市政：上海百年娱乐生活的一页》，上海辞书出版社 2010 年版。

［美］马克·戈特迪纳：《新城市社会学》，黄怡译，译文出版社 2011 年版。

［俄］梅利霍夫：《遥远而又很近的满洲》，1994年莫斯科俄文版。
孟宪章主编：《中苏经济贸易史》，黑龙江人民出版社1992年版。
孟宪章主编：《中苏贸易史资料》，中国对外经济贸易出版社1991年版。
潘光主编：《艰苦岁月的难忘记忆：来华犹太难民回忆录》，时事出版社
　　　2015年版。
曲晓范：《近代东北城市的历史变迁》，东北师范大学出版社2001年版。
任万举、乔钊编：《九十年东北地方史研究资料索引大全》，长春出版社
　　　1992年版。
任雪梅主编：《百年视阈论萧红》，黑龙江人民出版社2013年版。
阮清华：《上海游民改造研究（1949—1958）》，上海辞书出版社2009年版。
单霁翔：《文化遗产保护与城市文化遗产》，中国建筑工业出版社2009
　　　年版。
施扣柱：《青春飞扬：近代上海学生生活》，上海辞书出版社2009年版。
宋钻友、张秀莉、张生：《上海工人生活研究（1843—1949）》，上海辞书
　　　出版社2011版。
孙逊：《城市史与城市社会学》，上海三联书店2013年版。
唐戈：《俄罗斯文化在中国》，北方文艺出版社2010年第1版、2012年
　　　第2版。
陶文静：《公共商议视角下的中国城市遗产保护报道研究》，上海社会科学
　　　院出版社2013年版。
［俄］图尔莫夫：《百年前邮政明信片上的中国》，张艳玲译，哈尔滨工业
　　　大学出版社2006年版。
［德］托尔斯滕·华纳：《近代青岛的规划与建设》，青岛市档案馆编译，
　　　东南大学出版社2011年版。
汪之成：《近代上海俄国侨民生活》，上海辞书出版社2008年版。
王承礼主编：《中国东北沦陷十四年史纲要》，中国大百科全书出版社1991
　　　年版。
王笛：《成都的公共生活的微观世界，1900—1950》，社会科学文献出版社
　　　2010年版。
王笛：《街头文化：成都公共空间、下层民众与地方政治，1870—1930》，

商务印书馆 2013 年版。

王笛：《跨出封闭的世界：长江上游区域社会研究，1644—1911》，中华书局 2001 年版。

王笛：《走进中国城市内部：从社会的最底层看历史》，清华大学出版社 2013 年版。

王健：《上海犹太人社会生活史》，上海辞书出版社 2008 年版。

王军主编：《哈尔滨文庙维修工程报告》，文物出版社 2014 年版。

王立民、练育强、姚远主编：《上海法制与城市发展》，上海人民出版社 2012 年版。

王敏：《上海报人社会生活（1872—1949）》，上海辞书出版社 2008 年版。

王敏、魏兵兵、江文君等：《近代上海城市公共空间（1843—1949）》，上海辞书出版社 2011 年版。

王希亮：《近代中国东北日本人早期活动研究》，社会科学文献出版社 2017 年版。

隗瀛涛主编：《近代重庆城市史》，四川大学出版社 1991 年版。

魏枢：《"大上海计划"启示录：近代上海中心城区的规划变迁和空间演进》，东南大学出版社 2011 年版。

翁计传编著：《近代城市史研究资料汇编》，上海科学技术文献出版社 2019 年版。

吴德玉：《犹太人：历史和文化》，时事出版社 2015 年版。

吴良镛：《中国建筑与城市文化》，昆仑出版社 2009 年版。

吴志伟：《上海租界研究》，学林出版社 2012 年版。

伍江：《上海百年建筑史（1840—1949）》，同济大学出版社 2008 年版。

锡良：《锡良遗稿》（上、下册），中华书局 1959 年版。

［日］細谷清：「東支援沿線の赤白両党 大哈爾賓」（『満蒙』第四年第三十六冊、1923 年）。

忻平：《从上海发现历史：现代化进程中的上海人及其社会生活》，上海大学出版社 2009 年版。

熊月之：《西学东渐与晚清社会》（修订版），中国人民大学出版社 2011 年版。

熊月之：《异质文化交织下的上海都市生活》，上海辞书出版社2008年版。
熊月之主编：《上海城市社会生活史丛书》。
杨念群：《中层理论——东西方思想会通下的中国史研究》，江西教育出版社2007年版。
杨宇振：《"礼"与"理"的世界——中国近现代城市转型批判》，《华中建筑》2006年第5期。
杨宇振：《城市历史地图与近代文学解读中的重庆城市意象》，《营造》第五辑——第五届中国建筑史学国际研讨会会议论文集（上），2010-12-10，《南方建筑》2011年第4期。
杨宇振：《从"乡"到"城"——中国近代公共空间的转型与重构》，《新建筑》2012年第5期。
杨宇振：《从〈巴蜀鸿爪录〉阅读三十年代重庆城市景观》，《建筑史》2003年第3期。
杨宇振：《分裂的世界：经验与抽象——写在中国院系调整60周年》，《新建筑》2013年第1期。
杨宇振：《论近代城市建设发展研究的多维因子——以近代重庆城市为例》，《清华大学学报》（哲学社会科学版）2005年第1期。
杨宇振：《陪都时期重庆城市图景素描》，《清华大学学报》（哲学社会科学版）2005年第4期。
杨宇振：《权力，资本与空间：中国城市化1908—2008年——写在〈城镇乡地方自治章程〉颁布百年》，《城市规划学刊》2009年第1期。
杨宇振：《图像内外：中国古代城市地图初探》，《城市规划学刊》2008年第2期。
杨宇振：《在空间：城乡观察随笔》，清华大学出版社2013年版。
姚远：《上海公共租界特区法院研究》，上海人民出版社2011年版。
叶君：《我本一无所恋》，北方文艺出版社2016年版。
叶君：《萧红与生命中的他们》，中国社会科学出版社2015年版。
叶中强：《上海社会与文人生活（1843—1945）》，上海辞书出版社2010年版。
衣俊卿：《历史与乌托邦——历史哲学：走出传统历史设计之误区》，黑龙江教育出版社1995年版。

衣俊卿:《文化哲学十五讲》,北京大学出版社2004年版。

衣俊卿:《现代性的维度》,黑龙江大学出版社、中央编译出版社2011年版。

衣俊卿:《现代性焦虑与文化批判》,黑龙江大学出版社2007年版。

《映像·守望·绽放:献给哈六中建校九十周年》,内部资料,2014年。

于亚滨、杜立柱主编:《哈尔滨城市发展与规划研究》,黑龙江人民出版社2006年版。

[德]余凯思:《在模范殖民地胶州湾的统治与抵抗——1897—1914年中国与德国的相互作用》,孙立新译,刘新利校,山东大学出版社2005年版。

[英]约翰·伦尼·肖特:《城市秩序:城市、文化与权力导论》,郑娟、梁捷译,上海人民出版社2011年版。

[日]越沢明:『哈爾賓の都市計画（1898—1925）』総和社、1989年。（Akira Koshizawa, *Planning History of Harbin 1898—1945*）

越泽明:《伪满洲国首都规划》,欧硕译,社会科学文献出版社2011年版。

张彬:《上海英租界巡捕房制度及其运作研究》,上海人民出版社2013年版。

张福山、周淑珍:《哈尔滨革命旧址史话》,黑龙江人民出版社1995年版。

张连俊、关大欣、王淑岩:《东北三省革命文化史》,黑龙江人民出版社2003年版。

张鹏:《都市形态的历史根基:上海公共租界市政发展与都市变迁研究》,同济大学出版社2008年版。

张倩红等:《犹太史研究新维度——国家形态·历史观念·集体记忆》,人民出版社2015年版。

张生:《上海居,大不易:近代上海房荒研究》,上海辞书出版社2009年版。

张松:《历史城市保护学导论:文化遗产和历史环境保护的一种整体性方法》(第2版),同济大学出版社2008年第2版。

张松:《为谁保护城市》,生活·读书·新知三联书店2010年版。

张笑川:《近代上海闸北居民社会生活》,上海辞书出版社2009年版。

张英进:《民国时期的上海电影与城市文化》,北京大学出版社2011年版。

郑长椿:《中东铁路历史编年》,黑龙江人民出版社1987年版。

郑佳明:《城市哲学——关于城市和城市史的理论思考》(上篇),《书屋》

2012年第10期。

中共哈尔滨市委党史研究室：《哈尔滨与红色之路》，黑龙江人民出版社2001年版。

中国边疆史地研究中心编：《东北边疆档案选辑（清代，民国）（151册）》，广西师范大学出版社2007年版。

《中国当代建筑论坛上的"炮声"》，《南方周末》2014年1月16日。

周有良、林红、安崎编：《东北沦陷时期作品选》（哈尔滨市图书馆藏），1987年。

朱建君：《殖民地经历与中国近代民族主义：德占青岛（1897—1914）》，人民出版社2010年版。

Derek Fraser, *Anthony Sutcliffe*: *the Pursuit of Urban History*, London: Edward Arnold, 1983.

Thomas Lahusen, *Harbin and Manchuria*: *Place*, *Space and Identity*, Durham, NC: Duke University, 2001.

后　记
命中注定：我与哈尔滨城市史研究

我终于可以说了，迟来的爱。

2007年7月11日，我只身一人来到北国冰城哈尔滨。6月初我顺利在北京师范大学历史学院毕业，获得硕士研究生学位。硕士毕业论文题目为《〈自我解放〉与列奥·平斯克的犹太复国主义思想》，导师是张建华教授。继续研读博士研究生的愿望没能实现，我就来到哈尔滨日报报业集团的《新晚报》，做了一名财经要闻部的记者。一直到2011年9月3日我离开哈尔滨市道里区友谊路399号的"红楼"——报业大厦，再次回到北京师范大学历史学院，重新开启自己的学术之心，第二次拜在张建华教授不求甚解斋门下。2017年6月，我的博士学位论文《美国"哈佛苏联社会制度项目"研究》顺利通过答辩，9月12日，我入职黑龙江大学历史文化旅游学院，正式成为一名大学教师。

《哈尔滨城市史：枢纽与窗口》原计划在我来哈尔滨的第10个年头出版，也就是2017年，以作纪念。后来，为了使该书更加完善与饱满，也为了自己站得上、站得住、站得好讲台，在科研与教学互动的过程中，逐渐增砖添瓦，让该书有了今天的面貌，以纪念我在哈尔滨生活的点滴，也算一个阶段的总结。

父亲（更习惯叫爹）高廷德与母亲（更喜欢叫娘）王素芹，是地地道道的农民，一直生活在渤海莱州湾边的潍坊昌邑农村，与土地打了一辈子交道，他们用辛勤的劳动与质朴的情怀把我养大，培养出一名走出村庄的大学生、博士生与人民教师，使我从农村走到了城市，我的女儿也成了城里人，但骨子里我还是个农民，农民的儿子。爹娘用爱包容我这个不懂事的孩子。爹是我的导师，人生的导师，在我人生的各个节点上，总是让我有可以随时依靠的肩膀；娘为了大家和小家日夜操劳，使我能够安心工作。我还没有达到爹娘对我的期许，只有加倍努力方能回报他们的爱。近几年，娘在哈尔滨帮我带小孩，爹在家照顾 87 岁的奶奶（我们那里叫嬷嬷）和 93 岁的姥姥（我们那里叫姥娘）。

我来哈尔滨之前，我们家跟哈尔滨的唯一联系是我的三爷爷（高俊山）一家。"闯关东"到哈尔滨的三爷爷生前再也没有回过关里老家，我爹和三叔（高廷国，小名高新起，已故）过去曾经来过哈尔滨，过去每年过年家里总会提起在哈尔滨的三爷爷一家，提到"河沟街"这个地方，但后来失去了联系。来到哈尔滨后，我找到了三爷爷一家的两个大爷、两个叔叔和三个姑姑，从此两家重新建立联系。他们是我在哈尔滨的亲人，也是我在哈尔滨的精神依托。这是我跟哈尔滨的血缘纽带。

在哈尔滨日报报业集团《新晚报》工作期间，结合自己的职业特点，我亦心系自己的专业。在工作之余，我初步拟定一些切实可行的题目，收集资料和开展研究。我在《新晚报·老哈尔滨》《哈尔滨日报》《黑龙江林业报》与《和谐》《聚雅》等报刊发表了一系列关于哈尔滨城市史的文章。这把职业与专业相结合，没有荒废自己的志趣。《新晚报》财经要闻部主任徐亚平大姐、杨建平大姐等，对我这位来自异乡的年轻人厚爱有加。《新晚报·老哈尔滨》版的那剑波大姐，热心编排刊发我关于哈尔滨城市史的历史叙事。单位相对适宜的环境让我的思想火花迸发。

"一日为师，终身为父。"我的硕士研究生与博士研究生导师都是张建华教授。我是学院化培养体系下的读书人，经历过系统化的学术训练，是学院派中人。从硕士研究生到博士研究生，我在北京师范大学度过了 9 年的读书生活，也是目前我人生中最幸福和快乐的时期之一。校园里的玉兰花、图书馆前的乌鸦、鲁迅雕塑两侧的枣树、传说中的情人坡等等，让人留恋。最重要的是在铁狮子坟我遇到了自己的恩师，张建华教授祖籍山东德州，生于哈尔滨。这与我似乎有着天然的联系。老师是北京师范大学校训"学为人师，行为世范"的践行者。在我读硕和读博期间，张老师从做人和做学问方面给我指引和指导，特别是在我博士论文写作的"瓶颈期",老师从各个层面给我疏导和梳理,让我度过这个阶段,迎接胜利的曙光。师母邹宝凤医生,也在不同的阶段给予我关心,使我安心于学术。

恩师张建华教授在学术研究上的特点是,一为注重史学研究的理论。民族主义、现代化、形象(影视)史学、政治文化、公共空间等与具体的研究对象相结合。二是强调史学研究的方法。跨学科研究是张老师俄国(苏联)史研究的一个重要实践,力求达到贯通、会通与融通。贯通:一条路径与俄国(苏联)史研究,从俄国史到苏联史到20世纪世界史;会通:一种方法与俄国(苏联)史研究,把文化史作为切入点,以知识分子及其群体研究为主线;融通:一个范式与俄国(苏联)史研究,文、史、哲的互动与互鉴,但是以历史学为中心。

张老师带研究生亦有自己的一套系统模式。从我自身的感受来讲,张老师有"三把斧",这是打开学术之门的三把钥匙:学会写学术综述、学会写书评与学会写正论文,这是三个循序渐进的有机体。在这个过程中,张老师会不厌其烦地指导和修改,直到满意为止,这也就使我有了发表论文的条件和机会。现在我亦把从老师那里学到的经验,因地制宜与因材施教地运用到我的研究生培养中。

我的妻子冯小庆博士既忙于教学工作又忙于日常教务,还要照看我们的女儿高杉,让我这个甩手掌柜感到非常愧疚。

进入《新晚报》不久,在《老哈尔滨》版编辑那剑波大姐的引荐下,我参加了哈尔滨乡情文化沙龙,有幸认识了哈尔滨地方史研究专家李述笑研究员,李老师成为我的"民间导师",我也成为他的"关门弟子"。后来在哈尔滨乡情文化沙龙的基础上成立了黑龙江省哈尔滨历史文化研究会,创刊了高莽(已故)先生题写刊名的《哈尔滨历史文化研究》。作为研究会的理事,我亦做过几次关于哈尔滨城市史的专题讲座,并发表几篇有关哈尔滨历史文化的论文。此外,研究会的孟烈、王洪彬(已故)、徐世铭、张会群、曹增伸(已故)、段光达、杨宏伟、王宏波、刘延年、梁波、孔庆权、苗笛、刘克纪、沈广华、刘长刚、韩玉皓、刘军、王志军、张林、于冠超、王岩、宁祥和、武国庆和宋兴文等诸位前辈对我亦多有帮助和鼓励。黑龙江省社会科学院刘爽研究员在我的学术道路上多有指导和指教，让我受益良多。李随安、庄鸿雁、石方、那晓波、王晓春（已故）、刘涧南、张梅等老师给我提供了学术平台。

黑龙江大学历史文化旅游学院世界史学科带头人李朋教授，在我的人才引进、学术道路与为人处世等方面多有教导和教诲。历史文化旅游学院前院长段光达教授关注我的学术发展；历史文化旅游学院前院长陈长喜关心我的学术研究，具体指导国家社科项目申报；魏影院长与王乐文副院长在课题申报和日常教学中提出有利于我发展的意见和建议。学院前书记（现哲学学院书记）孙美辉老师和赵恩忠书记，在创办和推进"高老师读书会"中多有指导。我们世界史学科的马德义、盖莉萍、叶艳华、宋涛、潘晓伟老师对我这个新兵多有照顾。黑龙江大学重点处翟庚、田巨为处长与社科处朱志勇、赵志刚处长在著作出版经费申请和课题申报等事宜中提供了帮助。我的硕士研究生，罗一焜、杨可心、朱璠、樊园园、孙金雪与刘子芊在资料查找与文本校对方面给予我帮助。

中国社会科学出版社的张湉编辑，专业的知识涵养和科学的业务修养，让该书得以顺利面世。

哈尔滨市图书馆地方文献阅览室、黑龙江省图书馆地方文献阅览室、哈尔滨市档案馆和黑龙江省档案馆等单位的各位老师，在我借阅资料和查阅档案时提供了很多帮助。

我以高涨的热情，完成此书稿的撰写；以充分的感情，书写此书稿的后记；以崇高的爱情，期待此书稿的续写。接下来我会逐步完成《哈尔滨城市史研究：空间、记忆与叙事》《滨江道尹研究》《读"红"：文学史和学术史视野下的萧红研究》与《哈尔滨波兰侨民研究》等研究。出版时的后记中会有《水到渠成：我与哈尔滨城市史研究的热恋》《情投意合：我对哈尔滨城市史的迷恋》《一往情深：我对哈尔滨城市史研究的依恋》与《恋恋不舍：我对哈尔滨城市史研究的留恋》等，来记录和见证我与这座城市的"恋爱"。

还有需要说明的两点：一为这是我写的第一部哈尔滨城市史研究的作品，书稿还有种种不足和缺陷，在以后的撰述中会注意和改善。因为行文的需要，引文出现前后文献重复问题。望谅解。二是我应该感谢和感激的人很多，提到的或没有提到的，我都记在心里。

《命中注定：我与哈尔滨城市史研究》，是为序。

高龙彬

2021年4月6日星期二下午于哈尔滨市南岗区长江路216号黑龙江省图书馆618地方文献阅览室

2021年4月6日星期二晚于黑龙江大学图书馆老馆教师研究室

2023年5月10日星期三上午于黑龙江大学家属楼新居

2023年11月20日星期一上午于黑龙江大学家属楼文耻庐

2023年12月19日星期二于哈尔滨市图书馆412地方文献阅览室

2024年7月24日至8月1日于内蒙古自治区呼和浩特市原武警黄金第二支队（现中国地质调查局呼和浩特自然资源综合调查中心，已故岳父冯晨旺曾经工作过的地方）家属楼

2024年8月4日于河北省唐山市中共乐亭县委党校，参加中国李大钊研究会第三期青年骨干学术研修班。